完全保存版

日本の城 1055

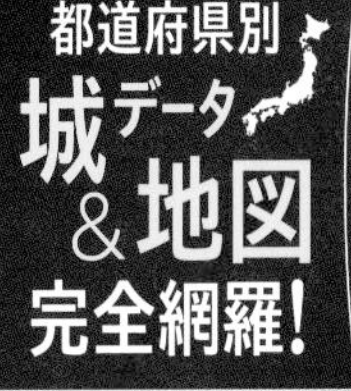

大野信長　有沢重雄　加唐亜紀 共著
かみゆ歴史編集部 編

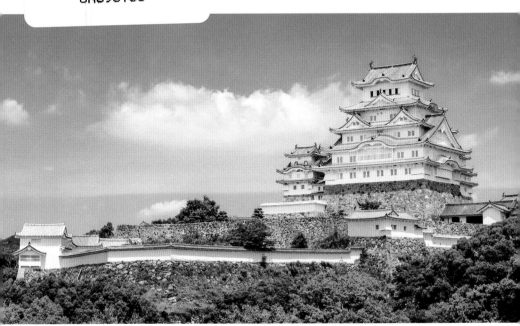

西東社

目次

完全保存版 日本の城1055 都道府県別 城データ&地図完全網羅!

特集1 訪れたい 日本が誇る名城10選

姫路城

地域別 北海道・東北地方の城

地域の名城

都道府県の城

地域別 関東・甲信越地方の城

地域の名城

都道府県の城

知りたい 戦国武将ゆかりの城

地域別

北陸・東海地方の城

地域の名城

都道府県の城

地域別

近畿地方の城

地域の名城

都道府県の城

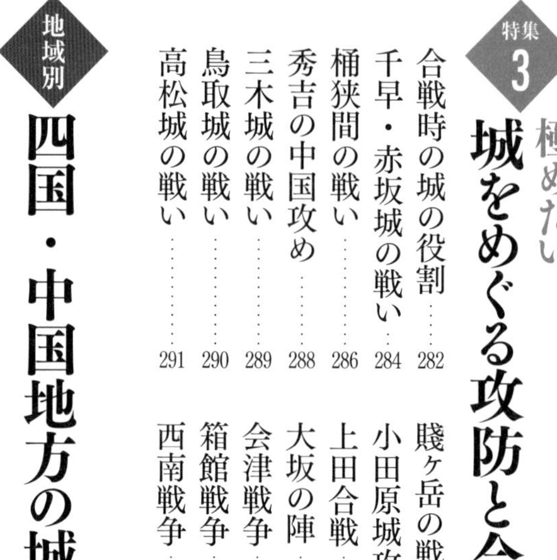

特集3

極めたい 城をめぐる攻防と合戦

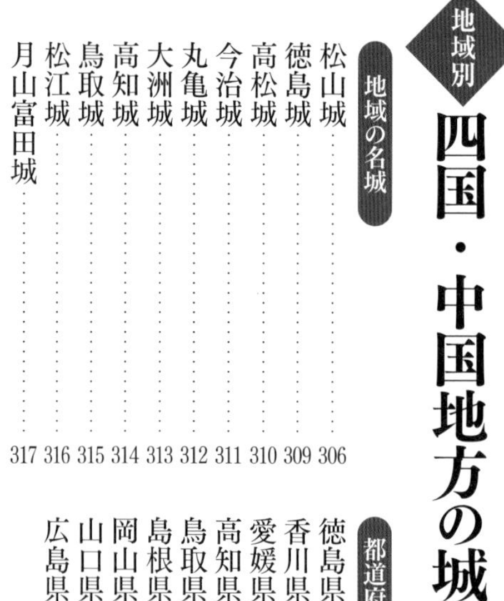

地域別

四国・中国地方の城

地域の名城

都道府県の城

地域別

九州・沖縄地方の城

地域の名城

都道府県の城

熊本城

犬山城

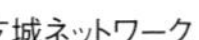

支城ネットワーク

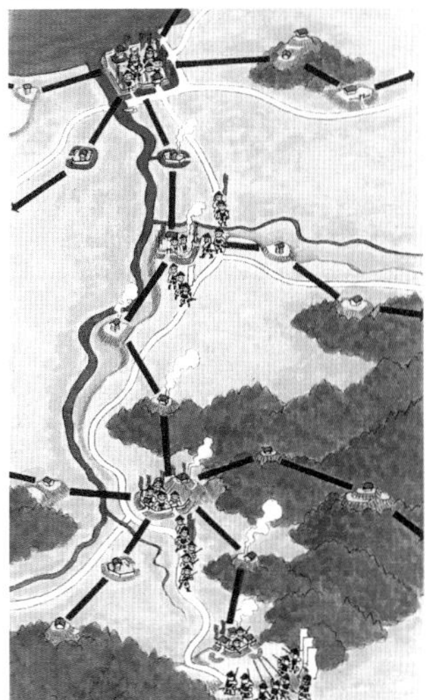

江戸城

特集4

学びたい 城の基礎知識

●城名は基本的に自治体や一般的に用いられている名称としています。
●大阪城は江戸時代以前の表記に従い「大坂城」としています。
●本書は特に明記しない限り、２０２２年10月現在の情報にもとづいています。

名城秘話

お城コラム

城の歩き方と注意点

城を訪れるときは、安全に歩くための準備が大切。特に山城の場合は、しっかりとした装備が必要になる。ここでは観光地化された城と山城や土の城の場合でそれぞれ、服装・持ちもの・注意点を紹介する。

観光地化された城の場合

服装

天守などの階段はかなり急なので、スカートは避ける。動きやすくて汗をすいやすいズボンが好ましい。

適さない服装

- スカート

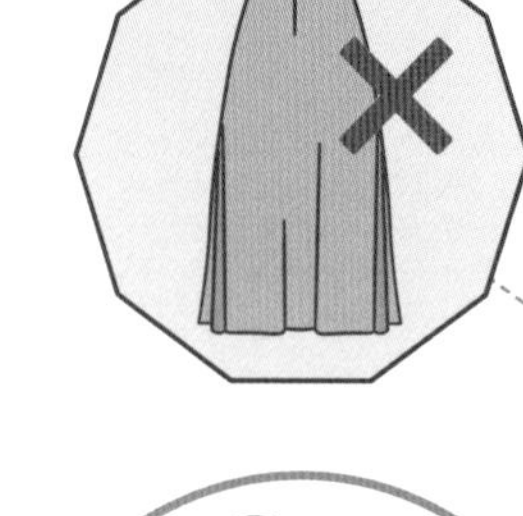

軽食と水分

城歩きは体力を使う。夏の場合、熱中症対策のために水分を持参するのがのぞましい。軽食は城内の休憩スペースで食べるのもよいだろう。

適さない靴

- ハイヒール
- サンダル
- 革靴

靴

靴はスニーカーや運動靴がよい。城は坂道が多く、思っている以上に歩く。ハイヒールやサンダル、革靴などは疲れるし危険なので避けたい。

靴下

天守などの建物は土足禁止のケースが多いので、裸足で歩きたくない場合は、靴下をはくか持参する。

その他の持ちもの

- **コピーした資料**　城は見どころが多いので資料を持参するのがおすすめ。観光地化された城だと説明看板も充実しているが、事前に調べた本や資料があれば持っていきたい。本の場合は、訪れる城のページだけコピーをとっておくと荷物が軽くなる。

山城や土の城の場合

服装

枝葉をかき分けて進むことも多いので、長袖・長ズボンは必須。虫刺されも防止することができる。

適さない服装

- **半袖・短パン**
- **黒いシャツ**（ハチから狙われやすい）
- **ジーパン**（汗で濡れると動きにくい）

軽食と水分

脱水症にならないように飲みものは必須。体力回復のため軽食も持参したい。

タオル・雨具・軍手

タオルは首からかけられるものが便利。

帽子

熱中症や日焼け対策としてつばのある帽子にしたい。

リュック

転倒防止のため荷物はリュックに入れて両手をあけること。脇にペットボトル入れがあるリュックが便利。カメラも手持ちではなく、首かけにしよう。

トレッキングシューズ

ハイキングコースが整備された山城ならスニーカーでも歩けるが、トレッキングシューズのほうがのぞましい。疲れがたまりにくく、怪我の防止にもなる。

その他の持ちもの

- **日焼け止め・虫よけ**　登城前に使用するとよい。
- **縄張図**　城の構造や遺構を記した縄張図は山城の必須アイテム。事前に書籍や自治体のホームページなどで準備したい。登城口や資料館で配布しているケースも多い。
- **熊よけの鈴**　熊や野生動物の出没情報がある城では、遭遇を避けるために鳴らして歩く。

本書の使い方

本文中に記した市町村名はすべて2022年10月現在のものです。

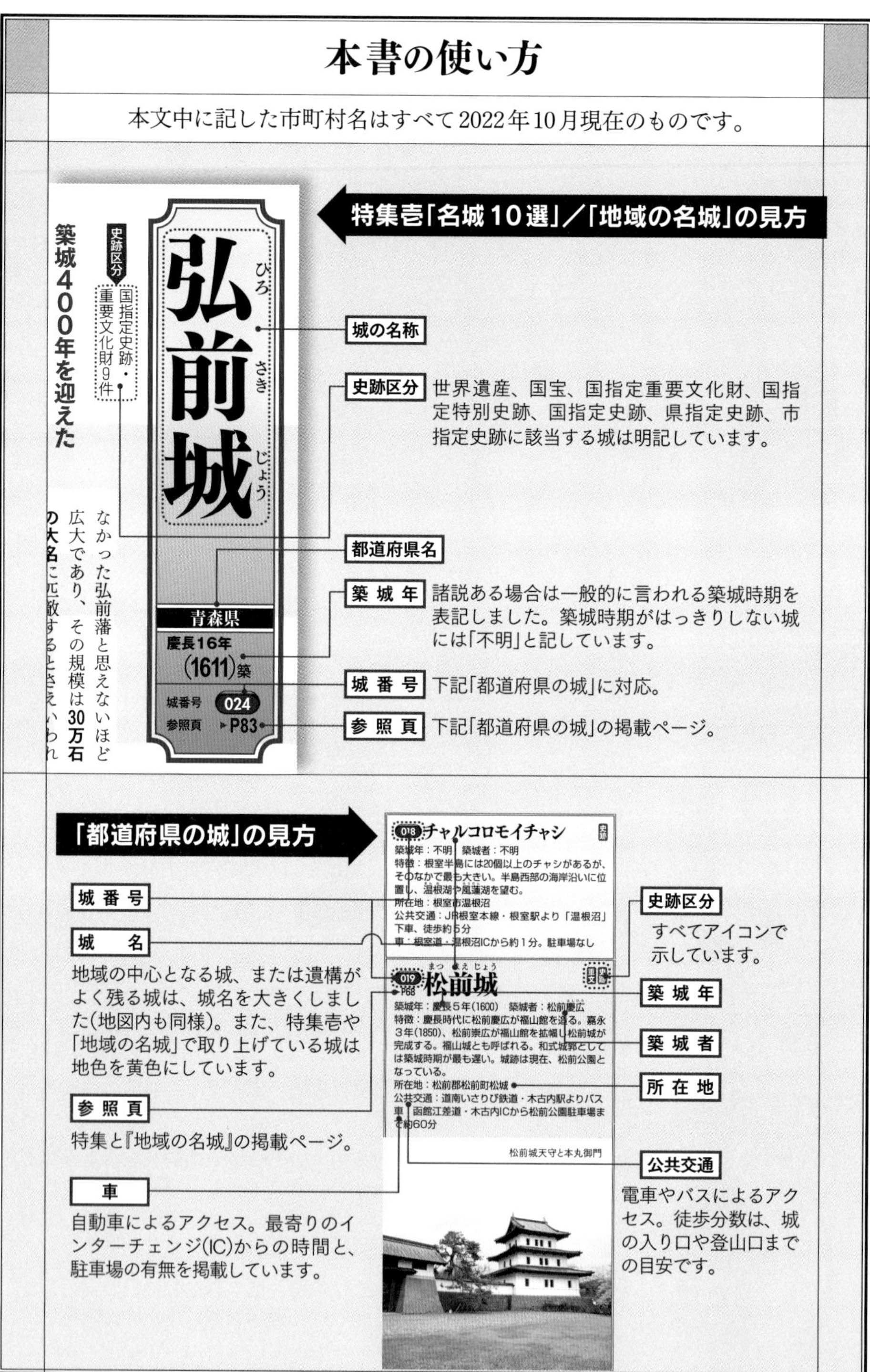

特集壱「名城10選」／「地域の名城」の見方
弘前城
ひろさきじょう
史跡区分
国指定史跡・重要文化財9件
青森県
慶長16年(1611)築
城番号 024
参照頁 ▶P83
築城400年を迎えた
なかった弘前藩と思えないほど広大であり、その規模は30万石の大名に匹敵するとさえいわれ
城の名称
史跡区分
世界遺産、国宝、国指定重要文化財、国指定特別史跡、国指定史跡、県指定史跡、市指定史跡に該当する城は明記しています。
都道府県名
築城年
諸説ある場合は一般的に言われる築城時期を表記しました。築城時期がはっきりしない城には「不明」と記しています。
城番号
下記「都道府県の城」に対応。
参照頁
下記「都道府県の城」の掲載ページ。
「都道府県の城」の見方
018 チャルコロモイチャシ
築城年：不明　築城者：不明
特徴：根室半島には20個以上のチャシがあるが、そのなかで最も大きい。半島西部の海岸沿いに位置し、温根湖や風蓮湖を望む。
所在地：根室市温根沼
公共交通：JR根室本線・根室駅より「温根沼」下車、徒歩約5分
車：根室道・温根沼ICから約1分。駐車場なし
019 P68 松前城
まつまえじょう
築城年：慶長5年(1600)　築城者：松前慶広
特徴：慶長時代に松前慶広が福山館を造る。嘉永3年(1850)、松前崇広が福山館を拡幅し松前城が完成する。福山城とも呼ばれる。和式城郭としては築城時期が最も遅い。城跡は現在、松前公園となっている。
所在地：松前郡松前町松城
公共交通：道南いさりび鉄道・木古内駅よりバス
車：函館江差道・木古内ICから松前公園駐車場まで約60分
松前城天守と本丸御門
城番号
城名
地域の中心となる城、または遺構がよく残る城は、城名を大きくしました(地図内も同様)。また、特集壱や「地域の名城」で取り上げている城は地色を黄色にしています。
参照頁
特集と『地域の名城』の掲載ページ。
車
自動車によるアクセス。最寄りのインターチェンジ(IC)からの時間と、駐車場の有無を掲載しています。
史跡区分
すべてアイコンで示しています。
築城年
築城者
所在地
公共交通
電車やバスによるアクセス。徒歩分数は、城の入り口や登山口までの目安です。

特集
1

訪れたい 日本が誇る 名城10選

見どころ1 天守群 A

南西側にある三国堀から見た天守群。右から大天守、西小天守、乾小天守。各天守の造りもそれぞれ個性があり、見る角度によって姿を変える。

姫路城

兵庫県

1346年築
1580年築
1601年築

城番号 607

参照頁 ▸P264

史跡区分
天守群が国宝指定
櫓・城門・塀などが国の重要文化財
世界遺産、国指定特別史跡

西国大名を睨む拠点

姫路城は、白漆喰総塗籠造の美しい姿が、天空に翼を広げた白鷺を連想させることから、**白鷺城**とも呼ばれる。日本で初めて世界遺産に登録された城でもある。

南北朝時代の貞和2年（1346）、**赤松貞範**が姫山に城を築いたのが姫路城の始まりとされる。その後、織田信長配下の羽柴秀吉が入城して近世城郭へと姿を変えるが、現存する天守など多くの建造物は、慶長6～14年（1601～1609）にかけて、**池田輝政**によって造営されたものである。

輝政は、徳川家康の次女である督姫

天守群と破風の魅力

大天守は五層七階。入母屋造りの屋根をもつ櫓の上に、二重の望楼を乗せた望楼型天守である。初期の形式である望楼部が小さい犬山城などと違い、バランスを考えた後期望楼型天守で優美である。

乾小天守は西北(乾)にあり、三層五階で3つの小天守のなかで最大である。西小天守は三層五階。乾・西小天守には華頭窓(上部が曲線状になっている窓)があり、大天守と趣を異にしている。東小天守は三層四階で小天守中で最小、破風や華頭窓はない。

また、天守群の屋根に施された破風には、唐破風、入母屋破風、千鳥破風があり、それらが重なり合って城の表情を変える。

天守群を飾る破風　備前丸から見た大天守と西小天守。どちらも様々な破風に飾られており、見ていて飽きることがない。

連立式天守　このように天守と2基以上の付属建築を渡櫓で口の字型に接続させた形式を連立式天守と呼ぶ。

小天守と渡櫓　左から東小天守・乾小天守・西小天守。大天守と各小天守が渡櫓でつながる。渡櫓も国宝指定されている。

要塞としての天守群　天守群は最終防御拠点でもあった。窓は銃眼・砲門として機能した。

と結婚し、慶長5年(1600)の関ヶ原の戦いでは東軍に与した。その戦功で、三河国吉田から、播磨52万石の領主として、姫路城の城主となった。

関ヶ原の戦いに勝利した家康は、姫路城を西国の諸大名に睨みをきかせるとともに、大坂城にいる豊臣家包囲網を形成する拠点のひとつと位置づけた。そして輝政に城の改修を命じた結果、今日見られる巨大城郭へと変貌したのである。姫路城の戦う城としての側面を見逃さないようにしたい。

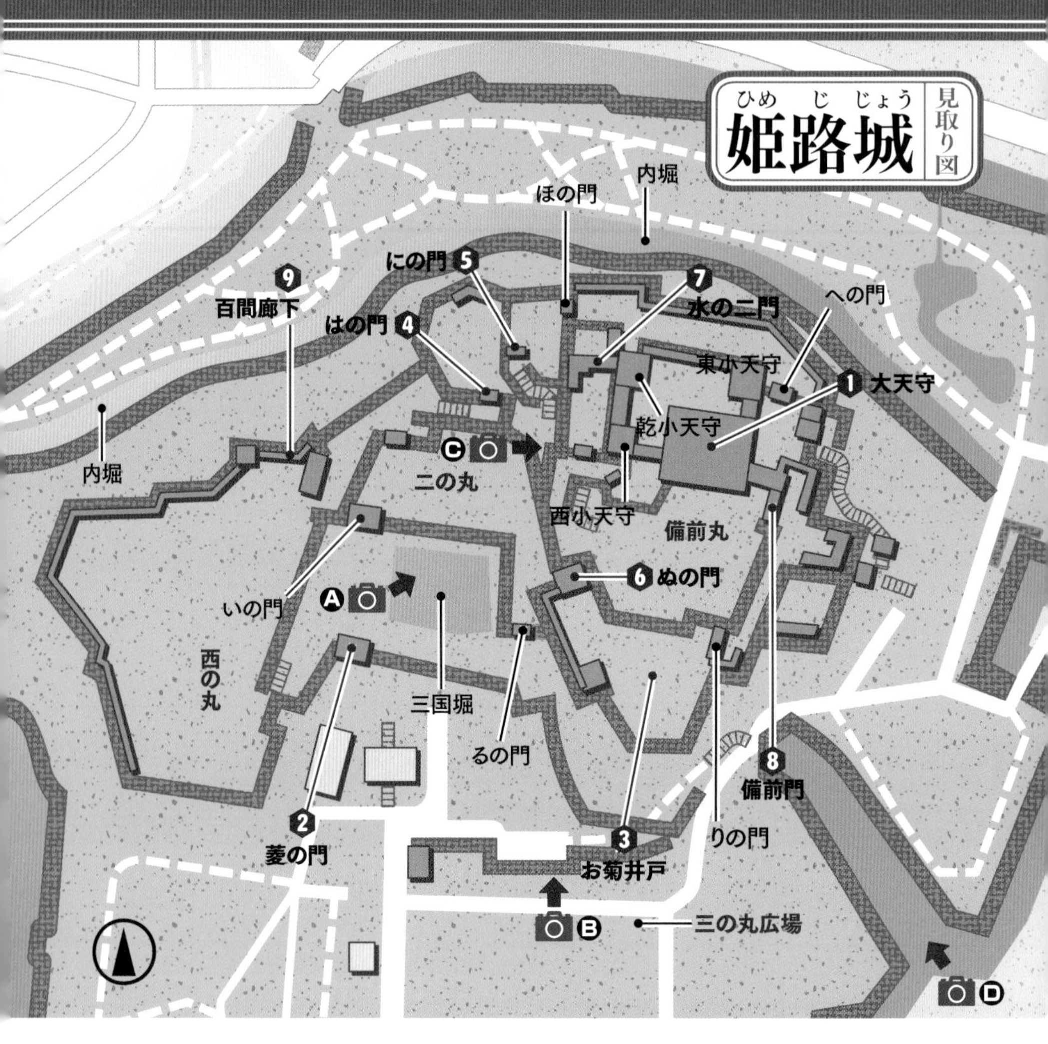

迷路のような複雑な城内

姫路城は往時には、内堀・中堀・外堀で囲まれた内曲輪・中曲輪・外曲輪の**三重の縄張**を持つ城郭だった。中曲輪と外曲輪は近代化によって多くが失われてしまったが、内曲輪の縄張は明瞭に残されている。

内曲輪は**姫山**と**鷺山**（さぎやま）の二つの丘陵を利用しており、**本丸（備前丸）・二の丸・三の丸・西の丸**といった曲輪で構成されていた。天守にたどり着くためには通常、**菱の門**といの門を通り、その後はの門へと進むか、ぬの門へと進むかでルートが二つに分かれる。どちらに進んでも、道は曲がりくねり、傾斜が設けられ、要所要所に城門が待ち構えている。**まるで迷路のような**この複雑な構造こそ、敵を惑わせる防御の秘訣であり、姫路城の特徴であった。

一方、鷺山につくられた西の丸はシンプルなつくりの曲輪となる。この差は築造年代の違いによるものだ。西の丸が築かれたのは大坂夏の陣後の元和

見どころ2 菱の門

唐風の窓や金装飾が特徴的な櫓門。登城道は菱の門の手前で鉤の手に90度折れており、突撃されないような防御の工夫もなされている。現在は手前にチケット販売所があり、来城者を迎え入れている。

見どころ3 播州皿屋敷のお菊井戸

上山里丸という曲輪に『播州皿屋敷』のお菊井戸がある。家宝の皿10枚のうち1枚を隠され、お菊は不始末として井戸に投げ込まれる。その後に毎夜「1枚、2枚」と皿を数える声が聞こえる…という物語の舞台である。

4 はの門

なだらかな坂道を登って、左に折れた先にはの門がある。道は先細りとなっており、敵兵に圧迫感を与えた。

5 にの門

にの門は櫓門の下がトンネル状の道になっている。これも敵兵に恐怖感を与える仕掛けといえるだろう。

6 ぬの門

櫓門の前面が枡形(方形空間)になった枡形虎口である。かつては石垣上にも塀が設けられていた。

4年（1618）のこと。池田輝政の移封後に姫路城主となった本多忠政の嫡男**忠刻**が、豊臣秀頼に嫁いでいた家康の孫娘**千姫**を正室として迎えるために増築されたのが西の丸だったのである。千姫が暮らした御殿はすでにないが、西の丸を囲む**化粧櫓**と**百間廊下**は侍女の居室として築かれた施設であった。

姫路城内曲輪遠望

姫山に築かれた本丸・二の丸と鷺山に増設された西の丸から成り立つ。それぞれ築かれた時代背景と、それによる縄張の違いを意識しながら歩くと城の見え方が変わってくるだろう。

本丸（姫山）

西の丸（鷺山）

復旧再建 平成の大修理

大修理は平成21〜27年(2009〜15)の６年間にわたり行われた。その間は大天守を覆うように鉄骨が組まれ、素屋根が設けられた。屋根の継ぎ目部分の漆喰が塗り直されたため、素屋根が解体されると大天守がまばゆいばかりの純白だったことから、「白過ぎ城」と評判にもなった。

素屋根に覆われた大天守。

職人による漆喰塗りの作業。

❼ 水の門

水の門を五つくぐると天守に至る。いずれも門自体はせまく、敵が一気に攻め上がれない。

❽ 備前門

東側のルートから備前丸に入る最後の城門。周囲の石垣には石棺が使われている。

❾ 化粧櫓と百間廊下

千姫が本多忠刻に再嫁した際の化粧料10万石で建てられた。渡櫓の内部には通路があり、その長さから百間廊下といわれる。

破壊を免れた白鷺城

城郭建築の最高点にあるとして平成5年(1993)に**世界遺産登録**された姫路城だが、その歩みは順風ではなかった。明治維新後の廃城令では、ほかの城郭の例に漏れず、破却の危機に見舞われている。城内は荒れ果て、天守も二束三文で売りに出されたが、陸軍の**中村重遠**らの尽力により、城はかろうじて破壊を免れた。

第二次世界大戦中、姫路は2度の空襲にさらされる。城も狙われたが大天守に落ちた焼夷弾は不発に終わり、焼失することはなかった。それと前後して、昭和10〜39年(1935〜64)の長期にわたり「**昭和の大修理**」も実施された。

それから45年を経て、平成21年(2009)から行われたのが「**平成の大修理**」だ。大修理では

様々な表情を見せる天守群

姫路城は複雑な構造の連立式天守であるため、角度によって多彩な美しさをもつのが特徴だ。それに加えて、桜や紅葉など、季節によっても異なる表情を見せてくる。

入城口そばから。建物の連なりが美しい。 

二の丸から。小天守が前面に立つ構図。 

東側から。桜映えするスポット。 

天守のここに注目

天守を支える心柱 大天守は地階から6階までを貫く、2本の心柱に支えられている。

地階の厠 地階には籠城用とされる厠がある。この下には大甕が置かれている。

最上階からの眺望 最上階からは市街地や城内など四方を望むことができる。

屋根瓦をすべて取り外して交換や洗浄が行われ、継ぎ目の漆喰が塗り直された。また天守内部の空間も見直され、展示品は別の場所へと移された。照明には暖色系のLEDが用いられ、より江戸時代に近い雰囲気が演出されている。

姫路城は人々の尽力と修理の積み重ねがあり、貴重な文化財が現在へと受け継がれてきたのである。

復興途上の熊本城
2016年の熊本地震により未曾有の被害を受けた熊本城。まだ痛ましい姿を残すが、復興は着実に進んでいる(2020年撮影)。

熊本城(くまもとじょう)

熊本県
1607年築
城番号 950
参照頁 ▶P388

史跡区分 櫓、長塀などが国の重要文化財 国指定特別史跡

築城名人・加藤清正が築城

熊本城の前身は、鹿子木(かのこぎ)氏が茶臼山に築城した**隈本城**(くまもとじょう)で、現在見られる黒板の壁が印象的な**熊本城**(別名**銀杏城**(ぎんなんじょう))は、**加藤清正**によって築かれたものである。慶長6年(1601)に着工、慶長12年(1607)に完成した。加藤清正は城の完成の4年後に没し、忠広が継ぐ。しかし、寛永9年(1632)に忠広は改易となり、替わって小倉から**細川忠利**(ただとし)が入城し、明治まで細川家は11代城主を勤め上げた。

熊本城の真価を天下に知らしめたのは、築城から270年もたった明治10年(1877)の**西南戦争**のときであった。西郷隆盛に率いられた西郷軍が、

北東側の高石垣　石垣を登ろうとしても多聞櫓から狙い撃ちにあうのがオチだ（震災前撮影）。

竹の丸北の連続枡形　敵は先の見えない恐怖に一歩も進むことができないだろう（震災前撮影）。

宇土櫓　現存する唯一の五階櫓。四方を見張り監視する砦だった（震災前撮影）。

熊本城が“史上最強”の理由

「史上最強の城」に推されることも多い熊本城。高石垣を超えて城内に侵入することはほぼ不可能なのに、その城内も鉄壁の守りがなされていることがその理由だ。

立ちはだかる高石垣

熊本城は台地上に築かれているが、その台地を覆うように高石垣が築かれ、高さは20メートルに達する。石垣上には多聞櫓が構えられており、正面からこの石垣を突破することは不可能だろう。

先が見えない連続枡形

なんとか城内に突入したとしても、今度は高石垣に挟まれた登城道が待ち受ける。折れ曲がる道は先を見通すことができず、石垣上から集中砲火を浴びてしまう。

司令塔となる五階櫓

さらに城内には五基の五階櫓がそびえ建っていた。五階櫓は敵をいち早く発見し、集中砲火で撃退する防御拠点だった。要衝に建つ五階櫓を避けて城内を進むことはできない。

④ 西側の守り

熊本城は台地が続く西側が弱点だが、西出丸と巨大な横堀が築かれ、抜かりはない。

明治政府に対して蜂起し、約4000名の政府軍の将兵が守る熊本城を攻撃した。政府軍の将兵は懸命に防備し、簡単に落とせるだろうとたかをくくっていた西郷軍は、城に容易に近づくことさえできなかった。この戦いのなか、西郷は「清正公と戦をしているようだ」と言ったといわれている。落城はしなかったが、西郷軍の攻撃の前に、城内で謎の出火があり、大小天守、本丸御殿など多くを焼失した。

特別見学通路からの光景

2 連続枡形

前ページに掲載の竹の丸北の連続枡形を上から見る。

7 闇り通路

本丸御殿下に設けられた通路。石垣の上に梁が架けられている。

5 数寄屋丸二階御広間

数寄屋丸は茶会などを催した遊興空間だった。二階御広間は木造復元建物。建物や石垣の復旧が待たれる。

6 二様の石垣

右の緩やかな石垣が加藤時代で、左が細川時代。天守をバックに絶好の撮影スポットである。

復興に向けた着実な歩み

平成28年（2016）4月に発生した**熊本地震**によって、城は甚大な被害を受けた。

崩落した石垣は広範囲にわたり、改修が必要な石垣を含めると全体の3割が被災。また、完全に倒壊した北十八間・東十八間櫓をはじめ、13の重要文化財はすべて被害が出た。

熊本市が優先的に復興を進めたのは天守だった。**天守は熊本のシンボル**であり、市民からも一刻も早い復旧を望む声が強かったという。大・小天守は震災から5年後の令和3年（2021）4月に公開を迎えた。

また、高さ6mの**特別見学通路**が設置された。この空中回廊のおかげで復旧が進む城内を広く見学することができる。高い視点から見られるというのも城ファンには嬉しい。

市は城内の復旧完了を2037年と位置づけている。まだ長い道のりだが、暖かく見守り続けたい。

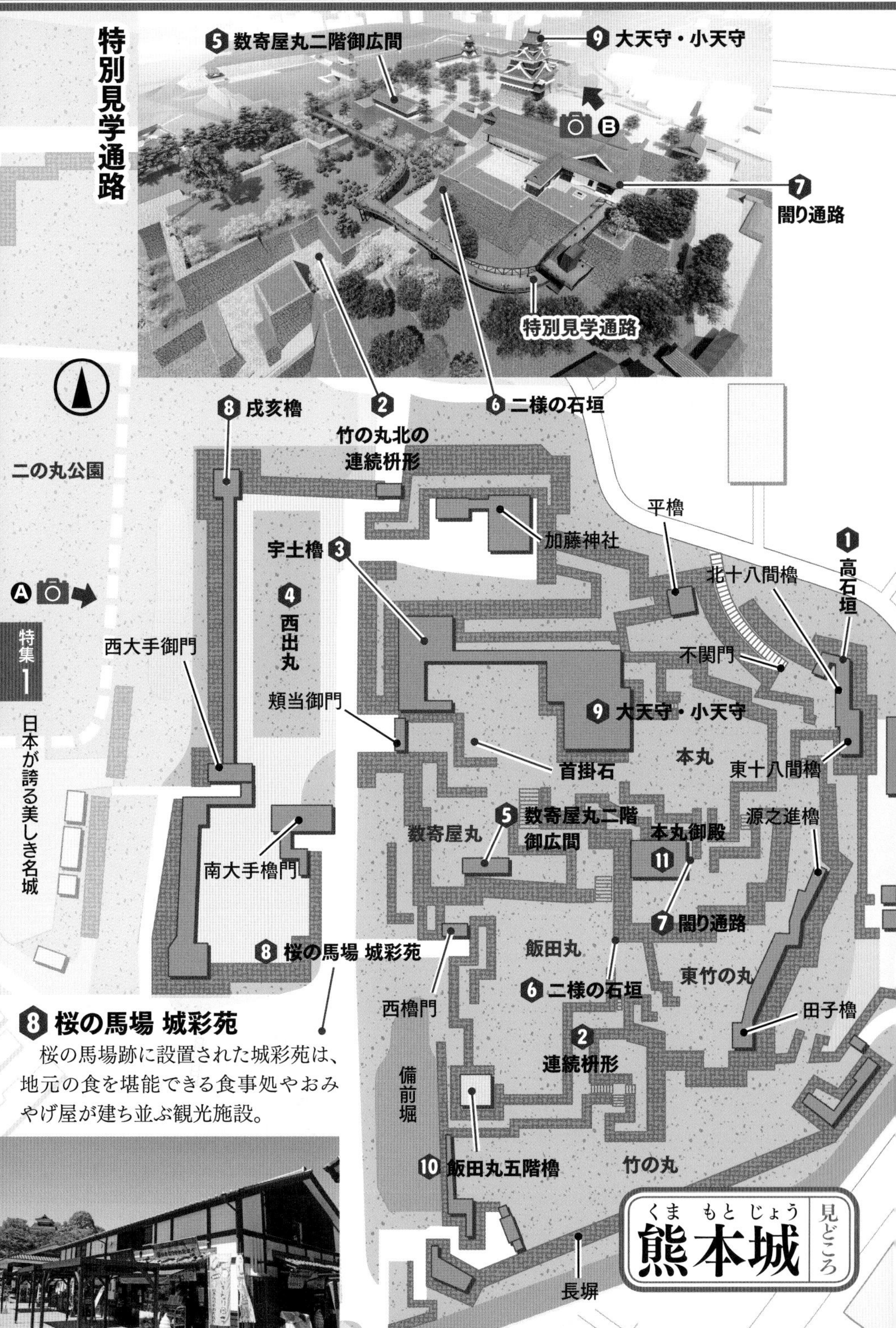

くまもとじょう 熊本城 見どころ

8 桜の馬場 城彩苑

桜の馬場跡に設置された城彩苑は、地元の食を堪能できる食事処やおみやげ屋が建ち並ぶ観光施設。

大・小天守の復旧まで

❶震災直後　2度にわたる大地震で瓦や石垣が崩れ落ち、屋根はひしゃげ、見た目以上に建物全体に大きな損傷があった(2016年撮影)。

❷復旧工事中　大天守に比べて小天守のほうが被害は大きく、建物と天守台を切り離して工事が進められた(2019年撮影)。

❸復旧完了　大地震から約5年をかけてよみがえった大・小天守。葺き替えられた屋根には漆喰が施され、白壁と黒塗りの下見板張りのコントラストが美しい。内部の展示も一新された(2021年撮影)。

⑨ 大・小天守 B

復旧した大・小天守を本丸側から見る。小天守の地階(穴蔵)から入る構造で、大天守六階が展望フロアとなっている。

当時最高の石垣技術

熊本城は、茶臼山の全域を利用した**梯郭式縄張**をもち、大天守、小天守、櫓49、櫓門18、城門29を備える。現在の大小天守は、昭和35年(1960)の外観復元である。天守の形式は、大天守に小天守が接続された**連結式**である。西面から天守を見ると、13mの石垣の上に30mの大天守が聳える。

熊本城はやはり、**高石垣**を鑑賞したい。高低を巧みに利用して曲輪を配置し、主要な曲輪は、高さ10数mを超える高石垣、なかには空堀から30mもの高石垣で防備され、見るものを圧倒する。**扇の勾配**という、上に行くほど勾配が急になる**清正流石垣**である。茶臼山は、阿蘇山の火山灰が積み重なった脆弱な地盤のため、巨大な建造物をのせるために堅固な石垣が必要だった。熊本城の石垣が豪壮で、安定感のあるのはこのためである。

ガイド

リニューアルした天守内部の展示

大・小天守は復旧工事とともに、内部の展示内容も一新された。ムービーやプロジェクションマッピングなどを用いた多彩な展示がされている。一階は加藤時代、二階は細川時代、三階は近代（西南戦争）と各階で歴史を学び、最後は最上階からの絶景を堪能したい。

天守再建にあたり築かれた天守軸組模型。

近代以降の天守の歩みが動画で解説される。

どちらも熊本城総合事務所提供

⑩ 飯田丸五階櫓

震災直後、隅石だけで建物を支える様子が「奇跡の一本石垣」と話題になった。現在は建物が一時撤去されている（2016年撮影）。

⑪ 本丸御殿

写真手前が若松の間で、奥が昭君の間。大広間の一番奥に位置し、金碧の絢爛豪華な襖絵で飾られていた（震災前撮影）。

築城当時に49あった櫓は、わずか11しか現存していない。しかし、熊本城の櫓のなかには、ほかの城の天守ほどの大きさと風格を備えているものがあり、櫓を鑑賞するのも一興。とりわけ**宇土櫓**は三層五階の堂々とした姿で、直線的な破風が天守やほかの櫓とは違う趣で美しい。

西南戦争で失われた**本丸御殿**はかつての工法を再現し、平成20年（2008）に工事が完了し、当時の姿が忠実に復元された。土壁塗りで目地は白漆喰、本瓦葺きで、大広間、茶室、大御台所、縁側を配した風格のある御殿である。

大広間の奥に位置する「昭君の間」は、中国の伝説の美女・王昭君の物語が襖絵に描かれた格式の高い部屋で、奥がさらに一段高くなっている点が特徴だ。「昭君」は「将軍」を意味し、清正が豊臣秀頼を迎え入れるための部屋とも伝わるが真相はわからない。残念ながら震災の影響で、本丸御殿は現在入ることができない。

大坂城（おおさかじょう）

大阪府

1583年築
1620年築

城番号 581
参照頁 ▶P260

史跡区分 大手門・焔硝蔵など13の建造物が重要文化財 国指定特別史跡

地の利に恵まれた城

大坂城が立地するのは、大阪湾に面した上町台地（うえまちだいち）の北端で、この台地は北、東、西が淀川、旧大和川などの河川や湿地に囲まれた天然の要害である。また、商工業や政治文化の中心である奈良、堺、京都に近く、河川や大阪湾を利用した海運による貿易のための港を開くことができた。

大坂城築城以前は有利な立地条件のためか、古代には**難波宮**（なにわのみや）、中世には**石山本願寺**と寺内町（じないちょう）が造営されて繁栄した。この魅力的な地に目をつけたのが**織田信長**であった。10年以上もの攻防の果てに、天正8年（1580）、石山本願寺は明け渡しを受け入れた。天下

大坂城の立地　大坂城は平城というイメージをもつ人もいるが、台地上に築かれた城で、本丸は一段高くなっている。天守は昭和初期に再建された。

見どころ1 南外堀と六番櫓 Ⓐ

広大な水堀と屏風折れの石垣。かつて石垣上には7基の櫓が並んでいた。

見どころ2 大手口と千貫櫓

土橋を渡り大手門へと向かう敵兵に対し、千貫櫓から狙い撃ちをする構造。大手門を入ると巨大な枡形虎口が待ち受ける。

太閤はんのお城

現在見られる大坂城の遺構は、すべて徳川時代のものである。しかし、大阪の人々は大坂城をよく「太閤はんのお城」と呼ぶ。徳川家康によって滅亡に追い込まれた豊臣氏に対する憐憫の情なのだろうか。

現在の大坂城の地下からは秀吉時代の石垣が発見されており、石垣を保存・公開する施設の建設が進められている。

大阪ドーンセンター前に移設展示されている秀吉時代の石垣。野面積みである。

人を目指す信長は築城を計画したが、天正10年（1582）、本能寺の変で野望は潰えた。

信長の後継として躍り出た**豊臣秀吉**は、天正11年（1583）築城を開始。数期の工期を経て、秀吉死後の慶長4年（1599）頃に完成した。秀吉死後に秀頼が城主となるが、関ヶ原の戦い、冬の陣、夏の陣を経て大坂城は落城した。

夏の陣の後、大坂の地は松平忠明（ただあき）に下されたが、元和5年（1619）、大坂は幕府の直轄領となる。2代将軍**秀忠**の命で、翌年正月から大坂城の再築工事が始まり、3代将軍**家光**のときに完成した。江戸幕府は豊臣時代の城郭を徹底的に破却して埋め立て、その上に新たな城を築いた。大きな縄張は豊臣時代を踏襲しているものの、石垣や建物はすべて刷新され、新たに築

本文の続きはP24

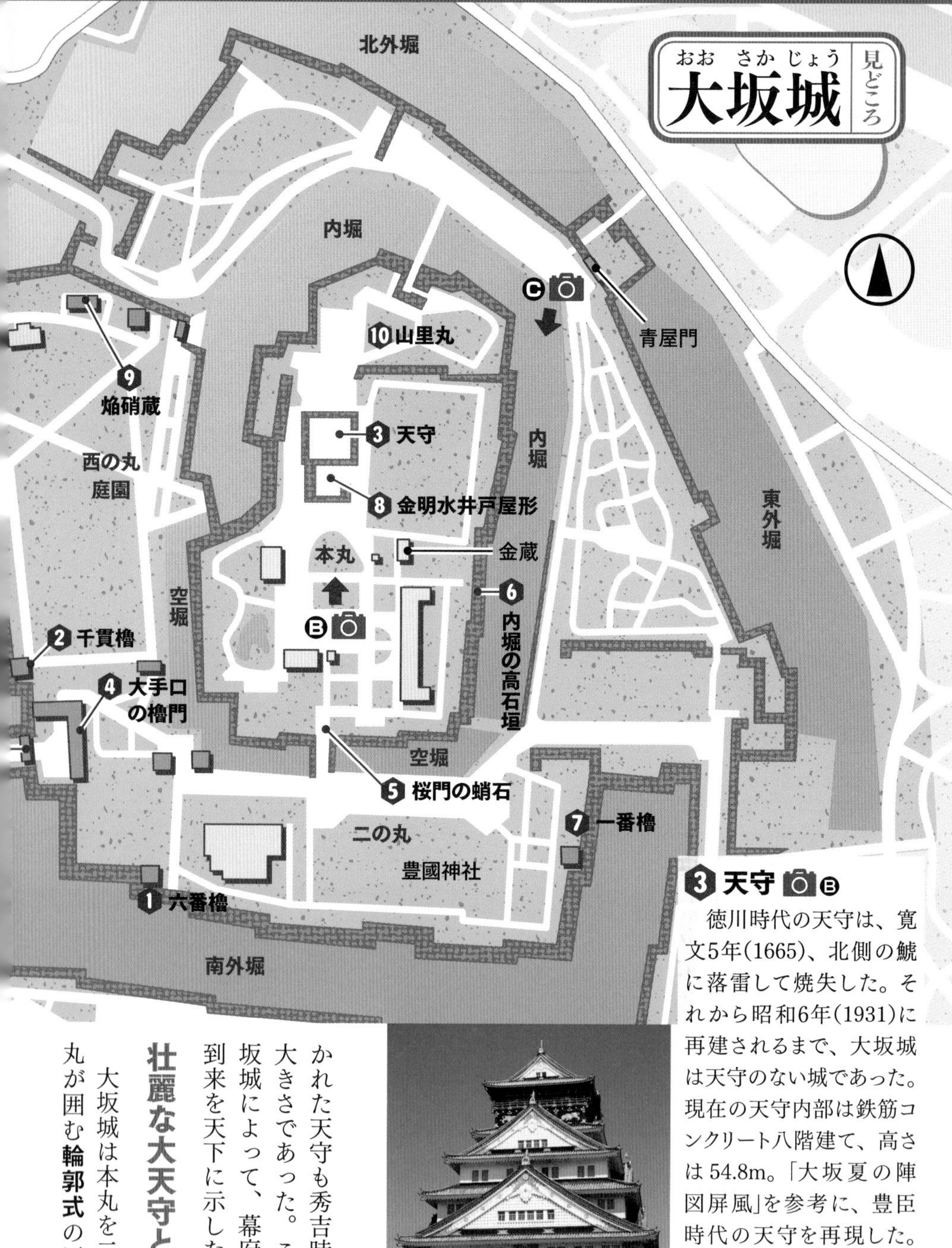

③天守 B

徳川時代の天守は、寛文5年(1665)、北側の鯱に落雷して焼失した。それから昭和6年(1931)に再建されるまで、大坂城は天守のない城であった。現在の天守内部は鉄筋コンクリート八階建て、高さは54.8m。「大坂夏の陣図屏風」を参考に、豊臣時代の天守を再現した。最上層の黒壁と金箔の伏虎と鶴が最大の特徴である。天守台は徳川時代のものである。

かれた天守も秀吉時代を上回る大きさであった。この新しい大坂城によって、幕府は新時代の到来を天下に示したのである。

壮麗な大天守と石垣

大坂城は本丸を二の丸、三の丸が囲む**輪郭式**の巨大城郭で、

❹ 大手口の櫓門

大手口の枡形虎口にある櫓門。大門の上部を跨ぐ門と、南に直角に折れる多聞櫓で構成されている。高さは14.7mで全国でも最大規模。

乾櫓

西外堀

大手門 ❷

Ⓐ

❺ 桜門の蛸石

本丸の正門にあたる桜門の枡形内にある巨石。表面左下に蛸に見える模様があり、蛸石と呼ばれている。日本一大きい鏡石である。

❻ 内堀の高石垣 Ⓒ

本丸の東、北、西の三方は水堀、南は空堀である。横矢をかけやすい屏風折の石垣が特徴。南に行くほど高くなっていて、水面からの高さが24m、堀の底に据えられた根石から32mという高石垣である。

城内で最も高い内堀東面の高石垣。

江戸初期の築城技術の完成期に造営された。

豊臣期天守は黒漆塗りの五層六階の望楼型天守で、約40mと当時最大級の高さを誇った。続く徳川期天守は外観が一変し、白漆喰で五層五階の望楼型となる。高さは約58・3m（天守台

本文の続きはP26

❼ 一番櫓

二の丸南面の東側にある二層の櫓。大坂城は南面が陸続きであるために、南外堀を掘削し、一〜七番の櫓を設けた。

❽ 金明水井戸屋形

井戸を覆う大型の建物(屋形)。調査により井戸は江戸初期の徳川再建時に掘削され、屋形も寛永3年(1626)築と判明した。

含む)で、史上最大となる寛永期江戸城天守の58・8mに劣らぬ高さであった。高層ビルがなく、沖の埋め立てが進んでいなかった豊臣・徳川時代、大坂湾や淀川を行き来する船からは、圧倒的な迫力をもって天守が目に飛び込んできたことだろう。

石垣を積み上げる技術は最高に達し、堀と城壁の石垣は規模が大きい。石材は京都の加茂、兵庫県の六甲、瀬戸内海の島々から運ばれた。瀬戸内の石は良質の花崗岩(かこう)で、多くの石が海路で運ばれた。

本丸内堀、二の丸の南面と西面の石垣は、水面から約20mもの高さを誇り、屏風のように折れ曲る**屏風折**(びょうぶおり)や向かい合わせに突出部を設けた高石垣など、防御の技巧が凝らされた石垣が続く。打込接(うちこみはぎ)という工法で積み上げ、角は強度を確保した算木(さんき)積みである。

また、桜門枡形(ますがた)の**蛸石**(たこいし)や、大手口枡形の巨石など、とにかく巨石がふんだんに使われているのも大坂城の特徴で、当時の石垣加工技術が高いレベルにあったことが実感できる。

❾ 焔硝蔵

幕府が鉄砲や大砲を保管した蔵。過去には落雷による大爆発もあり、石造りで屋根下は土が固められるなど工夫されている。

❿ 山里丸

山里丸はかつて遊興空間だった。現在は刻印石(左)広場となり、一隅には秀頼・淀殿自刃の碑(右)がたたずむ。

歴史 5つの時代で振り返る大坂城の歴史

大坂城の建つ地は古代から政治の中心地であった。

大阪歴史博物館から見た難波宮跡。

1 [古代] 難波宮

1950～1960年代の発掘で、回廊跡、柱列跡などが発見され、大化元年（645）から天平15年（743）までの間に、三期に渡り難波宮という都城があったことが判明した。この一帯は難波宮跡公園として整備され、大阪歴史博物館では難波宮に関する展示が見学できる。

大坂城二の丸の本願寺坊舎跡に立つ碑。本願寺時代の詳細はわかっていない。

2 [中世] 大坂本願寺

明応5年（1496）、山科本願寺の別院として大坂の地に御坊が建てられ、山科本願寺が戦国の騒乱に巻き込まれたために本山となった。堀、塀、土塁などを備えた、戦国大名の攻撃に備えた城砦となっていた。また広大な寺内町が形成され、それが大坂の町並みの原型となった。

3 [近世1] 豊臣大坂城

天正11年（1583）築城開始。天守は天正13年（1585）に完成され、絵画資料から外観五層で推定約40メートルの高さとされている。大坂夏の陣で、焼失し、徳川幕府によってその上に新しい大坂城が築かれた。

4 [近世2] 徳川大坂城

大坂の陣後、大坂の地は幕府直轄領となった。大坂城の主は徳川将軍であり、譜代大名が城代を務め、商業都市・大坂を統治した。

5 [近代] 陸軍基地から市民公園へ

維新後、広大な城跡は陸軍用地となり、大阪鎮台（後の第4師団）が置かれた。大正時代に入ると公園整備計画がもち上がり、昭和6年（1931）の現天守再建と同時に大阪城公園が開園。ただし兵器工場である大阪砲兵工廠があったことから、太平洋戦争では空爆の対象となった。

本丸に建つ元第4師団司令部庁舎。戦後、大阪市立博物館となり、現在はミライザ大阪城という商業施設として利用される。

名古屋城天守
緑に囲まれた広大な敷地の中に、雄大な天守がそびえ立つ。屋根には象徴ともいえる金鯱が見える。

名古屋城（なごやじょう）

愛知県
1610年築
城番号 506
参照頁 ▶P233

史跡区分 隅櫓、門などが国の重要文化財
国指定特別史跡、国指定名勝

家康の天下普請で築城

勇壮な**金鯱**をいただいた**大天守**をもつ名古屋城は、御三家筆頭尾張徳川家の居城として威容を誇る。明治に入って廃城を免れたものの、第二次世界大戦末期、昭和20年（1945）5月14日の米軍の空襲により、天守と本丸御殿、東北隅櫓などが焼失。戦後に大・小天守が鉄筋コンクリート製で、平成に本丸御殿が木造で復元された。

名古屋城を築いたのは、**徳川家康**である。関ヶ原の戦いに勝利した徳川家康は、なお隠然とした影響力を持つ豊臣秀頼（ひでより）の存在を危惧し、大坂城の豊臣氏に対する牽制、関東防衛の**一大防衛線の構築**の必要性を痛感した。

本文の続きはP30

名古屋城の2つの天守と3つの櫓

大天守　家康の息子(のちの御三家)にふさわしい巨大天守で、高さ約48mを誇り、江戸城・大坂城・駿府城天守が焼失して以降は、国内最大の天守となった。金鯱をいただく唯一の天守でもあった。

見どころ1 大天守・小天守

名古屋城の天守は空襲で焼失したあと、昭和34年(1959)に再建された。連結式の天守で、大天守は五層七階で地下1階、小天守は二層二階で地下1階。大天守の屋根には名古屋城の象徴でもある金の鯱鉾が鎮座している。大天守の最上階からは広々とした景色を一望できるが、木造再建計画により現在天守内は立入禁止になっている。

旧天守の礎石　旧天守の礎石。天守再建のさいに撤去され、不明門の北に展示されている。

天守台の焼け跡　高さ約12メートルある大天守の天守台。太平洋戦争の空襲による焼け跡が残る。

小天守の役割　三階櫓に相当する巨大櫓。大天守に入るには最初に小天守に登り、橋台を渡って大天守に至る。小天守内部もコの字に折れ曲がる構造になっており、鉄壁の防御を担った。

見どころ4 西北隅櫓(清洲櫓)

三層三階。千鳥破風は石落としを備える。清洲城の天守だったと言い伝わる。

見どころ3 西南隅櫓(未申櫓)

二層三階。初層南面に入母屋破風と唐破風を重ねた重破風、それぞれ石落としを備える。

見どころ2 東南隅櫓(辰巳櫓)

二層三階。初層の東面は入母屋破風、南面は切妻破風があり、石落としを備える。

“なごやめし”などグルメを楽しめる金シャチ横丁。「正門エリア 義直ゾーン」と「東門エリア 宗春ゾーン」の2箇所あり、多彩なお店が軒を連ねている。

名古屋城

清洲城にいた豊臣秀吉子飼いの福島正則を安芸に移し、九男の徳川義直を城主に据えた。しかしながら清洲城は規模が小さく、水害もあったために、新しい城を建てる必要があった。名古屋、古渡、小牧の候補地のなかから、廃城となっていた那古野城のあった名古屋台地が選ばれた。

名古屋台地は、北面と西面の高さが約10mの崖で、その先は広大な湿地、さらに庄内川、木曽三川と続く天然の要害であったためである。また、南面方向には平地が広がり、城下町を築くことができたのも、目的にかなった地であったようである。

家康に**天下普請**を命じられたのは、秀吉ゆかりの加藤清正、福島正則、池田輝政ら20家の大名である。家康に対する忠誠を試し、これら大名の財力を削ぐのが目的でもあった。慶長15年(1610)に工事は始まり、慶長17年(1612)には天守や櫓類が完成。元和元年(1615)には**徳川義直**が本丸に入り、翌年二ノ丸御殿が完成した。

❾ 鉄砲狭間

二の丸北側の石垣上には粘土や砂利を練り固めた塀(南蛮練壁)が設けられ、丸い狭間が穿たれている。

❿ 北側の水堀

湿地帯を利用した広大な水堀。その北側の名城公園は江戸時代に庭園が設けられていた。

歴史秘話

数奇な運命をたどった金鯱

最初に作られた金鯱の高さは、雄が2.57m、雌が2.51m。寄木の木型に鉛板を貼り、鱗型の銅板をとめ、その銅板に金の延べ板をかぶせて造られた。使われた金は、慶長大判1940枚、重さ320キロであった。ちなみに現在の復元された鯱は、ブロンズの原型に漆を焼き付け、銅板に金板を貼りつけた鱗をつけた。慶長大判の金の純度は高く、藩は財政困窮の際に、鱗を鋳(い)なおして使い、そのたびに鱗の金の純度は下がっていったという。

本物と同サイズで復元された金鯱の模型。

❺ 表二之門

本丸の入り口にあたる。門柱に冠木を渡した高麗門で、門柱、冠木とも鉄板張り。左右の袖塀は土塀で、鉄砲狭間が設けられている。

❻ 正門

明治になって旧江戸城の蓮池御門が移築されていたが、第二次世界大戦で焼失。のちに再建された。

❼ 旧二ノ丸東二之門

かつての門は第二次世界大戦で焼失した。現在の門は、二ノ丸東枡形にあった東鉄門を移築したものである。

❽ 二ノ丸庭園

二ノ丸造営時に、二ノ丸御殿の北側に造られた。名勝に指定されている。

人物

…担当した
…人・加藤清正

…によって築城には多くの大名が…れたが、そのひとりが築城名人と…られる加藤…だった。清正…重要な天守台の…石垣を担当。技術…出を恐れて作業…場に天幕を張った、地盤を固めるためにその上で児子を遊ばせた、などの伝承が残る。

二の丸に立つ清正公石曳きの像。

天守台北側隅には「加藤肥後守 内小代下総」と刻まれた石材が残る。

⑪ 埋御門跡

二ノ丸北側にある城主の脱出用の門。有事の際はここから抜け出し、堀底を通って水堀へと逃げることになっていたという。

⑫ 清正石

本丸東門枡形の中の石垣に置かれた、縦2×横6メートル余りの巨大な鏡石。加藤清正が運んだ石と伝えられる。

幕府の威光を伝える天守

縄張は、天守が建つ**本丸**を囲んで、西北に**御深井丸**（おふけまる）、東から東南に**二ノ丸**、南から西に**西ノ丸**があり、さらにそれらの曲輪（くるわ）を広大な**三ノ丸**が凹の字に取り囲む**輪郭式縄張**である。現在、三ノ丸跡には名古屋市役所、名古屋高等裁判所などが建ち開発が進むが、石垣の一部と空堀が残る。

大・小天守は昭和34年（1959）の外観復元のコンクリート造り。大天守は外観五層の典型的な層塔型で、非常に安定感・重厚感がありながら、破風（はふ）が最も多い天守といわれ、千鳥（ちどり）破風、唐（から）破風の優美な重なりが、きめ細やかな印象も与える。

本丸の**東南**、**西南**、御深井丸の**西北**の隅櫓（すみやぐら）は、戦禍を免れて当時の姿を今にとどめている。いずれも重要文化財に指定されていて、趣のある姿を楽しむことができる。それぞれに形や破風が違い、その違いを確認しながら歩くのも一興である。

復旧再建

忠実によみがえった“美の世界”

戦火で失われた本丸御殿の復元工事には、江戸時代の材料や伝統的な工法を用いられた。復元に関わった職人は250人に上り、大工以外にも屋根の飾瓦をつくる鬼師（おにし）や飾金具（かざりかなぐ）をつくる錺（かざり）職人など多岐にわたる。板戸の飾金具や天井の装飾など、細部まで注目したい。

唐破風が特徴的な御殿の玄関（遠侍）。

最も豪華な部屋である上洛殿上段之間。

天井の格子や引き手にまで装飾が施されている。

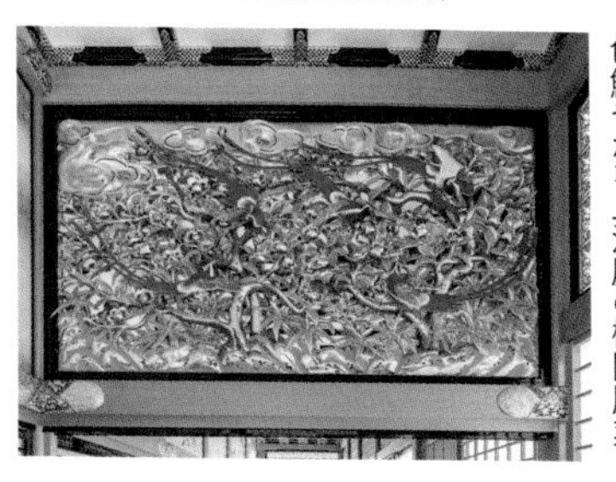
色鮮やかな上洛殿の欄間彫刻。

絢爛な本丸御殿を復元

本丸御殿は、約3000平方メートルの平屋建て。当初は藩主の義直の居室・政務の場所だったが、その後、将軍の上洛の折の殿舎として使用された。ただし、将軍の利用は3代家光と14代家茂の2回だけであった。

近世城郭御殿の傑作として、国宝の京都・二条城の二ノ丸御殿と並び称されたが、第二次世界大戦の空襲で焼失。しかし、**襖絵**（ふすまえ）、**杉戸絵**（すぎとえ）、**天井板絵**など1047面は疎開していたため残り、重要文化財に指定されている。

平成に入ってこの本丸御殿の再建が進み、平成30年（2018）に全面公開された。図面や古写真を参考に、江戸時代の姿に**忠実な復元**がなされている。将軍の寝所である**上洛殿**はまばゆいばかりの金箔が用いられ、障壁画や襖絵など細部に見どころが多い。

また、大・小天守の木造復元も計画されている。現在天守は閉鎖され、調査と慎重な議論が続けられている。

内堀越しに見る天守
天守群は中央の大天守をはじめ五つの建造物で構成されており、どの角度からでも建築の妙を感じることができる。

松本城（まつもとじょう）

長野県

1550年築
1591年築

城番号 360
参照頁 ▸P164

史跡区分
天守群が国宝
国指定史跡

深志城から松本城へ

松本城は、長野県松本平に築かれた**平城**で、五層の天守を持つ城郭として国宝に指定されている。黒い外観の天守群から**烏城**（からす）とも呼ばれる。

松本城の前身は、信濃の守護である小笠原氏一族が在城していた**深志城**（ふかし）である。天文19年（1550）、武田晴信（はるのぶ）（信玄）は小笠原長時を襲い、奪われた深志城は武田氏によって、東・北信濃への進出の拠点として利用された。武田氏滅亡の後、織田信長の援助を得た木曽義昌（よしまさ）が、深志城と城下町を領地とした。本能寺の変後の天正10年（1582）、徳川家康の後援を受けた小笠原長時の長男・貞慶（さだよし）が故地を回復し、松本城と改称した。

豊臣秀吉の小田原城攻めの後、天正18年（1590）に徳川家康の関東移封に従って、小笠原貞慶の子・秀政（ひでまさ）は下総に所替えとなった。代わりに松本城

本文の続きはP37

大天守最上階の祭神
天井は梁が井桁に組まれて屋根を支える。その中央には二十六夜神が祀られた祠が設置されている。

天守の構造と魅力

大天守の石落し
天守群の要所には鉄砲で迎撃するための石落しが備わる。天守も戦闘を意識して築かれたことがわかる。

見どころ 1 天守群 Ⓑ

写真左から月見櫓、辰巳附櫓、大天守、渡櫓、小天守と5つの建物が並ぶ天守群。連結式と複合式が組み合わされた連結複合式天守である。大天守は破風が少なく、装飾を省いた実戦的な建物であった。

乾小天守　大天守とは渡櫓でつながる。三層四階。破風はないが、最上層には華頭窓がある。

大天守からの眺望　最上階の上からは堀の周囲と松本市街をぐるりと一望できる。晴れた日には西の方向に北アルプス連峰を望む。

辰巳附櫓と月見櫓
辰巳附櫓は二層二階で防衛のための石落しが備わる。一方、月見櫓は遊興施設であり、他と異なり開放的なつくりである。

広々とした月見櫓の内部。

見どころ 2 黒門

本丸大手に築かれ、堀に向かって外に突き出た外枡形虎口となる。堀側が高麗門、曲輪側が櫓門となり、喰違いに築かれている櫓門は昭和35年(1960)、虎口全体は平成2年(1990)に復元された。

見どころ 3 枡形を作る太鼓門

二の丸の正門にあたる。石垣の凹部を渡櫓が跨ぐ櫓門が一の門で、高麗門である二の門とともに枡形を作る。一の門の北の石垣の上に、太鼓と半鐘が設置された太鼓櫓があった。平成11年(1999)の復元。

4 本丸御殿跡

書院棟、客座敷棟、御居間棟、大広間棟などがあったが、享保12年(1727)の火事で焼失し、今は庭園とされている。

5 二の丸御殿跡

本丸御殿の焼失後、二の丸御殿がその機能を担った。現在は建物の構造が平面復元されている。

6 埋門

本丸北西側の石垣を通路の幅だけ切り落とした門。現在は朱色の埋橋が架かるが、往時は朱色ではなかった。

7 若宮八幡宮跡

内堀の中州のような曲輪。深志城を築城した島立右近の埋葬地と伝わる。

松本城 見どころ

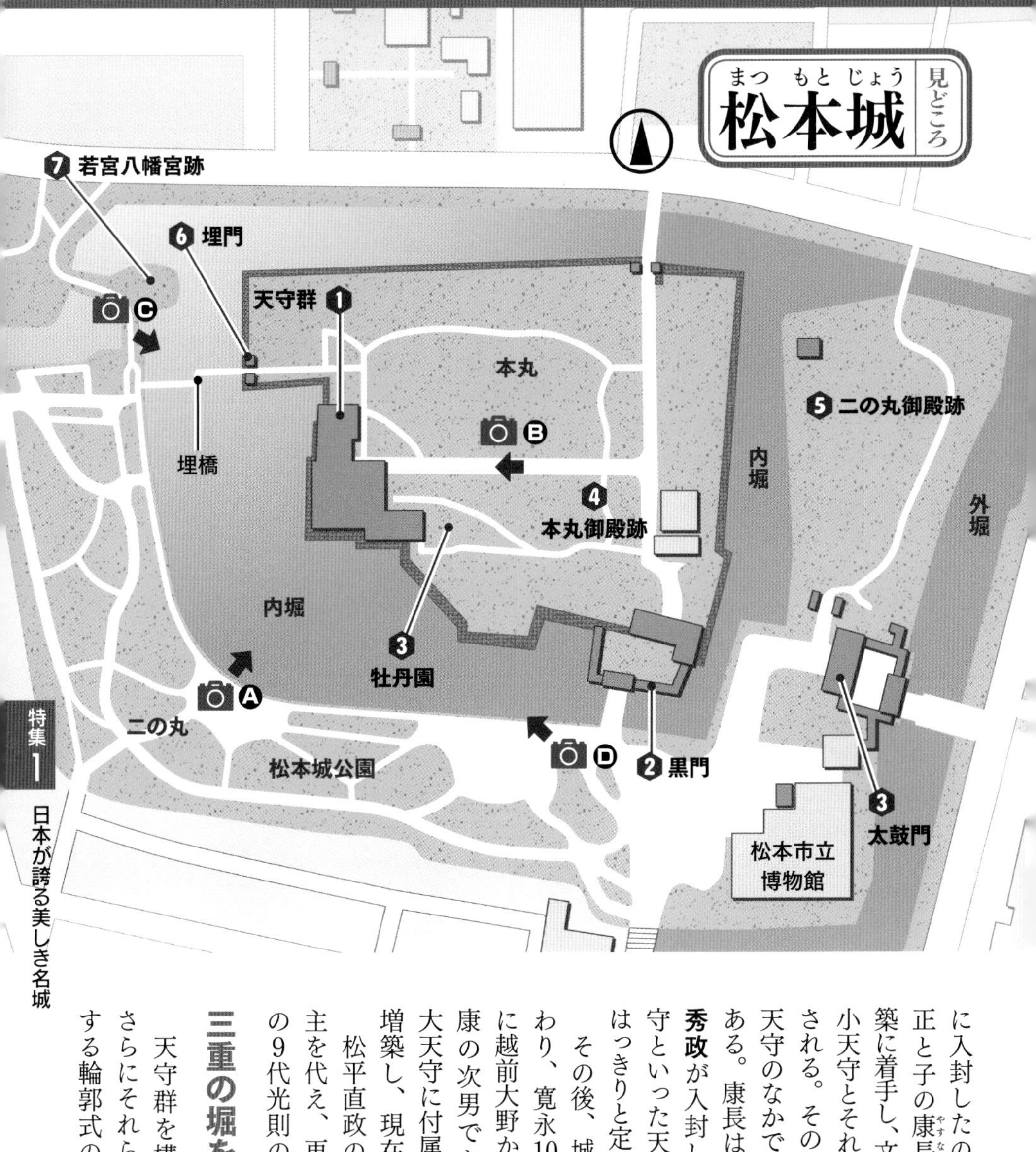

に入封したのは、**石川数正**である。数正と子の康長は、松本城の大規模な改築に着手し、文禄3年（1594）には大・小天守とそれをつなぐ渡櫓が完成したとされる。そのため、松本城天守は現存12天守のなかで最古の建物とされることもある。康長はこの後、改易され、**小笠原秀政**が入封した。実は大天守、乾小天守といった天守の建造年には諸説あり、はっきりと定まってはいない。

その後、城主は戸田（松平）康長に変わり、寛永10年（1633）、康長の後に越前大野から入ったのが**松平直政**（家康の次男である結城秀康の三男）で、大天守に付属する**辰巳附櫓**、**月見櫓**が、増築し、現在の姿が完成した。

松平直政の後は堀田氏、水野氏と城主を代え、再び戸田松平氏に戻り、その9代光則の時に明治維新を迎えた。

三重の堀を有した平城

天守群を構えた本丸を、二の丸が、さらにそれらを三の丸が取り囲み防御する輪郭式の縄張をもつ。武田時代に

本文の続きはP38

黒門前から天守と北アルプスを望む。 D

朱色の橋と漆黒の天守のコントラスト。  C

いろんな角度から天守を撮ろう

格好の被写体である国宝天守。五つの建造物が組み合わさった特異な構造だけに、角度を変えると多様な表情を見せてくれる。大天守を中心に据えるなら、南西側から水堀越しに撮るのがおすすめ。北アルプスを背景にするなら黒門前からがよいだろう。

松本市役所の展望台から見た天守。

撮影

本丸と二の丸の原型が築かれ、小笠原時代に三の丸が拡張されたという説もあるが、定かではない。

本丸南西隅に位置する天守群は、大天守と乾小天守が渡櫓で連結され、さらに大天守には辰巳附櫓、月見櫓の附櫓がつながる、**複合連結式**という特異な形である。

大天守と**乾小天守**は、関ヶ原の戦い以前に造営され、いまだ不穏な世相を反映してか、窓をほとんど持たず、長方形の矢狭間（やさま）と正方形の鉄砲狭間を規則的に配し、大天守の一層には、角のほかに中央にも石落しを備えるなど、戦闘を意識している。それに対して、**辰巳附櫓**と廻縁（まわりぶち）と朱塗りの手摺りまで備えた**月見櫓**は、後に城主となった、松平直政が増築した遊興・宴席のための望楼で、平和な時代背景を反映している。この城は、両者の対比を鑑賞するのが見どころのひとつといえる。

また、**烏城**の異名となった外壁は、下見板の**黒漆塗り**（くろうるし）で丁寧に仕上げられていて、厳めしさはあるが、アルプス

歴史秘話

松本城を守った二人の人物

明治維新後、天守は破却の危機にさらされていた。明治5年（1872）に競売に掛けられたのだ。それ以前から門や櫓は次々と撤去されており、天守も傾いた状態のまま整備もされず、問題視されていた。それを救ったのが市川量造（りょうぞう）と小林有也（うなり）だった。

競売で天守は個人に売却されたが、松本町の副戸長である市川量造は募金や博覧会を開いて資金を調達し、買い戻した。明治18年（1885）には県立松本中学校が二の丸に建てられ、本丸が校庭として使われた。初代校長の小林有也は寄付を募り、修繕工事を明治36年から大正2年（1903～1913）まで行った。この工事ようやく、天守の傾きなどが補修されたのだ。松本城天守が往時の姿を留めているのは、この二人の尽力があったからなのである。

市川量造と小林有也を顕彰するレリーフ。黒門櫓門の脇に設置されている。

明治40年（1907）に撮影された修復工事中の大天守。（松本城管理事務所提供）

の山々を背景にすると優美ささえ感じる。毎年秋に漆の塗り替え工事が行われている。

松本城は、**内堀、外堀、総堀**の三重の堀に囲まれているが、内堀と外堀は、本丸の北で一体になっている。堀はすべて水堀であり、その多くは都市化の中で埋め立てられてしまったが、松本市役所の東に総堀の一部が残されている。また、外堀の南面と西面の復元工事が現在進められている。水堀の復旧は全国でも珍しい事業であり、期待が膨らむ。

女鳥羽川に架かる**千歳橋**は大手門の跡地であり、かつては高麗門と櫓門によって構成された枡形虎口で、番所役人が通行を見張っていた。現在遺構は残らないが、注意深く見ると喰違いのように道が折れている。

また、大名町通りの交差点の近くには、規模の大きい**総堀の土塁**が整備されて残されている。このようなかつての城の痕跡を辿りながら歩くのもまた一興だろう。

見どころ 1

桜田巽櫓からの光景

三の丸南東隅の要衝に位置し、石落しを有した実戦的な櫓。桜田巽櫓、内桜田門(桔梗門)、富士見櫓が真っ直ぐ並ぶこの光景は、二重橋と並ぶ江戸城随一の撮影スポットでもある。

江戸城（えどじょう）

東京都

1457年築
1606年築

城番号 251

参照頁 ▶P144

史跡区分 田安門・清水門・外桜田門などが国の重要文化財 国指定特別史跡

幕府を支えた政庁

江戸城はおよそ270年の間、**将軍徳川家の居城**として、また**江戸幕府の政庁**として威容を誇った。

天正18年(1590)、徳川家康が入城した当時の江戸城は、長禄元年(1457)に**太田道灌**(どうかん)が築城した当時の姿を残す、小規模で質素な城だった。城と現在の東京駅あたりとの間には江戸湾が入り込み、日比谷入江と呼ばれる浅い海となっていて、神田川の前身の平川(ひらかわ)は竹橋あたりに河口があったようである。

慶長8年(1603)、家康は征夷大将軍となり、江戸幕府を開くと、幕府

都心に残る外堀跡
四ツ谷から飯田橋駅にかけて、外堀や土塁と並行してJR中央線が走っている。

❷ 大手門

枡形虎口である大手門。高麗門も櫓門も天下の政庁にふさわしい大きさを誇る。

に相応しい城の造営に乗り出した。**天下普請**による工事は家康、秀忠、家光の3代にわたって実施され、**惣構**（そうがまえ）がほぼできあがった寛永13年（1636）頃まで、約40年にも及んだ。

　ただ江戸城は火事に苦しめられ、幾度となく大火に見舞われて多くの建物が焼失しては、再建するという繰り返しであった。なかでも4代将軍の家綱の時代、明暦3年（1657）1月18日に発生した明暦の大火は史上最大の火災で、江戸の町もろとも城はほとんどの建物を焼失した。本丸や二の丸などは再建されたが、これ以後、天守は再建されることはなかった。

　江戸城の内郭（うちぐるわ）は、本丸の周りを二の丸、三の丸、西の丸、北の丸が渦巻き状に取り巻く**輪郭式縄張**（りんかくしきなわばり）である。この**内郭**を外堀、神田川、隅田川を惣構とした周囲約20キロの巨大な**外郭**が、さらに「の」の字を書くように取り巻いており、外堀には見附（みつけ）と呼ばれた出入口が設けられていた。惣構を含めた江戸城は**国内最大の城郭**である。

④ 天守台石垣

東西約41メートル、南北約45m、高さ11mの大きさ。加賀藩前田氏が工事を担当した。

③ 北桔橋門と高石垣

本丸の北側、北桔橋門(きたはねばしもん)横の石垣の高さは約10m。切込接の手法で積まれている。

⑥ 百人番所

大手門から本丸へ入る際の検問所。昼夜交代で警固した。数少ない江戸城の現存遺構のひとつでもある。

⑤ 二重橋と伏見櫓

二重橋は皇居正門の橋として明治時代に築かれた。伏見櫓は伏見城からの移築という伝承が残る。

歴史秘話 幻となった4代目天守

江戸城天守は家康・秀忠・家光と将軍の代替わりごとに建て直され、家光時代の３代目天守（寛永期天守）は天守台を含めて高さ約59mと史上最大の大きさだった。しかし、明暦３年（1657）の大火で焼失。その後、すぐさま再建計画がはじまり、現存する天守台が築かれたが、時の重鎮である保科正之が「天守再建よりも城下の復興を優先すべき」と建言したことで、天守再建は立ち消えとなった。

⑦ 富士見櫓

万治２年(1659)築の現存唯一の三重櫓。天守焼失後は「天守代用」となった。

❽ 田安門

北の丸の虎口で、御三卿のひとつ田安家の屋敷があったことが名称の由来。外桜田門、清水門とともに国の重要文化財となる。

❽ 田安門
日本武道館
清水門
清水濠
北の丸公園
❸ 北桔橋門
千鳥ケ淵
乾門
平川濠
平川門
乾濠
❹ 天守台
本丸
二の丸
三の丸
大手濠
三の丸尚蔵館
半蔵濠
吹上
蓮池濠
❷ 大手門
桔梗濠
❼ 富士見櫓
❶ 桜田巽櫓
❻ 百人番所
半蔵門
蛤濠
西の丸
坂下門
❺ 伏見櫓
馬場先濠
❺ 二重橋
桜田濠
桜田門
日比谷濠

北条時代から江戸は交通の要衝として発展しており、家康が入城した江戸城も土造りではあったが、それなりの規模をもった城だったようだ。

見どころ 1

まっすぐ延びる大手道

安土城の正面玄関ともいうべき大手門から、山頂の天主・本丸に至る道である。両側に石敷きの側溝があり、その外側に石塁がある。平成元年（1989）からの発掘調査を基に復元された。

安土城（あづちじょう）

滋賀県

1576年築

城番号 662

参照頁 ▶P276

史跡区分　国指定特別史跡

天下統一を目指す拠点

安土城は**日本で最初の天主**を構えたといわれ、織田信長以後、江戸時代初期にかけて築城された**近世城郭の手本**となった。

信長は天正4年（1576）1月、琵琶湖の東岸に位置する安土山に築城を開始。現在は内陸寄りに位置しているが、築城時は東、北、西が琵琶湖に面し、南は沼という要害の地である。地勢的には、岐阜城より京に近く、北陸街道と京を結ぶ要衝であり、さらに琵琶湖の水上交通・水運も利用できるなど、**天下取り**を目指す信長の拠点としてこの地は選ばれた。

天正7年（1579）5月に天主が完成し、すべてが完了したのは天正9年（1581）頃といわれている。しかし、信長が心血を注いだ安土城も、天正10年（1582）の本能寺の変の後、まもなく原因不明の火災で**天主・本丸を焼失**。その後、廃城になった。

歴史秘話 安土城天主はどんな姿だったのか？

信長が築いた安土城天主は、それ以降全国に築かれるようになった最初の天守であり、日本城郭史ばかりでなく日本建築史においても革命的存在であった。それまでにも武家屋敷に築かれた楼閣など、二重・三重の櫓は存在したが、それが前代未聞の高層建造物へと飛躍したのである。

それほど重要な安土城天主だが、実際の姿は伝わっておらず、階数なども定まっていない状況だ。信長以降の天守は居住空間としての役割を失うが、安土城天主の内部は書院造で、襖絵などに飾られていたとされる。なお、信長時代は「天主」と表記した。

安土城天主の復元案。八角堂の望楼が乗る構造で、内部は床の間を備えた豪華絢爛な座敷になっている。（イラスト／香川元太郎）

出土された金鯱瓦
（滋賀県教育委員会提供）

周囲を睥睨（へいげい）する壮麗な天主

安土城は、安土山全体を使った**平山城**である。天主は五層七階で、高さは約46mだったようだ。麓からの高さ約100mの安土山山頂に建ち、周囲に遮るものはなく、築城当時は湖岸際だったことを考えると、さぞや周囲を圧倒したに違いない。

屋根は瓦葺（かわらぶ）きで、軒瓦（のきがわら）は金箔押しであった。最上層は金箔で装飾されており、その下の層は八角形、内部は絢爛な障壁画で飾られていた。その壮麗さは、ヨーロッパにまで伝えられた。

総石垣造りの城郭も安土城がはじまりとされ、石垣は技能集団の**穴太衆（あのうしゅう）**によって積まれ、これ以後、穴太衆は全国の城の普請に関わっていくこととなった。天主、本丸、二の丸、三の丸の主要部を囲む石垣は、屈曲を設けて横矢が掛けられるように配置されるなど、近代城郭がならうこととなった技巧がすでに採用されて、石垣はみどころが多い。

6 信長廟
二の丸
本丸
三の丸
4 黒金門
2 天主台
現・摠見寺
（伝徳川家康邸跡）
3 伝羽柴秀吉邸跡
1 大手道

2 天主台

天主台の石垣は不等辺七角形。天主の礎石が東西10列、南北10列に配されている。

3 伝羽柴秀吉邸跡

上下2段に分かれた屋敷跡で、発掘された礎石が整備されている。ただし、秀吉邸というのは伝承にすぎず、誰の屋敷跡かは不明。

4 黒金門

それまでの山城には見られない石垣づくりの枡形虎口。黒金門を通ると二の丸に入る構造で、この虎口は家臣の屋敷地と主郭の境目だと理解できる。

安土城の復元イラスト　初の総石垣づくりで、近世城郭の嚆矢とされる安土城。山域全体に家臣団の屋敷があったとされる。現在は埋め立てられてしまったが当時は西の湖に突出し、水上交通と直接結びついていた。（イラスト／香川元太郎）

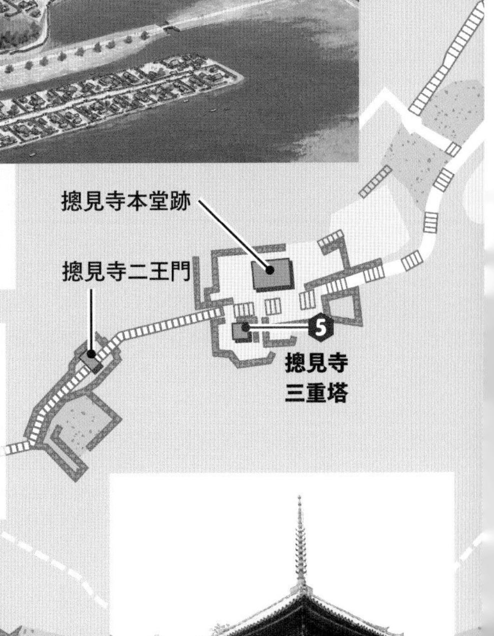

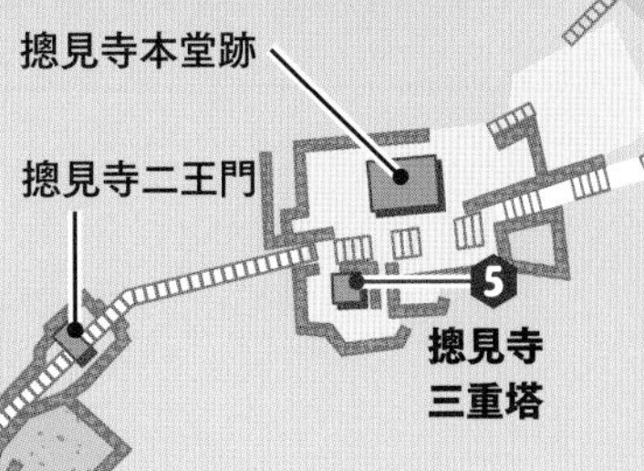

仏足石
石垣に用いられていた仏足石。石仏も多く使われており、かつては信長の仏心の欠如が理由と言われていたが、現在その説は否定されている。

6 信長廟

二の丸跡には、豊臣秀吉が建立したとされる、信長の霊廟がある。秀吉は一周忌に大々的に法要を営んだ。

5 摠見寺三重塔

摠見寺は臨済宗の寺院で、織田信長によって城郭内に創建された。廃城後も信長の菩提寺として存続。

彦根城

滋賀県
1622年築
城番号 669
参照頁 ▶P277

参照頁 ▶P277

史跡区分
天守と付櫓・多聞櫓が国宝
天秤櫓・馬屋などが国の重要文化財
国指定特別史跡

見どころ1 **天守** 小ぶりながら多くの破風や華頭窓に飾られ、井伊家の家格にふさわしい偉容を誇った。一方で狭間を備えた戦闘的な天守でもある。

譜代筆頭井伊家の居城

彦根城は、姫路城、犬山城、松本城とともに、**天守と付櫓、多聞櫓**が国宝に指定された趣のある城である。

井伊直継は、慶長8年（1603）、彦根城の造営に着手した。築城地の彦根山は、西は琵琶湖、東に佐和山がある天然の要害であることに加えて、京と北陸街道の交通の要衝で、琵琶湖を利用した水上交通や運送が可能という利便性で選ばれた。

豊臣秀頼の**大坂城を睨む包囲網**の拠点のひとつとして、家康の命により「天下普請」で築かれた。12の大名が助力をしたにもかかわらず、元和

本文の続きはP50

❷ 玄宮園からの眺め

歴代藩主に愛でられた庭園で山上に天守を望む。近年の整備で石垣もよく見えるようになった。

❸ 登り石垣

城内には何箇所か登り石垣(竪石垣)が築かれている。登り石垣とは斜面に並行に築かれた石垣で、敵兵の横移動を防ぐための防御施設である。

8年（1622）頃の完成まで、およそ20年の歳月がかかった。
　多くの城は城主が目まぐるしく替わっているが、彦根城は江戸時代初期より**井伊家の城**としてあり続け、明治を迎えた。明治時代、城は多くの建物が撤去されたにもかかわらず、天守やいくつかの櫓、門が残り、今に至っている。

典雅（てんが）な国宝天守

城は**平山城**で、標高136mの丘陵に、本丸、西の丸、鐘（かね）の丸、山崎曲輪（くるわ）などの曲輪を**連郭式**に配す。本丸や西の丸とは別に城主の居館である表御殿を麓（ふもと）に構える、堀切を施すなど、戦国期の山城の特徴があちこちにあることも興味深い。
　国宝となっている天守は、大津城の天守を解体、部材を利用して造営された。櫓の上に望楼を載せた**望楼型天守**で、三層四

④ 大手門

現在の入城口は表御門だが、実際の正門は反対側にある大手門だった。

⑤ 太鼓門

本丸最後の関門となる太鼓門。実際に太鼓が置かれていた。他城からの移築である。

⑥ 天秤櫓

天秤のように両脇に櫓があるのが名称の由来。堀切をまたぐ廊下橋が架けられ、橋を落とせば敵の侵入を防ぐことができる。

⑦ 西の丸の堀切

西の丸と出曲輪の間にある堀切。反対側にある天秤櫓と同様に本丸を守る要衝。

階、付櫓が接続された複合型の形式である。千鳥破風、唐破風をふんだんに構え、最上層は華頭窓で飾る。さらに高欄と廻縁（手すり付き縁側）をめぐらせており、他のシンプルな天守とは趣が違う典雅さで、見応え十分である。

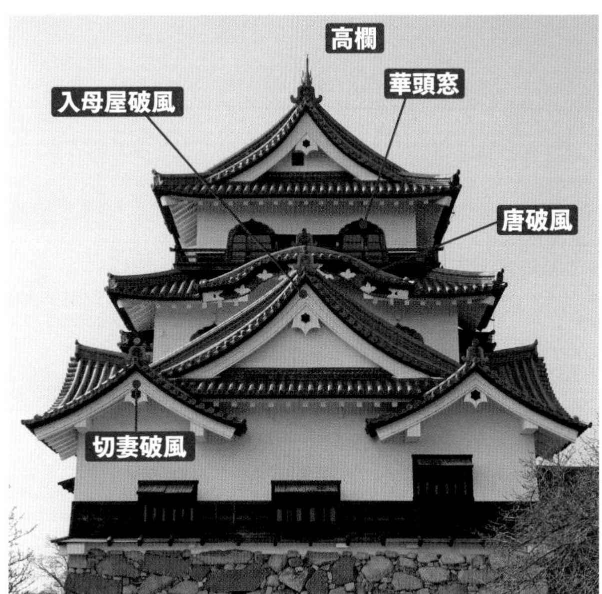

天守の装飾

三重天守としては破風の数も華頭窓の数も日本最多で、山麓からでもその壮麗さがわかるよう、破風は大きく派手につくられている。目立たないように鉄砲狭間が多く備わっている点もポイントだ。

8 西の丸三重櫓

北と東側に続櫓を接続させた三重櫓。壁全体を総漆喰塗りで仕上げている。

復元された表御殿。

博物館では甲冑などを展示。

ガイド

彦根城博物館

表御殿の復元建築を利用した彦根城博物館には、井伊家ゆかりの宝物や古文書、美術工芸品が数多く展示されている。城や井伊家の解説もくわしい。人気のゆるキャラ・ひこにゃんも定期的に登場。表御殿は彦根藩の政庁兼城主の屋敷だった。

彦根城の天守は大津城の天守の再利用、そのほかの櫓は佐和山城の再利用といわれている。

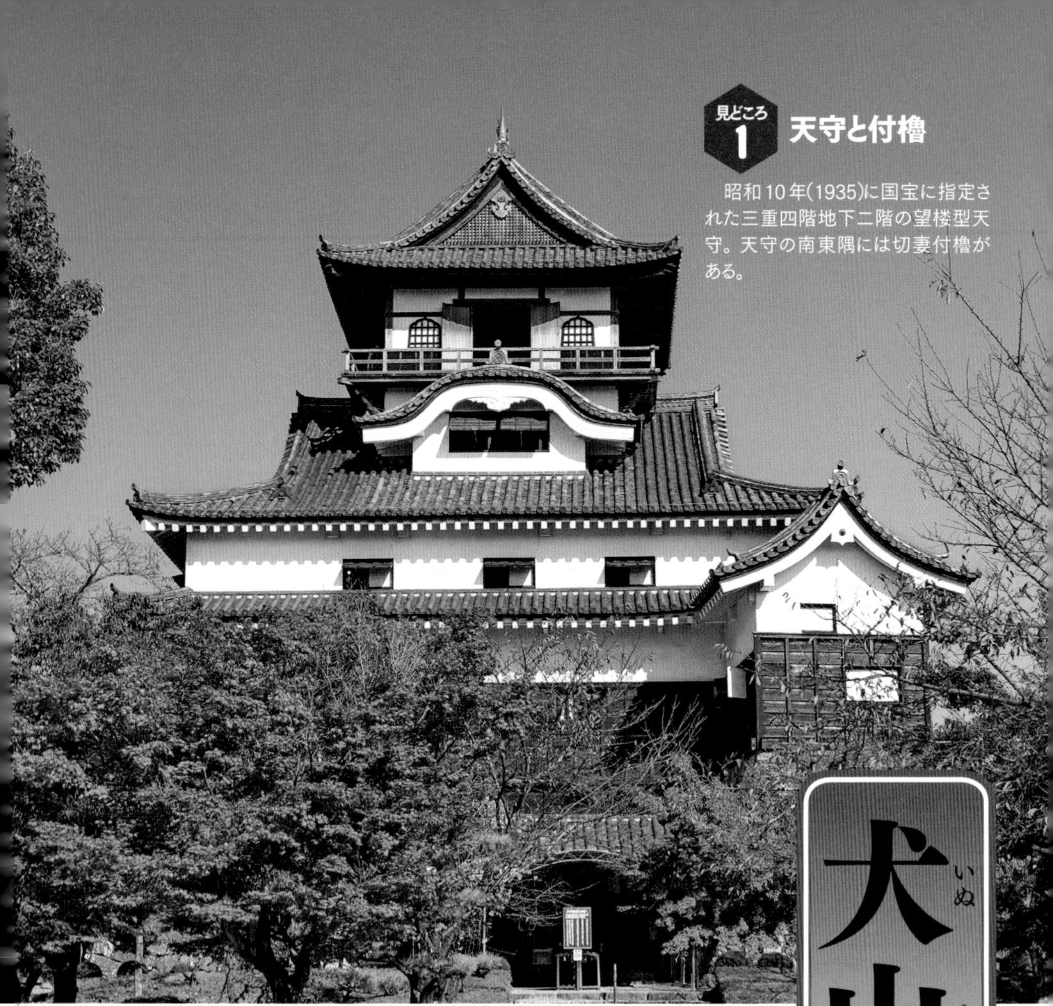

見どころ 1 天守と付櫓

昭和10年(1935)に国宝に指定された三重四階地下二階の望楼型天守。天守の南東隅には切妻付櫓がある。

犬山城（いぬやまじょう）

愛知県

1469年築

城番号 504

参照頁 ▶P233

史跡区分 天守が国宝 国指定史跡

個人所有の城であった

犬山城（別名白帝城）は、木曽川の左岸にある高さ約40mの断崖上に造営された**平山城**で、姫路城、松本城、彦根城とともに**国宝**に指定されている。

犬山城を最初に築城したのは、**織田信康**（のぶやす）で天文6年（1537）のことである。現存唯一の戦国期の天守とされていたが、昭和30年代の解体修理で否定された。天守がいつ創建されたのかは、はっきりわかっていない。もともとあった櫓の上に、望楼を乗せたとされ、元和3年（1617）に城主となった**成瀬正成**（まさしげ）が、

本文の続きはP54

豆知識 犬山城の別名の白帝城とは、李白の詩にある、中国の長江に臨む白帝城になぞらえて荻生徂徠（おぎゅうそらい）がつけたとされる。

木曽川越しに見た天守
木曽川に架かるライン大橋から見る。要衝の断崖に築かれた城であることがよくわかる。

天守からの光景
天守最上階からの眺望は四方に開けており、北に岐阜城、南に小牧山城や名古屋の市街地が見える。

城下町
近年は名物やスイーツなど城下町グルメが人気。

❸ 神木大杉様

築城時からの老木。天守と同程度の高さがあり、天守への落雷を再三防いだという。

❷ 岩坂門跡の高石垣

両脇に石垣がそびえ立つ大手を進むと岩坂門跡に着く。門跡の左手には鉄砲櫓跡の高石垣がそびえる。

❺ 三光稲荷神社

松の丸跡に鎮座し、歴代城主から崇敬を受けていた。縁結びの神様として人気。

❹ 鉄門

本丸を守る城門で鉄板が貼られていたことが名前の由来。昭和40年(1965)に復興。

1620年頃に望楼部分を改築したという。

正成以後、明治まで成瀬氏が変わることなく城主であったが、廃藩置県で城は愛知県の所有となり、明治5年(1872)、天守以外の建物が取り壊された。明治24年(1891)の濃尾大地震で損壊、県は修繕費用を負担することを条件に、城を旧城主の成瀬氏に譲り渡した。

それ以来、全国で唯一の個人所有の城であったが、平成16年(2004)、財団法人犬山城白帝文庫の所有となった。

初期望楼型天守の典型

天守が建つ川に近い部分が断崖の最も高いところで、そこから南の傾斜地に、曲輪(くるわ)が段状につながる**連郭式縄張**をもつ。

天守は三層六階、北西の隅に出張り、南東の隅に付櫓が付属する複合型の天守で、高さ24m(内石垣5m)である。二層の櫓の上に、望楼を載

武者走り　天守内部は中央に部屋が設けられ、周りに武者走りという廊下がめぐる。

天守最上階　天守の廻縁は装飾であることが多いが、犬山城は外に出ることができる。

簡素な天守内部

犬山城は古い形式の望楼型天守で、内部の構造はシンプルである。最上階の4階からの眺望は素晴らしい。

250年かかった犬山藩独立

元和３年（1617年）、尾張藩を治める徳川義直の付家老、成瀬正成が犬山城を拝領した。石高は３万石と大名に準ずる立場であったが、尾張藩を補佐する役目であり、独立した大名とは見られなかった。大名としての独立を試みるも失敗している。

慶応３年（1867）、新政府より大名に認定され、犬山藩はようやく独立を承認された。しかし250年もかかった悲願の独立にもかかわらず、４年後の廃藩置県で、犬山城は成瀬氏の手から離れて愛知県の所有となったのである。

付櫓内部　天守から突き出ている付櫓は、敵を見張り迎撃する防御拠点である。

せた**初期望楼型天守**の典型で、名古屋城や大坂城のすっきりとした層塔型の天守と比べると素朴ではあるが、歴史を経た味わいで、見飽きることがない。

望楼部は高欄と廻縁が取り巻き、印象的な大唐破風、最上層に華頭窓を設けるなど、典雅さも演出されている。

本丸正面からの姿もよいが、木曽川の河原から眺める断崖に建つ天守は風格があって人気である。

竹田城

兵庫県

1443年築

城番号 619
参照頁 ▶P267

天守台からの眺望　天守台から南千畳を見る。石垣で区画された曲輪が段々状に連なる。さらに城下まで見下ろすことができ、山城の魅力を存分に味わうことができる。

史跡区分 国指定史跡

中国と近畿の接点

竹田城は、標高353・7mの古城山の山頂にある**総石垣の山城**で、別名虎臥城とも呼ばれている。

この地は、京に通じる山陰道と播磨からの播但道が交わる地点で、古くから交通の要衝だった。また、生野銀山も近くにあることで、古くから重要な拠点として認識されてきた。

永享3年（1431）、但馬国の守護である**山名持豊（宗全）**が築城に着手し、嘉吉3年（1443）に完成と伝えられている。織田信長の中国攻めで、天正8

別名の虎臥城は、縄張が虎が伏せているように見えることからついたとされる。

年（1580）**羽柴秀長**が落とし、秀長の配下である桑山重晴を城に配した。桑山重晴が転封になると、天正13年（1585）、**赤松広秀**（ひろひで）が城主となり、石積みを整備して、いまある姿に改修した。

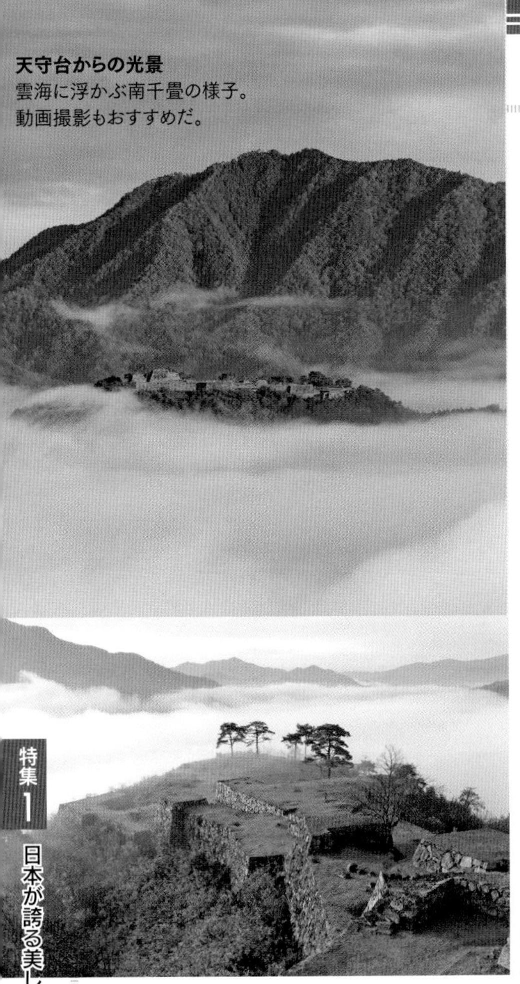

天守台からの光景
雲海に浮かぶ南千畳の様子。動画撮影もおすすめだ。

「天空の城」撮影の条件とスポット

竹田城というと、雲海に浮かぶ幻想的な姿が知られる。夜間に空気が冷やさることから、早朝に円山川から川霧が発生。雲海は谷間の低い部分に溜まるため、城跡が浮かんで見えるのだ。

雲海の発生条件は限られており、昼と夜の温度差が大きく、青天で風が弱い日のほうが発生しやすい。季節は早秋から2月末まで見られるが、9～11月がベストシーズンだ。

円山川をはさんで竹田城と対峙する立雲峡が撮影スポットになる。最高所の展望台は徒歩約50分程度かかることに加え、早朝のまだ薄暗い中を歩くことになるので充分な準備が必要だ。

南二の丸から見た天守台　竹田城は南北へ翼を広げたような縄張をしている。

南二の丸から見た天守台
竹田城は南北へ翼を広げたような縄張をしている。

花屋敷
本丸
1 天守台
二の丸
東の丸
三の丸
5
枡形虎口
北千畳
3
大手口
2 見附櫓跡

天守台

城内最高所に築かれ、高さ10メートルを超す。自然石が野面積みで積まれている。

2 見附櫓跡

北千畳から東に張り出す高石垣。かつては登城道を見張る見附櫓が建ちそびえていた。

3 大手口

大手にふさわしく、城内で最も規模が大きい枡形虎口。この先が北千畳となる。

圧倒される石の量

古城山の最高地点に本丸を置き、尾根筋の広がりに合わせて、北方向に二の丸、東の丸、北千畳の曲輪、南方向に南二の丸、南千畳の曲輪、西方向に花屋敷の曲輪が**梯郭状**(ていかく)に展開された縄張をもつ。遺構は石垣や竪堀(たてぼり)などで、建物はないが周囲には視界を遮る樹木がなく、天守台に立つと大規模な総石垣の威容のすべてを見渡すことができる。

山城は自然の地形を利用して、必要最小限の工事で防御施設を

❹ 南二の丸の虎口

平虎口でかつては櫓門が建っていた。城内で最大級の鏡石が使われている。

❺ 三の丸の枡形虎口

北千畳から三の丸に入る虎口。枡形内に石段が設けられている。

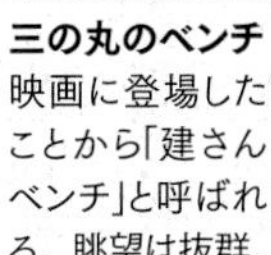

三の丸のベンチ
映画に登場したことから「建さんベンチ」と呼ばれる。眺望は抜群。

造るという考えであるのに、この城の石垣に使われた石の量には圧倒される。石垣は野面積み(のづらづみ)で、高さが10mを超える場所もある。積まれた当時のままのところが多く、石積みの技術の高さを示している。

この城を著名にしているのは何といっても、晩秋から早春にかけての早朝、円山川(まるやま)に発生する川霧に浮かぶ威容である。向いの**立雲峡**(りつうんきょう)から見る、川霧の雲海に石垣群が浮かぶ様はまさに**天空の城**で、山城マニア以外にも多くの人を魅了している。

天守台から城下を見る
写真右側には展望台がある立雲峡が見える。

平成元年(1989)に映画「天と地と」の撮影が行われ、天守などのセットが竹田城跡に造られた。また、高倉健主演の映画「あなたへ」の舞台にもなった。

現存12天守の美

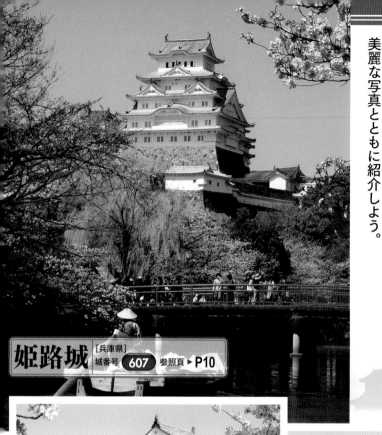

江戸時代から現存する天守はわずかに12城しかない。美麗な写真とともに紹介しよう。

姫路城 [兵庫県] 城番号 607 参照頁▶P10

松山城 [愛媛県] 城番号 731 参照頁▶P306

松江城 [島根県] 城番号 790 参照頁▶P316

高知城 [高知県] 城番号 752 参照頁▶P314

犬山城 [愛知県] 城番号 504 参照頁▶P52

宇和島城 [愛媛県] 城番号 733 参照頁▶P322

丸岡城 [福井県] 城番号 433 参照頁▶P200

丸亀城 [香川県] 城番号 730 参照頁▶P312

彦根城 [滋賀県] 城番号 669 参照頁 ▶ P48

備中松山城 [岡山県] 城番号 831 参照頁 ▶ P318

弘前城 [青森県] 城番号 023 参照頁 ▶ P64

松本城 [長野県] 城番号 360 参照頁 ▶ P34

地域別

北海道・東北地方の城

- 北海道
- 青森県
- 岩手県
- 秋田県
- 山形県
- 宮城県
- 福島県

Ⓐ**天守**　東北地方に現存する唯一の天守。築城当初は五重の天守であったが落雷によって焼失し、江戸後期に三重櫓を改築し再建された。

弘前城（ひろさきじょう）

青森県

慶長16年(1611)築

城番号 023
参照頁 ▶P83

史跡区分　国指定史跡　重要文化財9件

築城400年を迎えた東北を代表する名城

美しい三重三階の天守が目を見張る**弘前城**は、隣接する南部氏から津軽地方を守るために築かれた居城である。もともと津軽地方は南部氏の所領であったが、戦国末期、南部氏の家臣であった**津軽為信**（つがるためのぶ）がその支配を嫌い独立。この地を手中に収め**弘前藩**を開いた。

こうした経緯もあり、津軽氏と南部氏は江戸時代を通じて犬猿の仲となる。この影響を受けて築城された弘前城は、当時4万7千石(のちに10万石)に過ぎなかった弘前藩と思えないほど広大であり、その規模は**30万石の大名**に匹敵するとさえいわれている。

築城を計画したのは初代藩主・津軽為信だが、為信は志半ばにして世を去り、跡目を継いだ2代目藩主・津軽**信枚**（のぶひら）によってわずか1年で完成された。以降、津軽氏によって幕末まで世襲される。

城の構造は典型的な**梯郭式縄張**（ていかくしきなわばり）となっており、本丸、二の丸、三の丸など7つの曲輪、天守をはじめとする8つの櫓、12の城門を備え、東西約615m、南北約950mに広がっている。石垣は本丸のみで、その他は土

本文の続きはP66

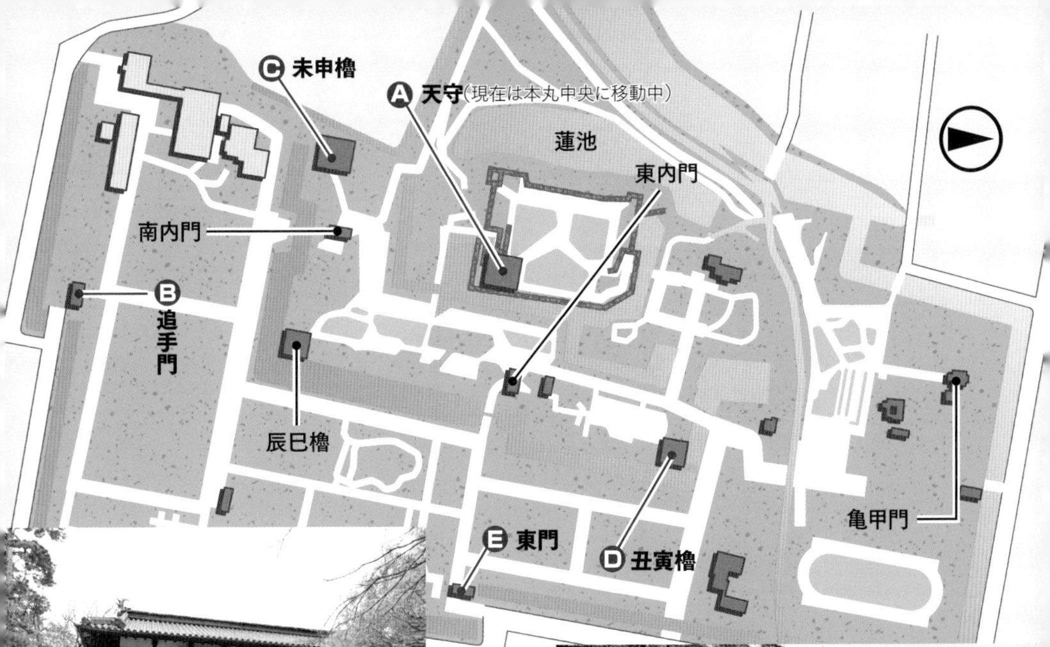

C 未申櫓
A 天守（現在は本丸中央に移動中）
蓮池
東内門
南内門
B 追手門
辰巳櫓
亀甲門
E 東門
D 丑寅櫓

B追手門　積雪を考慮して一般的な城門より一層目が高く造られている。城の正面玄関「大手門」で、弘前城では追手門と呼ばれる。

C未申櫓　弘前城の櫓には普通備えられている石落としがない。現存する3つの櫓はほぼ形が同じだが、窓や屋根の構造が少しずつ異なる。

E東門　現存する5棟の城門はすべて二階の柱を見せる古い様式の櫓門で、5棟とも重要文化財に指定されている。

D丑寅櫓　櫓はそれぞれ三階三層、屋根は入母屋、銅板葺き、防弾・防火のために土蔵造りとなっている。

塁で築かれているが、城の西を流れる岩木川、東の土淵川が防御の一端を担う。

当初は本丸に**五重の天守**を備えていたが、寛永4年（1627）に落雷によって焼失。文化8年（1811）に、本丸東門の隅にあった三重櫓を改築し、現在の天守が築かれた。なお、当時「武家諸法度」では天守の新築が禁止されていたため、幕府には隅櫓の名目で改築の申請をしたという。

時代の波を見事に読み切り往時の姿を今に伝える

東北地方の諸藩の多くは、明治維新の際に旧幕府軍として参戦したため、新政府発足後に懲罰的な意味合いを込めて城が取り壊されてしまう。しかし、弘前藩は新政府軍に協力したため惨事を免れ、往時の姿を数多く残している。

江戸後期に再建された**天守**は、雪国でも割れにくい**銅瓦葺き**を屋根に用いるなど、他の城内建造物とは雰囲気を異にしている。

また、本丸、二の丸、三の丸、北の丸の堀が往時の姿を留め、天守及び**3つの櫓**と**5つの城門**は、いずれも国の重要文化財に指定されている。

本丸石垣の膨らみを修復するため、平成27年（2015）には天守が**本丸中央に移動**。石垣の調査・修復が進められている。

曳家工事で移動した天守（写真は合成）

人物　機知に富む行動で弘前藩の礎を築く

弘前藩の藩祖・津軽為信は非常にしたたかな人物として知られている。為信は津軽地方を平定すると、「小田原攻め」へ向かう豊臣秀吉に南部氏に先駆けて謁見し、４万５千石を安堵される。為信は中央政権の確約を取ることで、南部氏の津軽侵攻を事前に食い止めたのである。さらに、「関ヶ原の戦い」では東軍として参戦し、戦後２千石を加増。幕末まで続く、弘前藩10万石の礎を築きあげた。

弘前城主 津軽為信の像

城内の桜は、明治に入って荒廃する城を嘆いた旧藩士の菊池楯衛が、ソメイヨシノを植栽したことから始まる。現在、日本三大桜の名所に挙げられる。

五稜郭タワーからの光景。「戊辰戦争」最後の舞台としても有名。

五稜郭（ごりょうかく）

北海道

元治元年（1864）築

城番号 001
参照頁 ▶P78

史跡区分 国指定特別史跡

対列強用に築かれた国内最大の稜堡式城郭

安政元年（1854）の日米和親条約締結により、下田と**箱館**（はこだて）（函館）が開港された。幕府は松前藩領であった箱館を直轄地とし、**箱館奉行所**を設置。欧米列強の脅威から箱館港を守るため、蘭学者の**武田斐三郎**（あやさぶろう）に設計を命じ**五稜郭**（正式名称「亀田役所土塁」）を築城した。

高い城壁を持つ和式城郭ではなく、高さを抑えた**稜堡式城郭**（りょうほ）であるのが特徴。これは16世紀にフランスで考案された築城様式で、飛び出した稜堡により死角を無くし、効率良く敵を迎え撃てる造りとなっている。

郭内には**箱館奉行所庁舎**などが建てられたが、「箱館戦争」（⬇P302）で一部が焼失。さらに明治政府により大半の建物が解体された。しかし、平成22年（2010）に奉行所の一部を復元、一般公開されている。

復元された箱館奉行所外観

地域別 北海道・東北地方の城

復興天守。本丸御門と塀で繋がっている。

史跡区分
国指定史跡
重要文化財1件
道指定有形文化財1件

最後の日本式城郭は津軽海峡防衛のため

松前半島の南、津軽海峡を望む**松前城**は、外国の脅威に備えて築城された日本最北かつ最後の日本式城郭である。元来この地には、**松前慶広**によって**福山館**が築城されていた。しかし、ロシア南下に伴う警備強化の必要性から、嘉永3年（1850）に十二代藩主・**崇広**が幕府の命を受け大改修。7基の砲台と計37門の大砲を備えた、日本式城郭ながら**西洋の軍事様式**も取り入れた城が誕生した。

高崎藩の兵学者・**市川一学**による縄張で、25門の大砲を津軽海峡へ向けて配置し、城壁には鉄板を仕込むなど海防を重視。そのため**戊辰戦争**では手薄となった背後から土方歳三らに攻められ、わずか1日で落城した。肝心の海側への砲撃も、飛距離不足で敵軍艦には届かなかったという。戦いの痕跡は現在でも残されており、城の石垣に弾痕を見ることができる。

天守は昭和24年（1949）に焼失。現在の**三重天守**は昭和36年（1961）に再建されたものである。本丸御門と本丸御殿の一部が往時の姿を留めており、本丸御門は国の重要文化財に指定されている。

唯一現存する本丸御門

腰曲輪の櫓台。すべての曲輪が石垣で囲まれているのが盛岡城の特徴である。江戸中期に改修されたものもあり、さまざまな年代の石垣を見ることができる。

盛岡城（もりおかじょう）

岩手県

慶長2年（1597）頃築

城番号 038

参照頁 ▶P86

史跡区分 国指定史跡

膨大な年月で築かれた石の芸術

盛岡城は1590年代に、盛岡藩初代藩主・**南部信直**（なんぶのぶなお）により築城が開始された。

現在では北上川が東へ移されてしまったが、当時は中津川との合流地点に築かれ、東・西・南の三方向を天然の水濠が囲む形となっていた。だがこれが災いし、川の氾濫が相次ぎ、工事は難航。完成したのは寛永10年（1633）、三代藩主・**重直**（しげなお）のときである。

築城当初は**三重天守**が東南にそびえていたが、明治に入って取り壊され、今は本丸、二の丸、三の丸、淡路丸の曲輪（くるわ）と堀が残るのみ。けれども、土塁の多い東北では珍しい**白御影石**（しろみかげいし）を用いた曲輪の石垣は、日本でも有数の規模を誇る。

また、**石川啄木**（たくぼく）が学生時代によく訪れていたことで知られ、城内には彼の読んだ歌碑や詩碑が設置されている。

三の丸の枡形虎口

久保田城

秋田県

慶長8年（1603）築

城番号 059
参照頁 ▶P90

土塁造りの枡形が連続する長坂門跡（二ノ門）。

史跡区分 市指定文化財1件

石垣をほとんど用いず土塁中心で築かれた城

久保田城は「関ヶ原の戦い」後、常陸水戸54万石から出羽秋田20万石に転封となった**佐竹義宣**が築いた**平山城**。ほとんど石垣を使わず土塁と堀のみで造営され、天守はもちろん、三重櫓さえない質素な造りであった。背景には転封を命じた**徳川家康**への配慮があったとされる。しかし常陸の**水戸城**（⬇P111）も土塁で築かれており、義宣が土塁での築城を得意としていたことが本当の理由のようだ。また、減封による財政難も理由のひとつといわれる。

幕末まで**佐竹氏**の居城として存続し、戊辰戦争の戦禍も免れたが、明治13年（1880）に焼失。現在の**隅櫓**は、平成元年（1989）に市制100周年を記念して再建されたものである。往時は二重櫓であったが、展望台を増築した**三重四階**となっている。平成13年（2001）には、発掘調査をもとに**表門**を復元。唯一往時の姿を伝える「**御物頭御番所**」は、秋田市の指定文化財に指定されている。

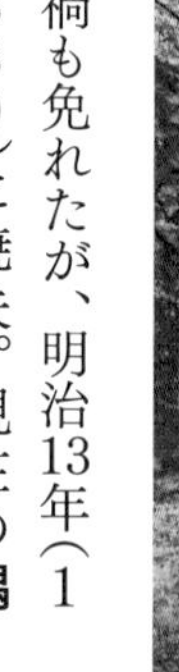

表門（一ノ門）

豆知識

慶長20年（1615）に発布された「一国一城令」によって支城を持つことは原則禁止されていたが、佐竹氏は久保田城に加え、横手城、大館城の3つの城を許されていた。

山形城（やまがたじょう）

山形県

延文2年（1357）築

城番号 078

参照頁 ▶P94

木造復元された東大手門。

史跡区分 国指定史跡

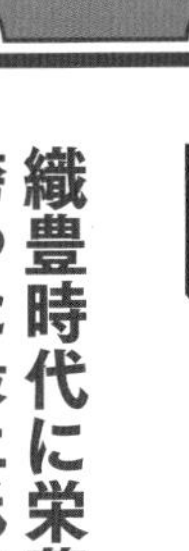

織豊時代に栄華を誇った最上氏の居城

山形城は南北朝時代、清和源氏の流れを汲む**斯波兼頼**が築いたと伝えられている。その後、兼頼は最上姓を名乗り、地名を山形へと改称。そのまま土着し、戦国屈指の大名となる**最上氏**の祖として礎を築いた。

慶長6年（1601）、11代義光のとき近代城郭へと改修し、現在の山形城の原型が造りあげられた。やがて最上氏が改易になり**鳥居忠政**が入城すると、忠政はさらに改修を加え、二重の堀を張り巡らせ、十数基の櫓を備えた、**輪郭式縄張**の城が完成する。

明治に入ると陸軍の駐屯地となり、建造物は破壊されて本丸も更地となり、三の丸の堀は埋め立てられた。戦後には二の丸の内側は霞城公園として、野球場などの運動場が次々と建設された。

しかし平成3年（1991）から、二の丸東大手門、大手橋、高麗門、枡形土塀などが復元。公園内の野球場などを移転し、史跡としての整備が進められている。

城内に立つ最上義光銅像

本丸高石垣。平成9年(1997)から7年かけ修復された際、発掘調査により、時期の異なる石垣の埋没が判明した。

仙台城（せんだいじょう）

宮城県

慶長5年(1600)築

城番号 099
参照頁 ▶P98

史跡区分　国指定史跡

みちのくの英雄が築いた豪華絢爛な本丸御殿

青葉山の山頂に位置することから「**青葉城**」とも呼ばれる**仙台城**は、三方を広瀬川の断崖と龍ノ口の渓谷が囲む、天然の要害に守られた**山城**である。本丸は仙台藩62万石に相応しく、東西245m、南北267mと日本最大級。天守は築かれなかったが豪華な**本丸御殿**が建ち並び、崖に張り出した**懸造**（かけづくり）**の御殿**も造営されていた。初代藩主・**伊達政宗**もここで暮らしたとされ、跡地からは多くの華麗な調度品が出土している。

2代藩主・忠宗は本丸より一段低い山麓部に二の丸を造営。大手門と附属の脇櫓は明治以降も残されたが、第二次世界大戦中の空襲で焼失。戦後、脇櫓のみ再建されるも、史実とは異なる形となった。令和に入り、大手門とともに復元計画が進められている。

平成23年(2011)に発生した東日本大震災とその余震により、複数の石垣の崩壊、本丸東側の崖崩れなど多くの被害が生じたが、約4年をかけて復旧した。

伊達政宗騎馬像

仙台城の本丸跡からはヴェネチアングラス、中国製の陶磁器などが出土している。

木造復元された三重櫓。発掘調査で出土した、耐寒性に優れたいぶし瓦を忠実に復元・使用している。

白石城（しろいしじょう）

宮城県

天正19年（1591）築

城番号 106

参照頁▶P100

史跡区分 市指定史跡

仙台藩家老・片倉氏の居城として継承

戦国時代、白石は伊達氏の支配下にあったが、移封になり、代わりに蒲生氏郷が入る。氏郷の家臣・**蒲生郷成**（さとなり）によって築かれた**平山城**が、**白石城**である。

のちに上杉領となり、家臣の**甘粕景継**（あまかすかげつぐ）によって改築される。さらに、慶長5年（1600）、再び伊達領となった白石城は家臣の**片倉景綱**（かたくらかげつな）に与えられ、片倉氏の代でも改修が加えられた。

「一国一城令」以降も、例外的に片倉氏の居城として受け継がれていた。明治維新では「**奥羽越列藩同盟**（おううえつれっぱんどうめい）」締結の舞台となるなど、歴史の転換期に名前が登場する城としても知られている。

明治7年（1874）に取り壊され、その後は公園となった。平成2年（1990）より発掘調査や工事が進められ、全国で初めて野面積みで石垣を復元。平成7年（1995）には**三階櫓**、大手一ノ門と二ノ門、土塀が復元された。

人物 名参謀・片倉景綱

白石城は「関ヶ原の戦い」において、片倉景綱（小十郎）によって攻め落とされた。景綱は伊達政宗の右腕として知られ、豊臣秀吉に政宗が冤罪を受けた際、重臣19名の１人として誓紙に名を連ね、政宗の命を救った逸話が残っている。

若松城
福島県
至徳元年(1384)築
城番号 118
参照頁 ▶ P102

平成23年(2011)、寒さに強い赤瓦への葺き替えが完了。幕末当時の姿が復元された。国内唯一の赤瓦の天守となっている。

史跡区分 国指定史跡

代々の城主の改築により堅牢な城へと変貌する

蘆名直盛が至徳元年(1384)に黒川城を築いたのが**若松城**のはじまりとされる。天正17年(1589)に**伊達政宗**が入城するが、翌年「奥州仕置」により移封され、**蒲生氏郷**が入った。

氏郷は地名を黒川から会津へ改め、中世の城を**七重天守**の近世城郭に改築、鶴ヶ城と命名する。深い堀を張り巡らし、町割りを行うなど、会津の町の基礎を築いた。その後城主は次々に代わり、加藤氏の時代に現在の**五重天守**となった。

寛永20年(1643)、**保科氏**(のちに松平姓へ改名)が入る。「戊辰戦争」では、1か月にも及ぶ攻防戦に耐えるも落城。明治7年(1874)に取り壊されたが、昭和40年(1965)に天守と走長屋、続いて干飯櫓・南走長屋が再建された。

二の丸の廊下橋

三重櫓と前御門。江戸時代の絵図に基づいて木造復元されている。

史跡区分 国指定史跡

奥州の関門に築かれた代表的な梯郭式平山城

白河の地にはじめて城が築かれたのは南北朝時代、**結城親朝**（ゆうきちかとも）の手によるといわれている。その後、伊達氏、蒲生氏、上杉氏と城主が代わり、寛永4年（1627）、築城の名手として知られる**丹羽長重**（にわながしげ）が入城する。

重要拠点であった白河を強化することで奥州の諸大名を牽制しようとした徳川幕府は、白河城の大改修を命じる。長重は寛永6年（1629）から4年の歳月をかけ二の丸、三の丸などを配置した近世城郭を完成させた。また**阿武隈川**の流れを変えて城下町を造営するなど、白河藩の発展に努めた。その後は松平定信ら七家二十一代の居城となるが、幕末には戊辰戦争で城内の建物が焼失した。

奥州関門の名城と謳われるだけあり、高く堅固に築かれた石垣は見事なもの。平成に入り、**三重櫓**と**前御門**が忠実に復元された。平成23年（2011）の東日本大震災では石垣が崩落するなど大きな被害を出したが、令和4年（2022）に整備が完了。11年ぶりに全域が一般公開された。

復元された本丸南面の石垣

根室半島チャシ跡群

北海道
16〜18世紀
城番号 005
参照頁 ▶P80

史跡区分 国指定史跡

自然の地形を利用したアイヌの人々の砦

北海道には、約700か所の**チャシ跡**がある。根室市内には32か所が現存し、24か所が国の指定史蹟となっている。チャシは16世紀から18世紀にかけて築かれたものだが、根室半島のものは比較的新しく、寛政元年（1789）の「**クナシリ・メナシの戦い**」に使用されたと考えられる。

チャシは「**孤島式**」「**丘頂式**」「**面崖式**」「**丘先式**」に分類され、根室半島のものは大半が半円形、またはコの字型に壕を張り巡らせた「面崖式」である。主に海抜5〜50mの海岸断崖上の台地に、オホーツク海を臨むように築かれ、保存状態は極めて良好である。

ヲンネモトチャシ群

その他 アイヌ文化の遺跡

チャシとはアイヌの言葉で「砦」や「柵の囲い」を意味し、北海道を中心に青森、山形、岩手の東北３県に渡って分布している。城としての役割だけでなく、祭事や集会など多目的に利用されており、アイヌの伝承を伴うことも多い。

多賀城

宮城県
神亀元年（724）築
城番号 101
参照頁 ▶P98

史跡区分 国指定特別史跡 重要文化財1件

東北地方の政治・軍事の中心として一時代を築く

松島丘陵の先端に築かれた**多賀城**は、約900m四方の不均等な四角形をしており、周囲には築地塀や柵が張り巡らされていた。中央に約100m四方の**政庁**が建てられ、ここで政治が行われたと考えられている。奈良時代には**陸奥国府**及び**鎮守府**が置かれ、東北地方の政治、軍事拠点であった。

近年の発掘調査で多賀城は幾度となく戦禍、災害に遭っていたことがわかっている。宝亀11年（780）の「**伊治呰麻呂の乱**」による焼失、貞観11年（869）に発生した大地震での倒壊など、過去に5回の建て替えが行われた。往時のものは現存していないが、政庁跡が復元されている。

南門近くの堂に残された城碑は天平宝字6年（762）の修復時に建てられたもので、日本三古碑のひとつに数えられている。

南門と翼廊の礎石

米沢城（よねざわじょう）

山形県
暦仁元年（1238）築
城番号 083
参照頁 ▶P96

史跡区分　特になし

伊達政宗が生まれ直江兼続の眠る町

暦仁元年（1238）、鎌倉幕府の重鎮・大江広元の次男、**時広**が城を築いたのが**米沢城**の始まりとされる。時広は、地名を取って**長井姓**を名乗り、代々に渡って長井氏が地頭を務めた。

康暦2年（1380）、長井氏は**伊達宗遠**によって滅ぼされ伊達領となる。天文17年（1548）に伊達晴宗が本拠を移し、本格的な城を築いた。**伊達政宗**もここで誕生している。

戦国末期、豊臣秀吉の「奥州仕置」によって**蒲生氏郷**の所領となるが、ほどなく蒲生氏は宇都宮城へ移され、越後より**上杉景勝**が転封。米沢城は重臣の**直江兼続**に与えられる。「関ヶ原の戦い」以後、会津120万石から米沢30万石へ減封となった上杉景勝の本拠地となり、明治維新まで上杉氏の居城となった。

城は兼続により改修され舞鶴城と称される。城の整備よりも内政に力を入れた兼続らしく、土塁と水堀中心の質素なもので、天守も築かれなかった。だが、代わりに本丸東北隅と北西隅に**三重櫓**が二つ築かれ、明治初期の取り壊しまで威風を誇った。

南東側の水堀

二本松城（にほんまつじょう）

福島県
嘉吉元年（1441）築
城番号 133
参照頁 ▶P105

史跡区分　国指定史跡　県指定重要文化財1件

少年たちが命を賭して守ろうとした山頂の城

標高345mの**白旗が峰**に残る**二本松城**は、嘉吉年間に奥州探題を命じられた**畠山満泰**が築いた**山城**である。天正14年（1586）に奥州制覇を狙う伊達政宗に攻められ畠山氏は滅亡。天正18年（1590）より蒲生氏、松下氏、加藤氏と城主を代える。この間、石垣を用いた近代城郭に改修され、近世の**平山城**へと姿を変えた。

寛永20年（1643）からは丹羽氏10万石の居城となり、幕末を迎える。しかし、「戊辰戦争」では新政府軍に攻められ落城し、城内の建物すべてが焼き払われた。現在は、**箕輪門**、**二重櫓**、**本丸石垣**などが再建されている。

歴史　悲運の二本松少年隊

「戊辰戦争」の悲劇といえば若松城の白虎隊が有名だが、二本松城でも12歳から17歳までの少年で編成した部隊が戦死している。彼らは後世「二本松少年隊」と呼ばれるようになり、城内に銅像が建てられている。

二本松少年隊像と二重櫓

北海道の城

北海道（ほっかいどう）

北海道の城は、一般的にイメージされる城の姿とは異なり、「チャシ」と呼ばれる柵で囲まれた拠点を指すことがほとんどである。松前城や五稜郭は、同地においてはむしろ特殊な城郭だと考えるべきだろう。

001 ▶P67

五稜郭（ごりょうかく）

史跡

築城年：元治（げんじ）元年(1864)　築城者：江戸幕府

特徴：幕末、蝦夷地を管理するため、8年の歳月をかけて築かれた。設計・監督を担当したのは諸学に通じた武田斐三郎（あやさぶろう）。特徴的な星形の曲輪から、五稜郭の名がついた。城内には函館奉行所が置かれた。

所在地：函館市五稜郭町

公共交通：函館市電・五稜郭公園前駅より徒歩約20分　車：道央道・国縫ICから約90分／函館駅から約10分。五稜郭観光駐車場(有料)を利用

五稜郭内にある函館奉行所

上から見た五稜郭公園

四方を土塁に囲まれた四稜郭本丸

002 四稜郭 しりょうかく

史跡

築城年：明治2年(1869)　築城者：旧幕府脱走軍
特徴：明治政府軍に対抗するため、五稜郭の鬼門にあたる位置に造られた。別名は新五稜郭。城内に建物はなく、土塁と堀だけを持つ。
所在地：函館市陣川町
公共交通：JR函館本線・函館駅よりバス「四稜郭前」下車、徒歩約10分
車：函館新道・赤川ICから駐車場まで約５分

003 茂別館 もべつだて

重文　史跡

築城年：嘉吉3年(1443)　築城者：茂別家政
特徴：メインとなる大館と、戦いの際に砦として機能する小館からなる。コシャマインの戦いで攻め落とされなかった館のうちのひとつ。
所在地：北斗市矢不来
公共交通：道南いさりび鉄道・茂辺地駅より徒歩約20分　車：函館江差道・北斗茂辺地ICから約５分。矢不来天満宮境内の駐車スペースを利用

004 松前大館 まつまえおおだて

史跡

築城年：応永7年(1400)頃　築城者：安東氏
特徴：別名は徳山館。永正10年(1513)に、アイヌの攻撃を受け滅ぼされる。翌年、蠣崎光広によって改築。蠣崎氏の居城となる。
所在地：松前郡松前町
公共交通：道南いさりび鉄道・木古内駅よりバス
車：函館江差道・木古内ICから約60分。松前郷土資料館の駐車場を利用

オンネモトチャシから見たオホーツク海

005 根室半島チャシ跡群 史跡

▸P76

築城年：16〜18世紀　築城者：不明
特徴：「チャシ」とはアイヌ語で囲いを意味する言葉。祭事や集会などに使われ、北海道には約500個のチャシがあるといわれる。根室市にはチャシ跡が集まっており、オンネモトチャシは見学に適している。　所在地：根室市温根元
公共交通：JR根室本線・根室駅よりバス
車：根室道・根室ICから約30分。根室市北方領土資料館前駐車場を利用

006 花沢館 はなざわだて 史跡

築城年：嘉吉3年(1443)頃　築城者：不明
特徴：蠣崎季繁や武田(蠣崎)信広が住んだ館。別名は花見岱館。コシャマインの戦いでは、花沢館の副将だった武田信広が大将を討ち取った。
所在地：檜山郡上ノ国町
公共交通：JR江差線・上ノ国駅より徒歩約30分
車：いさ鉄・木古内駅から約50分。上ノ國八幡宮前駐車場を利用

007 館城 たてじょう 史跡

築城年：明治元年(1868)　築城者：松前徳広
特徴：明治維新の渦中、明治元年(1868)9月に建設がはじまるも、同年12月、土方歳三らが率いる徳川脱走軍に攻め落とされた。
所在地：檜山郡厚沢部町
公共交通：ハートランドフェリー江差港よりバス「東部館」下車、徒歩約20分
車：JR函館線・新函館北斗駅から駐車場まで約40分

008 白老陣屋 しらおいじんや 史跡

築城年：安政2年(1855)頃　築城者：伊達慶邦
特徴：江戸幕府から東蝦夷地の警備を命ぜられた仙台藩によって構築された陣屋。当時の藩主は実質的に最後の仙台藩主となった伊達慶邦。仙台藩白老元陣屋資料館が併設している。
所在地：白老郡白老町
公共交通：JR室蘭本線・白老駅より徒歩約30分
車：道央道・白老ICから約５分。仙台藩白老元陣屋資料館の駐車場を利用。駐車場より徒歩すぐ

009 シベチャリチャシ 史跡

築城年：17世紀中期　築城者：カモクタイン
特徴：寛文9年(1669)に起こったシャクシャインの乱におけるアイヌの拠点。崖の上にあり、戦闘の際は非常に強固な砦となった。
所在地：日高郡新ひだか町
公共交通：JR日高本線・静内駅より車
車：日高道・日高厚賀ICから約30分。真歌公園の駐車場を利用

010 浜益毛陣屋 はまましけじんや 史跡

築城年：文久元年(1861)　築城者：酒井忠篤
特徴：蝦夷地の治安維持を任せられた庄内藩が、警備拠点として建設。警備だけでなく、領地拡大も視野に入れて建築計画を練った。
所在地：石狩市浜益区
公共交通：JR函館本線・札幌駅よりバス「川下」下車、徒歩約15分
車：深川留萌道・留萌ICから約60分

011 ユクエピラチャシ 史跡

築城年：不明　築城者：不明
特徴：陸別町を見渡す丘にある。厚岸アイヌのチャシとする見方が有力。十勝アイヌの将・カネランの砦という説もある。
所在地：足寄郡陸別町
公共交通：道の駅･オーロラタウン93りくべつより車
車：十勝オホーツク道・陸別小利別ICから駐車場まで約15分

012 鶴ヶ岱チャランケチャシ 史跡

築城年：不明　築城者：不明
特徴：春採湖に突き出た岬の上にあり、二重の空壕をめぐらして構築されている。この地は湖の神様の遊び場という言い伝えが残る。
所在地：釧路市春湖台
公共交通：JR根室本線・釧路駅よりバス
車：釧路道・釧路東ICから約10分。春採公園の駐車場を利用

013 モシリヤチャシ 史跡

築城年：不明　築城者：トミカラアイノ
特徴：丘の上に構築された大きめのチャシ。見た目がお供え餅に似ていることから、このタイプのチャシは「お供え山型」と呼ばれる。普段は閉鎖中のため、見学の際は事前に市の埋蔵文化財センターに要連絡。
所在地：釧路市城山
公共交通：JR根室本線・釧路駅より徒歩約30分
車：釧路道・釧路東ICから約10分

志苔館の横堀と土塁

014 志苔館
史跡

築城年：14世紀末　築城者：小林氏
特徴：コシャマインの戦いで和人側の重要拠点となった道南十二館のひとつ。永正9年(1512)に館主・小林良定が戦死し、廃館となる。
所在地：函館市志海苔町
公共交通：JR函館本線・函館駅よりバス
車：函館新外環道・函館空港ICから約10分。城跡に数台の駐車スペースあり

015 松前藩戸切地陣屋
まつまえはんへきりちじんや

史跡

築城年：安政2年(1855)　築城者：松前崇広
特徴：江戸幕府から蝦夷地の警備を任された松前藩が造った陣屋。明治元年(1868)、箱館戦争で徳川脱走軍に攻め落とされた。
所在地：北斗市野崎
公共交通：JR江差線・清川口駅より車
車：道南いさりび鉄道・北斗中央ICから約５分。野崎公園の駐車場を利用

016 勝山館
重文 史跡

築城年：15〜16世紀　築城者：蠣崎氏
特徴：武田(蠣崎)信広が本拠とした。高台にあり、渓谷に挟まれている。上ノ国勝山館とも呼ばれ、和喜館、脇館の別称も持つ。
所在地：檜山郡上ノ国町勝山
公共交通：JR江差線・上ノ国駅より徒歩約35分
車：いさ鉄・木古内駅から約45分。勝山館ガイダンス施設の駐車場を利用

勝山館の建物平面復元

017 桂ヶ岡チャシ
史跡

築城年：不明　築城者：不明
特徴：網走市の南にある台地に築かれたチャシ。南側は斜面で北側は崖。イシメシナイチャシコツ、チャランケチャシの名も持つ。
所在地：網走市桂町
公共交通：JR石北本線・網走駅よりバス
車：JR釧網本線・桂台駅から約３分。網走市立郷土博物館駐車場を利用

018 チャルコロモイチャシ
史跡

築城年：不明　築城者：不明
特徴：根室半島には20個以上のチャシがあるが、そのなかで最も大きい。半島西部の海岸沿いに位置し、温根湖や風蓮湖を望む。
所在地：根室市温根沼
公共交通：JR根室本線・根室駅より「温根沼」下車、徒歩約５分
車：根室道・温根沼ICから約１分。駐車場なし

019 松前城
▶P68

重文 史跡

築城年：慶長５年(1600)　築城者：松前慶広
特徴：慶長時代に松前慶広が福山館を造る。嘉永３年(1850)、松前崇広が福山館を拡幅し松前城が完成する。福山城とも呼ばれる。和式城郭としては築城時期が最も遅い。城跡は現在、松前公園となっている。
所在地：松前郡松前町松城
公共交通：道南いさりび鉄道・木古内駅よりバス
車：函館江差道・木古内ICから松前公園駐車場まで約60分

松前城天守と本丸御門

東北地方の城

青森県

奈良時代から平安時代に、地域の長が多くの館を築いたエリア。やがて、青森にも平泉・奥州藤原氏の支配力が及ぶが、源頼朝に討たれると、南部氏が定着する。戦国時代には南部氏が津軽統一を成し遂げた。

国宝　国宝　重文　重要文化財(国)　重文　重要文化財(県)
史跡　国指定史跡　史跡　県指定史跡

020 唐川城 からかわじょう

築城年：不明　築城者：安東氏
特徴：福島城からほど近い場所にある支城。南部氏の攻撃を受けた安東盛季がこの城に籠った。室町時代中期の築城とする説が有力。
所在地：五所川原市相内字岩井
公共交通：津軽鉄道・津軽中里駅よりバス
車：津軽道・五所川原北ICから唐川城展望台駐車場まで約50分

022 湯口茶臼館 ゆぐちちゃうすたて

築城年：不明　築城者：不明
特徴：オタマジャクシを思わせる特徴的な形をした丘にある館。先住民が築いた館を当時の領主が改築したものと思われる。蝦夷館とも。
所在地：弘前市大字湯口
公共交通：弘南鉄道大鰐線・弘前学院大学前より徒歩約80分
車：東北道・大鰐弘前ICから約20分。駐車場なし

021 大浦城 おおうらじょう

築城年：文亀2年(1502)　築城者：南部(大浦)光信
特徴：光信が古城を改修して大浦城とした。光信は子・盛信を城主に据えたが、その盛信の子孫が津軽統一を成し遂げる津軽為信である。現在、本丸の遺構は津軽中学校の敷地となっている。
所在地：弘前市賀田・五代
公共交通：JR奥羽本線・弘前駅よりバス
車：東北道・黒石ICから約30分

024 堀越城（ほりこしじょう）

史跡

築城年：延元（えんげん）元年（1336）　築城者：曽我貞光（さだみつ）
特徴：文禄3年（1594）に大浦城から移ってきた大浦為信がこの城に住んだ。元和元年（1615）の一国一城令により廃城となる。
所在地：弘前市堀越字川合・柏田
公共交通：JR奥羽本線・弘前駅よりバス
車：東北道・大鰐弘前ICから約10分。管理活用支援エリアの駐車場を利用

堀越城の居館跡

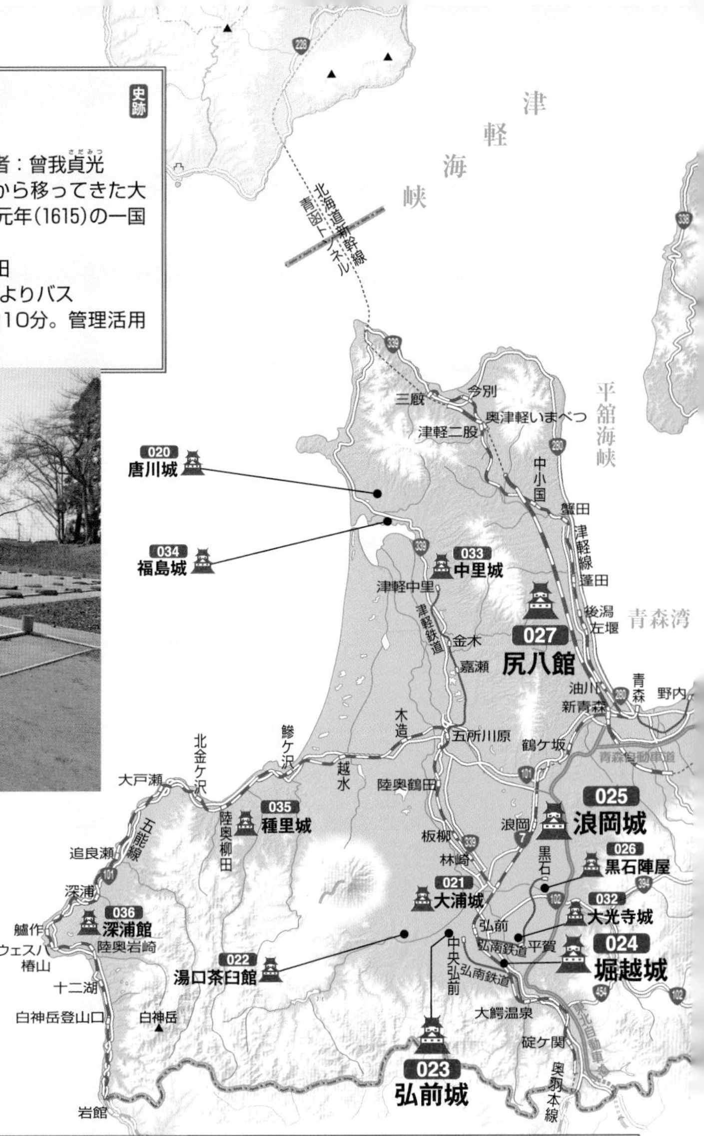

弘前城の現存天守

023 弘前城（ひろさきじょう）

▶P64

重文　史跡

築城年：慶長16年（1611）　築城者：津軽信枚（のぶひら）
特徴：津軽統一を果たした津軽為信が築城計画を立てるも志半ばで死去。三男の津軽信枚が跡を継ぎ城を完成させ、津軽氏代々の居城となる。築城当初は高岡城と呼ばれていたが、後に「弘前城」と改称。
所在地：弘前市下白銀町
公共交通：JR奥羽本線・弘前駅よりバス
車：東北道・大鰐弘前ICから約25分。弘前公園駐車場を利用

浪岡城の堀と土塁

025 浪岡城（なみおかじょう） 史跡

築城年：15世紀後半　築城者：北畠顕義

特徴：津軽で強い勢力を誇った北畠氏の城。北の御所、浪岡御所とも呼ばれた。天正6年（1578）に大浦為信に落とされ、廃城となる。

所在地：青森市浪岡

公共交通：JR奥羽本線・浪岡駅より徒歩約30分

車：東北道・浪岡ICから約15分。浪岡城跡案内所の駐車場を利用。城跡まで徒歩すぐ

026 黒石陣屋 くろいしじんや

築城年：明暦2年（1656）　築城者：津軽信英

特徴：廃藩置県まで215年の間使用された陣屋。黒石城といえば通常この陣屋を指し、黒石市境松にある同名の城は旧黒石城と呼ばれる。

所在地：黒石市内町

公共交通：弘南鉄道弘南線・黒石駅より徒歩約10分　車：東北道・黒石ICから約10分。行幸公園駐車場を利用

027 尻八館（しりはちだて）

築城年：寛喜2年（1230）　築城者：安東氏

特徴：アイヌの古い砦を安東氏が改築し、館として利用したといわれる。ふたつの川に挟まれた場所に位置している。別名は霊光城。

所在地：青森市後潟字後潟山・六枚橋山

公共交通：JR津軽線・後潟駅より車

車：東北道・青森ICからため池脇の駐車場まで約30分。主郭までは徒歩約30分

尻八館の堀

028 芦名沢館 あしなざわだて

築城年：不明　築城者：不明

特徴：大規模な障塀、多数の空堀など、厳重な防御機構を備えた城。尻八館や湯口茶臼館と同じく、もともとは先住民の砦とする説が有力。

所在地：十和田市沢田字芦名沢

公共交通：東北新幹線・七戸十和田駅よりバスか車

車：日高道・三沢十和田下田ICから約40分。駐車場なし

029 七戸城 しちのへじょう 史跡

築城年：鎌倉末期〜南北朝初期　築城者：不明

特徴：矢館、大池館、坂本館、砂子田館などが集まる七戸町界隈に築かれた城。七戸南部氏が拠点とした。九戸政実の乱で廃城となる。

所在地：上北郡七戸町字七戸

公共交通：東北新幹線・七戸十和田駅よりバスか車

車：上北道・七戸ICから約20分。東門に駐車場あり

030 三戸城（さんのへじょう） 史跡

築城年：永禄年間（1558〜1569）　築城者：南部晴政

特徴：三戸盆地の中央あたりに位置する。三戸南部氏の居城。盛岡城が完成して南部氏が移ったあとも、しばらく城代が置かれていた。

所在地：三戸郡三戸町梅内城山公園

公共交通：青い森鉄道・三戸駅よりバス

車：八戸道・一戸ICから約40分。城山公園駐車場を利用

三戸城虎口の石垣

八戸城本丸跡

031 八戸城 はちのへじょう 重文

築城年：寛文4年(1664)　築城者：南部直房
特徴：前身は、根城の支城である中館。築城から明治4年(1871)の廃藩置県を受けて廃城となるまで、八戸南部氏が居城とした。
所在地：八戸市内丸三八城公園
公共交通：JR八戸線・本八戸駅より徒歩約5分
車：八戸道・八戸ICから約15分。近隣の有料駐車場を利用

032 大光寺城 だいこうじじょう

築城年：正慶2年(1333)　築城者：曾我氏
特徴：永享年間に三戸南部氏に攻められ、以後、南部氏の居城となる。新城、古館、五日市館があり、大光寺城といえば通常、新城を指す。
所在地：平川市大光寺
公共交通：弘南鉄道弘南線・平賀駅より徒歩約10分　車：東北道・大鰐弘前ICから約15分。大光寺コミュニティセンター駐車場を利用

033 中里城 なかさとじょう 史跡

築城年：不明　築城者：不明
特徴：津軽中里駅北側の台地に位置。南部氏と対立していた安東氏の一拠点と捉える説もある。付近には縄文時代の遺構も見られる。
所在地：北津軽郡中泊町
公共交通：津軽鉄道・津軽中里駅より徒歩約10分
車：東北道・浪岡ICから約45分。史跡公園の駐車場を利用

034 福島城 ふくしまじょう

築城年：正和年間(1312〜1317)　築城者：安東貞季
特徴：十三湖に面する台地上に築かれた城。寛喜元年(1229)にこの地へ移住してきた安東氏が交易によって力を蓄えて築城した。
所在地：五所川原市相内字実取・露草
公共交通：津軽鉄道・津軽中里駅よりバス
車：東北道・五所川原北ICから福島城跡駐車場まで約40分

035 種里城 たねさとじょう 史跡

築城年：延徳3年(1491)　築城者：南部(大浦)光信
特徴：津軽氏の始祖、南部(大浦)光信が築城。津軽氏発祥の場所として、江戸幕府が一国一城令を出した後も明治にいたるまで城は保存された。
所在地：西津軽郡鰺ヶ沢町
公共交通：JR五能線・鰺ヶ沢駅よりバス
車：津軽道・鰺ヶ沢ICから種里城跡駐車場まで約30分

036 深浦館 ふかうらだて

築城年：室町時代　築城者：不明
特徴：大光寺城の葛西頼清が南部氏の攻撃から逃れて居館とした。その後の詳細はわかっていないが、最後の城主は千葉氏だったと推測される。「元城」とも呼ばれている。
所在地：西津軽郡深浦町
公共交通：JR五能線・深浦駅より徒歩約20分
車：津軽道・鰺ヶ沢ICから約50分

037 根城 ねじょう 史跡

築城年：建武元年(1334)　築城者：南部師行
特徴：5つの曲輪を持つ大規模な城。鎌倉攻めで名を上げた南部師行が築城した。以降、寛永4年(1627)に城主・南部直栄が岩手県遠野へ移るまで八戸南部氏が拠点とし、数々の戦で活躍した。
所在地：八戸市根城
公共交通：JR八戸線・八戸駅よりバス
車：八戸道・八戸ICから約10分。史跡根場の広場または八戸市博物館の駐車場を利用

根城の復元された主殿

花巻城の西御門

東北地方の城

岩手県

岩手県には世界遺産で有名な奥州藤原氏の支配した平泉があるが、その他にも源氏の流れを汲む名門武家、南部氏の遺構が数多く残されている。また陸奥土着のさまざまな武家の居城が点在しているのも特徴だ。

039 花巻城

築城年：15世紀頃　築城者：不明
特徴：もとは稗貫氏の本拠・鳥谷ヶ崎城。天正19年(1591)に南部信直の命を受けて北秀愛が城代となり、城名が花巻城と改められた。
所在地：花巻市城内
公共交通：JR東北本線・花巻駅より徒歩約20分
車：東北道・花巻南ICから城内武道館駐車場まで約20分

040 一関城 いちのせきじょう

築城年：16世紀頃　築城者：小野寺氏
特徴：磐井川を臨む釣山。安倍氏、坂上田村麻呂などが陣した古来の要衝。近世は東麓の陣屋を使用。公園整備され陣屋跡にも案内板がある。
所在地：一関市釣山
公共交通：JR東北本線・一関駅より徒歩約15分
車：東北道・一関ICから約15分。公園内2箇所、または陣屋(居館)跡の駐車場を利用

038 盛岡城

▶P69

史跡

築城年：慶長2年(1597)頃　築城者：南部信直
特徴：文禄2年(1593)に着工。しかし築城者の信直が竣工前に死去。度重なる災害にも見舞われ完成まで41年もの歳月を要した。長い年月を経て完成をみた城は、その後230年以上に渡り南部氏の居城となる。
所在地：盛岡市内丸岩手公園
公共交通：JR東北本線・盛岡駅より徒歩約20分
車：東北道・盛岡ICから盛岡城跡公園地下駐車場まで約20分

盛岡城の本丸と二の丸をつなぐ廊下橋

盛岡城の石垣

盛岡城の水堀

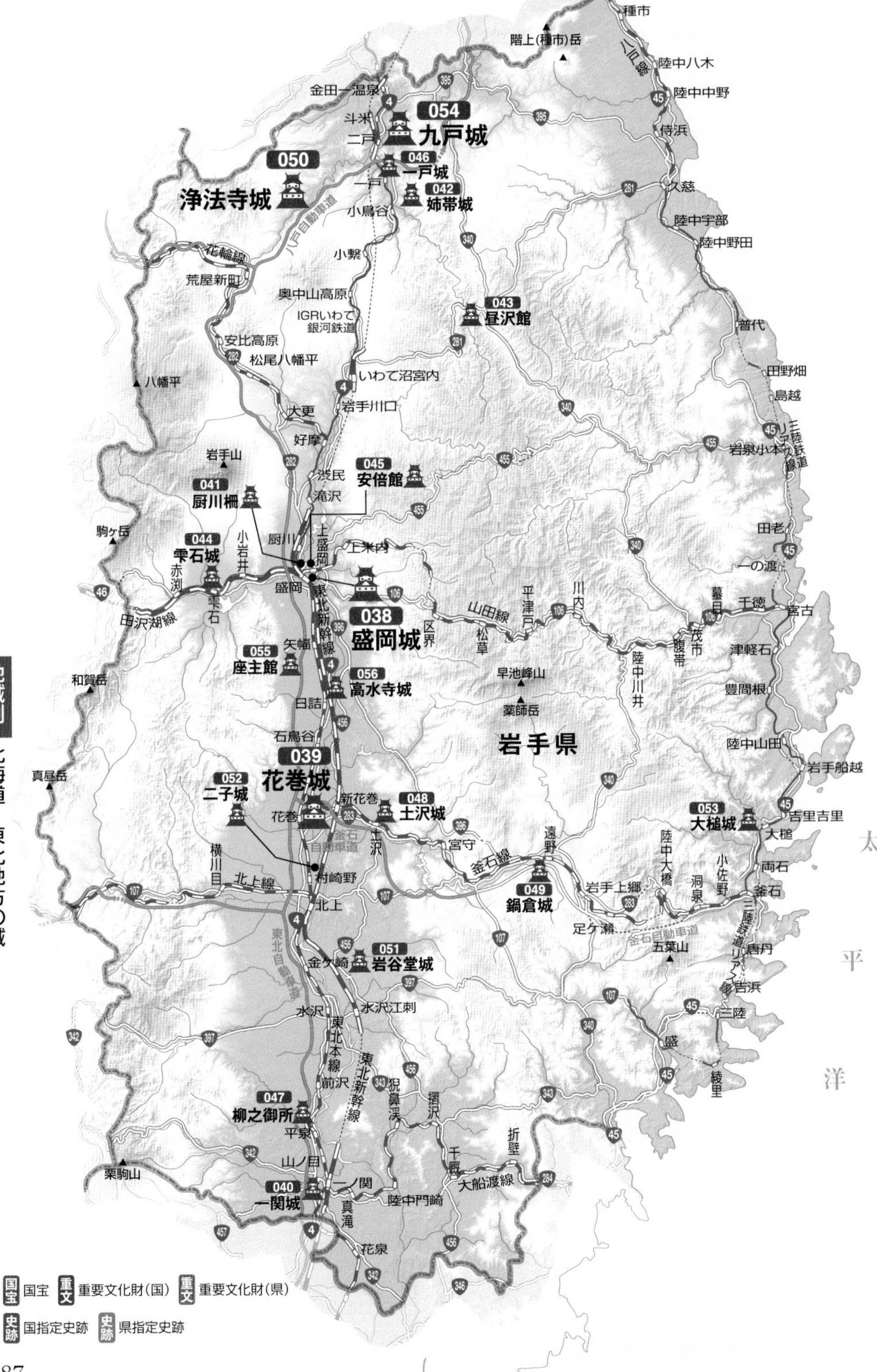

054 九戸城
050 浄法寺城
046 一戸城
042 姉帯城
043 昼沢館
045 安倍館
041 厨川柵
044 雫石城
038 盛岡城
055 座主館
056 高水寺城
039 花巻城
052 二子城
048 土沢城
053 大槌城
049 鍋倉城
051 岩谷堂城
047 柳之御所
040 一関城
岩手県
太平洋
種市
階上(種市)岳
八戸線
陸中八木
陸中中野
侍浜
久慈
陸中宇部
陸中野田
普代
田野畑
島越
岩泉小本
三陸鉄道リアス線
田老
一の渡
宮古
千徳
蟇目
茂市
腹帯
津軽石
豊間根
陸中山田
岩手船越
吉里吉里
大槌
両石
釜石
唐丹
吉浜
三陸
盛
綾里
金田一温泉
斗米
二戸
一戸
小鳥谷
小繋
奥中山高原
IGRいわて銀河鉄道
八戸自動車道
花輪線
荒屋新町
安比高原
松尾八幡平
八幡平
いわて沼宮内
岩手川口
大更
好摩
岩手山
渋民
滝沢
厨川
上盛岡
上米内
駒ヶ岳
小岩井
赤渕
雫石
盛岡
田沢湖線
東北新幹線
区界
平津戸
川内
山田線
松草
陸中川井
早池峰山
薬師岳
矢幅
日詰
石鳥谷
和賀岳
真昼岳
新花巻
花巻
釜石自動車道
土沢
宮守
遠野
釜石線
横川目
北上線
村崎野
北上
岩手上郷
陸中大橋
小佐野
洞泉
足ケ瀬
五葉山
東北自動車道
金ケ崎
水沢
水沢江刺
東北本線
前沢
猊鼻渓
摺沢
折壁
千厩
大船渡線
平泉
山ノ目
栗駒山
一ノ関
陸中門崎
真滝
花泉
国宝 重要文化財(国) 重要文化財(県)
国指定史跡 県指定史跡

厨川柵の城門

041 厨川柵 くりやがわのさく

築城年：不明　築城者：安倍氏
特徴：前九年合戦で滅亡した安倍氏終焉の地。当時の遺構はなく、天昌寺、安倍館遺跡、里館遺跡周りの広範囲が擬定地。いずれもやや高所。
所在地：盛岡市前九年
公共交通：JR東北本線・盛岡駅よりバス
車：東北道・盛岡ICから約10分。天昌寺の駐車場を利用。天昌寺から安倍館遺跡まで徒歩約20分

042 姉帯城 あねたいじょう

築城年：不明　築城者：姉帯兼政
特徴：馬淵川に面する崖の上にある城。南が川、北が谷という難攻の地に築かれた。九戸政実の内乱の際、豊臣の大軍に滅ぼされる。調査の結果、戦死者のものとされる墓などが発掘された。
所在地：二戸郡一戸町姉帯
公共交通：IGRいわて銀河鉄道・小鳥谷駅より車
車：八戸道・一戸ICから駐車場まで約10分

043 昼沢館 ひるさわだて

築城年：不明　築城者：不明
特徴：三重の堀を設けるなど、特徴的な構造を持つ館。築城者や築城時期が不明で規模も小さいが、珍しい造りで、貴重な館といえる。葛巻町にはほかにも居館跡が残っている。
所在地：岩手郡葛巻町葛町
公共交通：IGRいわて銀河鉄道・いわて沼宮内駅より車
車：八戸道・一戸ICから駐車場まで約60分

044 雫石城 しずくいしじょう

築城年：暦応3年(1340)頃　築城者：斯波雫石氏
特徴：もとは「滴石城」といい、戸沢氏の居城だったが、後に斯波氏が占領。1573年から1592年の間に改修が行われ、「雫石城」となる。現在城跡には八幡神社が建っている。
所在地：岩手郡雫石町
公共交通：JR田沢湖線・雫石駅より徒歩約15分
車：東北道・盛岡南ICから約30分

045 安倍館 あべたて

築城年：不明　築城者：不明
特徴：前九年の役で源頼義・義家が安倍貞任・宗任を倒した砦(厨川柵)の跡とされているが、厨川柵の支城の跡とする見方もある。郭の形状から「舞鶴館」とも呼ばれた。
所在地：盛岡市安倍館町
公共交通：JR東北本線・盛岡駅よりバス
車：東北道・盛岡南ICから約20分

046 一戸城 いちのへじょう

築城年：建長年間(1249〜1256)　築城者：南部義実
特徴：北館、八幡館、神明館の三館を持つ。天正9年(1581)に城主・一戸政連が暗殺される。その後、一戸城を舞台に九戸氏と南部氏が争う。
所在地：二戸郡一戸町
公共交通：IGRいわて銀河鉄道・一戸駅より徒歩約20分　車：八戸道・一戸ICから約5分。一戸公園駐車場を利用

047 柳之御所 やなぎのごしょ

重文　史跡

築城年：12世紀初期　築城者：不明
特徴：奥州藤原氏の政庁「平泉館」の跡と思われる。貴重な遺跡が多数発掘されたことでも有名。現在は整備され公園になっている。
所在地：西磐井郡平泉町
公共交通：JR東北本線・平泉駅より徒歩約10分
車：東北道・平泉前沢ICから柳之御所史跡公園駐車場まで約10分

048 土沢城 つちざわじょう

築城年：慶長17年(1612)　築城者：南部利直
特徴：南部氏の盛岡藩と、伊達氏の仙台藩との県境に位置し、南部が伊達に対抗するために築いた城。南部利直は築城翌年に江刺隆直を入城させ、伊達藩の動向を見張らせた。別名は江刺城。
所在地：花巻市東和町土沢
公共交通：JR釜石線・土沢駅より徒歩約10分
車：釜石道・東和ICから約5分

049 鍋倉城 なべくらじょう

重文

築城年：天正元年(1573)　築城者：阿曾沼広郷
特徴：遠野の鍋倉山に築かれた城。かつては横山城と呼ばれていたが、寛永4年(1627)に南部直義が改築し、城名を鍋倉城とする。
所在地：遠野市遠野町
公共交通：JR釜石線・遠野駅より徒歩約25分
車：東北道・遠野ICから約10分。鍋倉公園の駐車場を利用

九戸城本丸の堀

050 浄法寺城 じょうぼうじじょう

築城年：明応元年(1492)　築城者：浄法寺修理
特徴：南部氏に重用された浄法寺氏の居城。八番館、大館、新城館の3館を持つ大規模な城である。豊臣秀吉の城破却令により廃城となる。
所在地：二戸市浄法寺町
公共交通：JR東北新幹線・二戸駅よりバス
車：八戸道・浄法寺ICから車で約5分。浄法寺総合支所の駐車場を利用

051 岩谷堂城 いわやどうじょう

築城年：不明　築城者：千葉胤道
特徴：かつてこの地は葛西氏の領地で城には一門の江刺氏が住んだ。江刺氏が去った後、城に入った溝口氏は一揆により殺されてしまう。
所在地：奥州市江刺区岩谷堂
公共交通：JR東北新幹線・水沢江刺駅より車
車：東北道・水沢ICから約15分。館山史跡公園駐車場を利用

052 二子城 ふたごじょう

築城年：室町初期　築城者：和賀氏
特徴：和賀郡で最大規模を誇る和賀氏の本拠。和賀氏は天正18年(1590)に豊臣秀吉の小田原攻めに協力しなかったため城を追われた。城跡内には展望台があり、標高約130mからの景色を楽しめる。
所在地：北上市二子町
公共交通：JR東北本線・北上駅より車
車：東北道・北上江釣子ICから約20分

053 大槌城 おおつちじょう

史跡

築城年：建武元年(1334)　築城者：大槌次郎某
特徴：小槌川と大槌川に挟まれた場所に築かれた城。代々の城主は大槌氏。しかし謀反を恐れた南部氏によって殺害され大槌氏は滅亡する。
所在地：上閉伊郡大槌町
公共交通：JR山田線・大槌駅より徒歩約20分
車：三陸沿岸道・大槌ICから城山公園体育館駐車場まで約10分

054 九戸城 くのへじょう

史跡

築城年：明応年間(1492～1500)
築城者：九戸光政
特徴：九戸光政が築いたとされるが九戸政実による築城とする説もある。九戸政実は天正19年(1591)に三戸信直を敵に回して九戸城に籠ったが、豊臣軍に鎮圧された。以後、信直の本拠に。
所在地：二戸市福岡字城ノ内
公共交通：IGRいわて銀河鉄道・二戸駅より車
車：八戸道・一戸ICからガイドハウス前駐車場まで約15分。駐車場から本丸まで徒歩約15分

055 座主館 ざすだて

築城年：不明　築城者：不明
特徴：伝法寺右衛門が住んだとされる館。碑石や礎石の跡とみられるものが残存。南には、天台宗の寺々を総監する天台座主が置かれたと伝えられる屋彦山伝法寺の跡がある。
所在地：紫波郡矢巾町大字北伝法寺
公共交通：JR東北本線・矢幅駅より車
車：東北道・盛岡南ICから約20分

056 高水寺城 こうすいじじょう

築城年：建武2年(1335)　築城者：斯波家長
特徴：斯波氏の居城とされる。天正19年(1591)に南部信直が攻め落とし、郡山城と改称。寛文7年(1667)に廃された。現在は公園。
所在地：紫波郡紫波町二日町古館
公共交通：JR東北本線・紫波中央駅より車
車：東北道・紫波ICから城山公園の駐車場まで約15分

大槌城の本丸跡

久保田城の広大な水堀

秋田県

戦国時代に突入するころ、秋田氏（安東氏）が勢力を拡大したエリア。関ヶ原の戦いが終わり、常陸から佐竹氏が国替えで送り込まれると、秋田氏、戸沢氏、本堂氏など、周辺の大名は反対に常陸へと転封された。

057 十狐城 とっこじょう

築城年：永正年間(1504～1521)
築城者：浅利則頼
特徴：源頼朝の奥州征伐に参加して、比内地方の地頭になった浅利氏の本城。浅利氏は要所に支城を造り、比内での支配力を強めていく。本丸は畑となっているが、一帯では堀跡が見られる。
所在地：大館市比内町
公共交通：JR奥羽本線・大館駅よりバス
車：秋田道・大館南ICから約20分

058 横手城

築城年：不明　築城者：小野寺氏
特徴：秋田地方で安東氏に並ぶ勢力を誇った小野寺氏の居城。関ヶ原の戦い後は佐竹氏の城になり、城代が置かれた。朝倉城とも呼ばれる。今は公園として整備され、桜の名所として知られる。
所在地：横手市城山町
公共交通：JR奥羽本線・横手駅より徒歩約30分
車：秋田道・横手ICから約15分。無料の牛沼駐車場を利用

横手城の模擬天守

059 久保田城

▶P70

築城年：慶長8年(1603)　築城者：佐竹義宣
特徴：関ヶ原の戦いで徳川方に協力せず、秋田へ移封された水戸城城主・佐竹義宣が本城として築いた。石垣を持たないが、五重の堀を設けるなど守りは堅い。現在、城跡は整備されて公園になっている。
所在地：秋田市千秋公園
公共交通：JR奥羽本線・秋田駅より徒歩約10分
車：秋田道・秋田中央ICから約20分。千秋公園駐車場を利用

060 西馬音内城 にしもないじょう 史跡

築城年：建治3年(1277)　築城者：小野寺道直
特徴：小野寺経道によって西馬音内に配された道直の城。関ヶ原の戦いの後、上杉配下の小野寺氏は東軍に属していたため山形の最上氏に攻められ城主・茂道が城に火を放って逃げた。
所在地：雄勝郡羽後町西馬音内堀回
公共交通：JR奥羽本線・湯沢駅よりバス
車：湯沢横手道・湯沢ICから約20分

061 石鳥谷館 いしどりやだて

築城年：中世　築城者：石鳥谷五郎
特徴：鹿角四十二館に数えられる石鳥谷氏の居館。国境・黒沢口を守る館のひとつ。永禄9年(1566)に檜山城の安東愛季に攻め落とされた。曲輪内には指定文化財の渡部家住居が現存。
所在地：鹿角市八幡平石鳥谷
公共交通：JR花輪線・鹿角花輪駅より車
車：東北道・鹿角八幡平ICから約10分

062 秋田城・出羽柵 あきたのじょう・でわのき 史跡

築城年：天平5年(733)頃　築城者：不明
特徴：出羽国の北地域における軍事・政治の要所。庄内から移された出羽柵に秋田城の名がつけられた。現在は一部が公園になっている。
所在地：秋田市寺内
公共交通：JR奥羽本線・秋田駅よりバス
車：秋田道・秋田北ICから秋田城跡歴史資料館の有料駐車場まで約15分

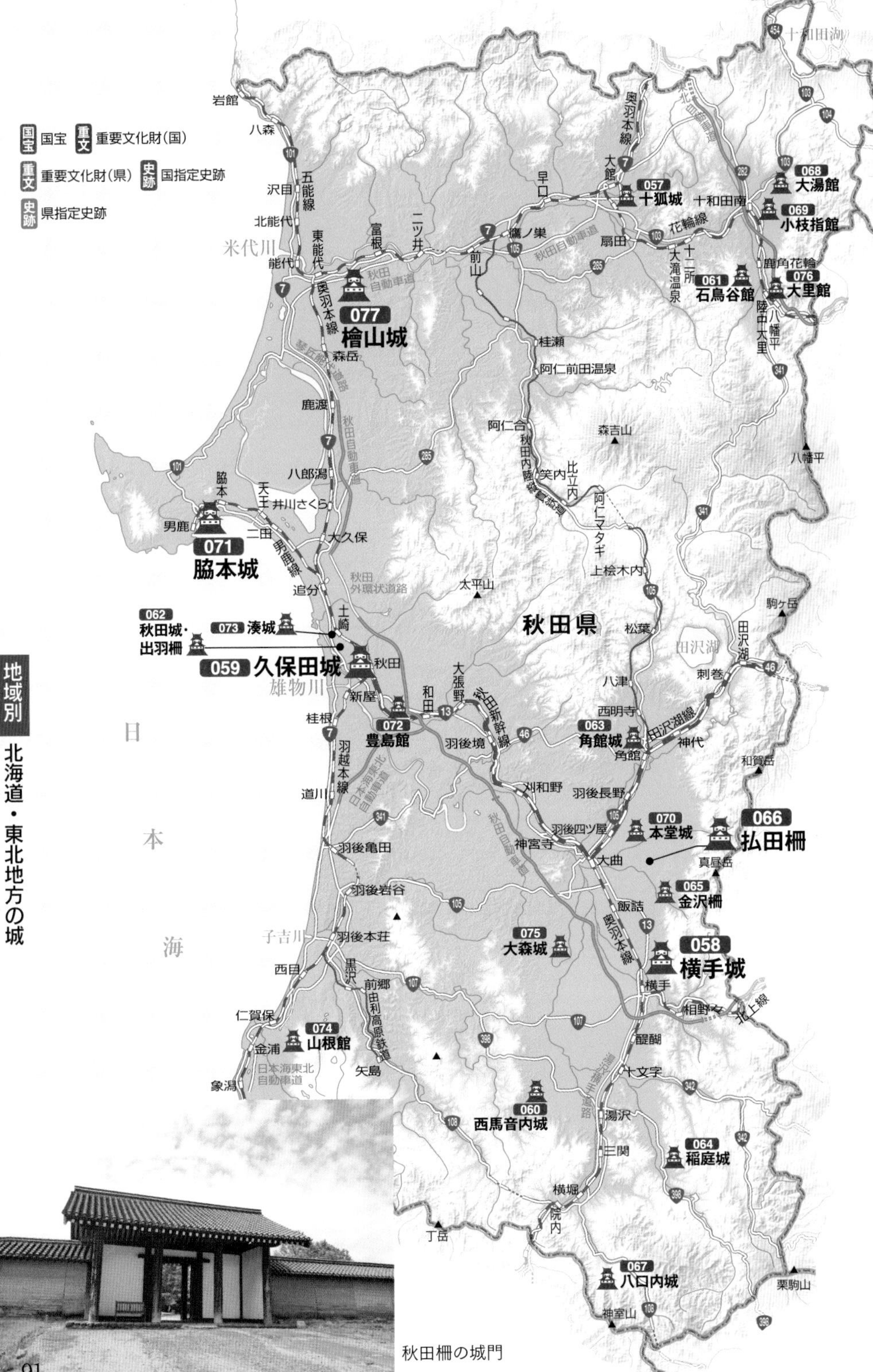

国宝 国宝
重文 重要文化財(国)
重文 重要文化財(県)
史跡 国指定史跡
史跡 県指定史跡
秋田県
日本海
077 檜山城
057 十狐城
068 大湯館
069 小枝指館
061 石鳥谷館
076 大里館
071 脇本城
062 秋田城・出羽柵
073 湊城
059 久保田城
072 豊島館
063 角館城
070 本堂城
066 払田柵
065 金沢柵
075 大森城
058 横手城
074 山根館
060 西馬音内城
064 稲庭城
067 八口内城
十和田湖
岩館
八森
沢目
北能代
東能代
能代
米代川
五能線
奥羽本線
富根
二ツ井
前山
鷹ノ巣
早口
大館
扇田
花輪線
十和田南
鹿角花輪
十二所
大滝温泉
陸中大里
八幡平
秋田自動車道
森岳
鹿渡
八郎潟
桂瀬
阿仁前田温泉
阿仁合
秋田内陸縦貫鉄道
森吉山
笑内
比立内
阿仁マタギ
上桧木内
脇本
天王
井川さくら
男鹿
二田
男鹿線
大久保
追分
土崎
秋田
秋田外環状道路
太平山
雄物川
新屋
和田
大張野
秋田新幹線
桂根
羽越本線
羽後境
道川
日本海東北自動車道
刈和野
羽後長野
羽後四ツ屋
神宮寺
大曲
真昼岳
羽後亀田
羽後岩谷
飯詰
子吉川
羽後本荘
西目
黒沢
前郷
由利高原鉄道
仁賀保
金浦
矢島
象潟
横手
相野々
北上線
醍醐
十文字
湯沢
三関
横堀
院内
丁岳
神室山
栗駒山
松葉
田沢湖
田沢湖線
刺巻
神代
角館
西明寺
八津
駒ケ岳
和賀岳

秋田柵の城門

角館城下にある武家屋敷

063 角館城 かくのだてじょう

築城年：不明　築城者：不明
特徴：築城時期は諸説あるが14世紀・菅氏の築城とする説が有力。菅氏の後は戸沢氏が住み、慶長8年(1603)には蘆名重盛が城主に。
所在地：仙北郡角館町古城山
公共交通：JR田沢湖線・角館駅より徒歩約30分
車：秋田道・協和ICから駐車場まで約40分。駐車場から登城口まで徒歩すぐ

064 稲庭城 いなにわじょう

築城年：鎌倉時代初期　築城者：小野寺経道
特徴：鎌倉時代、室町時代における小野寺氏の本拠地。稲庭城主の経道は、息子たちに支城を築かせ、徐々に勢力を拡大していった。復元天守のなかには城跡からの出土品などが展示されている。
所在地：湯沢市稲庭町
公共交通：JR奥羽本線・湯沢駅よりバス
車：湯沢横手道・湯沢ICから駐車場まで約25分

065 金沢柵 かねざわのさく

築城年：9世紀頃　築城者：不明
特徴：後三年合戦で清原家衡・武衡が籠り、清原清衡・源義家連合軍により落城。公園は金沢城跡でもあり、柵跡は現在あくまでも推定地。
所在地：横手市金沢中野金洗沢
公共交通：JR奥羽本線・横手駅よりバス
車：秋田道・横手ICから約20分。金沢公園か金澤八幡宮駐車場を利用。冬季閉鎖注意

066 払田柵 ほったのさく

史跡

築城年：平安時代初期　築城者：不明
特徴：平安時代、奥州統治のために建てられたとされる機関。周囲には角材を並べた外柵が立っていたといい、復元された南門は高さ9mを越える。
所在地：大仙市払田仲谷地
公共交通：JR奥羽本線・大曲駅よりバス「埋蔵文化財センター」下車、徒歩すぐ
車：大曲西道路・飯田ICから駐車場まで約10分

067 八口内城 やくないじょう

築城年：不明　築城者：役内氏
特徴：築城者の役内氏は小野寺氏の家臣。最上氏の侵攻に備えて築かれた城だが、文禄2年(1593)に最上氏により攻め落とされた。作業道の開削などにより、遺構の残存箇所は少ない。
所在地：湯沢市秋ノ宮
公共交通：JR奥羽本線・横堀駅よりバス
車：湯沢横手道・雄勝こまちICから約30分

068 大湯館 おおゆだて

築城年：不明　築城者：大湯五兵衛
特徴：地形を巧みに利用して築かれた大規模な館。大湯氏の本拠。大湯氏の直系は正保年間に滅び、その後は明治まで北氏の居館になった。本丸を守る虎口や空堀といった遺構が残存。
所在地：鹿角市十和田大湯
公共交通：JR花輪線・十和田南駅より車
車：東北道・小坂ICから約20分

069 小枝指館 こえさしだて

築城年：不明　築城者：小枝指左馬助
特徴：鹿角に築かれた多数の館のひとつ(鹿角四十二館)で、築城年代は定かではない。奈良氏一族の小枝指氏の居館。7つの曲輪を有することから七ツ館の別称を持つ。
所在地：鹿角市花輪
公共交通：JR花輪線・十和田南駅より車
車：東北道・十和田ICから約30分。駐車場なし

070 本堂城 ほんどうじょう

史跡

築城年：天文4(1535)頃　築城者：不明
特徴：本堂氏の居館。天文年間(1532〜1555)に山城から平城に移城されたため、山城の方を「元本堂城」と呼ぶこともある。慶長5年(1600)に本堂茂親が転封され廃城。
所在地：仙北郡美郷町
公共交通：JR奥羽本線・大曲駅よりバス
車：大曲西道・飯田ICから約20分

払田柵の城門

脇本城から見える日本海

071 脇本城　わきもとじょう　史跡

築城年：16世紀後期　築城者：不明
特徴：檜山、湊とあわせて安東氏の三城。天正15年(1587)に城主・修季が内乱を起こすが檜山安東実季が鎮圧し、安東氏を統合した。
所在地：男鹿市脇本字脇本
公共交通：JR男鹿線・脇本駅より徒歩約30分
車：秋田道・昭和男鹿半島ICから約30分。登城口から中枢部まで徒歩約8分

072 豊島館　としまだて　史跡

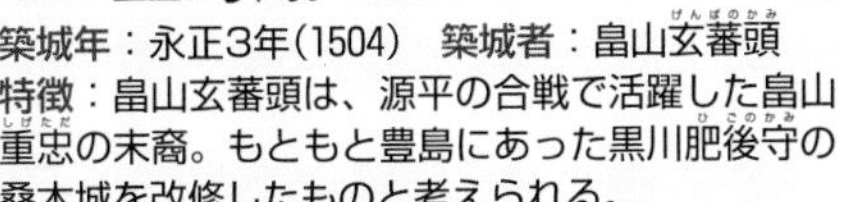

築城年：永正3年(1504)　築城者：畠山玄蕃頭
特徴：畠山玄蕃頭は、源平の合戦で活躍した畠山重忠の末裔。もともと豊島にあった黒川肥後守の桑木城を改修したものと考えられる。
所在地：秋田市河辺戸島
公共交通：JR奥羽本線・和田駅より車
車：日本海東北道・秋田空港ICから約15分。駐車場なし

073 湊城　みなとじょう

築城年：14世紀末　築城者：安東鹿季
特徴：湊安東氏の本城。湊安東氏は貿易で力を蓄えたが、檜山安東氏との争い(湊騒動)に敗北し、湊城も安東実季の居城になった。のち。安東氏が転封したため廃城となる。
所在地：秋田市土崎港中央
公共交通：JR奥羽本線・土崎駅より徒歩約3分
車：秋田道・秋田北ICから駐車場まで約10分

074 山根館　やまねだて　史跡

築城年：応徳2年(1085)　築城者：由利維安
特徴：由利氏の山根館を応仁元年(1467)に仁賀保氏が改修し、その後100年以上にわたって代々の本拠とした。別名は仁賀保館。標高約200mに位置し、日本海を一望できる。
所在地：にかほ市小国
公共交通：JR羽越本線・仁賀保駅より徒歩約60分
車：日本海東北道・仁賀保ICから約15分

075 大森城　おおもりじょう

築城年：文明年間(1469～1487)
築城者：小野寺道高
特徴：天正初期の城主は小野寺康道(大森五郎)。天正19年(1591)に上杉景勝が入城し、刀狩令で取り上げた武器の保管場所とされた。今は公園として整備され、桜の名所として知られる。
所在地：横手市大森町
公共交通：JR奥羽本線・横手駅よりバス
車：秋田道・大曲ICから大森公園駐車場まで約15分

076 大里館　おおさとだて

築城年：鎌倉時代　築城者：大里上総
特徴：安保氏一族の大里氏の館。豊臣秀吉の奥羽仕置において九戸政実方だった大里親基が処刑され、大里氏は滅亡。館も廃された。北側の先端部には出城である笹森館跡がある。
所在地：鹿角市八幡平堀合・大里
公共交通：JR花輪線・陸中大里駅より徒歩約10分
車：東北道・鹿角八幡平ICから約5分。駐車場なし

077 檜山城　ひやまじょう　史跡

築城年：14世紀中期　築城者：安東兼季
特徴：檜山安東氏の居城。室町時代、安東氏は檜山と湊に分裂していたが秋田・青森・北海道において勢力を広げた。檜山安東氏が最も栄えたのは愛季・実季の時代で、実季は安東氏統一を果たした。尾根筋に曲輪が延び、堀切が多用される。
所在地：能代市檜山
公共交通：JR五能線・東能代駅より車
車：秋田道・能代ICから約25分。二の丸の駐車スペースを利用

檜山城の堀跡

山形県

南北朝時代の内乱の際、北朝方の斯波兼頼によって、一定の基盤が築かれた。兼頼の子孫は最上氏を名乗り、庄内地方の武藤氏、陸奥国伊達郡の伊達氏と争った。また、江戸時代になって入った上杉氏ゆかりの城もある。

078 山形城 史跡

▶P71

築城年：延文2年(1357)　築城者：斯波兼頼
特徴：最盛期には山形のほぼ全域を支配した最上氏の本城。北朝方の命を受けて出羽国から入部した兼頼は山形城を築き、最上氏の祖となる。10代目最上義光により拡張整備され、日本有数の大城になった。
所在地：山形市霞城町霞城公園
公共交通：JR奥羽本線・山形駅より徒歩約10分
車：山形道・山形蔵王ICから霞城公園駐車場まで約20分

山形城の本丸一文字門

079 尾浦城 おうらじょう

築城年：鎌倉中期　築城者：武藤晴時
特徴：武藤氏の居城。敵の攻撃で大宝寺が損傷したため尾浦城に移った。その後最上氏や上杉氏が城主となり、元和元年(1615)に廃城。
所在地：鶴岡市大山大山公園
公共交通：JR羽越本線・羽前大山駅より徒歩約30分
車：山形道・鶴岡ICから約15分。大山祭からくり展示館尾浦の館の駐車場を利用

090 小国城（最上郡）
瀬見温泉　大堀　最上　赤倉温泉　陸羽東線
大石田　東北中央自動車道　奥羽本線
084 延沢城
天童城　086
村山　船形山　さくらんぼ東根　面白山高原　天童　仙山線　山寺　大東岳　羽前千歳
山形市　雁戸山　蔵王山

国宝 国宝　重文 重要文化財(国)　重文 重要文化財(県)
史跡 国指定史跡　史跡 県指定史跡

080 鮭延城 さけのべじょう

築城年：天文4年(1535)　築城者：鮭延綱貞
特徴：天正9年(1581)に最上氏に攻め落とされる。当時の城主は19歳の鮭延秀綱。後に戸沢氏が入り、寛永2年(1625)に廃された。
所在地：最上郡真室川町内町
公共交通：JR奥羽本線・真室川駅より徒歩約25分
車：尾花沢新庄道路・新庄ICから約20分。駐車場なし

081 畑谷城 はたやじょう

築城年：16世紀末　**築城者**：江口五兵衛
特徴：最上氏家臣の江口五兵衛の城。慶長5年(1600)の出羽合戦で上杉の大軍を迎え、わずかな兵で激しく抵抗するも滅ぼされる。
所在地：東村山郡山辺町畑谷
公共交通：JR左沢線・羽前山辺駅より車
車：東北道・山形ICから駐車場まで約30分。駐車場から主郭まで徒歩約10分

畑谷城の横堀

082 新庄城 しんじょうじょう

築城年：寛永元年(1624)　**築城者**：戸沢政盛(まさもり)
特徴：築城者は戸沢藩の初代藩主。大火に見舞われ損傷するも復興され、約250年に渡って戸沢氏の本拠となった。戊辰戦争で落城。当時の堀や石垣、戸沢氏を祀る戸沢神社が現存する。
所在地：新庄市堀端町
公共交通：JR奥羽本線・新庄駅より徒歩約20分
車：東北中央道・新庄ICから駐車場まで約10分

新庄城の水堀

米沢城の水堀

083 米沢城 よねざわじょう

▸P77

築城年：暦仁元年(1238)　築城者：大江時広
特徴：伊達政宗が生まれた城。伊達輝宗、政宗の代における伊達氏の本拠。政宗移封後に直江兼続が入った。江戸時代は米沢藩上杉氏の居城に。
所在地：米沢市丸の内
公共交通：JR奥羽本線・米沢駅より徒歩約30分
車：米沢南陽道路・米沢北ICから約15分。松が岬公園おまつり広場駐車場を利用

084 延沢城 のべさわじょう

史跡

築城年：天文16年(1547)　築城者：野辺沢満重
特徴：城主・野辺沢氏は、最上氏と天童氏の争いにおいて、天童氏の重臣だったが、後に最上氏についた。寛文7年(1667)に破却。
所在地：尾花沢市延沢
公共交通：JR奥羽本線・大石田駅よりバス
車：東北中央道・尾花沢ICから約20分。常盤公民館の駐車場を利用

085 寒河江城 さがえじょう

築城年：嘉禄年間(1225〜1227)
築城者：大江親広
特徴：大江氏(寒河江氏)が築く。天正12年(1584)に最上氏に攻め落とされ、元和年間に最上氏が改易された後は鳥居氏の城になる。
所在地：寒河江市丸内
公共交通：左沢線・寒河江駅より徒歩約10分
車：山形道・寒河江ICから約7分

086 天童城 てんどうじょう

築城年：天授元年(1375)　築城者：天童頼直
特徴：築城者は最上兼頼の孫・頼道。頼道の子孫が代々居城とし、天童氏を名乗るが、宗家最上氏との間に確執が生まれ最上義光に滅ぼされた。
所在地：天童市天童
公共交通：JR奥羽本線・天童駅より徒歩約20分
車：東北中央道・天童ICから約10分。天童公園の駐車場を利用

087 長谷堂城 はせどうじょう

築城年：不明　築城者：不明
特徴：16世紀初期の築城か。最上氏の山形城の支城。慶長5年(1600)に上杉勢に攻められるが、敵が撤退するまで防戦し続けた。二重の横堀や急斜面の切岸など、防衛戦を制した防御施設が見られる。
所在地：山形市長谷堂
公共交通：JR奥羽本線・山形駅よりバス
車：東北中央道・山形上山ICから約15分

088 中山城 なかやまじょう

築城年：不明　築城者：中川弥太郎
特徴：米沢城・伊達輝宗が、最上氏の侵攻に対する拠点のひとつとした。慶長3年(1598)に上杉氏の領地になり、城代が置かれた。
所在地：上山市中山
公共交通：JR奥羽本線・羽前中山駅より徒歩約10分
車：東北中央道・山形上山ICから約15分。石碑近くの駐車スペースを利用

089 新田目城 あらためじょう

史跡

築城年：11世紀末　築城者：須藤氏
特徴：庄内平野の北部に築かれた山形県最古の城。源義家に出羽の管理を任された須藤氏が築城。調査により、柱穴や土坑の遺構が確認された。現在、跡地の一部が神社になっている。
所在地：酒田市本楯
公共交通：JR羽越本線・本楯駅より徒歩約10分
車：日本海東北道・酒田みなとICから約10分

090 小国城(最上郡) おぐにじょう

築城年：天正12年(1584)　築城者：小国光基
特徴：かつては岩部館。細川氏が統治していたが、天正8年(1580)に最上氏が攻め落とす。その際に功を上げた家臣の息子である小国光基が小国城として改修し、居城とする。
所在地：最上郡最上町
公共交通：JR陸羽東線・最上駅より徒歩約15分
車：東北中央道・新庄ICから約30分

091 上山城 かみのやまじょう

築城年：天文4年(1535)　築城者：不明
特徴：後に上山を名乗る武永氏の城。武永氏は最上氏の一族で、この城を舞台に上杉軍との激しい戦いが繰り広げられた。月岡城とも。
所在地：上山市元城内
公共交通：JR奥羽本線・かみのやま温泉駅より徒歩約15分　車：東北中央道・山形上山ICから駐車場まで約10分

鶴ヶ岡城の本丸の水堀

092 平形館 ひらかたたて

史跡

築城年：14世紀　築城者：不明
特徴：庄内平野の中央付近に位置する館。築城者は不明だが、館名から平賀氏とする意見がある。南方にある藤島城の支館と考えられる。天正19年(1591)に直江兼続によって破却される。
所在地：鶴岡市藤島町
公共交通：羽越本線・藤島駅より徒歩約15分
車：山形道・鶴岡ICから約30分

093 丸岡城 まるおかじょう

史跡

築城年：中世　築城者：押切備前守
特徴：戦国時代に押切備前守が築城。押切備前守が本拠を変えた後、庄内地方の勢力変化に伴い武藤氏、本庄氏、最上氏と城主が移った。整備が行き届いており、隣にはガイダンス施設もある。
所在地：鶴岡市丸岡
公共交通：JR羽越本線・鶴岡駅より車
車：北陸道・丸岡ICから駐車場まで約5分

094 小国城(鶴岡市) おぐにじょう

史跡

築城年：南北朝時代　築城者：小国氏
特徴：越後国と庄内の境界地点に位置する城。武藤氏、上杉氏、最上氏が奪い合った重要拠点。元和元年(1615)に廃城となる。
所在地：鶴岡市小国
公共交通：JR羽越本線・あつみ温泉駅より車
車：日本海東北道・あつみ温泉ICから約10分。登城口手前の駐車スペース(3～4台分)を利用

095 松山城

史跡

築城年：天明元年(1781)　築城者：酒井忠休
特徴：酒井忠休が7年かけて築城。18世紀末に落雷で大手門を失うも再建。明治に入って城が廃された後も大手門だけは残されている。
所在地：酒田市新屋敷
公共交通：JR羽越本線・酒田駅よりバス
車：日本海東北道・酒田ICから松山歴史公園駐車場まで約25分

096 鶴ヶ岡城

史跡

築城年：鎌倉中期　築城者：武藤景頼
特徴：武藤景頼が築いた大宝寺城を直江兼続が修復。関ヶ原の戦いの後、最上義光がさらに改築し城名を改めた。その後城主となった酒井氏は、50年以上かけて拡張。明治にいたるまで酒井氏の本拠となる。現在は本丸・二の丸が公園として整備され、桜の名所としても知られる。
所在地：鶴岡市馬場町
公共交通：JR羽越本線・鶴岡駅より徒歩約30分
車：山形道・鶴岡ICから駐車場まで約10分

097 清水城 しみずじょう

築城年：文明8年(1476)　築城者：清水満久
特徴：最上氏が北方守備の拠点を作るため清水満久を派遣して築かせた。清水氏は何代にも渡って武藤氏と戦いを繰り返し、勝利している。
所在地：最上郡大蔵村
公共交通：JR奥羽本線・新庄駅よりバス
車：日本海東北道・庄内空港ICから約60分。駐車場なし

098 館山城 たてやまじょう

史跡

築城年：天正15年(1587)　築城者：伊達政宗
特徴：家督を継いだ18歳の伊達政宗が築城。しかし城が完成する前に政宗は移封された。奥州藤原氏一族の居館とも伝えられる。
所在地：米沢市舘山
公共交通：JR奥羽本線・米沢駅よりバス
車：常磐道・岩間ICから約15分。場内案内板の近くの駐車スペースを利用

松山城の大手門

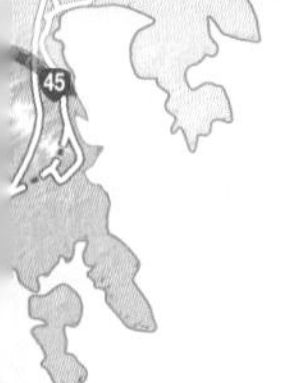

国宝 国宝　重文 重要文化財(国)　重文 重要文化財(県)
史跡 国指定史跡　史跡 県指定史跡

東北地方の城

宮城県

南北朝時代、奥州探題の斯波氏（後に大崎氏）が勢力を拡大し、南朝方の葛西氏と戦国の世まで対立した。のちに伊達氏が巨大勢力を作り上げる。同地では、土累や空堀を備えた拠点を「館」と呼ぶのが特徴的。

101 多賀城（たがじょう）

重文 史跡

▸P76

築城年：神亀元年(724)　築城者：律令政府
特徴：奈良時代に築かれた陸奥国の国府。東北地方における政治・軍事の中心地で、城内中央部に政庁が置かれていた。斯波氏が大崎に本拠を移すまで、600年以上の間、国府としての役割を担っていた。
所在地：多賀城市市川
公共交通：JR東北本線・国府多賀城駅より徒歩約15分
車：三陸道・多賀城ICから駐車場まで約2分。駐車場から登城口まで徒歩すぐ

多賀城の東政庁跡

仙台城の大手門跡の脇櫓

099 仙台城（せんだいじょう）

史跡

▸P72

築城年：慶長５年(1600)　築城者：伊達政宗
特徴：岩出山から移ってきた伊達政宗が築城。青葉山の山頂に位置することから「青葉城」とも呼ばれる。仙台藩62万石にふさわしく壮大な城だったが破却が進み、現在は脇櫓のみ再建。
所在地：仙台市青葉区川内
公共交通：JR東北本線・仙台駅よりバス「仙台城跡」下車、徒歩すぐ
車：東北道・宮城ICから駐車場まで約15分

102 岩出山城（いわでやまじょう）

史跡

築城年：応永年間(1394〜1427)　築城者：氏家氏
特徴：大崎氏の重臣・氏家氏の本拠。天正18年(1590)の奥州仕置で大崎氏とともに氏家氏が滅び、その後伊達政宗の居城になった。現在は公園として整備され、政宗の銅像が立っている。
所在地：大崎市岩出山
公共交通：JR陸羽東線・有備館駅より徒歩約10分
車：東北道・古川ICから城山公園駐車場まで約15分

100 佐沼城 さぬまじょう

築城年：平安末期　築城者：不明
特徴：大崎氏の属城。葛西・大崎一揆における戦が有名で、天正19年(1591)に、城に籠った一揆軍を伊達政宗が倒した。鹿ヶ城（しかがじょう）とも。
所在地：登米市迫町佐沼
公共交通：JR東北本線・新田駅よりバス
車：東北道・築館ICから約40分。登米市歴史博物館の駐車場を利用

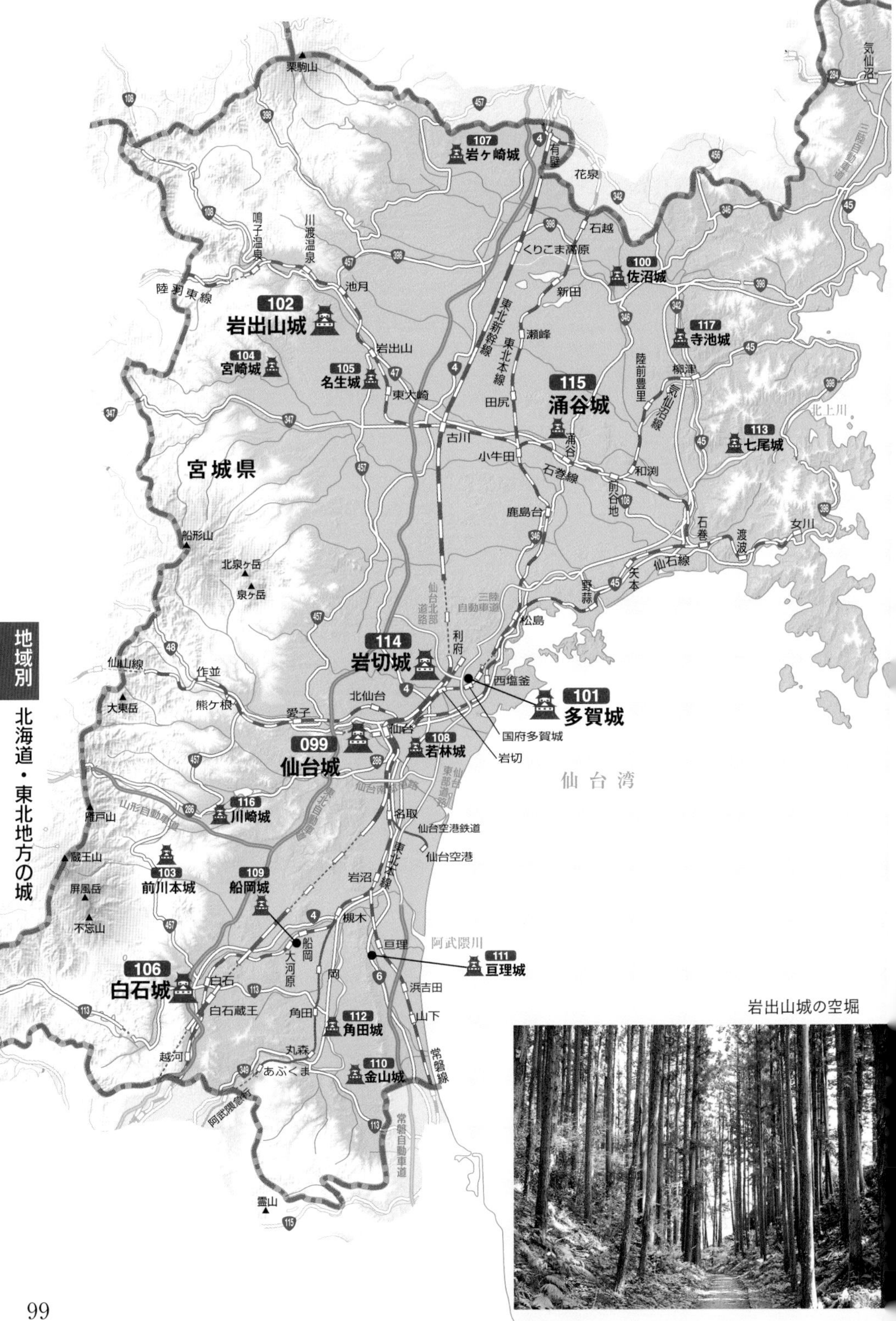

岩出山城の空堀

地域別
北海道・東北地方の城

前川本城の二重横堀

103 前川本城 まえかわもとしろ

築城年：天正年間(1573～1592)　築城者：砂金氏
特徴：断崖上の境目の城。砂金氏が伊達氏の家臣となる際に築き、砂金城より移る。二の丸を囲む長大な堀切・土塁が圧巻。連続枡形も必見。
所在地：柴田郡川崎町前川本城山
公共交通：JR東北本線・大河原駅よりバス
車：山形道・宮城川崎ICから駐車場まで約10分。駐車場から本丸まで徒歩約5分

104 宮崎城 みやざきじょう

築城年：正平年間(1346～1370)
築城者：笠原重広
特徴：城主の笠原重広は大崎氏の家臣。葛西・大崎一揆における一揆軍の拠点のひとつ。一揆軍は伊達政宗軍と激しく抗戦し、敗北した。
所在地：加美郡加美町宮崎
公共交通：JR陸羽東線・西古川駅より車
車：東北道・古川ICから約35分

105 名生城 みょうじょう

築城年：南北朝初期　築城者：大崎家兼
特徴：大崎氏の居城。大崎氏は名生城を拠点に代々勢力を拡大するが、内紛をきっかけに衰退し、最後は豊臣秀吉に領地を没収され滅んだ。近隣には大崎地方を管轄した官衙の史跡もある。
所在地：大崎市古川大崎
公共交通：JR陸羽東線・東大崎駅より徒歩約10分
車：東北道・古川ICから約25分

106 白石城 しろいしじょう

►P73

築城年：天正19年(1591)　築城者：蒲生氏郷
特徴：会津城を本拠とする蒲生氏の支城。関ヶ原の戦いの後は伊達政宗の城となり、家臣の片倉景綱が城主になった。別名は益岡城。
所在地：白石市益岡町
公共交通：JR東北本線・白石駅より徒歩約15分
車：東北道・白石ICから約10分。益岡公園駐車場を利用

白石城の大手二ノ御門

107 岩ヶ崎城 いわがさきじょう

築城年：南北朝時代　築城者：富沢道祐
特徴：葛西氏の流れを汲む富沢氏の城。天正19年(1591)の九戸政実の乱では、関白・豊臣秀次の陣所になった。鶴舞城や鶴丸城とも。
所在地：栗原市栗駒岩ケ崎
公共交通：JR東北本線・石越駅よりバス
車：東北道・若柳金成ICから城山公園駐車場まで約20分

108 若林城 わかばやしじょう

築城年：寛永5年(1628)　築城者：伊達政宗
特徴：伊達政宗が晩年を過ごした城。寛永13年(1636)に政宗がこの世を去り、城も廃された。城跡は宮城刑務所になっているため中は確認できないが、周囲の堀や土塁跡を見学できる。
所在地：仙台市若林区古城
公共交通：市営地下鉄・河原町駅より徒歩約20分
車：仙台南部道路・長町ICから約10分

109 船岡城 ふなおかじょう

築城年：天文年間(1532～1555)　築城者：四保定朝
特徴：柴田氏の祖・四保定朝が築いた柴田氏代々の居城。一度は城を追われるも取り戻し、明治時代まで存続。柴田城、四保城とも。
所在地：柴田郡柴田町船岡
公共交通：JR東北本線・船岡駅より徒歩
車：東北道・白石ICから約20分／東北道・村田ICから約25分。船岡城址公園内駐車場を利用

110 金山城 かねやまじょう

築城年：永禄9年(1566)　築城者：井戸川将監
特徴：伊達政宗が初陣で攻めた城。父・輝宗とともに戦った政宗は見事勝利を収め、金山城はそのときの戦で活躍した中島氏のものになる。
所在地：伊具郡丸森町金山
公共交通：阿武隈急行・丸森駅より車
車：常磐道・新地ICから登城口の駐車場まで約20分。登城口から本丸跡まで約15分。

涌谷城の模擬天守

111 亘理城 わたりじょう

築城年：天正年間(1573～1592)　築城者：亘理元宗
特徴：亘理町の真ん中あたりに位置する亘理氏の居城。天正19年(1591)に亘理氏が移封された後は片倉景綱が入った。臥牛城とも。
所在地：亘理郡亘理町
公共交通：JR常磐本線・亘理駅より徒歩約20分
車：常磐道・鳥の海PAスマートICから約10分。中央公民館駐車場を利用

112 角田城 かくだじょう

築城年：天正年間(1573～1592)
築城者：伊達成実
特徴：伊達成実の居城。文禄4年(1595)に成実と政宗との間に確執が生じ成実が城を移る。政宗は成実の家臣が籠る城を攻め落とした。
所在地：角田市角田
公共交通：阿武隈急行・角田駅よりバス
車：常磐道・山元ICから約20分

113 七尾城 ななおじょう

築城年：不明　築城者：不明
特徴：別名は七王館。山内首藤貞通は永正8年(1511)に葛西宗清との戦いに敗れ、一度は和解するも翌年再び葛西氏に攻められ落城。その後は葛西氏の手にわたるが葛西氏の滅亡とともに廃城となる。
所在地：石巻市中野
公共交通：JR石巻線・鹿又駅より車
車：三陸沿岸道路・河北ICから約10分

114 岩切城 いわきりじょう

史跡

築城年：南北朝時代　築城者：留守氏
特徴：陸奥国留守職を任された留守氏の居城。鎌倉時代、徐々に留守職は形だけの役職になるが、留守氏は岩切城を拠点に力を拡大した。
所在地：仙台市宮城野区岩切
公共交通：JR東北本線・岩切駅より徒歩約30分
車：三陸道・利府塩釜ICから約15分。県民の森入口駐車場を利用。駐車場から徒歩約20分

115 涌谷城 わくやじょう

築城年：15世紀初頭　築城者：不明
特徴：涌谷氏の居城。天正18年(1590)に涌谷氏が滅んだ後は、伊達氏の家臣である亘理重宗が入城。現在、跡地には資料館がある。
所在地：遠田郡涌谷町
公共交通：JR石巻線・涌谷駅より徒歩
車：東北道・古川ICから駐車場まで約30分。駐車場から城跡まで徒歩すぐ

116 川崎城 かわさきじょう

築城年：慶長年間(1596～1615)　築城者：砂金実常
特徴：丘の先端部にある城。築城者の砂金氏は伊達氏の家臣。跡継ぎが決まらず元禄15年(1702)に砂金氏が滅びた後は伊達村興が入った。のち明治時代まで川崎伊達氏の城となる。
所在地：柴田郡川崎町
公共交通：JR東北本線・大河原駅よりバス
車：山形道・宮城川崎ICから駐車場まで約5分

117 寺池城 てらいけじょう

築城年：天文5年(1536)　築城者：不明
特徴：葛西氏の城だったが移封されて、水沢から移ってきた白石氏が城主になる。跡地には裁判所や民家が建てられ当時の面影はほぼないものの城下町は往時のにぎわいを見せている。
所在地：登米市登米町
公共交通：JR気仙沼線・柳津駅よりバス
車：東北道・築館ICから駐車場まで約60分

岩切城の堀切

東北地方の城

福島県

相馬地方の相馬氏に、会津地方の蘆名氏、県北の伊達氏などが力を誇った福島県。さらに安積郡の伊東氏、岩瀬郡の二階堂氏、白川庄の結城氏と、多数の勢力が覇権を争い、のちに伊達政宗がほぼ手中にした。

119 桧原城 ひばらじょう

築城年：天正13年（1585）　築城者：伊達政宗
特徴：街道沿いの小谷山頂。会津侵攻の拠点に伊達政宗が築いた。明治の噴火で桧原湖ができ、一部が湖底に。虎口や横堀など技巧的な城。
所在地：耶麻郡北塩原村檜原西吾妻
公共交通：JR磐梯西線・猪苗代駅よりバス
車：磐越道・猪苗代磐梯高原ICから約40分。小谷山城桝形入口から主郭まで徒歩約20分

118 若松城（わかまつじょう） 史跡

▶P74

築城年：至徳元年（1384）　築城者：蘆名直盛
特徴：名門・蘆名氏の居城を伊達政宗が攻め落とした。当時の名称は黒川城。奥州仕置で豊臣秀吉が政宗から領地を没収し、城を蒲生氏郷に与える。氏郷が大幅な改修を施し見事な城が完成した。別名・鶴ヶ城。
所在地：会津若松市追手町
公共交通：JR磐越西線・会津若松駅よりバス
車：磐越道・会津若松ICから駐車場まで約15分。東口駐車場・西出丸駐車場より徒歩すぐ

本丸から見た若松城の外観復元天守

国宝　国宝　重文　重要文化財（国）　重文　重要文化財（県）
史跡　国指定史跡　史跡　県指定史跡

120 神指城 こうざしじょう

築城年：慶長5年(1600)　築城者：上杉景勝
特徴：若松城の上杉景勝が120万石の全領土から人員を集めて着工。しかし動乱の時勢にあり、城の完成を待たず景勝は米沢に移る。
所在地：会津若松市神指町
公共交通：JR磐越西線・会津若松駅よりバス
車：磐越道・会津若松ICから約10分。駐車場なし。駅からバスかレンタサイクルがよい

121 久川城 ひさかわじょう

史跡

築城年：天正15年(1588)　築城者：河原田氏
特徴：この地を支配していた河原田氏が、伊達氏の侵攻に備えて築城。伊達氏を退けた後、蒲生氏が移封されて、蒲生氏郷が城主になった。
所在地：南会津郡南会津町青柳
公共交通：会津鉄道・会津田島駅よりバス
車：東北道・白河ICから西堀切跡を越えた先の駐車場まで約90分。主郭まで徒歩約10分

122 鴫山城 しぎやまじょう

史跡

築城年：不明　築城者：不明
特徴：天正18年(1590)に城主が長沼氏から蒲生氏に変わる。その後、上杉氏、加藤氏と支配が移り、寛永4年(1627)に廃された。
所在地：南会津郡南会津町田島
公共交通：会津鉄道・会津田島駅より徒歩約10分
車：東北道・白河ICから約60分。南会津町役場の駐車場を利用

123 長沼城 ながぬまじょう

築城年：文応元年(1260)　築城者：長沼氏
特徴：戦国時代には蘆名氏が居城にした。蘆名氏は磨上原の戦いで伊達政宗に敗北している。城は寛永4年(1627)に廃された。千代城とも。
所在地：須賀川市長沼
公共交通：JR東北本線・須賀川駅よりバス
車：東北道・郡山南ICから駐車場まで約20分

124 霊山城 りょうぜんじょう

築城年：14世紀頃　築城者：北畠氏
特徴：天台宗大寺院があった山岳信仰の地。南北朝期は陸奥国府が移されて南朝方拠点となり、険しい岩肌が約10年間北朝方を阻んだ。
所在地：伊達市霊山町石田
公共交通：阿武隈急行・保原駅より車
車：東北道・霊山飯館ICから登山口駐車場まで約5分。駐車場から主郭まで徒歩約60分

山麓から見た霊山城

向羽黒山城の堀

125 向羽黒山城 むかいはぐろやまじょう

史跡

築城年：永禄11年(1568)　築城者：蘆名盛氏
特徴：蘆名盛氏が隠居生活を送るために築城。しかし跡継ぎの盛興が早世したため盛氏は本拠・黒川城に戻り、この城には入らなかった。
所在地：大沼郡会津美里町本郷
公共交通：JR只見線・会津本郷駅より徒歩約20分
車：磐越道・会津若松ICから三の丸駐車場まで約30分。三の丸広場から一曲輪まで徒歩約30分

126 棚倉城 たなくらじょう

史跡

築城年：寛永元年(1624)　築城者：丹羽長重
特徴：幕府の命令で丹羽長重が築城。長重は寛永4年(1627)に白河に転封された。戊辰戦争で板垣退助がわずか一日で攻め落とした。
所在地：東白川郡棚倉町棚倉
公共交通：JR水郡線・磐城棚倉駅より徒歩約10分
車：東北道・白河ICから亀ヶ城公園駐車場まで約40分

127 三春城 みはるじょう

築城年：永正元年(1504)　築城者：田村義顕
特徴：三春田村氏の城。田村氏はいったん途絶えるが、寛永年間(1624〜1644)に伊達宗良が幕府に断った上で再興させた。
所在地：田村郡三春町大町
公共交通：JR磐越東線・三春駅よりバス
車：磐越道・船引三春ICから約15分。三春町役場駐車場を利用

128 中村城 なかむらじょう

築城年：慶長16年(1611)　築城者：相馬利胤
特徴：相馬利胤が築城し、小高城から本拠を移した。以後、明治維新にいたるまで代々相馬氏の居城となった。別名は馬陵城。現在は公園。
所在地：相馬市中村
公共交通：JR常磐線・相馬駅より徒歩約25分
車：常磐自動車道・相馬ICから約10分。馬陵公園駐車場を利用

129 小高城 おだかじょう

史跡

築城年：嘉暦元年(1326)　築城者：相馬重胤
特徴：中村城に本拠を移す前の相馬氏の居城。相馬氏はこの城に300年近く住み、17代目の利胤が中村城を築いた。別名を浮船城という。
所在地：南相馬市小高区小高
公共交通：JR常磐線・小高駅より徒歩約15分
車：常磐道・南相馬ICから約30分。小高神社駐車場を利用

130 平城 たいらじょう

築城年：慶長7年(1602)　築城者：鳥居忠政
特徴：徳川家康の命を受けて鳥居忠政が築城。磐城平藩の藩庁が置かれた。戊辰戦争で攻め落とされ、城の大部分は焼失。磐城平城とも。
所在地：いわき市平
公共交通：JR常磐線・いわき駅より徒歩約5分
車：常磐道・いわきICから約20分。いわき駅西駐車場(有料)を利用

131 駒ヶ嶺城 こまがみねじょう

築城年：天正年間(1573〜1592)　築城者：相馬盛胤
特徴：伊達氏の侵攻に備えて、新地城とあわせて相馬盛胤が築城。しかし天正17年(1589)に政宗に攻め落とされる。臥牛城の別称を持つ。
所在地：相馬郡新地町
公共交通：JR常磐線・駒ヶ嶺駅より徒歩約20分
車：常磐道・新地ICから約10分。駐車場なし

132 小峰城 こみねじょう

史跡

▶P75

築城年：興国元年(1340)　築城者：結城親朝
特徴：源頼朝の家臣・結城親朝が築城。親朝の子孫は小峰氏を継ぐ。小峰氏は豊臣秀吉の小田原攻めに参加せず、領地を没収された。
所在地：白河市郭内
公共交通：JR東北本線・白河駅より徒歩すぐ
車：東北道・白河ICから城山公園専用駐車場まで約20分。駐車場から天守まで徒歩約15分

小峰城の前御門と三重櫓

二本松城の箕輪門

133 二本松城 にほんまつじょう

史跡

▶P77

築城年：嘉吉元年(1441)　築城者：畠山満泰

特徴：畠山氏が代々住んだ城。縄張を変えることなく明治まで残った貴重な城のひとつ。戊辰戦争では幼い少年も兵として駆り出された。

所在地：二本松市郭内

公共交通：JR東北本線・二本松駅より徒歩約20分

車：東北道・二本松ICから霞ヶ城公園Pまで約5分

134 小浜城 おばまじょう

築城年：不明　築城者：不明

特徴：大内氏の居城。大内氏は一度は伊達氏につくも、蘆名氏に寝返る。政宗が攻め込んでくると大内氏は逃亡し、城を明け渡した。

所在地：二本松市小浜

公共交通：JR東北本線・二本松駅よりバス

車：舞鶴若狭道・小浜ICから駐車場まで約25分

135 赤館城 あかだてじょう

築城年：不明　築城者：不明

特徴：標高345mの丘陵にある山城。常陸勢と陸奥勢の対峙する場所であり、常陸佐竹氏の陸奥侵出、陸奥伊達氏の常陸防衛の拠点にもなった。

所在地：東白川郡棚倉町棚倉

公共交通：JR水郡線・磐城棚倉駅よりバス

車：東北道・白河ICから赤館公園駐車場まで約50分

136 梁川城 やながわじょう

史跡

築城年：不明　築城者：不明

特徴：天文元年(1532)以前の伊達氏の居城。伊達稙宗が本拠を桑折西山城に移したあとは支城になった。鶴岡城の別称もある。

所在地：伊達郡梁川町

公共交通：阿武隈急行・やながわ希望の森公園前駅より徒歩約10分　車：東北道・国見ICから約20分。許可を得て梁川中学校駐車場を利用

137 桑折西山城 こおりにしやまじょう

史跡

築城年：鎌倉時代　築城者：伊達朝宗

特徴：天文年間(1532～1555)における伊達氏の本拠。稙宗の代に伊達氏の内紛(天文の乱)が起こり、その後に城は廃された。

所在地：伊達郡桑折町

公共交通：JR東北本線・桑折駅より徒歩約15分

車：東北道・伊達桑折ICから約5分。観音寺の駐車場を利用。駐車場から城跡まで徒歩約5分

138 須賀川城 すかがわじょう

築城年：文安5年(1448)　築城者：二階堂氏

特徴：岩瀬郡を領地としていた二階堂氏の城。四方を有力武将に囲まれた立地で、幾度も戦の舞台となり、天正17年(1589)に落城。

所在地：須賀川市諏訪町

公共交通：JR東北本線・須賀川駅よりバス

車：東北道・須賀川ICから約10分。須賀川市役所駐車場または長松院駐車場を利用

139 黒木城 くろきじょう

築城年：建武年間(1334～1338)　築城者：黒木正光

特徴：南北朝時代に築かれた黒木氏代々の居城。黒木氏は南朝方の有力な武将だったが、伊達氏の内紛の際に相馬顕胤に敗北し、滅びた。

所在地：相馬市黒木

公共交通：JR常磐線・相馬駅よりバス

車：常磐道・相馬ICから約10分

140 猪苗代城 いなわしろじょう

史跡

築城年：不明　築城者：佐原経連

特徴：若松城の支城。築城者の佐原経連は後に猪苗代氏を名乗る。会津の有力大名蘆名氏に対して従属と対立を繰り返したが、天正17年(1589)、猪苗代盛国は伊達正宗と内応し、蘆名氏を滅亡に追い込む。その後猪苗代氏は正宗に付いて城を離れた。江戸期も会津藩の拠点として存続し、幕末まで城代が入った。

所在地：耶麻郡猪苗代町古城町

公共交通：JR磐越西線・猪苗代駅より徒歩約25分

車：磐越道・猪苗代磐梯高原ICから亀ヶ城公園駐車場まで約10分

猪苗代城の石垣

お城コラム

桜とお城の深い関係

江戸時代の城には桜はなかった？

毎年、桜の季節に地元の城を訪れるという人は多いだろう。観光地になっている城で、桜がない城を探すのが難しいほどだ。それでは江戸時代の殿様も桜の景色を愛でていたのかというと、そのイメージは大間違い。江戸時代までの城に植わっていた木々は、合戦で使用する松や竹、食糧にもなる梅などに限られ、鑑賞のための桜などはほとんど生えていなかったのだ。夏場の桜は葉が生い茂るため、城下を見張る眺望の確保という点でも桜はふさわしくなかった。

では、いつから城に桜が植えられたかというと、それは明治以降のこと。明治6年(1873)に公布された廃城令によって、陸軍用地とされた城郭をのぞいて、破却処分となってしまった。建物は安価で売却され、堀は埋め立てられ、城の取り壊しは急速に進んだ。

ここで立ち上がったのが、各藩の旧藩士らであった。我が城が取り壊され、荒廃していく姿に心を痛めた彼らは、払い下げられていた城跡の土地や建物を買い戻すようになる。しかし、城としての使い道はない。そこで、公園としての整備が進み、市民に親しまれるために植樹されたのが桜だった。ちょうどその頃、江戸の染井村で改良開発されたソメイヨシノが、全国へと普及し始めていたことも後押しになった。

それから100年以上かけて、城と桜は切っても切れない関係となった。近年では大量の桜の木が鑑賞の邪魔になるという意見もあり、間引きをしている城もあるが、今後も城と桜の共存関係は続いていくことだろう。

松江城(➡316)の夜桜の様子。桜の名所となっている城跡は全国に数多い。

弘前城(➡P64)に明治15年に寄贈されたソメイヨシノ。現存最古のソメイヨシノといわれる。

地域別

関東・甲信越地方の城

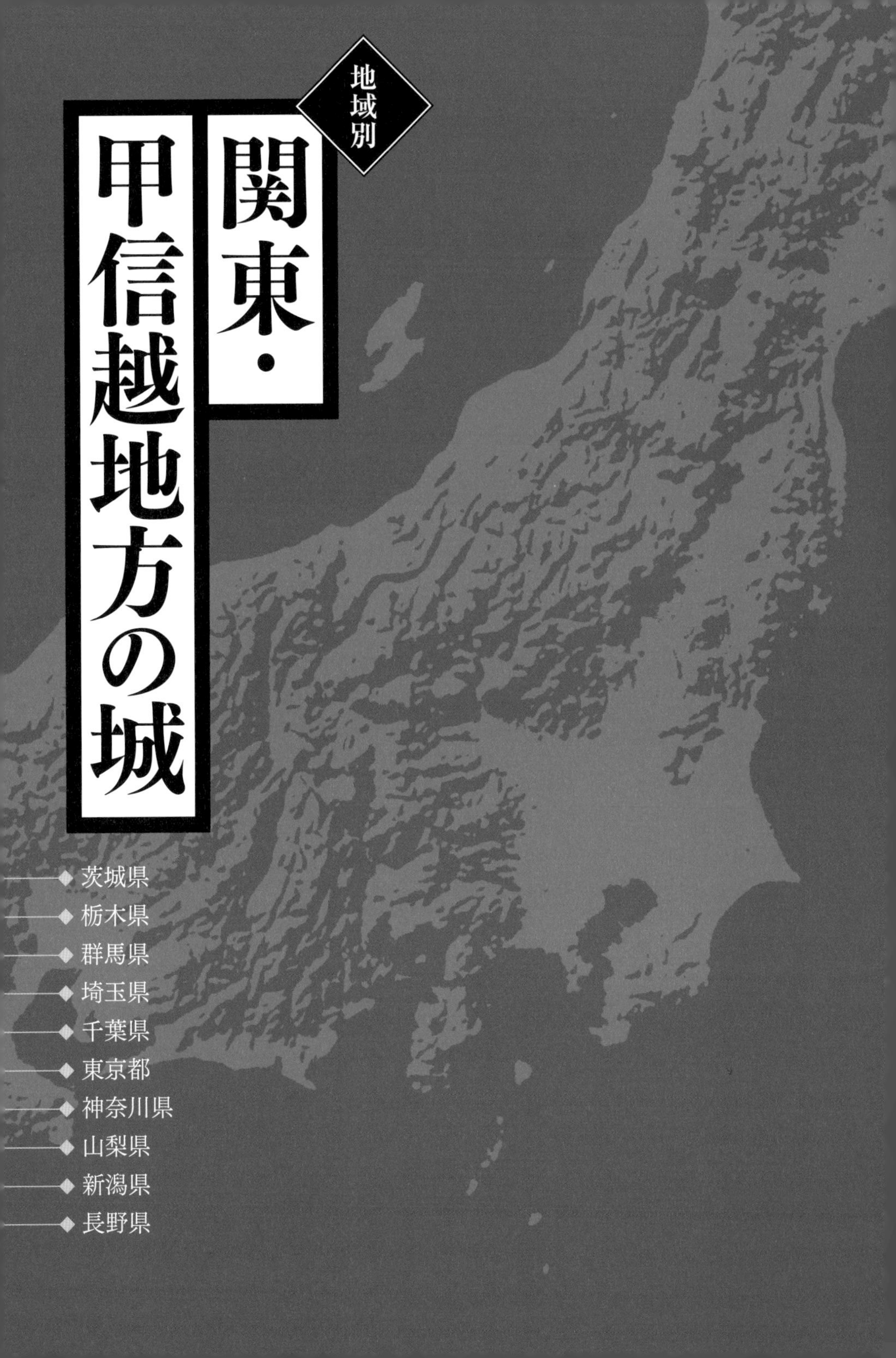

茨城県
栃木県
群馬県
埼玉県
千葉県
東京都
神奈川県
山梨県
新潟県
長野県

小田原城遠望　北条時代の城の中心部は現在の場所とは異なる。小田原城は中世と近世の両方の面を鑑賞できるのだ。

小田原城（おだわらじょう）

神奈川県

築城年不明

城番号 276

参照頁 ▶P149

史跡区分 国指定史跡

軍事的要所に築かれた難攻不落の巨大堅城

相模湾を望む高台にそびえる小田原城は、応永23年（1416）の「上杉禅秀（ぜんしゅう）の乱」をきっかけに小田原へ進出した、**大森氏**によって築城された。しかし、鎌倉時代から南北朝時代にかけてこの地を治めていた、土肥（どい）一族・小早川氏の館が起源という説もあり、確かなことはわかっていない。ただ、15世紀中頃には、大森氏の居城があったのは間違いないようである。

1500年頃には北条氏の祖として知られる**伊勢新九郎（北条早雲（そううん））**が大森氏を滅ぼし、小田原城へ入城する。以降、北条氏4代、氏綱（うじつな）、氏康（うじやす）、氏政、氏直の手によって引き継がれ、100年近くに渡り、石高250万石ともいわれる北条氏の拠点として繁栄をほこった。

この間、関東の覇権を争う上杉謙信、武田信玄らに相次いで攻められるが、堅固に築かれた小田原城はこれを退ける。だが、天正18年（1590）に羽柴秀吉の大軍に攻められ、あえなく開城した。

江戸時代には徳川家の譜代大名である大久保氏、稲葉氏の居城となり、**関東地方防衛の要所**として役割を果たす。

Ⓐ天守

鉄門跡

Ⓑ常盤木門

隅櫓

Ⓒ銅門

馬出門

Ⓐ復元天守　天守は明治の廃城令で解体され、昭和35年(1960)に外観復元で再建された。

Ⓑ常盤木門　本丸を守る正門。市制30周年の昭和46年(1971)復元。

Ⓒ銅門
二の丸の正門である枡形虎口。平成9年(1997)復元。

小田原城を落とした北条早雲の知略

北条早雲による小田原城攻めは、歴史に残る知略によって成されたものだ。小田原城を攻略しようと考えた早雲は、当時の城主・大森藤頼（ふじより）に鹿狩りのための勢子（せこ）（狩猟を手伝う人）を領内に入れる許可を得る。早雲はこれに乗じて、勢子に仕立てた足軽と1000頭の牛を藤頼領へ送り込むことに成功した。さらに、早雲は牛の角に松明（たいまつ）を付けて放ち混乱を誘い、慌てふためいて逃げ惑う藤頼勢を一気に蹴散らしたという。

蓮上院土塁
中世小田原城の惣構の一角。惣構の遺構は市内に点在している。

小田原駅前に立つ北条早雲像。

北条氏5代の手による日本最大の中世城郭

現在の小田原城跡はＪＲ小田原駅からやや離れた場所に位置するが、戦国時代には駅周辺も小田原城の敷地内であった。

大森氏より小田原を奪った北条氏は、**2代氏綱**より本格的な中世城郭の造営をはじめ、豊臣秀吉との合戦の頃には、城を取り囲む**惣構**の総延長が９㎞とも12㎞ともいわれる大城郭が築きあげられる。**上杉謙信**率いる10万の軍勢を退け、20万人を超える秀吉軍を前にしても、３か月以上持ちこたえたというから、その堅城ぶりは際立っている。

江戸時代に入って**大久保忠世**（ただよ）が城主になると、規模は三の丸内に縮小される。その後、**稲葉正勝**（まさかつ）城主時代に大改修され、近世城郭へと生まれ変わった。戦国時代には小峰山のほうにあったとされる天守が、今の位置に移されたのもこの時である。

天守は元禄16年（１７０３）に発生した大地震で倒壊、焼失するも、宝永３年（１７０６）に再建され、幕末まで小田原のシンボルとして存続する。明治に入り一度解体されてしまうが、昭和35年（１９６０）に市制20年の復興事業として**再建**された。

平成28年（２０１６）には天守の耐震工事と修復が完了し、最上階に**摩利支天像**の安置空間が再現された。また、本丸に隣接した**御用米曲輪**の調査では北条時代の遺構が発見され、城郭全体の整備が進められている。

他にも**小峯御鐘ノ台**や**八幡山古郭**など、北条時代の遺構や惣構の跡が多く残されている。中世と近世の両方の時代の城に出会えるのが、小田原城最大の魅力といえるだろう。

天守の摩利支天像
学術調査により江戸時代の天守最上階には摩利支天像が祀られていたことが判明し、平成28年(2016)の改修工事によって、その空間が再現された。改修工事では天守内全体がリニューアルされ、歴史シアターが新設された。

小峯御鐘ノ台大堀切
北条時代の城の中心部を守るため、尾根を分断するように築かれた堀切(横堀)。横幅20mの広大な堀が三重に設けられている。

本丸と二の丸の堀切。
JR水郡線の線路が通る。

史跡区分 県指定史跡
重要文化財3件
県指定文化財1件

御三階櫓は太平洋戦争で焼失

鎌倉時代に**馬場資幹**が築いた**水戸城**。室町時代中期に**江戸通房**が攻略するが、天正18年（1590）には**佐竹義宣**が入城し、大改修を開始。転封後、徳川家康の5男・**武田信吉**に与えられた。その後十男・**徳川頼宣**、十一男・**徳川頼房**が継承。水戸城は再び大改修され、徳川御三家の一つ、水戸藩の居城として幕末まで世襲された。

城は北を**那珂川**、南を**千波湖**に挟まれた丘陵に築かれ、東二の丸、本丸、二の丸、三の丸が連なる**連郭式縄張**。建物は大半が平屋で、二の丸に配された三重五階の**御三階櫓**が天守の役目を果たしたが、空襲により焼失。石垣はなく土塁のみ造営され、御三家のなかでは最も質素な造りといえる。

令和に入り、学術調査や発掘調査をもとに当時の工法を利用して、**大手門**と**二の丸隅櫓**が復元された。

令和2年（2020）に復元された大手門

復元された郭馬出西虎口門と土橋。発掘調査ではすべての礎石が発見された。

史跡区分 国指定史跡

100年足らずの間に次々と城主が入れ替わる

16世紀前半、**長野業尚**は**箕輪城**を築城するが、武田氏の度重なる襲撃を受け落城。城は武田氏家臣の**内藤昌豊**に与えられる。武田氏滅亡後、その機に乗じて北条氏が攻め落とすも、ほどなく織田信長の家臣・**滝川一益**により城は奪われた。「本能寺の変」ののち城は後北条氏に戻されるが、羽柴秀吉に敗れ、代わって徳川家康の家臣・**井伊直政**が入城。箕輪城は改築され、大規模な近世城郭へと変貌をとげた。しかし、直政が和田城へ移ったため廃城となる。

現在は**土塁**や**空堀**、**石垣の一部**が残る。平成28年(2016)には**郭馬出西虎口門**が、令和4年(2022)には本丸・蔵屋敷間の**木橋**が復元された。

本丸と二の丸の間の大堀切

階段状に石垣が組まれた三の丸。

金山城（かなやまじょう）

群馬県

文明元年（1469）築

城番号 189

参照頁 ▶ P133

地域別 関東・甲信越地方の城

史跡区分 国指定史跡

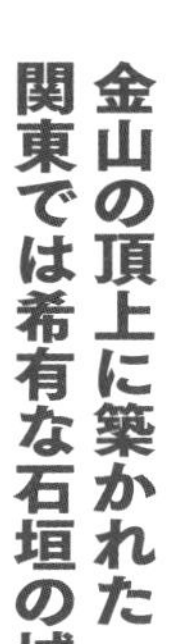

金山の頂上に築かれた関東では希有な石垣の城

金山城の歴史には諸説あるが、文明元年（1469）に新田一族の**岩松家純**（いえずみ）が築いた城が起源という説が現在一般的である。その後、下克上により家臣であった**由良氏**の手に渡り、山頂に石垣を張り詰めた本格的な**山城**が築城された。

金山城は**難攻不落の堅城**として知られ、由良氏の代には上杉謙信に二度、武田信玄・勝頼親子に各一度攻められたが、いずれも撃退。さらに北条家が押し寄せた際には、城主らを人質に取られながらも守り抜き、最後には人質の解放を条件に開城したという逸話も残る。北条氏の支城となってより堅固な城へと改築されたが、「小田原城攻め」では戦わずして開城した。

特徴である**石垣**は復元が進み、**石畳**や**石階段**、**石組みの水路**などが見事。また石垣で整備された**日ノ池**（ひのいけ）と**月ノ池**（つきのいけ）も復元されている。これらの溜め池は飲料用としてだけでなく、祭祀的な役目も担っていたようである。現在、中腹に**ガイダンス施設**が設置されている。

復元された日の池

豆知識

金山城は太田城、前橋城、唐沢山城、宇都宮城、川越城、忍城とともに、関東七名城のひとつに数えられている。ちなみに関東八名城と呼ばれることもあり、これには箕輪城が含まれている。

鉢形城

埼玉県

文明8年（1476）築

城番号 209

参照頁▶P137

伝秩父曲輪に復元された四阿と石積み。

史跡区分 国指定史跡

豊臣軍の猛攻に耐えた要害堅固な城

鉢形城は、荒川とその支流・深沢川を天然の堀とした要害の城である。戦国時代には**北条家**の支城のひとつとして、前田利家、上杉景勝を大将とした3万を超える豊臣軍の攻撃に、わずか3千の兵で1か月近く耐え抜いている。最後は城兵の命と引き替えに開城したが、名将を前に落城しなかったのは立地に優れていたことが大きいであろう。

起源は文明8年（1476）、関東管領山内上杉氏の家臣、**長尾景春**の築城とされる。その後、北条氏が入り、永禄3年（1560）頃、北条氏邦により大改築。本丸、二の丸、三の丸からなる**連郭式の平山城**が完成したが、「小田原城攻め」後に廃城となる。

近年の発掘調査で**曲輪**や**堀**が整備、**四脚門**が復元された。なかでも**本曲輪**は、荒川を背にした断崖絶壁の上にあり見応え十分。城跡には鉢形城歴史館が建つ。

荒川の河岸段丘を利用した城跡

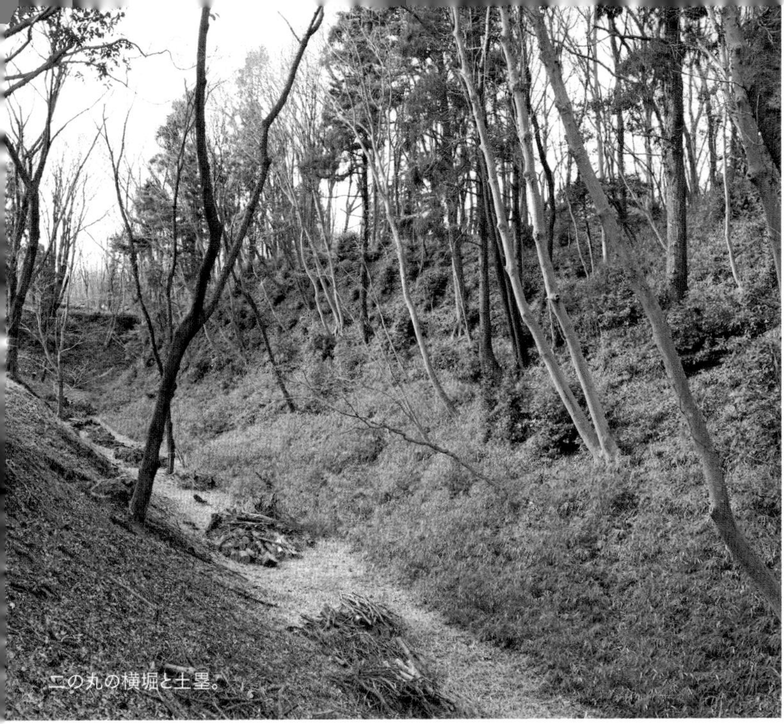

二の丸の横堀と土塁。

滝山城（たきやまじょう）

東京都

大永元年（1521）築

城番号 272

参照頁▶P147

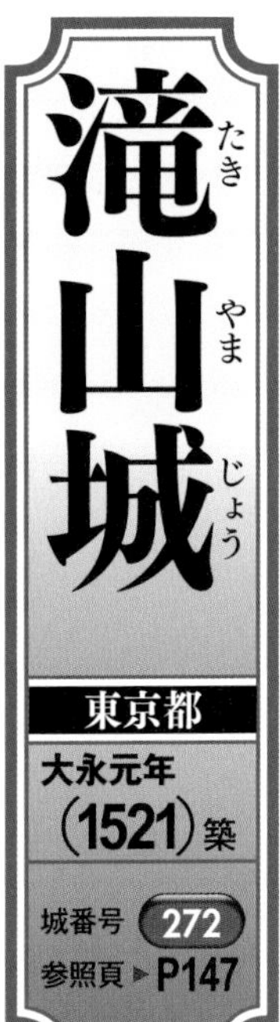

史跡区分 国指定史跡

地形を活かして堅牢さを誇った土の城

北条氏の滅亡直前、八王子城に移るまで**北条氏照**が拠点とした**滝山城**は、多摩川に面した加住丘陵に築城された。川原からの高低差や、**枡形虎口**や**馬出し**を多用して迷路化された複雑な構造による堅牢さを誇り、名将・**武田信玄**による猛攻撃にも耐えたほどであった。

現在では「都立滝山自然公園」として保存され、多くの遺構が国の史跡として残っている。令和3年（2021）には八王子市による築城500周年記念事業が開催されるなど、根強い人気を誇っている。

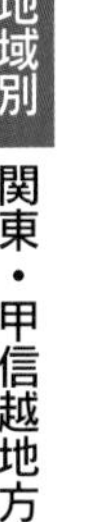

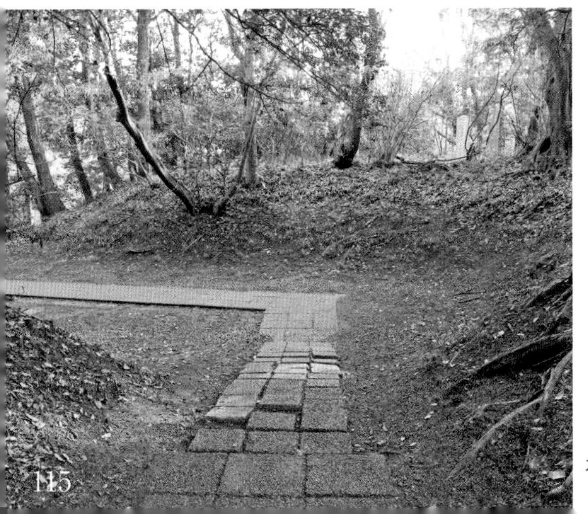

本丸の枡形虎口

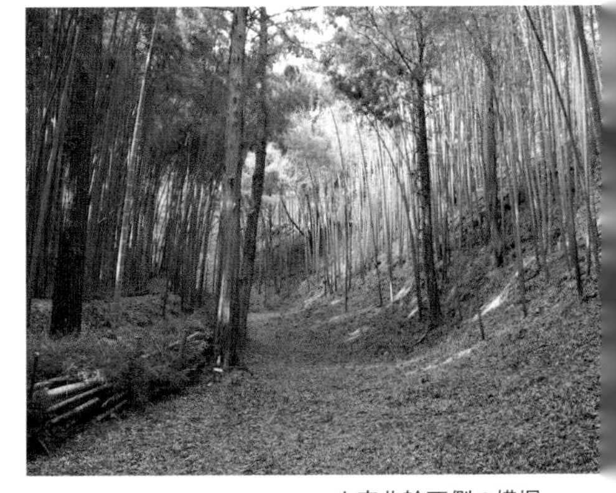

小宮曲輪西側の横堀

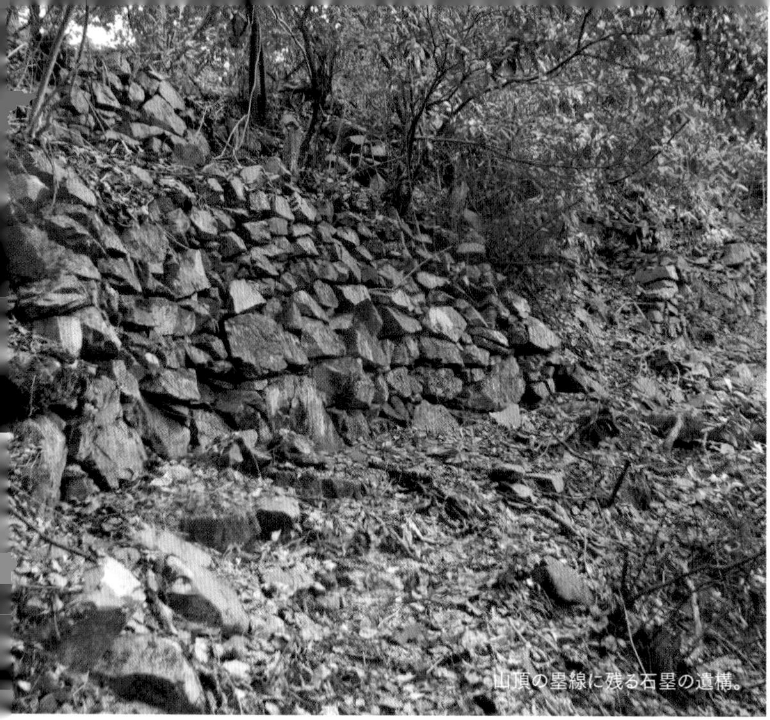

山頂の塁線に残る石塁の遺構。

八王子城（はちおうじじょう）

東京都

天正12年（1584）築

城番号 260
参照頁▶P146

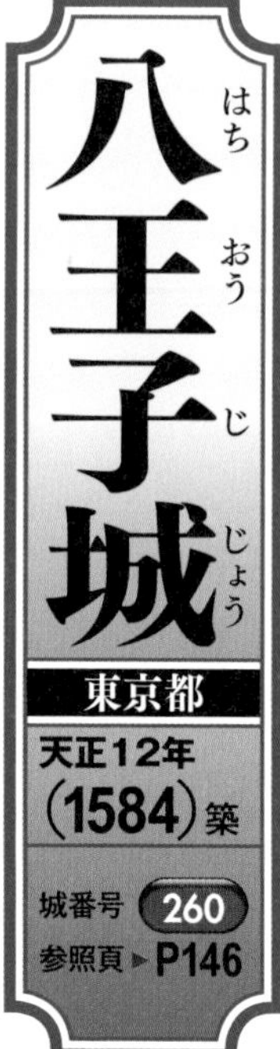

史跡区分 国指定史跡

落城時にも未完成だった関東屈指の壮大な山城

戦国時代末期、武田氏との争いを繰り広げていた北条氏康の次男・**氏照**は、本拠としていた平山城の滝山城を離れ、守りに適した**山城**を**深沢山**の山頂に築いた。これが**八王子城**である。当時は山城から平山城、平城への転換期で、八王子城の築城は時代の流れに逆行する行為であった。しかし古い山城には見られない石垣が用いられるなど、ところどころに近世城郭の片鱗も見られる。

本丸がある山頂の**要害地区**、**御主殿**などが建てられた山麓の**居館地区**、城下町などの**根小屋地区**に分けられ、北条氏が築いた山城のなかでは最大規模。まさに要害と呼ぶに相応しい造りだったと想像される。しかし、築城から数年後の天正18年（1590）、秀吉軍によって1日で落城し廃城となった。

江戸時代は幕府の直轄地、明治時代は国有林であったため、御主殿周辺の遺構が良好に残っている。現在、山麓には**ガイダンス施設**が設置されている。

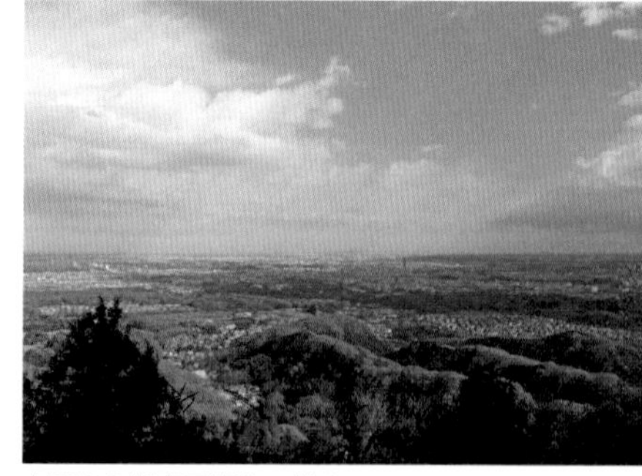

山頂から関東平野を一望する

豆知識 八王子城では落城400年の節目にあたる平成2年（1990）に、居館地区へ続く石段や石畳が整備復元された。これらの石造りは安土城から影響を受けたともいわれている。

甲府城（こうふじょう）

山梨県

天正11年(1583)頃築

城番号 302

参照頁▶P154

本丸の鉄門と謝恩碑。

史跡区分　国指定史跡

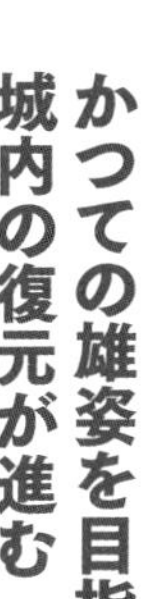

かつての雄姿を目指し城内の復元が進む

甲斐国は武田氏滅亡後、織田信長が統治し、「本能寺の変」後に徳川家康領となる。一説によると、このとき国を任された家康の側近、**平岩親吉**が**甲府城**の築城をはじめたとされるが定かではない。

豊臣秀吉の天下統一後、**加藤光泰**が転封され築城を開始。その後、**浅野長政・幸長**父子に引き継がれ、堅牢な城郭が築かれた。

「関ヶ原の戦い」以降は再び徳川領となり、**幕府の直轄地**として幕末まで続いた。途中、柳沢吉保によって城の修築が行われたが、享保時代の大火事と、明治時代の廃城令により主要な建物は姿を消すことになる。

城は**三重の堀**で囲まれた広大な造りで、美しく積み上げられた**本丸**や**天守台**の石垣は見事なもの。発掘調査では金箔瓦などが出土し、天守の存在が指摘されたが、文献資料が見つからず復元には至っていない。

築城当時のままの天守台

本丸跡に立つ石碑。本丸の裏手に大井戸がある。

春日山城（かすがやまじょう）
新潟県
正平年間（1346~70）築
城番号 321
参照頁 ▶P157

史跡区分 国指定史跡

謙信の居城として名高い全国屈指の巨大な山城

春日山城は標高180mの春日山に築かれた巨大な山城。起源は定かではないが、戦国時代に**長尾為景**（ためかげ）、**長尾景虎**（かげとら）（**上杉謙信**）らにより、全国でも屈指の防御を誇る城が完成した。

山頂に本丸が築かれ、周囲には大小200を超える曲輪を配置。重臣たちの屋敷も建てられ、山全体が一つの城として機能していた。上杉氏が会津へ転封になると、代わって**堀氏**が入城するが、直江津（なおえつ）に新城を築いたため廃城となる。

現在でも往時の**曲輪**などが残るほか、平成8年（1996）には山麓の惣構跡である**土塁**や**堀の一部**と番**小屋**が復元された。

春日神社入り口に立つ謙信像

歴史

春日山の名の由来

春日山の地名は、天徳２年（958）、奈良県の春日大社の分霊を祭った神社が建立されたことに由来する。神社は築城時に、春日山城の鬼門を守護する社として、上越市へ移されたとされる。

豆知識

春日山の山麓に位置する林泉寺は、上杉謙信の祖父、長尾能景（よしかげ）が創建した長尾氏の菩提寺。惣門は春日山城の搦手門を移築したものと伝わる。

尼ヶ淵の石垣と南櫓(右)、西櫓(左)。

上田城
うえだじょう
長野県
天正11年(1583)築
城番号 350
参照頁▶P161

史跡区分
国指定史跡
県宝3件

徳川軍を2度退けた真田父子の城

尼ヶ淵の断崖を利用し築かれた堅固な平城、**上田城**。天正13年(1585)、この城を守る**真田昌幸・幸村親子**は、7千の徳川家康軍を2千の兵で討ち破り、その堅城ぶりを世に知らしめた。さらに慶長5年(1600)には、関ヶ原の戦いへ向かう徳川秀忠軍を、わずかな兵で5日間足止めすることに成功している(➡P296)。

徳川の時代に建物は取り壊され、堀も埋め立てられた。往時の姿を知ることはできないが、近年の調査で桃山時代の特徴的な**金箔瓦**などが出土している。本丸には7基の櫓が建てられていた。元和8年(1622)に入封した**仙石忠政**が近世城郭として整備するが、忠政の死後、工事は中断。本丸御殿などは築かれぬままに終わった。その後は松平氏七代に渡り世襲されるが、幕末までその姿を変えることはなかった。

現在も**本丸**や**石垣**が残る。また忠政が築いた3基の**隅櫓**も現存し、いずれも県宝に指定されている。令和元年(2019)には、江戸時代前期の姿を再現したVRが公開された。

本丸東虎口の大石「真田石」

豆知識 真田昌幸が築城した上田城は土塁が中心であったが、仙石忠政は本丸、二の丸部分に石垣を築いている。このときの石材は、近くの太郎山などから採掘される、緑色凝灰岩が用いられた。

大手口となる太鼓門。

松代城（まつしろじょう）

長野県

永禄3年（1560）頃築

城番号 345

参照頁 ▶ P161

史跡区分 国指定史跡

北信濃の重要拠点 有力武将が次々と入城

武田信玄が築いた**松代城**は、信玄の右腕・**山本勘助**が縄張をした城として有名。北信濃支配の要所であり、「川中島の戦い」の舞台ともなった。

城主が頻繁に代わった城としても知られ、武田氏以降、織田氏、上杉氏、豊臣氏、徳川氏といった支配が続いた。それに伴い城名も変わり、当初は**海津城**と呼ばれていたが、**待城**、**松城**、**松代城**と変化。**真田信之**が入城して石垣造りの城へと改修され、以降は幕末まで**真田氏の居城**となった。

千曲川を外堀として利用した天然の要塞。近世城郭の平城であるが土塁を用い、「**武田流築城法**」のひとつである**三日月堀**が張り巡らされていた。城は明治に入り廃城となるも、現在は**櫓門**、**木橋**、**土塁**などが往時のものに近い状態で再現されている。

絵図面では2階建ての櫓が建っていたとされる天守台（戌亥隅櫓）。

川越城

埼玉県

長禄元年（1457）築

城番号 206

参照頁▶P136

史跡区分 県指定史跡 県指定文化財

江戸幕府の要所として代々譜代大名が入城

川越城は長禄元年（1457）、扇谷上杉氏の家臣・**太田道真**、**道灌親子**によって、対抗する古河公方への備えとして築城された**平城**である。築城当初は本丸、二の丸程度の規模であったと考えられている。

その後、「河越夜戦」に勝利した**北条氏**が入城し、北条氏が関東一円に勢力を広げるきっかけとなった。北条氏が羽柴秀吉に敗れると、川越城は**徳川家康**の所領となり、重臣の**酒井重忠**が入城して**川越藩**の基礎を築く。江戸時代には「江戸の大手は小田原城、搦手は川越城」といわれるほど重要視され、徳川氏の譜代大名によって幕末まで引き継がれた。

寛永16年（1639）に「知恵伊豆」こと**松平信綱**が入城。このとき三の丸および曲輪が増築され、4基の櫓と12の門を備えた近世城郭へと生まれ変わっている。

明治に入り城の大半が解体されるも、**本丸御殿**の一部が被害を免れ、「小江戸」と呼ばれた河越藩の名残を残している。

ちなみに本丸御殿の遺構が残っているのは、川越城と高知城（↓P314）のみである。

中ノ門跡の空堀

小机城

神奈川県

永享年間（1429~41）築

城番号 274

参照頁▶P148

史跡区分 特になし

動乱の舞台となった丘陵に立つ自然の要塞

小机城は、築城年、築城主ともに不明な点が多い山城。戦国時代の関東を揺るがした大規模な反乱「長尾景春の乱」の舞台のひとつとして知られている。

景春に呼応した城主・**矢野兵庫助**と上杉氏の重臣であった太田道灌による籠城戦の後、落城し**北条氏**の手に渡った。二代目当主・氏綱により改修され、家臣の**笠原信為**が城主を務めた。

現在は「小机城址市民の森」として整備されている。かつての本丸は敷地内を縦断する第三京浜道路によって分断されたが、**巨大な空堀**をはじめとした多くの遺構は現在でも確認できる。

よく整備された広大な横堀

まるで迷路のような縄張

佐倉城（さくらじょう）

千葉県

慶長15年（1610）築

城番号 228

参照頁▶P140

史跡区分　市指定史跡

幕府の権力者が入城した江戸の背後を守る要害

鎌倉時代、要害の地であった鹿島台地西端に、**千葉氏**が築いた城郭が現在の**佐倉城**の起こりといわれている。

江戸時代に入ると佐倉城は**幕府の防衛拠点**として重要視され、慶長15年（1610）に**土井利勝**が大改築を実施。石垣は用いずに天然の地形を活かして、**土塁**を巡らせた城郭が築かれた。三層の天守があったとされる。以降、幕府の譜代大名の城として次々と城主が入れ替わった。

現在、城郭跡は佐倉城址公園として整備され、**馬出**の空堀や土塁などを観察できる。また、**国立歴史民俗博物館**などが敷地内に建てられている。

歴史秘話

城は陸軍に接収

佐倉城は明治に入ると取り壊され、陸軍が城内に置かれた。戦後は国立佐倉病院を経て、昭和58年（1983）に国立歴史民俗博物館が開館。城跡は整備され、礎石や陸軍の便所跡が残されている。

南出丸の水堀

新府城（しんぷじょう）

山梨県

天正9年（1581）築

城番号 314

参照頁▶P155

史跡区分　国指定史跡

未完のまま潰えた武田氏最後の拠点

新府城は武田氏最後の当主・**武田勝頼**が対織田軍の拠点として築いた**平山城**。代々の居城であった躑躅ヶ崎（つつじがさき）館から移転する形で、家臣団の反対を押し切り築城が進められたという。しかし織田・徳川連合軍の攻撃を受け、勝頼自ら火を放ち**未完成のまま破却**。その数日後、武田氏は勝頼の自害により滅亡することになる。

入城からわずか68日での廃城であったが、**丸馬出し**と**枡形虎口**の組み合わせ、**断崖を利用した防御**などの特徴から、**甲州流築城術の集大成**として現在も知られている。

武田勝頼の石祠

枡形虎口

小諸城

長野県
天正18年(1590)築
城番号 351
参照頁▶P162

史跡区分 重要文化財2件

多くの文人に愛された全国的にも珍しい穴城

小諸城の起源は平安時代まで遡り、この頃小諸を支配していた、木曾義仲の家臣・**小室太郎光兼**が建てた屋敷がはじまりとされる。南北朝時代に小室氏が衰退すると**大石氏**が入り、鍋蓋城と乙女城(白鶴城)を築いて小諸の防衛につとめた。

天守台(天守は寛永初期に焼失)

小諸は関東と信州を結ぶ重要な地であり、戦国期に入ると北信濃進出を狙う**武田信玄**の格好の餌食となる。信玄は大石氏を攻略すると山本勘助、馬場信春に築城を命じ、鍋蓋城と乙女城を取り込む縄張を整備。本丸を新たに築き、小諸城の原型となる**連郭式の平山城**が完成した。

豊臣政権時代には「小田原城攻め」で活躍した**仙石秀久**が入り、中世城郭だった小諸城を大改修。**三重天守**や**大手門**を備えた近世城郭へと変貌させた。江戸時代には譜代大名の城となり、幕末まで引き継がれる。

城は三の丸、二の丸、本丸と進むにつれ高くなっていくのが一般的であるが、小諸城は逆に低くなっている。これは**千曲川の河岸段丘の傾斜**を縄張に取り入れたためで、城郭部が城下町よりも低い位置にある。

新発田城

新潟県
慶長3年(1598)築
城番号 318
参照頁▶P156

史跡区分 重要文化財2件

菖蒲城とも呼ばれる縄張も建造物も美しい城

北は加治川と湿地帯、西は海、東は山と、自然の地形を巧みに利用して築かれた**新発田城**は、城地一帯に菖蒲が咲いていたことから「**菖蒲城**」とも呼ばれる。城の縄張は**梯郭式**と**輪郭式**が合わさった特異なもので、本丸を二の丸と古丸が取り囲み、三の丸が横に飛び出た瓢箪のような形をしているのが特徴。また、石垣には「**切込接**」と呼ばれる技法が用いられている。

築城は、新発田藩初代藩主の**溝口秀勝**で、明治に至るまで溝口氏の城として世襲された。現在でも、美しい海鼠壁が目をひく**二の丸隅櫓**や**本丸表門**が残っている。

代用天守の三階櫓

その他 敵の混乱を誘う鯱

天守の代役を果たしていた御三階櫓の屋根には、全国的にも珍しい3匹の鯱が配されていた。特定の方向から見ると2匹に見え、敵を混乱させる意図があったとされる。現在、御三階櫓は復元され、鯱の姿も目にすることができる。

茨城県

南北朝の内乱で、常陸国も2つの勢力に分かれ、激しく火花を散らした。この争乱で北朝方の佐竹氏が発展し、文禄4年の常陸統一につながっていく。関ヶ原後、石田三成に協力した佐竹氏は、秋田に国替となった。

142 太田城 おおたじょう

築城年：天仁年間(1108～1110)
築城者：太田通延
特徴：佐竹氏が水戸城に移る以前に居城としていた。舞鶴城とも。佐竹氏はこの城を本拠に北条氏や伊達氏と激しい戦いを繰り広げる。
所在地：常陸太田市中城町
公共交通：JR水郡線・常陸太田駅よりバス「仲城町」下車、徒歩約３分 車：常磐道・日立南太田ICから約10分。若宮八幡宮駐車場を利用

141 水戸城

►P111

重文 史跡

築城年：建保2年(1214)頃　築城者：馬場資幹
特徴：江戸氏が城主のときに佐竹氏が攻め落とし、10年かけて城を拡張した。慶長7年(1602)に佐竹氏が徳川家康に国替えさせられた後は徳川頼宣や頼房が城主を務め、徳川御三家の居城になる。城跡には学校や県庁庁舎が建つ。
所在地：水戸市三の丸
公共交通：JR常磐線・水戸駅より徒歩約15分で本丸跡
車：常磐道・水戸ICから約30分。弘道館駐車場や三の丸庁舎駐車場を利用

水戸城本丸跡に建つ薬医門

145 結城城 ゆうきじょう

築城年：治承年間(1177～1180)
築城者：結城朝光
特徴：永享12年(1440)に室町幕府によって落城。幕末には水野勝知が結城藩主として城に入るが、官軍に敗北し、城は取り壊された。
所在地：結城市結城
公共交通：JR水戸線・結城駅より徒歩約30分
車：東北道・佐野藤岡ICから約30分

143 守谷城 もりやじょう

築城年：鎌倉時代　築城者：相馬氏
特徴：相馬氏による築城だが、平将門が築き、その子孫である相馬氏が城主になったとする伝説が残る。城跡周辺には巨大な古木が目立つ。
所在地：守谷市本町
公共交通：関東鉄道常総線・守谷駅より徒歩約25分
車：常磐道・谷和原ICから守谷城址公園駐車場まで約10分

146 古河城 こがじょう

築城年：鎌倉時代　築城者：下河辺行平
特徴：康正元年(1455)頃には、鎌倉から移ってきた足利成氏が城主となった。江戸時代には古河藩の藩庁が置かれる。遺構はない。
所在地：古河市中央町
公共交通：JR東北本線・古河駅よりバス
車：東北道・館林ICから約15分。古河歴史博物館駐車場を利用

144 石神城 いしがみじょう

築城年：延徳2年(1490)　築城者：小野崎通老
特徴：延徳元年(1489)に、小野崎通綱が、伊達連合軍との戦いで討ち死。その武功を称え、佐竹氏が通綱の子・通老に居城として築かせた。
所在地：那珂郡東海村石神内宿
公共交通：JR常磐線・東海駅より徒歩約40分
車：常磐道・那珂ICから駐車場まで約20分／常磐道・日立南太田ICから駐車場まで約10分

147 笠間城 かさまじょう

築城年：元久2年(1205)　築城者：笠間時朝
特徴：築城者の笠間氏は、小田原攻めで北条氏につき、滅ぼされる。その後は蒲生氏が入り、延享4年(1747)以降は牧野氏の城になる。
所在地：笠間市佐白山
公共交通：JR水戸線・笠間駅よりバス
車：北関東道・笠間西ICから千人溜駐車場まで約15分。駐車場から主郭まで徒歩約20分

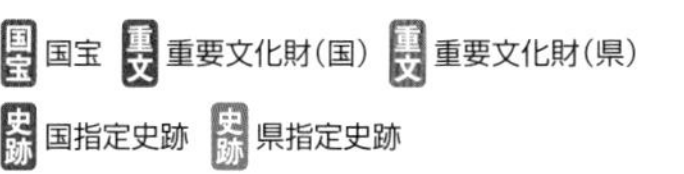

笠間城の石垣。
一部は東日本大震災で崩落

小幡城の横堀

148 小幡城 おばたじょう

築城年：応永24年(1417)　築城者：小幡義幹

特徴：天文元年(1532)に江戸氏が城主・大掾春信を殺害し、城を奪う。その後、佐竹氏が江戸氏を撃破。佐竹氏の移封で廃される。

所在地：東茨城郡茨城町小幡

公共交通：JR常磐線・石岡駅よりバス

車：常磐道・岩間ICから約15分。登城口に駐車スペースあり。駐車場から主郭まで徒歩約15分

149 真壁城 まかべじょう 史跡

築城年：承安2年(1172)　築城者：真壁長幹

特徴：真壁氏の居城。もともとあった古い役所を改修した城といわれる。関ヶ原の合戦の後に真壁氏が城を移ると、浅野氏が入った。

所在地：桜川市真壁町古城

公共交通：JR水戸線・岩瀬駅より車

車：北関東道・桜川筑西ICから約25分。真壁体育館駐車場を利用

150 鹿島城 かしまじょう

築城年：養和元年(1181)　築城者：鹿島政幹

特徴：塚原卜伝を輩出した鹿島一族の城。天正19年(1591)に佐竹義宣が城主・春房を謀殺。家臣も佐竹軍に敗北し、鹿島氏は滅びた。

所在地：鹿嶋市城山

公共交通：JR鹿島線・鹿島神宮駅より徒歩約10分

車：東関東道・潮来ICから島城山公園駐車場まで約15分

151 島崎城 しまざきじょう

築城年：応永年間(1394〜1428)

築城者：島崎成幹

特徴：築城者の島崎氏は鹿島郡・行方郡を支配するほど勢力を伸ばすが、天正19年(1591)に佐竹義宣が城主をだまし討ちし、城も滅んだ。

所在地：潮来市島須

公共交通：JR鹿島線・潮来駅より車

車：東関東道・潮来ICから駐車場まで約15分

152 那珂西城 なかさいじょう 史跡

築城年：久安5年(1149)　築城者：那珂通泰

特徴：那珂川流域の国人領主・那珂氏が築いた城。那珂氏は建武2年(1335)に佐竹勢を破るなど、南北朝時代に南朝方の有力武将として活躍。

所在地：東茨城郡城里町

公共交通：JR常磐線・水戸駅よりバス

車：常磐道・那珂IC／常磐道・水戸北スマートICから約10分。宝憧院参拝者用駐車場を利用

153 木原城 きはらじょう

築城年：不明　築城者：不明

特徴：江戸崎城の支城。江戸崎城主家臣の近藤氏が15世紀初期に築城したとする説が有力。城の敷地は県で五指に入るほど広大だった。

所在地：稲敷郡美浦村木原

公共交通：JR常磐線・土浦駅よりバス

車：圏央道・阿見東ICから木原城址城山公園駐車場まで約20分

154 牛久城 うしくじょう

築城年：天文年間(1532〜1555)　築城者：岡見氏

特徴：別名は岡見城。城主の岡見氏は天正5年(1577)から10年に渡って下妻城主・多賀谷重経と火花を散らし、最終的には破れている。

所在地：牛久市城中町

公共交通：JR常磐線・牛久駅より徒歩約45分

車：圏央道・つくば牛久ICから駐車場まで約15分。駐車場から城跡まで徒歩すぐ

155 龍子山城 たつごやまじょう

築城年：応永27年(1420)　築城者：大塚氏

特徴：大塚氏の居城。大塚氏は慶長元年(1596)に福島の折木城に移る。その後、慶長9年(1604)に戸沢氏が拡張し、平城が加わった。

所在地：高萩市下手綱

公共交通：JR常磐線・高萩駅よりバス

車：常磐道・高萩ICから約5分。アプローチ広場駐車場を利用

156 助川海防城 すけがわかいぼうじょう 史跡

築城年：天保7年(1836)　築城者：徳川斉昭

特徴：水戸藩主の徳川斉昭が海洋の治安を維持するために築いた。元和元年(1864)に天狗党の乱で落城。城は焼失し、ほぼ失われた。

所在地：日立市助川町

公共交通：JR常磐線・日立駅よりバス

車：常磐道・日立中央ICから約10分。鳩ヶ丘さくら福祉センター駐車場を利用

建物が復元された逆井城

157 逆井城 さかさいじょう

築城年：享徳年間（1452～1455）
築城者：逆井氏
特徴：戦国末期、北条氏が北関東進出拠点として拡大・改修した。土の遺構を生かし同時代の建物を忠実に復元・移築した稀少な史跡公園。
所在地：坂東市逆井
公共交通：TX・守谷駅よりバス
車：東北道・久喜ICから逆井城跡公園まで約50分

158 宍戸城 ししどじょう

築城年：鎌倉初期　築城者：宍戸家政
特徴：宍戸氏代々の居城。天和2年（1862）には徳川光圀の弟・松平頼雄が入り、陣屋を作った。縄張は古城が平山城、新城（陣屋）は平城。
所在地：笠間市平町
公共交通：JR水戸線・宍戸駅より徒歩約3分
車：北関東道・友部ICから約2分。宍戸コミュニティーセンター駐車場を利用

159 小田城 おだじょう

史跡

築城年：建久3年（1192）　築城者：八田知家
特徴：築城者の八田知家は、小田氏の祖。小田氏は南朝軍と激しい戦いを繰り広げるが、天正11年（1583）に佐竹氏の軍門に下った。
所在地：つくば市小田
公共交通：TX・つくば駅よりバス
車：常磐道・土浦北ICから小田城跡歴史ひろば駐車場まで約20分。城跡まで徒歩約10分

小田城跡の南西馬出曲輪

160 難台山城 なんだいさんじょう

史跡

築城年：南北朝時代　築城者：小田藤綱
特徴：要害の地に築かれた小田氏の城。北朝方の上杉朝宗軍に攻め込まれた際に抵抗し長期戦となるが、食料補給の手段を断たれて敗北。
所在地：笠間市上郷難台
公共交通：JR常磐線・岩間駅より車
車：北関東道・友部IC／常磐道・岩間ICから約25分。常磐道・石岡小美玉スマートICから約30分

161 久下田城 くげたじょう

史跡

築城年：天文14年（1541）～永禄8年（1565）
築城者：水谷正村
特徴：藤原秀郷の子孫で、結城氏の重臣である水谷正村が築いた城。元和元年（1615）に一国一城令により廃された。現在は一部が公園。
所在地：下館市樋口
公共交通：真岡鐵道真岡線・久下田駅より徒歩約15分　車：北関東道・真岡ICから約30分／北関東道・桜川筑西ICから約20分。駐車場なし

162 土浦城 つちうらじょう

史跡

築城年：永享年間（1429～1440）
築城者：若泉三郎
特徴：小田氏に属する若泉三郎が築城。永正13年（1516）に菅谷氏に攻め落とされた。その菅谷氏は天正11年（1583）に佐竹氏の家臣になる。亀城の別名を持つ。江戸時代に入り城主は次々に変わるも土屋氏が長くつとめた。
住所：土浦市中央
公共交通：JR常磐線・土浦駅より徒歩約15分
車：常磐道・桜土浦ICから約15分。土浦市立博物館駐車場を利用

土浦城の太鼓門

関東地方の城

栃木県

源頼朝、木曾義仲、そして平家が争う渦中で、頼朝についた小山氏が力をつけ、下野守護となる。宇都宮氏、那須氏と領地を分け合うが、度重なる争いで衰退し、小規模な勢力が割拠する時代に突入する。

163 宇都宮城

築城年：不明　築城者：不明
特徴：宇都宮氏の居城。前身は藤原秀郷もしくは、宇都宮氏の祖である宇都宮宗円の居館。その館を南北朝時代に宇都宮公綱と氏綱が改修。何百年もの間本城とするが、宇都宮氏は慶長2年（1597）に改易された。
所在地：宇都宮市本丸町
公共交通：JR東北本線・宇都宮駅より徒歩約20分
車：東北道・鹿沼ICから宇都宮城址公園駐車場まで約20分

宇都宮城の清明台櫓

164 烏山城 からすやまじょう

築城年：応永25年（1418）　築城者：沢村資重
特徴：那須資氏の次男・資重が築城。以後、那須氏代々の居城となる。八高山の頂上にあり、遠目に見た山の形から臥牛城とも称される。杉林の中にあるものの、空堀や石垣がよく残っている。
所在地：那須郡烏山町城山
公共交通：JR烏山線・烏山駅より徒歩約20分
車：東北道・矢板ICから登城口駐車場まで約50分

城山公園になっている佐野城

165 茂木城 もてぎじょう

築城年：建久8年（1197）　築城者：茂木知基
特徴：茂木氏の居城。天正13年（1585）に結城政勝に城を奪われるが、佐竹義重の加勢を得て、すかさず取り戻した。別名は桔梗城。
所在地：芳賀郡茂木町
公共交通：真岡鐵道・茂木駅より徒歩約20分
車：北関東道・真岡ICから城山公園駐車場まで約40分

166 佐野城 さのじょう　史跡

築城年：慶長7年（1602）　築城者：佐野信吉
特徴：佐野信吉が唐沢山城から移った。信吉は大久保長安事件の連座処分として慶長19年（1614）に領地を没収された。春日城とも。
所在地：佐野市若松町
公共交通：東武佐野線・佐野駅より徒歩すぐ
車：東北道・佐野藤岡ICから城山公園北駐車場まで約15分。駐車場から本丸まで徒歩約5分

国宝 国宝　重文 重要文化財（国）
重文 重要文化財（県）　史跡 国指定史跡
史跡 県指定史跡

167 飛山城 とびやまじょう　史跡

築城年：永仁年間（1293～1299）　築城者：芳賀高俊
特徴：城主の芳賀氏は、益子氏と並ぶ宇都宮氏の忠臣。天文年間に宇都宮氏の家督争いが内乱に発展して、宇都宮氏とともに衰退していく。
所在地：宇都宮市竹下町
公共交通：JR宇都宮線・宇都宮駅よりバス
車：北関東道・宇都宮上三川ICから約30分。史跡公園内とびやま歴史体験館の駐車場を利用

飛山跡の堀と土塁

祇園城の堀切と祇園橋

168 西明寺城 さいみょうじじょう

築城年：鎌倉前期　築城者：不明
特徴：宇都宮氏家臣・益子氏の本城。天正18年(1590)に廃された。益子町を見下ろす高舘山にあり、曲輪をはじめ状態のよい遺構が残る。
所在地：芳賀郡益子町
公共交通：真岡鐵道・益子駅より車
車：北関東道・桜川筑西IC／真岡ICから約30分。西明寺駐車場を利用

169 石那田館 いしなだやかた

築城年：不明　築城者：不明
特徴：創建については謎が多いが、戦国時代には宇都宮氏の家臣である小池氏が居館とし、多気城の支城としての役割を担ったとされる。光宇都宮道路により城の３分の１が削られた。
所在地：宇都宮市石那田町岡
公共交通：JR宇都宮線・宇都宮駅より車
車：日光宇都宮道・篠井ICから約10分

170 多気城 たげじょう

築城年：不明　築城者：不明
特徴：多気山に位置する広大な規模の山城。宇都宮氏が北条氏の進撃に備えるため、要害の地を選んで築いた。御殿山城とも称される。
所在地：宇都宮市田下町
公共交通：JR東北本線・宇都宮駅よりバス
車：東北道・宇都宮ICから約15分。多気不動尊手前の市営駐車場を利用

171 足利氏館 あしかがしやかた

史跡

築城年：平安末期　築城者：足利義兼
特徴：築城者の足利義兼は義康の三男で、源義家の曽孫。館跡には鑁阿寺が建てられ、現在も東西南北の各方位に門と橋が設けられている。
所在地：足利市家富町
公共交通：東武伊勢崎線・足利市駅より徒歩約15分
車：北関東道・足利ICから約10分。太平記館駐車場を利用。駐車場から城跡まで徒歩約10分

172 祇園城 ぎおんじょう

史跡

築城年：久安4年(1148)　築城者：小山政光
特徴：関東八館に数えられる小山氏の戦国期の居城。小山氏は北条氏の家臣になり、北条氏照によって祇園城が拡張された。小山城とも。
所在地：小山市城山町
公共交通：JR東北本線・小山駅より徒歩約15分
車：東北自動車道・佐野藤岡ICから城山公園駐車場まで約25分

173 鷲城 わしじょう

史跡

築城年：不明　築城者：不明
特徴：祇園城から2㎞ほど離れた城。小山義政の代に本拠となった。義政は鎌倉公方に反旗を翻し、小山氏は天授7年(1381)に滅びた。
所在地：小山市外城
公共交通：JR東北本線・小山駅より徒歩約30分
車：東北道・佐野藤岡ICから約20分。小山総合公園駐車場を利用。城跡まで徒歩約10分

174 黒羽城 くろばねじょう

築城年：天正4年(1576)　築城者：大関高増
特徴：築城者は大田原城を築いた大田原資清の子。天文11年(1542)に資清が白旗城の大関増次を殺して、息子に大関氏を名乗らせた。城跡は現在、紫陽花の名所としてにぎわっている。
所在地：大田原市前田
公共交通：JR東北本線・西那須野駅よりバス
車：東北道・矢坂ICから駐車場まで約45分

175 武茂城 むもじょう

史跡

築城年：鎌倉時代　築城者：武茂泰宗
特徴：武茂氏の祖・泰宗が武茂川に面する丘に築いた山城。その後、武茂氏は8代続いたが、対岸の那須氏との戦いが絶えなかった。
所在地：那須郡那珂川町
公共交通：JR烏山線・烏山駅よりバス
車：東北道・矢板ICから約40分。静神社駐車場を利用

足利氏館跡に立つ鑁阿寺

唐沢山城の本丸石垣

唐沢山城から関東平野を一望する

176 唐沢山城 からさわやまじょう
史跡

築城年：天慶3年(940)　築城者：藤原秀郷
特徴：関東七名城のひとつ。平将門を討った藤原秀郷の築城とされ、戦国期は佐野氏の居城。上杉謙信が繰り返し攻めた城としても有名。
所在地：佐野市富士町
公共交通：東武佐野線・田沼駅より徒歩約25分
車：東北道・佐野藤岡ICから山腹の駐車場まで約20分。駐車場から本丸まで徒歩約15分

177 御前原城 ごぜんばらじょう
史跡

築城年：正和4年(1315)　築城者：塩谷頼安
特徴：国道4号線・矢板バイパスのそばに位置。天正18年(1590)に廃されるまで、宇都宮一族の塩谷氏が居城とした。別名は中村城。
所在地：矢板市早川町
公共交通：JR東北本線・矢板駅より車
車：東北道・矢板ICから御前原城跡駐車場まで約5分

178 児山城 こやまじょう
史跡

築城年：建武年間(1334〜1335)　築城者：児山朝定
特徴：宇都宮氏の支城。宇都宮一族の朝定が築き、児山氏を名乗った。永禄元年(1558)に城主・児山兼朝が殺されて廃城になった。
所在地：下野市下古山
公共交通：JR東北本線・石橋駅より徒歩約40分
車：北関東道・壬生ICから約10分。華蔵寺西側の駐車場を利用

179 皆川城 みながわじょう

築城年：寛喜年間(1229〜1232)　築城者：皆川宗員
特徴：皆川氏の居城。大永3年(1523)の川原田合戦をはじめ数々の合戦の舞台になったが、天正18年(1590)に攻め落とされた。
所在地：栃木市皆川城内町
公共交通：JR両毛線・栃木駅より車
車：東北道・栃木ICから約15分。皆川公民館の駐車場を利用

180 芦野城 あしのじょう

築城年：室町時代　築城者：芦野氏
特徴：芦野氏の居城。明確な築城時期は不明だが、天文年間(1532〜1555)に築かれ、館山城にいた芦野氏が本拠を移したと見られる。
所在地：那須郡那須町
公共交通：JR東北本線・黒田原駅よりバス
車：東北道・那須IC／白河ICから約20分。那須歴史探訪館駐車場を利用

181 村上城 むらかみじょう
史跡

築城年：永和4年(1378)　築城者：村上良藤
特徴：村上観音山と呼ばれる見晴らしのいい山に築かれた村上氏の居城。三重に設けられた円状の空堀など、堅固な防御機構を有する。
所在地：芳賀郡市貝町
公共交通：真岡鉄道・市塙駅より徒歩約35分
車：北関東道・宇都宮上三川ICから約50分。観音山梅の里梅園駐車場を利用

182 那須神田城 なすかんだじょう
史跡

築城年：天治2年(1125)　築城者：須藤貞信
特徴：那須氏の居城。築城者の須藤貞信は那須氏の祖。10代目の資隆のときに神田城は廃された。ちなみに弓の名手・那須与一は資隆の子。
所在地：那須郡小川町
公共交通：JR烏山線・烏山駅よりバス
車：東北道・矢板ICから那須神田城趾公園駐車場まで約30分

183 大田原城 おおたわらじょう

築城年：天文12年(1543)　築城者：大田原資清
特徴：那須氏の重臣・大田原氏の城。川沿いの丘に築かれており、龍城、龍体城などとも呼ばれる。大田原氏は関ヶ原で功績を残して1万2000石の大名になり、大田原城に大田原藩庁を置いた。
所在地：大田原市元町　公共交通：JR東北本線・西那須野駅よりバス 車：東北道・矢坂北スマートICから龍城公園駐車場まで約25分

群馬県

源義重を祖とする新田氏が、上野国で勢力を持つが、やがて南朝方として敗戦にまみれる。南北朝の内乱が収束しても、各地で戦いが発生し、幕府は関東管領として上杉氏憲を立てたが、混乱の時代が長く続いた。

184 高崎城（たかさきじょう） 重文

築城年：慶長3年（1598）　築城者：井伊直政
特徴：徳川家康が井伊直政に命じて築かせた。一部は和田城の廃墟だった。関ヶ原の戦い後に直政は彦根へ移り、安藤重信が城主になる。安藤氏が3代かけて拡張工事を行う。江戸時代は高崎藩庁が置かれた。
所在地：高崎市高松町
公共交通：JR高崎線・高崎駅より徒歩約10分
車：関越道・高崎ICから約15分。周辺の有料駐車場を利用

高崎城の乾櫓

館林城の本丸跡

186 山上城（やまかみじょう） 史跡

築城年：大永年間（1521～1528）　築城者：山上氏
特徴：弘治元年（1555）に北条氏康に奪われ、城主の山上氏秀は下野国に移った。その後、北条氏は上杉氏や武田氏らと激しく争う。
所在地：桐生市新里町
公共交通：上毛電鉄上毛線・新里駅より徒歩約20分　車：北関東道・波志江スマートICから山上城址公園駐車場まで約20分

185 館林城（たてばやしじょう） 重文

築城年：不明　築城者：不明
特徴：天文元年（1532）もしくは弘治2年（1556）の築城といわれる。徳川家康が関東に移ってからは、譜代大名が城主を務めた。
所在地：館林市城町
公共交通：東武伊勢崎線・館林駅より徒歩約15分
車：東北道・館林ICから約10分。周辺の駐車場を利用

187 前橋城 まえばしじょう

築城年：15世紀末　築城者：長野賢忠
特徴：かつては厩橋城といわれていた。上杉謙信が関東攻略の拠点とし、武田氏、北条氏と戦いを繰り返した。江戸時代は譜代大名が入る。
住所：前橋市大手町
公共交通：JR両毛線・前橋駅よりバス
車：関越道・前橋ICから約10分。県庁や周辺の駐車場を利用

188 長井坂城 ながいざかじょう

史跡

築城年：永禄年間(1558〜1570)
築城者：上杉謙信
特徴：沼田城攻めの拠点として上杉謙信が築く。天正8年(1580)に武田氏家臣の真田昌幸(まさゆき)が占領するが、北条氏邦に攻められ退却した。
住所：渋川市赤城町・利根郡昭和村
公共交通：JR上越線・岩本駅より車
車：関越道・赤城ICから約20分。駐車場なし

前橋城の土塁

国宝　国宝
重文　重要文化財(国)
重文　重要文化財(県)
史跡　国指定史跡
史跡　県指定史跡

金山城の大手虎口

189 金山城(かなやまじょう)

►P113

史跡

築城年：文明元年(1469)　築城者：岩松家純(いえずみ)
特徴：関東七名城のひとつ。上杉謙信や武田勝頼、北条氏政らの進撃を繰り返し退けた。現在は石垣造りの大手道が復元されている。
所在地：太田市金山町
公共交通：東武伊勢崎線・太田駅より車
車：北関東道・太田桐生ICから約15分。ガイダンス施設、または城址展望駐車場を利用

岩櫃城の遠望

190 岩櫃城 いわびつじょう

史跡

築城年：応永12年(1405)　築城者：斎藤憲行
特徴：山内上杉氏の家臣・斎藤氏が岩櫃に築いた城。永禄6年(1563)に真田軍により落城。関ヶ原の戦い後、一国一城令で廃された。
所在地：吾妻郡吾妻町原町
公共交通：JR吾妻線・群馬原町駅より徒歩約30分
車：関越道・渋川伊香保ICから約40分。平沢登山口に駐車場あり。本丸まで徒歩約40分

191 宮野城 みやのじょう

築城年：不明　築城者：不明
特徴：永正年間(1504〜1521)に上杉顕定が築いたとする説が有力。上杉謙信がこの城で見た奇妙な夢から、猿ヶ京という地名になった。曲輪の大部分は失われ、土塁などを残すのみである。
所在地：利根郡みなかみ町猿ヶ京城山
公共交通：JR上越新幹線・上毛高原駅よりバス
車：関越道・月夜野ICから約20分

192 根小屋城 ねごやじょう

築城年：永禄13年(1570)　築城者：武田信玄
特徴：烏川に面する丘陵にある。麓に根小屋村があることから「根小屋城」の名がついた。放射線状に設けられた竪堀は武田氏の城の特徴。
所在地：高崎市山名町城山
公共交通：上信電鉄上信線・根小屋駅より徒歩約15分　車：上信越道・藤岡ICから約20分。山上碑付近に駐車場を利用

193 松井田城 まついだじょう

築城年：天文20年(1551)頃　築城者：安中忠政
特徴：天正15年(1587)に当時の城主・大道寺政繁により大規模な改修が行われている。天正18年(1590)に豊臣軍に攻め落とされた。
所在地：安中市松井田町
公共交通：JR信越本線・西松井田駅より徒歩約15分　車：上信越道・松井田妙義ICから約25分。中腹の駐車場を利用

194 倉賀野城 くらがのじょう

築城年：南北朝時代　築城者：倉賀野頼行
特徴：上杉憲政の重臣・倉賀野氏の居城。永禄8年(1565)に武田信玄により落城。その際、家臣・金井秀景の裏切りがあったといわれる。
所在地：高崎市倉賀野町
公共交通：JR高崎線・倉賀野駅より徒歩約15分
車：上信越道・藤岡ICから15分。倉賀野神社駐車場を利用

195 大胡城 おおごじょう

史跡

築城年：天文年間(1532〜1555)　築城者：大胡氏
特徴：大胡氏の居城。大胡氏が武蔵江戸へ移ると、増田繁政が城代になる。その後は上杉謙信の支配下に入り、北条高広が城主になった。
所在地：前橋市大胡町
公共交通：上毛電気鉄道上毛線・大胡駅より徒歩約15分　車：関越道・前橋ICから二の丸駐車場まで約30分

196 桐生城 きりゅうじょう

築城年：治承4年(1180)頃　築城者：桐生六郎
特徴：桐生氏の祖となる桐生六郎の居館を発展させて、観応元年(1350)に桐生国綱が城を築いた。現在、居館は滑雲寺になっている。「柄杓山城」とも呼ばれている。
所在地：桐生市梅田町
公共交通：JR両毛線・桐生駅よりバス
車：東関東道・太田桐生ICから駐車場まで約35分

197 名胡桃城 なぐるみじょう

史跡

築城年：明応年間(1492〜1501)　築城者：沼田景冬
特徴：沼田城の支城として沼田氏が築いたが、上杉謙信の築城とする説もある。天正7年(1579)に小田原勢に攻められるが陥落しなかった。
所在地：利根郡月夜野町下津
公共交通：JR上越新幹線・上毛高原駅より車
車：関越道・月夜野ICから名胡桃城址案内所の駐車場まで約10分。城跡まで徒歩すぐ

名胡桃城の横堀

沼田城西櫓台の石垣

198 小幡陣屋 おばたじんや

築城年：寛永19年(1642)　築城者：織田信昌
特徴：織田信雄から織田氏8代と松平氏4代が治めた小幡藩2万石の広大な陣屋。土塁・石垣・門・庭園などを整備し見ごたえある公園に。
所在地：甘楽郡甘楽町小幡
公共交通：上信電鉄・上州福島駅より徒歩約50分
車：上信越道・富岡ICから約10分。楽山園駐車場を利用

199 白井城 しろいじょう

築城年：不明　築城者：不明
特徴：白井長尾氏の城。康正(こうしょう)元年(1455)に長尾景仲が築いたとする見方が一般的だが、康元元年(1256)の築城とする説などもある。
所在地：北群馬郡子持村
公共交通：JR上越線・渋川駅よりバス
車：関越道・渋川伊香保ICから約20分。白井城本丸内の駐車スペースを利用

200 小泉城 こいずみじょう

築城年：延徳(えんとく)元年(1489)　築城者：富岡直光(なおみつ)
特徴：足利成氏(しげうじ)に所領を許された富岡直光が築城。その後富岡氏は上杉謙信につき、永禄5年(1562)の館林城攻めにも同行している。
所在地：邑楽郡大泉町
公共交通：東武小泉線・小泉町駅より徒歩約10分
車：北関東道・太田桐生ICから約20分／東北道・館林ICから約30分で城跡公園駐車場

201 箕輪城 みのわじょう　史跡

▸P112

築城年：永正9年(1512)　築城者：長野業尚(なりなお)
特徴：山内上杉氏家臣の長野氏が築城。永禄9年(1566)に武田信玄が攻め落とした。天正18年(1590)には井伊直政が城を改修した。
所在地：高崎市箕郷町東明屋
公共交通：JR高崎線・高崎駅よりバス
車：関越道・高崎IC／前橋ICから駐車場まで約30分。駐車場から本丸まで徒歩約10分

復元された箕輪城郭馬出の櫓門

202 沼田城 ぬまたじょう　重文

築城年：天文13年(1544)　築城者：沼田顕泰(あきやす)
特徴：永禄3年(1560)に沼田顕泰が上杉謙信に下り、以後、謙信が関東攻略の拠点とする。天正8年(1580)に真田昌幸が攻め落とし、天和元年(1681)に真田氏の改易に伴い破却。現在は公園。
所在地：沼田市西倉内町
公共交通：JR上越線・沼田駅より徒歩約15分
車：関越道・沼田ICから沼田城址公園東駐車場まで約10分

203 国峯城 くにみねじょう

築城年：戦国時代　築城者：小幡氏
特徴：城主の小幡氏は後に武田氏の家臣として活躍。赤で統一された鉄兜は、勇猛果敢な小幡軍のトレードマークとして恐れられた。
所在地：甘楽郡甘楽町
公共交通：上信電鉄・上州富岡駅よりバス
車：上信越道・富岡ICから約15分。御殿平と呼ばれる場所に駐車スペースあり

204 平井城 ひらいじょう　史跡

築城年：永享(えいきょう)10年(1438)　築城者：上杉憲実(のりざね)
特徴：本城と要害城からなる。関東管領であった上杉憲実が築城者で、前橋城へ移る前の山内上杉氏の本拠。一度は北条氏康に奪われるが上杉謙信に協力を求め、後に取り返した。
所在地：藤岡市西平井
公共交通：JR八高線・群馬藤岡駅よりバス
車：上信越道・藤岡ICから駐車場まで約15分

205 安中城 あんなかじょう

築城年：永禄2年(1559)　築城者：安中忠政
特徴：弘治2年(1556)に上杉勢として武田信玄と戦った安中忠政が、その戦いの後に武田氏の侵攻に備えて築城。子の忠成を城主にした。
所在地：安中市安中
公共交通：JR信越本線・安中駅よりバス
車：上信越道・松井田妙義ICから文化センター駐車場まで約25分。駐車場から徒歩約5分

関東地方の城

埼玉県（さいたまけん）

武蔵国は古くから武士団の力が強く、平安後期以降の館が多く残る。鎌倉幕府の成立に尽力した武士たちは、館からより強固な城に拠点を移したが、やがて関東に転封された徳川家康によって多くが廃城となった。

206 川越城（かわごえじょう）

▶P121

重文 史跡

築城年：長禄元年(1457)　築城者：太田道真・道灌

特徴：扇谷上杉持朝の命を受けた太田親子が築城。代々扇谷上杉氏が城主となるが、小田原城を攻略した北条早雲の子・氏綱によって天文6年(1537)に攻め落とされた。初雁城、霧隠城の別名を持つ。

所在地：川越市郭町

公共交通：JR川越駅または西武新宿線・本川越駅よりバス「札の辻」下車、徒歩約10分

車：圏央道・川島ICから本丸御殿駐車場まで約20分

川越城の本丸御殿

国宝 国宝　重文 重要文化財(国)

重文 重要文化財(県)　史跡 国指定史跡

史跡 県指定史跡

207 松山城（まつやまじょう）

史跡

築城年：応永6年(1399)　築城者：上田友直

特徴：武蔵国の要所に位置し、この城をめぐり名将が何度も火花を散らした。「風流歌合戦」と称される天文6年(1537)の戦いは特に有名。

所在地：比企郡吉見町南吉見

公共交通：東武東上線・東松山駅より徒歩

車：関越道・東松山ICから約15分。吉見百穴前の駐車場を利用。主郭まで徒歩約15分利用

整備された鉢形城の曲輪

209 鉢形城（はちがたじょう） 史跡
▶P114

築城年：文明8年(1476)　築城者：長尾景春
特徴：天正18年(1590)に前田利家や本多忠勝らを擁する豊臣の大軍に攻め込まれ、当時の城主・北条氏邦は籠城して対抗するも、1か月ほどで落城。城は廃された。城跡には鉢形城歴史館がある。
所在地：大里郡寄居町鉢形
公共交通：東武東上線・鉢形駅より徒歩約25分
車：関越道・花園ICから鉢形城公園駐車場まで約15分。駐車場から主郭まで徒歩約5分

210 伊奈氏陣屋（いなしじんや） 史跡

築城年：天正18年(1590)　築城者：伊奈忠次
特徴：徳川家康が関東入国に伴い関東郡代・伊奈忠次が築いた陣屋。忠次は四代官頭（よんだいかんとう）に数えられ、備前検地を実施したことでも知られる。
所在地：北足立郡伊奈町小室
公共交通：埼玉新都市交通・丸山駅より徒歩約10分　車：東北道・岩槻IC／久喜ICから約20分。駐車場なし

211 深谷城（ふかやじょう） 史跡

築城年：康生2年(1456)　築城者：上杉房憲
特徴：深谷上杉氏の本拠。小田原攻めで陥落し、その後は主に譜代大名が城主を務めた。木瓜城の別称を持つ。現在は跡地の一部が公園。
所在地：深谷市本住町
公共交通：JR高崎線・深谷駅より徒歩約15分
車：関越道・花園ICから約20分。深谷市民文化会館の駐車場を利用

杉山城の階段状の縄張

208 杉山城（すぎやまじょう） 史跡

築城年：不明　築城者：不明
特徴：基本に忠実で完成度の高い造りになっており、中世城郭のお手本といわれる城。築城者は金子家忠、庄主水（しょうもんど）などいくつかの説がある。
所在地：比企郡嵐山町杉山
公共交通：東武東上線・武蔵嵐山駅より徒歩約40分　車：関越道・嵐山小川ICから約10分。積善寺の駐車場を利用。主郭まで徒歩約10分

菅谷城の土塁

212 菅谷城 すがやじょう

史跡

築城年：鎌倉時代　築城者：畠山重忠
特徴：川に挟まれ、谷に守られた要害の地に築かれた城。長享元年(1487)に、太田道灌の子・資康が初陣で攻めた城としても知られる。
所在地：比企郡嵐山町菅谷
公共交通：東武東上線・武蔵嵐山駅より徒歩約30分　車：関越道・東松山IC／嵐山小川ICから約10分。嵐山史跡の博物館の駐車場を利用

213 山田城 やまだじょう

築城年：不明　築城者：不明
特徴：忍城城主成田氏の家臣・贄田氏の居城で戦国時代には松山城の支城になったと伝えられる。現在は整備され、森林公園になっている。
所在地：比企郡滑川町山田
公共交通：東武東上線・森林公園駅よりバス
車：関越道・東松山ICから約10分。武蔵丘陵森林公園南口駐車場などを利用

214 大築城 おおづくじょう

築城年：不明　築城者：不明
特徴：天正年間(1573～1592)の松山城主松山朝直の築城とする説と、応永年間(1394～1428)の吾那憲光の築城とする説がある。
所在地：比企郡ときがわ町椚平
公共交通：JR八高線・越生駅よりバス
車：関越道・坂戸西スマートICから約40分。住吉神社の駐車場を利用

215 岩槻城 いわつきじょう

史跡

築城年：文明10年(1478)　築城者：太田道真・道灌
特徴：扇谷上杉持朝が足利成氏の侵攻に備えて築いた城のひとつ。川越城と同じく太田親子が築いた。太田道灌の養子・資家が初代城主。
所在地：岩槻市太田
公共交通：東武野田線・岩槻駅より徒歩約25分
車：東北道・岩槻ICから岩槻城址公園駐車場まで約10分

216 花園城 はなぞのじょう

史跡

築城年：平安末期　築城者：藤田政行
特徴：景観に優れた山頂にある城。北条氏邦が鉢形城に移った後、天正18年(1590)に鉢形城とともに花園城も攻め落とされた。
所在地：大里郡寄居町末野
公共交通：JR八高線・寄居駅より徒歩約40分
車：関越道・花園ICから約15分。善導寺の駐車場を利用。登山口から主郭まで徒歩約30分

217 足利政氏館 あしかがまさうじやかた

史跡

築城年：永正15年(1518)　築城者：足利政氏
特徴：二代目古河公方・足利政氏の館。政氏は息子の高基と対立し、出家した後にこの館を建て、高基と和解してからもこの地で過ごした。
所在地：久喜市本町
公共交通：JR東北本線・久喜駅より徒歩約20分
車：東北道・久喜ICから約10分。甘棠院の駐車場を利用

218 源経基館 みなもとのつねもとやかた

史跡

築城年：平安時代　築城者：源経基
特徴：貞純親王の子で、平将門の乱にあたり関東に下向した源経基の居館と伝えられる。館跡の保存状態はよく、現在も土塁や空堀から往年の面影を感じることができる。
所在地：鴻巣市大間
公共交通：JR高崎線・鴻巣駅より徒歩約15分
車：圏央道・桶川北本ICから約20分

219 赤山城 あかやまじょう

史跡

築城年：寛永6年(1629)　築城者：伊奈忠治
特徴：赤山陣屋とも呼ばれる。築城者は伊奈忠次の次男で、名門・伊奈氏が代々住んだ。伊奈氏は寛政4年(1792)に領地を没収されている。
所在地：川口市赤山
公共交通：JR武蔵野線・東川口駅よりバス
車：東京外環道・川口東ICから約5分／首都高速川口線・新井宿ICから約10分。駐車場あり

かつて水堀の代わりだった岩槻城の沼

小倉城の石垣

220 小倉城 おぐらじょう
史跡

築城年：戦国時代　築城者：遠山光景
特徴：北条氏の家臣のひとりである遠山光景が築いたとされる。他に、上田氏を築城者とする説も。空堀や土塁など状態のよい遺構が残る。
所在地：比企郡玉川村田黒
公共交通：東武東上線・武蔵嵐山駅より徒歩約50分　車：関越道・嵐山小川ICから登山口の駐車場まで約15分。登山口から主郭まで徒歩約20分

221 河越氏館 かわごえしやかた
史跡

築城年：平安～鎌倉　築城者：河越重隆
特徴：秩父氏に従っていた河越氏が独立し、この地に移って居館を築いた。入間川に面しており、かつて川の氾濫に悩まされた形跡が伺える。
所在地：川越市上戸
公共交通：東武東上線・霞ヶ関駅より徒歩約15分
車：関越道・川越ICから約30分／圏央道・鶴ヶ島ICから約15分。駐車場あり

222 天神山城 てんじんやまじょう

築城年：戦国時代　築城者：藤田重利
特徴：藤田重利は天文15年（1546）に北条氏の軍門に下り、北条氏邦を城主として迎え入れた。天正18年（1590）に鉢形城とともに落城。
所在地：秩父郡長瀞町
公共交通：秩父鉄道・樋口駅より徒歩約30分
車：関越道・花園ICから約25分。白鳥神社駐車場を利用。駐車場から徒歩約15分

223 忍城 おしじょう
史跡

築城年：延徳2年（1490）　築城者：成田親泰
特徴：成田氏の居城。豊臣秀吉の小田原攻めの際、石田三成が水攻めを行うも攻略できなかったことから難攻不落の城として知られる。
所在地：行田市本丸
公共交通：秩父鉄道・行田市駅より徒歩約15分
車：東北道・羽生IC／加須ICから忍城址公園駐車場まで約30分

224 千馬山城 せんばやまじょう

築城年：戦国時代　築城者：用土正光
特徴：北条氏邦の家臣・用土正光が居城として築く。崖と川が城の周囲を守り、さらに多数の空堀を要する堅固な造り。龍ヶ谷城とも。
所在地：秩父郡皆野町
公共交通：秩父鉄道・親鼻駅よりバス
車：皆野寄居有料道路・皆野長瀞ICから約1分。駐車場なし

225 山口城 やまぐちじょう
史跡

築城年：平安末期　築城者：山口家継
特徴：山口氏が代々居城にした。もともとは館だったため、戦国時代に入ると戦を前提とした本格的な城を別に築いて、本拠を移した。
所在地：所沢市山口
公共交通：西武狭山線・下山口駅より徒歩約10分
車：圏央道・入間ICから約20分／関越道・所沢ICから約30分。駐車場なし

226 難波田城 なんばたじょう

築城年：南北朝時代　築城者：難波田高範
特徴：難波田氏の居城。武蔵七党・村山党に属する難波田高範が築城。天文15年（1546）に難波田憲重が討死し、上田氏が城主になる。
所在地：富士見市下南畑
公共交通：東武東上線・志木駅よりバス
車：関越道・所沢ICから難波田城公園駐車場まで約20分

227 滝の城 たきのじょう
史跡

築城年：15世紀後半頃　築城者：大石氏
特徴：折れの多い機能的な縄張。山内上杉氏が扇谷上杉氏に備えて築いたとされるが、河越夜戦を経て北条氏の城に。外郭では障子堀も検出。
所在地：所沢市城
公共交通：JR武蔵野線・東所沢駅よりバス
車：関越道・所沢ICから滝の城址公園駐車場まで約10分。駐車場から主郭まで徒歩約2分

忍城の御三階櫓

千葉県

安房、上総、下総の房総三国で乱を起こした平忠常の後裔・千葉氏が基盤を築いたあと、里見氏が台頭し、戦国時代には安房国を支配した。天下統一後は、江戸に近い「将軍のお膝元」として有力大名が配された。

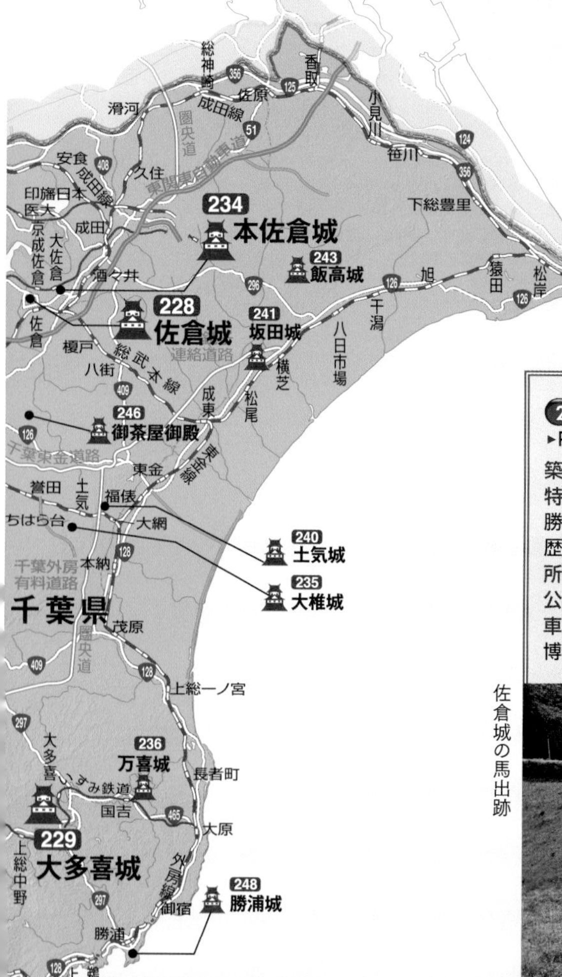

228 佐倉城（さくらじょう）

►P122

築城年：慶長15年（1610）　築城者：土井利勝
特徴：かつて千葉氏が築いた城をもとに、土井利勝が6年の月日をかけて新たに築城した。現在は歴史博物館を備える公園になっている。
所在地：佐倉市城内町
公共交通：京成本線・京成佐倉駅より徒歩約15分
車：東関道・佐倉ICから約20分。国立歴史民俗博物館の駐車場を利用。城跡まで徒歩すぐ

佐倉城の馬出跡

大多喜城の模擬天守

229 大多喜城（おおたきじょう）

史跡

築城年：大永元年（1521）　築城者：真里谷（まりやつ）氏
特徴：真里谷氏が築いた城は小田喜（おだき）城と呼ばれていた。天正18年（1590）に10万石大名の本多忠勝が入って拡張し、大多喜城が完成。現在は、模擬天守が歴史博物館となっている。
所在地：夷隅郡大多喜町大多喜
公共交通：いすみ鉄道・大多喜駅より徒歩約15分
車：圏央道・市原鶴舞ICから駐車場まで約20分。駐車場から天守まで徒歩約15分

山麓から望む久留里城模擬天守

230 久留里城 くるりじょう

築城年：不明　築城者：里見義堯（よしたか）
特徴：里見氏の後、大須賀氏、土屋氏が城主になる。寛保2年（1742）以降は黒田氏が居城とした。現在は資料館が設けられている。
所在地：君津市久留里
公共交通：JR久留里線・久留里駅より徒歩約35分
車：圏央道・木更津東ICから駐車場まで約20分。駐車場から本丸まで徒歩約20分

231 小弓城 おゆみじょう

築城年：不明　築城者：不明
特徴：千葉氏の流れを汲む原氏の城。足利義明が永正14年（1517）に攻め落として居城にした。そのため義明は小弓公方とも呼ばれる。
所在地：千葉市中央区南生実町
公共交通：JR総武本線・千葉駅よりバス「南生実台」下車、徒歩約5分　車：京葉道路・蘇我ICから約5分。大百池公園駐車場を利用

232 国府台城 こうのだいじょう

築城年：文明11年（1479）　築城者：太田道灌
特徴：胤直（たねなお）・実胤（さねたね）の千葉氏兄弟を支援する太田道灌が、戦に敗れて逃れてきたふたりのために城を築く。市川城や里見城などの別名がある。
所在地：市川市国府台
公共交通：JR市川駅／京成本線・国府台駅よりバス「国府台病院」下車、徒歩約5分　車：京葉道・市川ICから里見公園駐車場まで約20分

233 佐貫城 さぬきじょう

築城年：応仁年間（1467〜1468）　築城者：武田義広
特徴：弘治2年（1564）に里見氏の本拠となるが、徳川家康の小田原攻めに遅参し、城と領地を取り上げられた。亀城と呼ばれることもある。
所在地：富津市佐貫
公共交通：JR内房線・佐貫町駅より徒歩約25分
車：館山道・君津ICから約20分。登山口に駐車スペースあり。本丸まで徒歩約20分

国宝 国宝　重文 重要文化財（国）　重文 重要文化財（県）
史跡 国指定史跡　史跡 県指定史跡

本佐倉城の大堀切

234 本佐倉城

史跡

築城年：文明16年(1484)　築城者：千葉輔胤
特徴：名門・千葉氏が千葉城から移し本拠とした。天然の地形を生かしつつ空堀で仕切りを作り城域としている。重胤が城主を務める天正18年(1590)に小田原城とともに豊臣軍に攻め落とされた。
所在地：印旛郡酒々井町本佐倉ほか
公共交通：京成本線・大佐倉駅より徒歩約35分
車：東関道・佐倉ICから駐車場まで約10分。主郭まで徒歩すぐ

235 大椎城 おおじじょう

築城年：不明　築城者：平忠常
特徴：築城時期は不明だがおそらくは11世紀初頭。築城者の平忠常は千葉氏と上総氏の祖である。戦国期には酒井氏の支城になった。標高約80mの台地に築かれ、空堀などが残存。
所在地：千葉市緑区大椎町
公共交通：JR外房線・土気駅より徒歩約35分
車：東金有料道・中野ICから15分。駐車場なし

236 万喜城 まんぎじょう

築城年：応永19年(1412)　築城者：土岐時政
特徴：東西および北側を夷隅川に守られた城。摂津から移ってきた土岐氏が本拠として築いた。徳川四天王の本多忠勝により落城している。
所在地：夷隅郡夷隅町万木城山
公共交通：いすみ鉄道・国吉駅より徒歩約30分
車：圏央道・市原鶴舞ICから30分。山頂または山麓の万木城跡公園駐車場を利用

237 館山城

築城年：天正16年(1588)　築城者：里見義康
特徴：「南総里見八犬伝」のモデル・里見氏の本城。昭和57年(1982)に模擬天守が作られ、歴史博物館になっている。
所在地：館山市館山　公共交通：JR館山駅よりバス「城山公園前」下車、徒歩約10分
車：富津館山道・富浦ICから約20分。城山公園駐車場を利用(一部有料)。天守まで徒歩約15分

238 関宿城 せきやどじょう

築城年：長禄元年(1457)　築城者：簗田成助
特徴：千葉最北端に位置する台地に築かれた城。天正2年(1574)に北条氏が攻め落とし、北条氏の滅亡後は譜代大名が城主を務めた。
所在地：野田市関宿三軒家
公共交通：東武野田線・川間駅よりバス「関宿城博物館」下車、徒歩約10分　車：圏央道・古河IC／五霞ICから関宿城博物館駐車場まで約15分

239 稲村城 いなむらじょう

史跡

築城年：15世紀末　築城者：里見氏
特徴：里見実堯が城主のときに跡継ぎ争いで揉め、先代里見義通の嫡男・義豊が城を攻めた。実堯は自害し、後に子の義堯が義豊を討つ。
所在地：館山市稲城山
公共交通：JR内房線・九重駅より徒歩約15分
車：館山道・富浦ICから約15分。稲村城跡見学者駐車場所を利用

240 土気城 とけじょう

築城年：神亀年間(724～729)　築城者：大野東人
特徴：大野東人が築いた城を、室町時代に土気太郎が居城にした。長享元年(1487)に酒井定隆が攻め落として改修し、本拠とした。
所在地：千葉市緑区土気町
公共交通：JR外房線・土気駅より徒歩約30分
車：外房有料道・大木戸ICから約10分／圏央道・東金ICから約15分。駐車場なし

241 坂田城 さかたじょう

築城年：14世紀中頃　築城者：千葉氏
特徴：戦国時代には千葉氏の一族である井田氏の居城になった。豊臣秀吉による小田原城攻略とともに廃された。市場城の異名を持つ。
所在地：山武郡横芝町坂田
公共交通：JR総武線・横芝駅より徒歩約25分
車：圏央道・松尾横芝ICから約10分。ふれあい坂田池公園駐車場を利用

館山城の模擬天守

千葉城模擬天守と千葉常胤像

242 千葉城 ちばじょう

築城年：大治元年（1126）
築城者：平忠常・千葉常重
特徴：文明16年（1484）以前の千葉氏の本拠。猪鼻台と呼ばれる台地に位置し、猪鼻城とも呼ばれる。天守を模した博物館がある。
所在地：千葉市中央区亥鼻
公共交通：JR千葉駅よりバス「郷土博物館・千葉県文化会館」下車、徒歩すぐ　車：京葉道・貝塚ICから約15分。市立郷土博物館駐車場を利用

243 飯高城 いいだかじょう

史跡

築城年：不明　築城者：不明
特徴：平山刑部少輔による16世紀末頃の築城とする説が有力。少輔は城の全域を寺院に寄付したと伝えられる。現在は飯高寺になっている。
所在地：匝瑳市飯高
公共交通：JR総武本線・八日市場駅より徒歩約80分　車：銚子連絡道・横芝光ICから約20分。飯高檀林南駐車場を利用

244 師戸城 もろとじょう

築城年：鎌倉時代　築城者：不明
特徴：臼井城の支城。印旛沼に面する師戸台地に築かれている。1.5㎞ほど離れた場所には、師戸城と向き合う形で臼井城がある。
所在地：印西市師戸　公共交通：京成本線・京成臼井駅より「印旛沼公園入口」または「師戸」下車、徒歩約5分　車：東関道・四街道ICから印旛沼公園駐車場まで約30分。城跡まで徒歩すぐ

245 臼井城 うすいじょう

築城年：不明　築城者：臼井氏
特徴：築城時期は12世紀とも14世紀ともいわれる。永禄4年（1561）まで臼井氏代々の居城。臼井氏の後は、一族の原氏が城主になった。
所在地：佐倉市臼井田
公共交通：京成本線・京成臼井駅より徒歩約20分
車：東関道・四街道ICから約15分。臼井城址公園駐車場を利用

246 御茶屋御殿 おちゃやごてん

築城年：江戸初期　築城者：不明
特徴：徳川家康が鷹狩りを行う際の休憩施設として築かれた。カマドとして利用されたと伝えられるカマドヤマという遺構が残っている。
所在地：千葉市若葉区御殿町
公共交通：千葉都市モノレール・千城台駅よりバス「御殿三叉路」下車、徒歩約10分
車：京葉道・貝塚ICから約15分

247 真里谷城 まりやつじょう

築城年：康正2年（1456）　築城者：武田信長
特徴：武田信長が築き、3代目・信興が真里谷氏を称した。真里谷氏は勢力を拡大するが内乱により衰退。城跡には少年自然の家がある。
所在地：木更津市真里谷
公共交通：JR久留里線・馬来田駅より徒歩約80分
車：館山道・市原ICから約40分。少年自然の家キャンプ場の駐車場を利用

248 勝浦城 かつうらじょう

築城年：大永元年（1521）　築城者：武田信清
特徴：断崖絶壁の岬に築かれた城。崖上と海面の落差は約40m。武田氏が滅んだ後は正木氏の居城になるが、本多忠勝により落城した。
所在地：勝浦市浜勝浦
公共交通：JR外房線・勝浦駅より徒歩約20分
車：圏央道・市原舞鶴ICから八幡岬公園駐車場まで約40分。駐車場から城跡まで徒歩すぐ

249 根古屋城 ねごやじょう

築城年：16世紀頃　築城者：正木氏
特徴：房総半島南東部の海岸線にそびえる巨大山城。無数の小曲輪や石積、垂直の切岸、鋭い堀切など遺構は多い。正木氏の水軍基地か。
所在地：鴨川市江見
公共交通：JR内房線・江見駅より徒歩すぐ
車：館山道・鋸南富山ICから約40分。駐車場なし。登城口・登城路が不明瞭。経験者の同行推奨

250 増尾城 ますおじょう

築城年：16世紀頃　築城者：平川氏
特徴：高城氏家臣の平川氏の在城が伝わるが詳細不明。公園整備され、2つの曲輪を囲む折れのある横堀と土塁が見事。虎口の櫓台も大きい。
所在地：柏市増尾字稲荷下
公共交通：東武野田線・増尾駅より徒歩約20分
車：常磐道・柏ICより約30分。増尾城址総合公園の城跡側の駐車場を利用

東京都(とうきょうと)

関東では山内、扇谷の上杉両家の対立もあり、後北条氏が支配を拡大する。北条早雲、氏綱、氏康の3代で武蔵国の権力を握るが、豊臣秀吉による小田原の役で後北条氏は滅亡し、戦国時代は終息に向かう。

国宝 国宝　重文 重要文化財(国)
重文 重要文化財(県)　史跡 国指定史跡
史跡 県指定史跡

252 平塚城 ひらつかじょう

築城年：鎌倉時代　築城者：豊島近義(としまちかよし)
特徴：城主の豊島氏は多くの領地を有する有力武将だったが、文明9年(1447)に太田道灌に城を攻め落とされて滅びた。別名は豊島城。
所在地：北区上中里～西ヶ原
公共交通：JR京浜東北線・上中里駅より徒歩約3分
車：首都高速中央環状線・王子南ICから約10分。平塚神社駐車場を利用

251 江戸城(えどじょう)

▶P40

重文 史跡

築城年：慶長11年(1606)　築城者：太田道灌
特徴：徳川家康の本拠。もとは江戸氏の館で、太田道灌が改修し城を築いた。家康が関ヶ原の戦いで勝利した後、3代に渡って大規模な拡張工事が実施され、日本を代表する壮大な城となった。現在の皇居東御苑。
所在地：千代田区千代田
公共交通：JR東京駅より徒歩約15分で大手門
車：都心環状線・北の丸出口から北の丸駐車場(有料)まで約5分。城周辺に有料駐車場多数

江戸城の外桜田門

石神井城の土塁と空堀

253 石神井城 しゃくじいじょう

史跡

築城年：鎌倉末期　築城者：不明
特徴：石神井川の中流あたりに位置。文明8年(1476)の長尾景春の乱で、城主の豊島泰経(やすつね)が景春方についたことから太田道灌に攻められる。
所在地：練馬区石神井台　公共交通：西武池袋線・石神井公園駅より徒歩約20分
車：関越道・大泉IC／練馬ICから石神井公園駐車場(有料)まで約20分。城跡まで徒歩約15分

254 世田谷城 せたがやじょう

史跡

築城年：応永年間(1394〜1426)　築城者：吉良氏
特徴：三河国東条吉良氏の末裔にあたる世田谷吉良氏が築いた。豊臣秀吉の小田原攻めの際に落城し、石材は江戸城構築の際に用いられた。
所在地：世田谷区豪徳寺
公共交通：東急世田谷線・宮の坂より徒歩約5分
車：東名高速・東京ICから約15分。公園に駐車場なし。周辺の有料駐車場を利用

255 品川台場(しながわだいば)

史跡

築城年：嘉永6年(1853)　築城者：徳川幕府
特徴：寛永6年(1853)に黒船に乗ってペリーが来航した際、江戸湾防備の目的で築かれた。工事は昼夜を問わず進められたという。
所在地：港区台場
公共交通：ゆりかもめ・お台場海浜公園駅より徒歩約10分
車：首都高速台場線・台場出口から約5分。海浜公園駐車場を利用。台場公園まで徒歩約15分

品川台場の第三台場

八王子城山麓居館の虎口

260 八王子城（はちおうじじょう） 史跡

▶P116

築城年：天正12年(1584)頃　築城者：北条氏照
特徴：北条氏照の晩年の居城。天正18年(1590)に前田利家や上杉景勝ら豊臣勢の大軍に猛攻を仕掛けられ、一日で落城。　所在地：八王子市元八王子町
公共交通：JR中央線・高尾駅よりバス
車：圏央道・八王子西ICから約10分。ガイダンス施設駐車場から登城口まで徒歩約5分。登城口から主郭まで徒歩約40分

261 初沢城 はつさわじょう 史跡

築城年：室町時代　築城者：椚田氏
特徴：椚田氏の居城。椚田城、高乗寺城とも呼ばれる。横山氏の庶家にあたり、建暦3年(1213)に横山氏とともに鎌倉で戦い、討死した。築城年は不明。
所在地：八王子市初沢町
公共交通：京王線・高尾駅より徒歩約10分
車：中央道・八王子西ICから約15分

262 勝沼城 かつぬまじょう 史跡

築城年：鎌倉末期　築城者：三田氏
特徴：平将門の末裔と自称する三田氏の本拠。三田氏は永禄6年(1563)に北条氏照に滅ぼされ、三田一族の師岡氏が勝沼城主となった。
所在地：青梅市東青梅　公共交通：JR青梅線・東青梅駅より徒歩約25分　車：中央道・八王子ICから約40分／圏央道・青梅ICから約10分。光明寺の参拝者用駐車場を利用

263 檜原城 ひのはらじょう 史跡

築城年：戦国時代　築城者：平山氏重
特徴：北条氏家臣の平山氏の居城。甲斐と武蔵をつなぐ要所に位置する。武田氏の侵攻に対抗すべく北条氏が築かせた堅固な造りの城。
所在地：西多摩郡檜原村本宿
公共交通：JR五日市線・武蔵五日市駅よりバス
車：圏央道・あきる野ICから約30分。吉祥寺参拝者駐車場を利用

264 稲付城 いなつけじょう 史跡

築城年：文明年間(1469～1487)　築城者：太田道灌
特徴：江戸城の築城で有名な太田道灌が築き城主を務めた。江戸城と埼玉の川越城・岩槻城を結ぶ場所にあり、戦略上の要所といえる。
所在地：北区赤羽
公共交通：JR京浜東北線・赤羽駅より徒歩約5分
車：首都高速5号池袋線・中台ICから約20分。静勝寺駐車場を利用

256 沢山城 さわやまじょう

築城年：戦国時代　築城者：不明
特徴：三輪城ともいう。鶴見川と恩田川に挟まれた丘に築かれた城。城の歴史に関する資料は乏しく、「謎の城」と呼ばれたこともある。
所在地：町田市三輪町
公共交通：小田急線・鶴川駅より徒歩約20分
車：東名高速・横浜青葉ICから約15分。駐車場なし

257 小野路城 おのじじょう

築城年：平安末期　築城者：小山田重義
特徴：小山田氏の支城。文明8年(1476)の長尾景春の乱で本城・小山田城とともに落城。桓武平氏から続く小山田氏の系譜が途絶える。
所在地：町田市小野路町　公共交通：京王線・多摩センター駅よりバス「小野神社前」下車、徒歩約20分　車：中央道・国立府中IC／稲城ICから約30分。野津田公園駐車場を利用(土日有料)

258 高月城 たかつきじょう

築城年：長禄年間(1457～1460)　築城者：大石顕重
特徴：大永元年(1521)に滝山城に移る前の大石氏の本拠。地形を巧みに利用して築かれており、城の両側を多摩川と秋川に守られている。
所在地：八王子市高月町
公共交通：JR中央線・拝島駅よりバス「高月」下車、徒歩すぐ
車：中央道・高尾山ICから約10分。駐車場なし

259 松竹城 まつたけじょう

築城年：至徳元年(1384)　築城者：大石信重
特徴：北浅川の近く、恩方町の丘陵に築かれた城。浄福寺城とも呼ばれる。滝山城の出城として大石信重が築いたとされるが他の説もある。
所在地：八王子市下恩方町浄福寺
公共交通：JR中央本線・八王子駅よりバス
車：圏央道・八王子西ICから約10分。浄福寺駐車場を利用

深大寺城の堀と土塁

270 深大寺城 じんだいじじょう 史跡

築城年：不明　築城者：不明
特徴：創築については不明な点が多いが、天文6年(1537)に、北条氏に対抗するための拠点として、扇谷上杉朝定が再興している。
所在地：調布市深大寺元町
公共交通：京王線・調布駅よりバス
車：中央道・調布ICから約10分。神代植物公園駐車場(有料)を利用

271 戸倉城 とくらじょう 史跡

築城年：戦国時代　築城者：小宮上野介
特徴：小宮氏が秋川の下流に築いた。後に北条氏の領地になり、檜原城と並んで、武田氏に対抗する重要拠点になる。小宮城の別名を持つ。
所在地：あきる野市戸倉
公共交通：JR五日市線・武蔵五日市駅よりバス
車：圏央道・あきる野ICから約25分。光厳寺近くに駐車スペースあり

272 滝山城 たきやまじょう 史跡

►P115

築城年：大永元年(1521)　築城者：大石定重
特徴：都内最大規模の丘山城。築城者の大石定重は山内上杉氏の家臣。永禄12年(1569)に武田氏に攻められるが、かろう分じて落城を免れた。
所在地：八王子市高月町ほか
公共交通：JR中央線・八王子駅よりバス
車：中央道・八王子ICから滝山観光駐車場まで約10分。登城口から本丸まで徒歩約10分

滝山城本丸と中の丸の間の大堀切と引橋

265 志村城 しむらじょう

築城年：不明　築城者：千葉隠岐守
特徴：大永2年(1524)に北条氏綱に攻め落とされたが、その際に氏綱が一夜の間に砲台を築いたという伝承が残っている。千葉城、板橋城とも。
所在地：板橋区志村　公共交通：都営地下鉄三田線・志村三丁目駅より徒歩約5分
車：首都高速5号池袋線・中台ICから約5分。城山熊野神社境内駐車場を利用

266 白金長者屋敷 しろがねちょうじゃやしき 史跡

築城年：南北朝時代　築城者：柳下氏
特徴：白金長者と称された柳下氏が住んだ屋敷。江戸時代には、高松藩主が下屋敷として利用した。現在は国立自然教育園になっている。
所在地：港区白金台
公共交通：JR山手線・目黒駅より徒歩約10分で公園正門　車：東名高速・東京ICから約20分。駐車場なし

267 赤塚城 あかつかじょう

築城年：康正2年(1456)　築城者：千葉自胤
特徴：相続争いで庶家の馬加氏に追われてこの地へ移ってきた千葉自胤が築城。一緒に逃げてきた兄・実胤とともに太田道灌の家臣となる。
所在地：板橋区赤塚
公共交通：都営地下鉄三田線・西高島平駅より徒歩約20分
車：首都高速・高島平ICから約5分

268 片倉城 かたくらじょう 史跡

築城年：15世紀後半　築城者：長井氏
特徴：築城者の長井氏は扇谷上杉氏の家臣であり、古河公方・足利成氏に対抗するために築かれた城と考えられる。現在は片倉城跡公園。
所在地：八王子市片倉町
公共交通：JR横浜線・片倉駅より徒歩約5分
車：中央道・八王子ICから公園駐車場(有料)まで約20分。駐車場から主郭まで徒歩約10分

269 渋谷城 しぶやじょう

築城年：平安時代　築城者：渋谷氏
特徴：東に鎌倉街道、西に渋谷川、北東に黒鍬谷という好立地に築かれた。現在は金王八幡宮となり遺構はないが、石垣と伝承される石が残る。
所在地：渋谷区渋谷
公共交通：JR渋谷駅より徒歩約5分
車：首都高・渋谷ICから約3分。周辺の有料駐車場を利用

神奈川県（かながわけん）

相模国と武蔵国という歴史的に極めて重要な土地を含む神奈川県では、鎌倉幕府はもとより、戦国時代も小田原の北条氏が強烈な存在感を示した。古都鎌倉、小田原城など、歴史散策の見どころが多数ある。

275 茅ヶ崎城 ちがさきじょう

築城年：不明　築城者：北条氏
特徴：北条氏の支城のひとつで、早渕川（はやぶちがわ）に面する丘に築かれた。もともとは居館だったものを北条氏が改修して城にしたといわれる。
所在地：横浜市都筑区茅ヶ崎町
公共交通：横横浜市営地下鉄・センター南駅より徒歩約10分で城址公園　車：第三京浜・都筑ICから約10分。センター南駅周辺の駐車場を利用

273 玉縄城 たまなわじょう

築城年：永正9年（1512）　築城者：北条早雲
特徴：三浦氏の新井城を攻めるために築かれた。非常に堅牢な造りで、上杉謙信も攻め落とすことができなかった。甘縄（あまなわ）城とも呼ばれる。
所在地：鎌倉市城廻
公共交通：JR東海道本線・大船駅より徒歩約15分
車：横浜横須賀道路・日野ICから約20分。駐車場なし

274 小机城（こづくえじょう）

▸P121

築城年：不明　築城者：不明
特徴：文明8年（1476）に起こった長尾景春の乱で、太田道灌に攻められて落城。後に北条氏が城を改修し、家臣の笠原信為（のぶため）を置いた。
所在地：横浜市港北区小机町城山
公共交通：JR横浜線・小机駅より徒歩約15分で小机城址市民の森入口　車：第三京浜・港北ICから約5分。小机駅周辺の有料駐車場を利用

小机城の広大な横堀

小田原城の復元天守

276 小田原城（おだわらじょう）

史跡

▸P108

築城年：不明　築城者：大森氏
特徴：外郭の全長が9㎞に及ぶ壮大な城。室町時代以降、北条氏代々の本拠になる。難攻不落と称されたが、豊臣秀吉が大軍を率いて攻め落とした。昭和35年(1960)に天守が復元された。(➡P294)
所在地：小田原市城内
公共交通：小田急線・小田原駅より徒歩約10分
車：小田原厚木道路・荻窪ICから約10分／東名高速・大井松田ICから約40分。周辺の有料駐車場を利用

小田原城の大堀切

277 石垣山城（いしがきやまじょう）

史跡

築城年：天正18年(1590)　築城者：豊臣秀吉
特徴：小田原城攻めで豊臣秀吉が短期間で築いた城。4月に着工し、6月に完成。築城の早さから、太閤一夜城、石垣山一夜城と称された(➡P294)。
所在地：小田原市早川　公共交通：JR東海道本線・早川駅より徒歩約40分、箱根登山鉄道・入生田駅より徒歩約50分で登城口　車：小田原厚木道路・小田原西ICから一夜城駐車場まで約10分

石垣山城の石垣

足柄城跡から見える富士山

278 神奈川台場

築城年：万延元年(1860)　築城者：伊予松山藩
特徴：ペリー来航に危機感を覚えた幕府が伊予松山藩に築かせた江戸湾防衛の拠点。設計者は勝海舟で、14本の大砲を備えていた。
所在地：横浜市神奈川区神奈川
公共交通：京浜急行・神奈川駅より徒歩約10分
車：首都高・岸谷生麦ICから約10分。周辺の有料駐車場を利用

279 桝形山城 ますがたやまじょう

築城年：不明　築城者：不明
特徴：室町時代の築城とする説が有力。居城として長期的な利用を想定した構造ではなく、陣屋的な役割を担う城だったと思われる。
所在地：川崎市多摩区枡形
公共交通：小田急線・向ヶ丘遊園駅より徒歩約15分　車：東名高速・東名川崎ICから約10分。生田緑地駐車場を利用

280 岡崎城 おかざきじょう

築城年：不明　築城者：不明
特徴：平安末期に岡崎義実が築いたといわれるが、詳細は不明。大庭城と同じく、天正9年(1512)に北条早雲によって攻め落とされている。
所在地：伊勢原市岡崎・平塚市岡崎
公共交通：小田急線・伊勢原駅よりバス
車：東名高速・厚木ICから約15分／小田原厚木道路・平塚ICから約10分。駐車場なし

281 大庭城 おおばじょう

築城年：平安末期　築城者：大庭氏
特徴：相模丘陵の南側に位置。大庭氏の後、扇谷上杉氏が城主になるが、天正9年(1512)に北条早雲に攻め落とされ、北条氏の城になった。
所在地：藤沢市大庭
公共交通：JR東海道本線・藤沢駅よりバス「城下」下車、徒歩約5分で城址公園　車：新湘南バイパス・藤沢ICから公園入口のPまで約10分

282 足柄城 あしがらじょう

築城年：14世紀後期　築城者：大森氏
特徴：小田原征伐で落城するまで、今川・武田・織田・徳川といった有力大名に備え国境を守った。曲輪や堀が足柄峠の古道沿いに展開する。
所在地：南足柄市矢倉沢　公共交通：伊豆箱根鉄道大雄線・大雄山駅よりバス「万葉公園」下車、徒歩約5分　車：東名高速・御殿場ICから約30分。足柄万葉公園駐車場を利用。城跡まで徒歩約10分

283 鷹ノ巣城 たかのすじょう

築城年：不明　築城者：北条氏
特徴：標高837mの鷹ノ巣山に築かれたとされる城。現在はハイキングコースになっているが、遺構らしい遺構は何も残っていない。
所在地：足柄下郡箱根町鷹巣山
公共交通：JR東海道本線・小田原駅よりバス「湯坂路入口」下車、徒歩約15分
車：東名高速・足柄スマートICから約35分

284 鎌倉城 かまくらじょう

史跡

築城年：鎌倉時代　築城者：源頼朝
特徴：幕府が置かれた中世鎌倉を城砦都市と見た呼称。都市の周囲には、丘を削り出した道である切通しが残る。地形を利用した要害であり、城とするかどうかは意見が分かれる。
所在地：鎌倉市
公共交通：JR横須賀線・鎌倉駅よりバス
車：横浜横須賀道路・朝比奈ICから約30分

285 衣笠城 きぬがさじょう

築城年：康平5年(1062)　築城者：三浦為通
特徴：三浦為通が源頼義から所領を認められて築城した。三浦氏は鎌倉時代には有力な御家人になるが、北条氏に城を攻め落とされた。
所在地：横須賀市衣笠町　公共交通：京急本線・横須賀中央駅よりバス「衣笠城址」下車、徒歩約20分　車：横浜横須賀道・衣笠IC から約10分。衣笠山公園駐車場を利用(桜の時期は利用不可)

大庭城の屋敷跡

河村城の畝が残る堀切

286 新井城 あらいじょう

築城年：鎌倉後期　築城者：不明
特徴：北条早雲に攻められた際、城主・三浦氏は城に籠って3年もの間耐え続けた。しかし結局は落城し、名門・三浦氏も滅亡した。
所在地：三浦市三崎町
公共交通：京浜急行・三崎口駅よりバス「油壺温泉」下車、徒歩約5分　車：三浦縦貫道路・林ICから約20分。周辺の有料駐車場を利用

287 今井陣場 いまいじんば

築城年：天正18年(1590)　築城者：徳川家康
特徴：豊臣秀吉の大軍が小田原城を攻めた際に、徳川家康が本陣とした場所。現在は記念碑が建てられている。別名を御陣場という。
所在地：小田原市寿町
公共交通：JR東海道本線・小田原駅よりバス
車：小田原厚木道路・荻窪ICから約15分／西湘バイパス小田原ICから約5分

288 小沢城 こさわじょう

築城年：戦国時代　築城者：金子掃部助
特徴：文明9年(1477)に起こった長尾景春の乱で金子掃部助が城に籠って戦った。400mほど離れた場所に小沢古城と呼ばれる城がある。
所在地：愛甲郡愛川町
公共交通：JR相模線・上溝駅よりバス
車：圏央道・相模原愛川ICから約10分。相模川河川敷駐車場を利用

289 深見城 ふかみじょう

築城年：宝徳4年(1452)　築城者：山田経光
特徴：交通の要所である矢倉沢往還からほど近い場所に築かれた城。境川があり水運にも恵まれている。一の関城山という別名もある。
所在地：大和市深見
公共交通：小田急江ノ島線・鶴間駅より徒歩約25分　車：東名高速・横浜町田ICから約5分。深見歴史の森スポーツ広場駐車場を利用

290 荻野山中藩陣屋 おぎのやまなかはんじんや

築城年：天明3年(1783)　築城者：大久保教翅
特徴：83年間に渡って大久保氏が代々住んだ。慶応3年(1867)に浪士隊の攻撃を受けて焼失。山中城、山中御役所とも呼ばれる。
所在地：厚木市中荻野
公共交通：小田急線・厚木駅よりバス「桝割」下車、徒歩約5分　車：東名高速・厚木ICから約20分。山中陣屋跡史跡公園を利用

291 河村城 かわむらじょう

史跡

築城年：南北朝時代　築城者：河村氏
特徴：河村氏の後は足利持氏家臣の大森氏が城主になり、戦国期には北条氏の城のひとつになった。戸張城、猫山城という別名がある。
所在地：足柄上郡山北町山北
公共交通：JR御殿場線・山北駅より徒歩約30分
車：東名道・大井松田ICから城跡公園駐車場まで約15分

292 土肥城 といじょう

築城年：平安末期　築城者：不明
特徴：伊豆半島や房総半島などが一望できる絶景の地に位置し、山の麓には土肥氏の居館が残る。
所在地：足柄下郡湯河原町
公共交通：JR東海道本線・湯河原駅よりバス
車：箱根ターンパイク・大観山出入口から「しとどの窟」バス停付近の駐車場まで約10分。登城口から山頂の城址碑まで徒歩約20分

293 津久井城 つくいじょう

築城年：鎌倉初期　築城者：津久井氏
特徴：三浦一族の津久井氏が築き、後に北条氏の城になる。天正18年(1590)に豊臣秀吉が小田原城を攻めた際に陥落し廃城になった。広範囲にわたって城山の斜面に竪堀が設けられている。
所在地：相模原市緑区根小屋
公共交通：JR相模線・橋本駅北口よりバス「津久井湖観光センター」下車、徒歩約5分で登城口
車：圏央道・相模原ICから城山公園の根小屋駐車場まで約10分。主郭まで徒歩約20分

津久井城本丸の土塁

甲信越地方の城

山梨県（やまなしけん）

南アルプスをはじめ、多くの山々が自然の障壁となった山梨県。他国と交戦することは珍しく、安定した時代が長く続いたが、武田氏滅亡後に起きた天正壬午の乱では、甲斐も大規模な戦闘の舞台となった。

295 本栖城 もとすじょう

築城年：16世紀頃　築城者：武田信玄・武田勝頼
特徴：甲斐と駿河を結ぶ中道往還沿い。武田氏が築いた境目の城と考えられる。随所に延びる苔むした溶岩の石塁と多様な堀切を堪能できる。
所在地：富士河口湖町本栖
公共交通：富士急行線・河口湖駅よりバス
車：中央道・富士吉田ICから県営本栖湖駐車場まで約30分。徒歩約20分で登り口

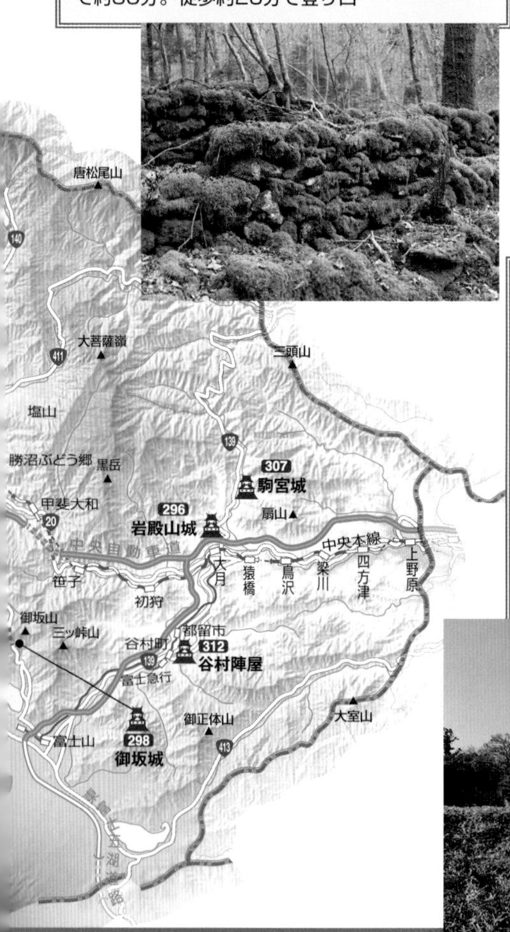

本栖城の石積み

294 躑躅ヶ崎館（つつじがさきやかた） 史跡

築城年：永正16年(1519)　築城者：武田信虎（のぶとら）
特徴：武田信虎、信玄、勝頼が居城にした。武田氏は、最盛期として知られるこの三代で、甲斐を統一している。躑躅ヶ崎館は政治・軍事の中心地となった。現在は信玄を祀った武田神社が置かれている。
所在地：甲府市古府中町
公共交通：JR中央本線・甲府駅より山梨交通バス「武田神社」下車、徒歩すぐ
車：中央道・甲府昭和ICから駐車場まで約30分

躑躅ヶ崎館の虎口

躑躅ヶ崎館に立つ
武田神社の鳥居

岩殿山の遠景

296 岩殿山城 いわどのやまじょう

史跡

築城年：不明　築城者：不明
特徴：東西および南側を川に守られた要害の地にある。築城者は不明だが、立地から、甲斐武田氏が敵の侵攻に備えて築いた城と思われる。
所在地：大月市賑岡町岩殿
公共交通：JR中央本線・大月駅より徒歩約40分
車：中央道・大月ICから岩殿山公園市営駐車場まで約10分。一部通行不可の登山ルートあり

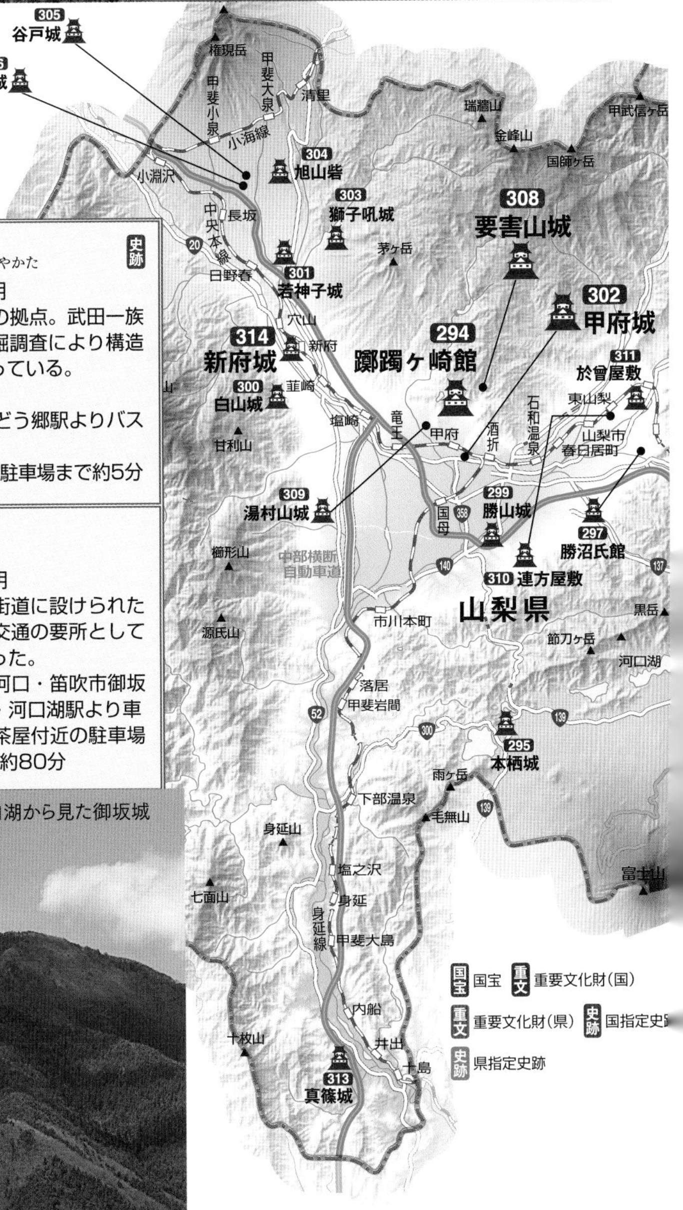

297 勝沼氏館 かつぬましやかた

史跡

築城年：15世紀頃　築城者：不明
特徴：甲斐東部における武田氏の拠点。武田一族の信友が勝沼氏を名乗った。発掘調査により構造や時代背景がかなり詳しくわかっている。
所在地：甲州市勝沼町勝沼
公共交通：JR中央本線・勝沼ぶどう郷駅よりバス「祝橋」下車、徒歩約5分
車：中央道・勝沼ICから史跡公園駐車場まで約5分

298 御坂城 みさかじょう

築城年：戦国時代　築城者：不明
特徴：甲斐と駿河をつなぐ鎌倉街道に設けられた城。関所としての機能も備え、交通の要所として北条氏と徳川氏が激しく奪い合った。
所在地：南都留郡富士河口湖町河口・笛吹市御坂町藤野木　公共交通：富士急行・河口湖駅より車
車：中央道・河口湖ICから天下茶屋付近の駐車場まで約35分。天下茶屋より徒歩約80分

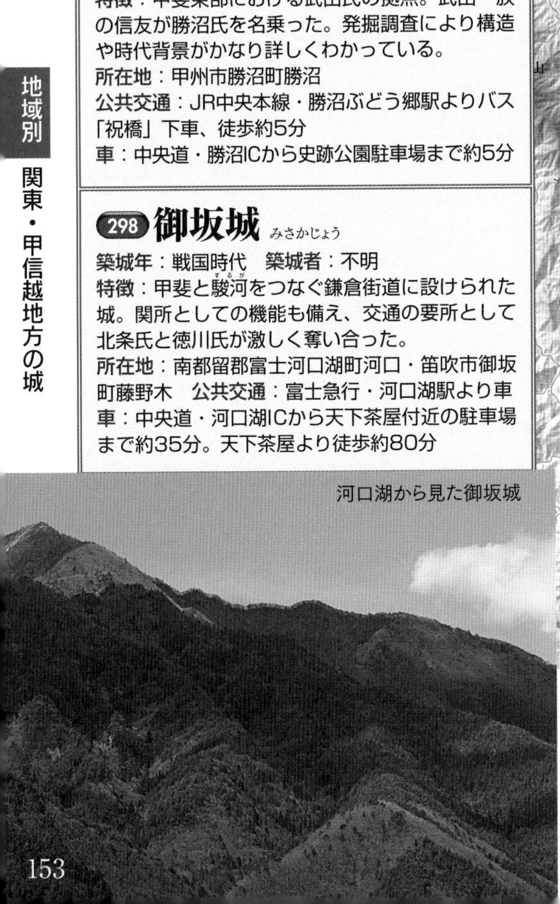

305 谷戸城
306 深草城
304 旭山砦
303 獅子吼城
308 要害山城
301 若神子城
302 甲府城
314 新府城
294 躑躅ヶ崎館
311 於曾屋敷
300 白山城
309 湯村山城
299 勝山城
297 勝沼氏館
310 連方屋敷
295 本栖城
313 真篠城
山梨県

国宝 国宝　重文 重要文化財（国）
重文 重要文化財（県）　史跡 国指定史跡
史跡 県指定史跡

河口湖から見た御坂城

299 勝山城 かつやまじょう

史跡

築城年：不明　築城者：油川信恵

特徴：甲斐・駿河をつなぐ交通の要所に位置。武田一族の油川氏が築く。後に徳川氏の支配地になり、服部半蔵が修築工事を行った。

所在地：甲府市上曽根

公共交通：山梨交通バス「中村入口」下車、徒歩約10分

車：中央道・甲府南ICから約5分

300 白山城 はくさんじょう

史跡

築城年：平安末期　築城者：武田信義

特徴：小規模ながら堅固。武田氏の城に多く見られる放射状の竪堀を有する。鍋を裏返したような山の形から、鍋山砦の別名がある。

所在地：韮崎市神山町鍋山

公共交通：JR中央本線・韮崎駅よりバス

車：中央道・韮崎ICから約15分。白山神社に駐車スペースあり。本丸まで徒歩約20分

301 若神子城 わかみこじょう

築城年：不明　築城者：不明

特徴：「大城」をメインとする3遺構の総称。天正10年(1582)には、新府城の徳川家康との戦いで北条氏直が本陣とした。現在は公園。

所在地：北杜市須玉町若神子

公共交通：JR韮崎駅よりバス「若神子古城入口」下車、徒歩約20分　車：中央道・須玉ICからふるさと公園駐車場まで約10分

302 甲府城 こうふじょう

▶P117

史跡

築城年：天正11年(1583)　築城者：徳川家康

特徴：築城者の家康は完成前に移封。後の城主が工事を引き継ぎ、浅野氏のときに完成された。舞鶴城とも呼ばれ、現在は舞鶴城公園。

所在地：甲府市丸の内

公共交通：JR中央本線・甲府駅より徒歩約5分

車：中央道・甲府昭和ICから約15分。周辺の有料駐車場を利用

甲府城の稲荷櫓

303 獅子吼城 ししくじょう

築城年：不明　築城者：不明

特徴：江草富士と呼ばれる山に築かれた城。大量の石積みを使用した造りが特徴的。天正10年(1582)に北条軍と徳川軍が火花を散らした。

所在地：北社市須玉町江草

公共交通：JR中央本線・韮崎駅よりバス「平」下車、徒歩約20分で登城口

車：中央道・須玉ICから駐車場まで約30分

304 旭山砦 あさひやまとりで

築城年：天正10年(1582)　築城者：北条氏

特徴：かつての狼煙台を北条氏が陣城に作り替えた。比較的ゆるやかな台地の上にたち、土塁と空堀で囲んだ3つの曲輪がある。遺構の保存状態はよく、かつての面影が残る。

所在地：北社市高根町村山北割

公共交通：JR小海線・甲斐大泉駅より徒歩約65分

車：中央道・一宮御坂ICから約10分

305 谷戸城 やとじょう

史跡

築城年：不明　築城者：不明

特徴：平安時代の大治5年(1130)に源清光が築いたとする伝承があり、山梨における最古の城とされる。城跡一帯は茶臼山とも呼ばれる。

所在地：北社市大泉町谷戸

公共交通：JR中央本線・小淵沢駅よりバス「JA大泉支店前」下車、徒歩約5分

車：中央道・長坂ICから駐車場まで約10分

306 深草城 ふかくさじょう

史跡

築城年:不明　築城者:不明

特徴：武田氏の重臣・堀内氏が住んだ。かつては壮大な規模を誇っていたと推測されるが、現在残っている遺構は少ない。深草館とも。付近には小和田館跡など中世の遺跡が数多く残る。

所在地：北社市長坂町

公共交通：JR中央本線・長坂駅より徒歩約40分

車：中央道・長坂ICから約4分。駐車場なし

307 駒宮城 こまみやじょう

築城年：戦国時代　築城者：不明

特徴：天神山の頂に位置。昭和3年(1928)に発見された城跡で、詳細は不明だが、岩殿城の支城として築かれたものと推測される。

所在地：大月市七保町駒宮

公共交通：JR中央本線・猿橋駅より富士急行バス「落合橋」下車、徒歩すぐ

車：中央道・大月ICから約20分

要害山城の門跡

308 要害山城 ようがいさんじょう

史跡

築城年：永正17年（1520）　築城者：武田信虎
特徴：躑躅ヶ崎館の詰城。合戦で、武田信虎の正室である大井の方がこの城に避難中に信玄が生まれた。「信玄生誕の地」の記念碑がある。
所在地：甲府市上積翠寺町　公共交通：JR中央本線・甲府駅よりバス「積翠寺」下車、徒歩約15分で登山口　車：中央道・甲府昭和ICから登山口駐車場まで約30分。本丸まで徒歩約30分

309 湯村山城 ゆむらやまじょう

築城年：大永3年（1523）　築城者：武田信虎
特徴：湯村山に築かれた城。躑躅ヶ崎館の西側を守るために築かれたとされる。土塁や堀切を駆使し、攻めにくい構造になっている。
所在地：甲府市湯村
公共交通：JR中央本線・甲府駅よりバス
車：中央道・甲府昭和ICから15分。緑が丘スポーツ公園体育館駐車場を利用

310 連方屋敷 れんぽうやしき

史跡

築城年：不明　築城者：不明
特徴：詳細は明らかではないが、武家屋敷とは思えない構造から、庁所だったとする説も。発掘調査で建物の礎石や土器片が見つかっている。屋敷跡のそばには国宝の清白寺仏殿がある。
所在地：山梨市三ヶ所
公共交通：JR中央本線・東山梨駅より徒歩すぐ
車：中央道・一宮御坂ICから約20分。駐車場なし

311 於曾屋敷 おぞやしき

史跡

築城年：15世紀中頃　築城者：於曾氏
特徴：織田軍の侵攻に際し、家臣・板垣権兵衛が自害して主人を逃がしたという伝承が残る。城跡そばに板垣権兵衛腹切石が祀られている。
所在地：甲州市塩山下於曽
公共交通：JR中央本線・塩山駅より徒歩約5分
車：中央道・勝沼ICから於曽公園駐車場まで約15分

312 谷村陣屋 やむらじんや

築城年：宝永元年（1704）　築城者：不明
特徴：谷村藩主の秋元氏が転封された後、幕府により陣屋が置かれた。遺構は少ないが記念碑が建てられ、現在は甲府裁判所の支部。すぐ近くには谷村城跡があり、小学校となっている。
所在地：都留市中央
公共交通：富士急行・谷村町駅より徒歩約5分
車：中央道・都留ICから約5分

313 真篠城 まじのじょう

史跡

築城年：永禄年間（1532〜1569）　築城者：不明
特徴：富士川の水運を監視する役割を担った城。築城者は不明だが、武田信玄とする説が有力。後に真篠氏が居館にしたものと思われる。
所在地：南巨摩郡南部町
公共交通：JR身延線・井出駅より徒歩約30分
車：中部横断道・富沢ICから真篠城跡駐車場まで約10分

314 新府城 しんぷじょう

▶P122

史跡

築城年：天正9年（1581）　築城者：武田勝頼
特徴：織田信長・徳川家康の連合軍に対抗するために築かれるが、織田信長により、築城から半年も経たずに陥落。城主・武田勝頼は城に火を放って逃げるが、小山田信茂に裏切られて自害した。
所在地：韮崎市中田町中条上野
公共交通：JR中央本線・新府駅より徒歩約15分
車：中央道・韮崎ICから駐車場まで約20分。駐車場から本丸まで徒歩約15分

新府城の三日月堀

木造復元された新発田城の三階櫓

新潟県（にいがたけん）

南北朝の内乱では、南朝の軍勢が力を持っていたが、足利尊氏は上杉憲顕を越後守護に投入し、南朝方を破った。やがて上杉謙信の登場で越後は統一され、関東や川中島など、各地へ勢力を広げようとする。

318 新発田城（しばたじょう） 重文

▶P123

築城年：慶長3年(1598)　築城者：溝口秀勝
特徴：新発田重家が城主のときに、上杉氏の家督争いで上杉景勝と対立し、天正15年(1587)に城を攻め落とされた。菖蒲（しょうぶ）城、浮舟城とも。
所在地：新発田市大手町
公共交通：JR新発田駅より徒歩約25分　車：日本海東北道・聖籠新発田ICからPまで約15分

319 与板城 よいたじょう 史跡

築城年：天正年間(1573～1593)　築城者：直江氏
特徴：別称・直江城。上杉氏家臣の直江氏が本与板城から移り本城とした。上杉氏の家督争いの際は景勝（かげかつ）側の拠点になった。
所在地：長岡市与板町
公共交通：JR長岡駅よりバス「上与板」下車、徒歩約10分　車：関越道・長岡ICから約20分／北陸道・中之島見附ICから約15分。駐車場あり

320 栖吉城 すよしじょう 史跡

築城年：永正年間(1504～1521)　築城者：古志（こし）長尾氏
特徴：古志長尾氏は長尾景晴の子孫で、一時は強い勢力を誇ったが、上杉氏の家督争いで景虎を支持して衰退した。姫城という別名がある。
所在地：長岡市栖吉町
公共交通：JR信越本線・長岡駅よりバス
車：関越道・長岡ICから約25分。普済寺駐車場を利用

315 平林城 ひらばやしじょう 史跡

築城年：室町時代　築城者：色部（いろべ）氏
特徴：合戦用の山城と麓に設けた居住用の館からなる。色部氏は上杉氏の重臣。本庄氏とは同族で、お互い競い合うように勢力を拡大した。
所在地：村上市葛籠山
公共交通：JR羽越本線・平林駅より徒歩約20分
車：日本海東北道・荒川胎内ICから駐車場まで約20分

316 鳥坂城 とっさかじょう 史跡

築城年：平安末期　築城者：城資盛（じょうすけもり）
特徴：城主の城資盛は建仁元年(1201)に幕府に対し兵を挙げるが、鎮圧される。その後は和田氏が城主になる。別名は鶏冠城。
所在地：胎内市羽黒
公共交通：JR羽越本線・中条駅より徒歩約60分
車：日本海東北道・中条ICから登山口の駐車場まで約10分

317 津川城 つがわじょう 史跡

築城年：建長4年(1252)　築城者：金上氏
特徴：会津領主・蘆名氏が重臣の金上氏を置き、越後に攻め入る際の拠点とした。狐戻（きつねもどし）城、麒麟（きりん）山城とも呼ばれる。慶安4年(1651)に廃城。
所在地：東蒲原郡阿賀町津川
公共交通：JR磐越西線・津川駅より徒歩約35分、またはバス約10分　車：磐越道・津川ICから麒麟山公園駐車場まで約5分

国宝 国宝　重文 重要文化財(国)　重文 重要文化財(県)　史跡 国指定史跡　史跡 県指定史跡

春日山城の二ノ丸跡

321 春日山城（かすがやまじょう）

史跡

▶P118

築城年：正平年間（1346～1370）　築城者：長尾氏
特徴：春日山に築かれた難攻の城。別名は鉢ヶ峰（はちがみね）城。長尾高景が基礎を築き、為景が近代的な城郭に発展、謙信が整備・拡大した。謙信の養子で四代目城主の長尾景勝が会津に転封後は堀氏が入る。
所在地：上越市中屋敷
公共交通：トキ鉄・春日山駅よりバス「春日山荘前」下車、徒歩約15分で謙信像
車：北陸道・上越ICから約15分。春日山神社や大手道の駐車場利用。神社駐車場から本丸まで徒歩約20分

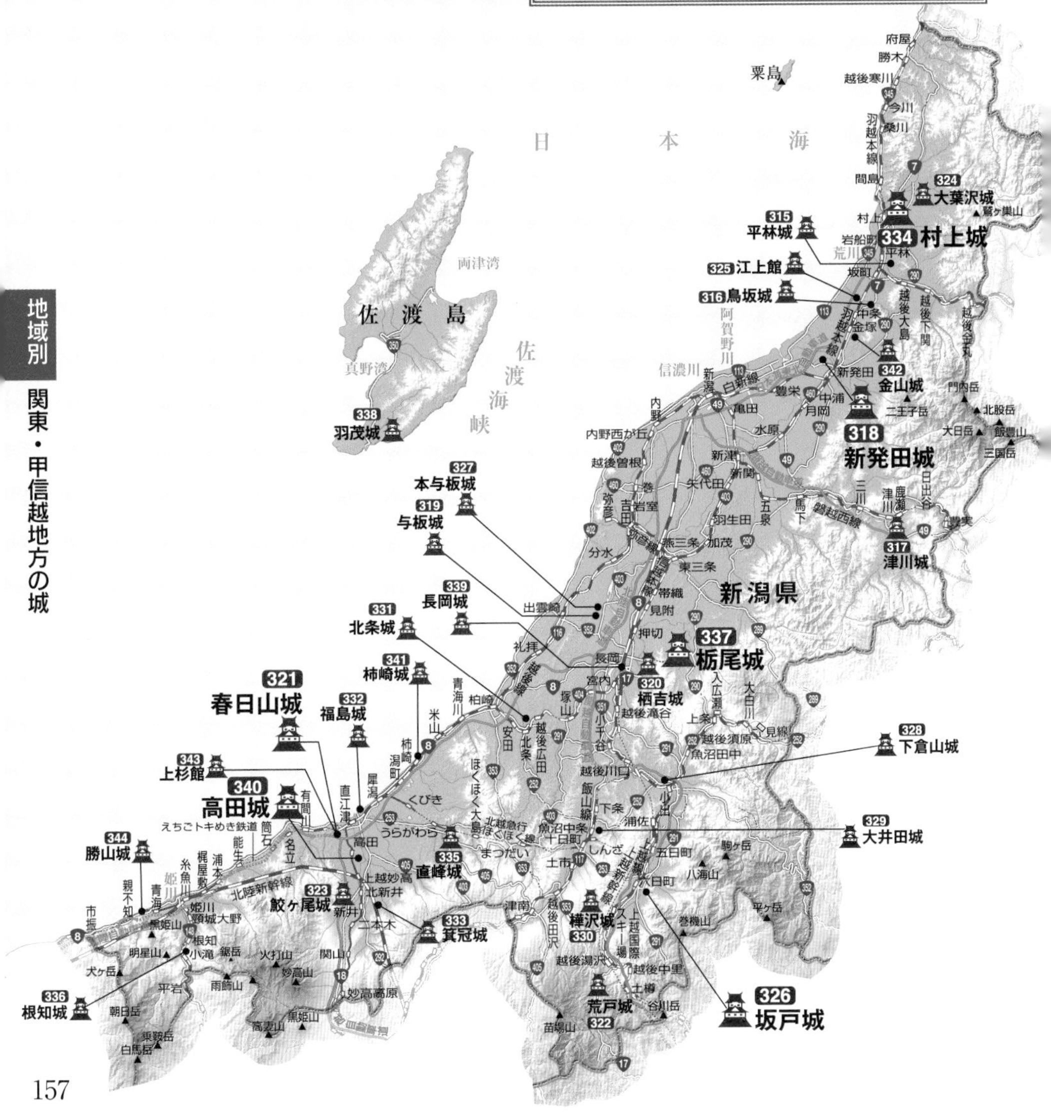

荒戸城の土塁

322 荒戸城 あらとじょう
史跡

築城年：天正6年(1578)　築城者：上杉景勝
特徴：御館の乱の際に上杉景勝が築き、北条氏との攻防戦があった城。桝形と馬出しを組み合わせた虎口など、折り重なる土の遺構が美しい。
所在地：南魚沼郡湯沢町
公共交通：JR上越線・越後湯沢駅よりバス
車：関越道・湯沢ICから約20分で芝原峠駐車場。郭まで徒歩約10分

323 鮫ヶ尾城 さめがおじょう
史跡

築城年：不明　築城者：不明
特徴：天正6年(1578)の上杉謙信の死をきっかけに家督争いが勃発。争いに敗れた景虎が城主・堀江宗親に裏切られ、この城で自害した。
所在地：妙高市大字宮内・雪森
公共交通：トキ鉄・北荒井駅より徒歩約30分
車：上信越道・荒井スマートICから約10分。斐太史跡公園駐車場を利用

324 大葉沢城 おおばさわじょう
史跡

築城年：室町時代　築城者：鮎川氏
特徴：要害の地にあって厳重な防御設備を有する城。最大の特徴は連続して設けられた畝形阻塞と呼ばれる空堀。堀の数は50以上にのぼる。
所在地：村上市大場沢
公共交通：JR羽越本線・村上駅よりバス「大場沢」下車、徒歩約5分
車：日本海東北道・朝日三面ICから約5分

325 江上館 えがみだて
史跡

築城年：鎌倉時代　築城者：三浦和田(中条)氏
特徴：上杉謙信の下で数々の武功を立てた中条藤資が居館とした。現在は奥山荘城館遺跡として国の史跡に指定され資料館が置かれている。
所在地：胎内市本郷町
公共交通：JR羽越本線・中条駅より徒歩約15分
車：日本海東北道・中条ICから約10分。奥山荘歴史館駐車場を利用

326 坂戸城 さかどじょう
史跡

築城年：不明　築城者：不明
特徴：鎌倉末期もしくは南北朝時代に新田氏が築いたと伝わる。戦国期に上田長尾氏が城主になった。上杉景勝や直江兼続が生まれた城としても有名。慶長15年(1610)に廃城。
所在地：南魚沼市坂戸
公共交通：JR上越線・六日町駅より徒歩約20分で登城口
車：関越道・六日町ICから約10分。山麓に駐車スペースあり。登城口から実城山頂まで徒歩約60～120分

坂戸城遠望

327 本与板城 もとよいたじょう
史跡

築城年：不明　築城者：不明
特徴：飯沼氏の居城だったが永正11年(1514)に落城。その後直江氏が入り、与板城に移るまで本拠にした。
所在地：長岡市与板町本与板
公共交通：JR長岡駅よりバス「与板警察署前」下車、徒歩約30分で登城口
車：関越道・長岡ICから約20分／北陸道・長岡北スマートICから約5分。駐車場あり

328 下倉山城 したぐらやまじょう
史跡

築城年：不明　築城者：不明
特徴：天文2年(1533)の上条の乱で福王寺孝重が籠城して坂戸城主・長尾房長に対抗した。慶長年間(1596～1615)に廃城。別名は下倉城。
所在地：魚沼市下倉
公共交通：JR上越線・小出駅より徒歩約30分
車：関越道・小出ICから約10分。城跡碑前に駐車スペースあり

329 大井田城 おおいだじょう

史跡

築城年：不明　築城者：不明
特徴：新田一族・大井田氏の本拠と推測されるが詳細は不明。室町時代後期から戦国時代に使用されていた。周囲には多数の支城が築かれており、総称して大井田十八城と呼ばれる。
所在地：十日町市中条
公共交通：JR飯山線・魚沼中条駅より徒歩約35分
車：関越道・野田ICから駐車場まで約30分

330 樺沢城 かばさわじょう

史跡

築城年：不明　築城者：栗林政頼
特徴：上杉氏家臣の栗林氏が坂戸城の支城として築いたとされる。上杉謙信の死後に起こった家督争いの際、北条氏に攻め落とされた。
所在地：南魚沼市樺野沢
公共交通：JR上越線・上越国際スキー場前駅より徒歩約5分　車：関越道・塩沢石打ICから約10分。龍澤寺前駐車場を利用

331 北条城 きたじょうじょう

築城年：不明　築城者：北条氏
特徴：北条氏は毛利氏の嫡系。北条高広は天文23年(1554)に上杉謙信に対して反乱を起こすが、後に許されて謙信に重用された。
所在地：柏崎市北条
公共交通：JR信越本線・北条駅より徒歩約25分
車：北陸道・柏崎ICから約15分。普広寺の参拝者用駐車場を利用

332 福島城 ふくしまじょう

築城年：慶長12年(1607)　築城者：堀秀治
特徴：直江港の近くに位置。堀秀治が工事途中に早世し、子の忠俊が跡を継いで完成させたが、徳川家康により慶長19年(1614)に廃城。遺構はない。
所在地：上越市港町
公共交通：JR信越本線・直江津駅よりバス「小城公園」または「信越アパート前」下車、徒歩約5分　車：北陸道・上越ICから約10分

333 箕冠城 みかぶりじょう

築城年：室町時代　築城者：大熊備前守
特徴：越後上杉氏の重臣として活躍した大熊氏の居城。上杉謙信にも重用されたが、後に大熊政秀が謙信を裏切って武田信玄につく。
所在地：上越市板倉区
公共交通：トキ鉄・北新井駅より車で約20分
車：上信越道・新井スマートICから箕冠城跡公園駐車場まで約25分。本丸まで徒歩約10分

村上城の石垣

334 村上城（むらかみじょう）

史跡

築城年：戦国初期　築城者：本庄氏
特徴：城主の本庄繁長は上杉氏の家臣。永禄11年(1568)に武田信玄と通じて反乱を起こすが、謙信が鎮圧。以後忠臣となり、上杉景勝が会津に移る際も同行した。その後は堀氏が城主となった。
所在地：村上市本町
公共交通：JR羽越本線・村上駅より徒歩約20分で登山口
車：日本海東北道・村上瀬波温泉ICから村上城跡駐車場まで約10分。本丸まで徒歩約20分

335 直峰城 のうみねじょう

史跡

築城年：南北朝時代　築城者：風間信昭
特徴：戦国期に上杉氏の支配となり、関東進撃の際の重要拠点とされた。付近には飯守城、虫川城、石橋城などいくつもの支城の跡がある。
所在地：上越市安塚区
公共交通：北越急行ほくほく線・虫川大杉駅より徒歩約50分で登城口　車：北陸道・上越ICから直峰城駐車場まで約45分。山頂まで徒歩約30分

336 根知城 ねちじょう

史跡

築城年：不明　築城者：不明
特徴：根小屋城、栗山城、上城山城を総称して根知城という。武田氏の侵攻に備え、上杉謙信が城を改修して防御を固めたといわれる。
所在地：糸魚川市根小屋
公共交通：JR大糸線・根知駅より徒歩約5分で登山道入口
車：北陸道・糸魚川ICから駐車場まで約10分

栃尾城の土橋

337 栃尾城（とちおじょう） 史跡

築城年：南北朝時代　築城者：芳賀氏
特徴：上杉謙信が14歳で入城し、本庄実乃（さねより）が城代を務めた。謙信は19歳で春日山城に移った。
所在地：長岡市栃尾町　公共交通：JR信越本線・長岡駅よりバス「中央公園前」下車　車：関越道・長岡IC／北陸道・中之島見附ICから約30分で栃尾中央公園P。本丸まで徒歩約40分。

338 羽茂城 はもちじょう 

築城年：1300年頃　築城者：羽茂本間氏
特徴：城主・羽茂本間氏は河原田氏と佐渡の覇権を争ったが、天正17年(1589)に上杉景勝に攻められ、短期間のうちに城を落とされた。
所在地：佐渡市羽茂本郷
公共交通：佐渡島・小木港よりバス
車：小木港から約20分／両津港から約60分。駐車場なし

339 長岡城 ながおかじょう

築城年：慶長10年(1605)　築城者：堀直寄
特徴：堀直寄が蔵王堂城から城を移す。その後、直寄に代わって牧野氏が入り、明治に至る。城跡は長岡駅や駅前広場になり、遺構はない。
所在地：長岡市城内町
公共交通：JR信越本線・長岡駅より徒歩すぐ
車：長岡東バイパス・川崎ICから大手通地下駐車場まで約10分。駐車場から徒歩約5分

340 高田城（たかだじょう） 

築城年：慶長19年(1614)　築城者：松平忠輝
特徴：堀氏に代わって福島城に入った松平忠輝が、福島城を廃して高田城を築いた。江戸幕府の天下普請を受けて築城された城のひとつ。
所在地：上越市本城町　公共交通：トキ鉄・高田駅より徒歩約30分　車：北陸道・上越IC／上信越道・上越高田ICから駐車場まで約10分

341 柿崎城 かきざきじょう

築城年：不明　築城者：不明
特徴：築城について詳細は不明だが、柿崎氏が築いたとする説が有力。戦国時代には豪勇を誇った柿崎景家が本城とした。別名は木崎城。遺構はないが、搦手門と伝わる門が楞厳寺に移築されている。
所在地：上越市柿崎区柿崎
公共交通：JR信越本線・柿崎駅より徒歩約20分
車：北陸道・柿崎ICからすぐ。駐車場なし

342 金山城 かなやまじょう 史跡

築城年：鎌倉時代　築城者：金山氏
特徴：三浦和田氏の流れを汲む金山氏によって築かれた城館群。かたつむり山城では横堀や堀切、腰曲輪が見られる。奥山荘城館遺跡として江上館などとともに国史跡に指定されている。
所在地：新発田市金山
公共交通：JR羽越本線・金塚駅より徒歩約10分
車：日本海東北道・中条ICより約10分

343 上杉館(御館) うえすぎやかた(おたて)

築城年：弘治年間(1555～1558)　築城者：上杉謙信
特徴：上杉憲政のために築いた関東管領館跡。後に職を継いだ謙信も使用したが、その死後は上杉景勝と上杉景虎が後継を争った「御館の乱」の舞台に。遺構はなく、公園となっている。
所在地：上越市五智
公共交通：JR信越本線・直江津駅より徒歩約10分
車：北陸道・上越ICから約10分。駐車場なし

344 勝山城 かつやまじょう

築城年：戦国時代　築城者：不明
特徴：戦国時代には上杉氏が入り、春日山城の支城になった。景勝が城主のとき、豊臣秀吉が同盟を結ぶ為に訪れたという伝承がある。
所在地：糸魚川市青海
公共交通：JR北陸本線・青海駅より徒歩約25分で登山口
車：北陸道・西山ICから約10分。駐車場あり

高田城の三重櫓

甲信越地方の城

長野県

木曾義仲が挙兵した平安末期から、南北朝時代の混乱を経て、武田氏が勢力を拡大した戦国時代まで、幾度も戦いが繰り広げられた信濃。とくに戦国時代は築城技術が発展し、貴重な史跡を現在に伝えている。

松代城の水堀と橋詰門

345 松代城 史跡

▶P120

築城年：永禄3年(1560)　築城者：武田信玄
特徴：真田氏の居城。武田信玄と熾烈な戦いを繰り広げた川中島の戦いで有名。現在は公園で、周辺には真田邸や宝物館などがある。
所在地：長野市松代町殿町
公共交通：JR／長野電鉄・長野駅よりバス「松代駅」下車、徒歩約5分　車：上信越道・長野ICから約10分。殿町観光駐車場、松代城駐車場を利用

346 飯山城 いいやまじょう 史跡

築城年：永禄年間(1558～1570)　築城者：上杉謙信
特徴：千曲川に面する丘に位置する。豪族・和泉氏によって築かれた館をもとに上杉謙信が築城した。現在は公園として整備されている。
所在地：飯山市飯山
公共交通：JR飯山線・北飯山駅より徒歩約10分
車：上信越道・豊田飯山ICから城山公園駐車場まで約15分

347 葛山城 かつらやまじょう

築城年：天文24年(1555)　築城者：上杉謙信
特徴：武田軍に対抗すべく築かれた。上杉氏と武田氏の戦いは和解により一応の決着をみるが、上杉氏家臣が寝返り、城は陥落した。
所在地：長野市茂菅葛山
公共交通：JR信越本線・長野駅より徒歩約60分
車：上信越道・長野ICから約40分。林道の先に数台の駐車場あり。駐車場から主郭まで徒歩約20分

348 牧之島城 まきのしまじょう 史跡

築城年：永禄9年(1566)　築城者：武田信玄
特徴：周辺に敵の動向を監視するための城が複数置かれている。別名は琵琶城。元和2年(1616)に城主の改易に伴い廃城になった。
所在地：長野市信州新町牧野島
公共交通：JR信越本線・長野駅よりバス
車：長野道・更埴ICから城内の三の丸駐車場まで約40分

349 木舟城 きぶねじょう

築城年：鎌倉時代　築城者：仁科氏
特徴：馬蹄状に配された南城と北城で構成される大規模な山城。山頂と尾根だけに限っても、曲輪の数は約70、空堀は約30に及ぶ。
所在地：大町市社松崎
公共交通：JR大糸線・信濃大町駅より徒歩約50分で登城口
車：長野道・安曇野ICから登山口まで約40分

350 上田城 史跡

▶P119

築城年：天正11年(1583)　築城者：真田昌幸
特徴：真田昌幸が徳川勢を何度も撃退した上田合戦の舞台として有名(➡P296)。7つの櫓を備え、天守はない。江戸時代になって仙石氏が入城し、現在の姿に改修。城内の眞田神社は「不落城」として受験生などに崇拝される。
所在地：上田市二の丸
公共交通：しなの鉄道・上田駅より徒歩約20分
車：上信越道・上田菅平ICから上田城址公園駐車場まで約15分

上田城尼ヶ淵の断崖

懐古園の入り口となる小諸城三之門

351 小諸城（こもろじょう） 重文

►P123

築城年：天正18年(1590)　築城者：仙石秀久
特徴：もともとは大石氏が築いた鍋蓋城。その後、山本勘助により拡張され、仙石氏が小諸城を完成させた。現在は懐古園と呼ばれる公園。
所在地：小諸市丁
公共交通：しなの鉄道・小諸駅より徒歩約5分
車：上信越道・小諸ICから小諸城趾・懐古園駐車場(有料)まで約10分

352 葛尾城（かつらおじょう） 史跡

築城年：南北朝時代　築城者：不明
特徴：北信州で一時代を築いた村上氏の本拠。村上氏は武田軍に2度勝利するが、天文22年(1553)に敗北。葛尾城を攻め落とされた。
所在地：埴科郡坂城町坂城　公共交通：しなの鉄道・坂城駅より徒歩約10分で坂城神社の登山口
車：上信越道・坂城ICから約10分。坂城神社の駐車場を利用。主郭まで徒歩約40分

353 戸石城（といしじょう） 史跡

築城年：不明　築城者：不明
特徴：東太郎山の支脈に築かれた難攻の城。砥石城とも。本城、枡形城、米山城という3つの城の総称である。天文20年(1551)に陥落した。
所在地：上田市上野伊勢山
公共交通：しなの鉄道・上田駅より車
車：上信越道・上田菅平ICから山麓の駐車場まで約10分。駐車場から本丸まで徒歩約30分

354 真田氏館（さなだしやかた） 史跡

築城年：不明　築城者：不明
特徴：上田城築城以前の真田氏の館跡。御屋敷の別名を持つ。平時の居館であり、真田本城を詰城とした。そばに真田氏歴史館がある。
所在地：上田市真田町本原
公共交通：しなの鉄道・上田駅より車
車：上信越道・上田菅平ICから約15分。真田氏歴史館の駐車場を利用

355 龍岡城（たつおかじょう） 史跡

築城年：元治元年(1864)　築城者：松平乗謨
特徴：フランスの築城家ボーバンの技術を参考にした洋式城郭。星形の縄張を持ち、五稜郭とも呼ばれる。現在は跡地の大部分が小学校。
所在地：佐久市田口
公共交通：JR小海線・龍岡城駅より徒歩約15分
車：中部横断道・佐久南ICから五稜郭であいの館の駐車場まで約30分。城跡まで徒歩すぐ

356 平瀬城（ひらせじょう）

築城年：戦国時代　築城者：平瀬氏
特徴：平瀬氏は小笠原氏の家臣。天文20年(1551)に武田軍の猛攻によって陥落した。武田氏の築城技術の特徴が随所に見られる貴重な城。
所在地：松本市島内下平瀬
公共交通：JR篠ノ井線・田沢駅より徒歩約30分
車：長野道・安曇野ICから山麓の駐車場まで約10分

357 林城（はやしじょう） 史跡

築城年：延徳元年(1489)頃　築城者：不明
特徴：大城(別名：金華山城)と小城(別名：福山城)からなる大規模な山城。現在、大城周辺にはウォーキングコースが設けられている。
所在地：松本市里山辺
公共交通：JR篠ノ井線・松本駅よりバス・車
車：長野道・松本ICから約20分。松本市教育文化センター駐車場を利用。登山口まで徒歩約10分

358 高島城（たかしまじょう）

築城年：文禄元年(1592)　築城者：日根野高吉
特徴：諏訪湖に浮かぶように築かれた水城。周囲の川が天然の堀になっている。別名を浮城という。小田原攻めで活躍した日根野氏の築城。
所在地：諏訪市高島
公共交通：JR中央本線・上諏訪駅より徒歩
車：中央道・諏訪ICから駐車場まで約15分

高島城の水堀と外観復元天守

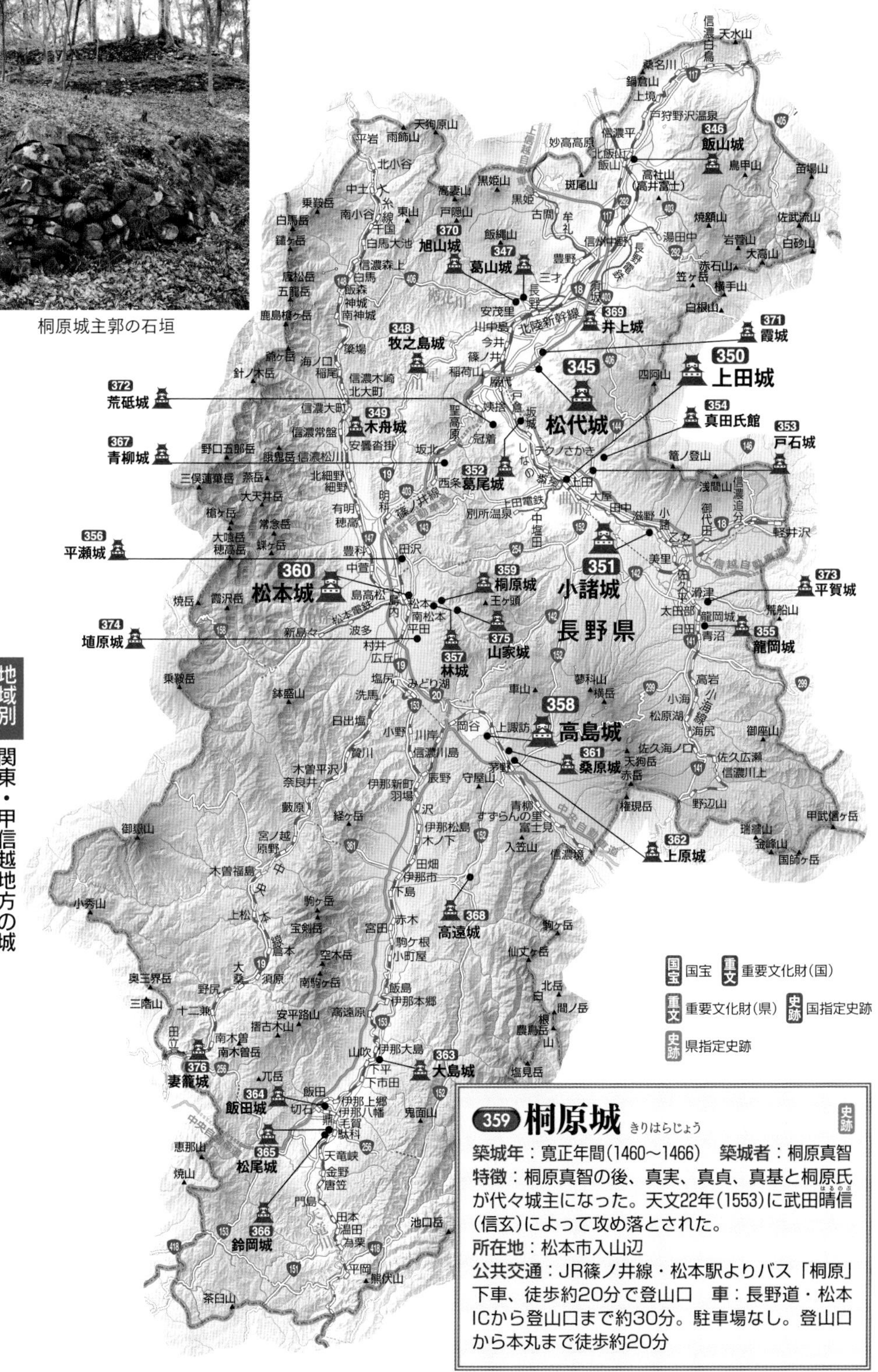

桐原城主郭の石垣

359 桐原城 きりはらじょう

史跡

築城年：寛正年間(1460～1466)　築城者：桐原真智

特徴：桐原真智の後、真実、真貞、真基と桐原氏が代々城主になった。天文22年(1553)に武田晴信(はるのぶ)(信玄)によって攻め落とされた。

所在地：松本市入山辺

公共交通：JR篠ノ井線・松本駅よりバス「桐原」下車、徒歩約20分で登山口　車：長野道・松本ICから登山口まで約30分。駐車場なし。登山口から本丸まで徒歩約20分

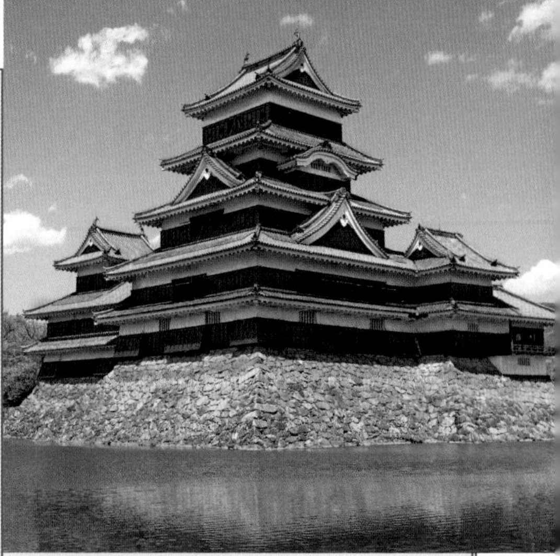

松本城の国宝天守

360 松本城（まつもとじょう）

▶P34

国宝 史跡

築城年：慶長2年(1597)
築城者：石川数正・康長
特徴：小笠原氏の城をもとに、石川氏が2代かけて完成させた。明治から大正にかけて天守が修理され、昭和11年(1936)に国宝に指定された。昭和4年(1929)に国の史跡に指定されている。
所在地：松本市丸の内
公共交通：JR篠ノ井線・松本駅より徒歩約15分。またはバス
車：長野道・松本ICから約20分。松本城大手門駐車場や市営開智駐車場(どちらも有料)を利用

361 桑原城 くわばらじょう

史跡

築城年：不明　築城者：桑原氏
特徴：自然の丘陵を生かした堅固な城。築城時期は明確ではないが、諏訪最古の城とする意見も。高島屋城、水晶城、矢竹城の別称を持つ。
所在地：諏訪市四賀上桑原
公共交通：JR中央本線・諏訪駅より普門寺口の登山口まで徒歩50分、またはバス
車：中央道・諏訪ICから登山口の駐車場まで約10分

362 上原城 うえはらじょう

史跡

築城年：康正2年(1456)頃　築城者：諏訪氏
特徴：諏訪氏が居城としていたが、武田氏が攻め落として城代を置いた。天正10年(1582)に武田氏が滅び、城も廃されたと思われる。
所在地：茅野市ちの上原
公共交通：JR中央本線・茅野駅よりバス・車
車：中央道・諏訪ICから上原城跡駐車場まで約10分。駐車場から主郭まで徒歩約20分

363 大島城 おおしまじょう

築城年：不明　築城者：不明
特徴：天正10年(1582)に織田軍により落城。かつては武田氏の支配下にあり、桝形の虎口など武田氏の城の特徴が多数見られる。
所在地：下伊那郡松川町元大島
公共交通：JR飯田線・山吹駅より徒歩約20分
車：中央道・松川ICから台城公園駐車場まで約10分。駐車場から城跡まで徒歩すぐ

364 飯田城 いいだじょう

築城年：13世紀初頭　築城者：坂西（ばんざい）氏
特徴：坂西氏は小笠原氏の子孫。戦国時代には武田氏の城になった。「赤門」の通称を持つ桜丸御門が合同庁舎前に移築・保存されている。
所在地：飯田市追手町2丁目
公共交通：JR飯田線・飯田駅より徒歩約15分
車：中央道・飯田ICから約20分。飯田市美術博物館の駐車場(有料)を利用

365 松尾城 まつおじょう

史跡

築城年：不明　築城者：小笠原氏
特徴：室町時代もしくは建保年間(1213〜1219)の築城と思われる。天正18年(1590)に小笠原氏が武蔵国に移され、城は廃された。
所在地：飯田市松尾代田
公共交通：JR飯田線・毛賀駅より徒歩約40分
車：中央道・飯田ICから松尾城址公園駐車場まで約10分

366 鈴岡城 すずおかじょう

史跡

築城年：不明　築城者：小笠原氏
特徴：丘の先端部に築かれた城。室町時代の築城とする説が有力。後に松尾城の支城となり、小笠原氏の移封に伴い廃されたと思われる。
所在地：飯田市駄科
公共交通：JR飯田線・駄科駅より徒歩約30分
車：中央道・飯田ICから公園駐車場まで約10分。松尾城址公園駐車場から徒歩約10分

367 青柳城 あおやぎじょう

史跡

築城年：戦国時代　築城者：青柳氏
特徴：四阿（あずまや）山に築かれた城。周辺の城を見下ろせる位置にある。幾度も合戦の舞台になっており、石垣や土塁に強度アップの工夫が伺える。
所在地：東筑摩郡筑北村坂北
公共交通：JR篠ノ井線・坂北駅より徒歩約30分で登山口　車：長野道・麻績ICから青柳城址公園駐車場まで約30分

日本三大桜名所にも数えられる高遠城

368 高遠城 たかとおじょう

史跡

築城年：不明　築城者：不明

特徴：高遠氏の居城で、後に武田氏が攻め落とした。三の丸跡に藩校が残る。現在は公園になり、春には桜が咲き乱れる。別称は兜山城。

所在地：伊那市高遠町東高遠

公共交通：JR飯田線・伊那市駅よりバス

車：中央道・伊那ICから高遠城址公園駐車場まで約30分

369 井上城 いのうえじょう

史跡

築城年：室町時代　築城者：井上氏

特徴：大城、小城、竹ノ城の3つの城と居館を有する城館。清和源氏頼信の子・頼季がこの地へ移り住んで、井上氏を名乗ったとされる。

所在地：須坂市井上町

公共交通：長野電鉄・井上駅より登山口の浄運寺まで徒歩約20分　車：上信越道・須坂長野東ICから約10分。浄運寺の駐車場を利用

370 旭山城 あさひやまじょう

史跡

築城年：戦国時代　築城者：不明

特徴：立地が険しく防御に適した城。川中島の戦い(第二次)で、栗田氏が籠城した。その後いったん取り壊されるが、上杉氏が復興。

所在地：長野市安茂里

公共交通：JR信越本線・長野駅より徒歩約60分

車：上信越道・長野ICから約30分。朝日山観音の駐車場を利用。駐車場から主郭まで徒歩約20分

371 霞城 かすみじょう

史跡

築城年：不明　築城者：不明

特徴：霞山に位置する城。城主は大室氏。後に大室氏は上杉氏に仕え、上杉氏の移封とともに会津に移った。平石積みの見事な石垣が残る。

所在地：長野市松代町

公共交通：JR／長野電鉄・長野駅よりバス・車

車：上信越道・長野ICから約10分。永福寺そばの登山口に駐車スペースあり

372 荒砥城 あらとじょう

築城年：室町時代　築城者：山田氏

特徴：信玄と謙信の争乱の舞台となり、信玄家臣の屋代氏が入城。櫓や城門、兵舎などが再現され、大河ドラマのロケ地としても有名。

所在地：千曲市上山田

公共交通：しなの鉄道・戸倉駅より徒歩約60分

車：上信越道・坂城ICから約20分。城内に駐車場あり

373 平賀城 ひらがじょう

史跡

築城年：中世初期　築城者：不明

特徴：田口城や荒山城などの諸城を見下ろす丘陵にある。源義朝に重用され、鎌倉幕府の有力人物だった平賀義信の築城とする伝承が残る。

所在地：佐久市平賀

公共交通：JR小海線・太田部駅より徒歩約40分で登山口

車：上信越道・佐久ICから登山口まで約10分

374 埴原城 はいばらじょう

史跡

築城年：不明　築城者：不明

特徴：信濃守護・小笠原氏の本拠で、広大な規模の城。築城に関しては不明な点が多いが、村井氏が鎌倉時代に築いたとする説が有力。

所在地：松本市中山

公共交通：JR篠ノ井線・松本駅よりバス・車

車：長野道・塩尻北ICから約15分。登山口そばの蓮華寺の駐車場を利用

375 山家城 やまべじょう

史跡

築城年：不明　築城者：不明

特徴：鎌倉時代には神氏が住み、室町時代には山家氏が居城とした。山家氏はその後、小笠原氏や武田氏に仕えて滅びる。中入城とも。

所在地：松本市入山辺

公共交通：JR篠ノ井線・松本駅よりバス・車

車：長野道・松本ICから約40分。徳運寺の駐車場を利用。墓地の奥に登山口あり

376 妻籠城 つまごじょう

史跡

築城年：不明　築城者：不明

特徴：慶長5年(1600)の関ヶ原の戦いの際、修築して利用された。八里先まで見渡せるといわれるほど遠望に優れた場所に位置する。

所在地：木曽郡南木曽町

公共交通：JR中央本線・南木曽駅よりバス

車：中央道・中津川ICから約40分。妻籠宿有料駐車場を利用

お城コラム

語り継がれる落城悲話

城と運命をともにした者たちのドラマ

籠城戦の末あえなく落城となった時、そこに数多の人間ドラマが生まれ、落城悲話として語り継がれてきた。

関ヶ原の戦いの前哨戦となった伏見城(➡P255)の戦いでは、会津攻めに向かった徳川家康の留守をあずかった鳥居元忠が、石田三成に攻められて落城、討死した。これは三成を挙兵させる狙いがあったとされ、元忠は主君の天下取りのため、わずかな手勢で城に残ることを希望したという。戦後、家康は供養のために彼らの血が染み付いた床板を、複数のゆかりの寺の天井板とした。京都東山の養源院や正伝寺に、その「血天井」が残る。

一方の石田方でも、岐阜城(➡P196)の落城時に、織田秀信の家臣38名が自刃。その血が染み付いた床板も、岐阜城下の崇福寺本堂の天井に残されている。このほか、大友氏配下の岩屋城(➡P379)の猛将・高橋紹運が、わずか743名で島津軍5万と激戦を繰り広げた岩谷城の戦いなど、落城時の将たちが貫いた矜持や忠義心には、時に敵将も涙した。

また、落城は女たちの運命も大きく左右した。亡き夫の死後に岩村城(➡P204)の女城主となったおつやの方は、織田信長と年の近い叔母だった。武田方の秋山虎繁に攻められた時、家臣と領民を守るために虎繁との結婚を承諾するも、信長は激怒。長篠の戦い後、おつやの方は夫と共に磔刑に処されてしまった。

豊臣秀吉が北条氏を大軍で攻めた小田原攻めでは、八王子城(➡P116)が最も悲惨な舞台となった。城主の北条氏照は本城の小田原城に詰めており、わずかな守兵で豊臣方の名将たちを迎え討つことになり、わずか1日で落城した。城内の女たちが川で自刃し次々と「御主殿の滝」に身を投げたため、川の水は三日三晩血で染まったという。ほかにも、落城時に不本意ながら敵方に身を委ねたり、池や井戸に身投げしたりという女性をめぐるドラマも各地の城に残されている。

姫や女中らが身投げしたと伝わる八王子寺城の御主殿の滝。

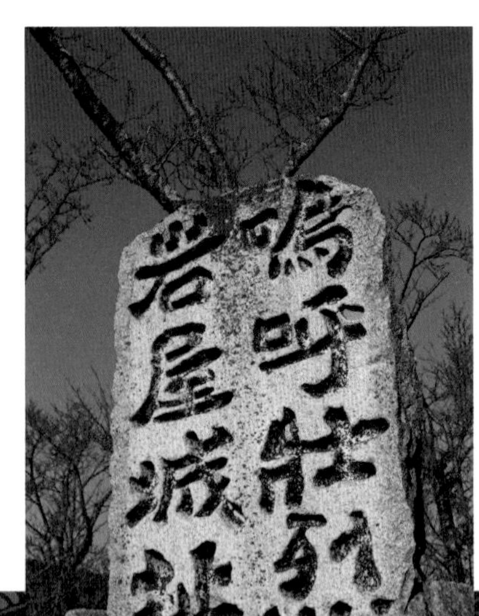

岩屋城における高橋紹運の壮絶な死を伝える「嗚呼壮烈」の碑。

特集 2

知りたい 戦国武将ゆかりの城

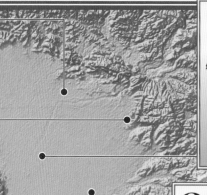

織田信長の城

物心ついた時から一城の主だった信長は版図を広げ、獲得地に拠点を設けていった。そして天下人の象徴として前代未聞の規模の城を築く。

1 天文3年(1534) 勝幡城（しょばたじょう）

城番号 508 参照頁▶P233

勝幡城は信長の祖父または曾祖父の代からの居城であった。隣接する尾張有数の商業圏・津島の経済力を基盤に勢力を伸ばした信長の父・信秀は、やがて織田一族はおろか尾張を代表する有力武将へと成長していった。

2 天文7年(1538) 那古野城（なごやじょう）

城番号 507 参照頁▶P233

信長が生まれた頃の尾張には、隣国今川氏の勢力が入り込んでいた。信秀は今川方の城であった那古野城を奪って信長に与えると、自らは古渡・末盛に城を築き、那古野城と連携して海沿いの商業圏・熱田の支配を固めた。

桶狭間の戦い

長篠の戦い

3 弘治元年(1555) 清洲城（きよすじょう）

城番号 529 参照頁▶P208

代々尾張下半国の守護代を務めた清洲織田家の居城で、尾張守護・斯波氏も居住していた。織田氏の宗家であり、尾張上半国守護代の岩倉織田氏は岩倉城にあったが、信長は清洲・岩倉両織田家を退けて尾張を統一する。

清洲城の模擬天守

大うつけから桶狭間まで

織田信長は、天文3年(1534)に尾張（おわり）(愛知県)**勝幡城**（しょばた）で生まれたと考えられている。父の信秀（のぶひで）は一族のなかでは分家だが、商業圏の津島を領し、その経済力を背景にして織田一族をまとめる尾張随一の実力者であった。

信秀はさらに、津島と並ぶ商業圏・熱田（あつた）をも支配下に置くべく、熱田に近い**那古野城**（なごや）を獲得、わずか4歳の我が子信長に与える。

物心ついた時から一城の主だった信長は、20歳を過ぎるまでこの那古野城で過ごしており、自らが居城としたなかでは最も期間が長い。元服し、美濃（みの）(岐阜県)斎藤氏

5 岐阜城（ぎふじょう）

永禄10年（1567）

城番号 468 参照頁 ▶P196

元は美濃国主斎藤氏の居城で、「稲葉山城」「井口（井ノ口）城」または「金華山城」などと呼ばれていた。信長の時代には山麓に四層の屋敷が造られ、標高329mの山頂にも、信長の家族などが住む居館があった。

山頂の模擬天守

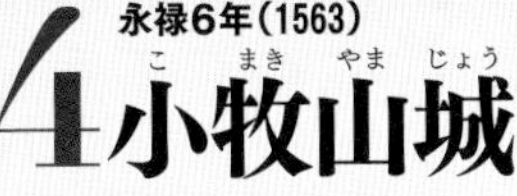

4 小牧山城（こまきやまじょう）

永禄6年（1563）

城番号 505 参照頁 ▶P233

隣国美濃、および美濃斎藤氏と結び信長と対立する犬山城の織田一族と戦うため築城されたのが小牧山城である。信長は清洲から家臣団はおろか政庁そのものを移転させたが、美濃の掌握によりわずか4年で廃城となった。

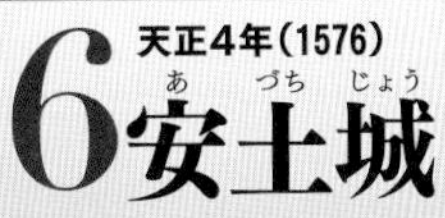

6 安土城（あづちじょう）

天正4年（1576）

城番号 662 参照頁 ▶P44

完成からわずか3年で焼失したため、安土城天主の全容は定かではない。当時に記された文献史料や発掘調査などから、今日まで数多くの復元案が提示されている。宣教師フロイスもまた本国への手紙にその威容を記した。

直線の石畳が続く大手道

京

信長勢力図

- 桶狭間の戦いで勝利／永禄3年（1560）
- 長篠の戦いで勝利／天正3年（1575）
- 本能寺の変直前／天正10年（1582）

の娘と婚姻を交わし、父を失い、いわゆる「**大うつけ**」時代を送ったのもこの時代のことである。

父信秀が病没すると、それまで従っていた家臣や叔父・兄弟を含む親族、そして本家・分家の織田一族までもが新当主信長に背いた。

信長は彼らを次々と滅ぼし、または追放して国内から一掃。そして長きにわたって尾張一国を治めてきた盟主の城・**清洲城**（きよす）に移る。これにより、信長は父以上の実力者になったことを国内外に知らしめたのである。

「人間五十年、下天（げてん）のうちを比（くら）ぶれば、夢幻（ゆめまぼろし）の如くなり」

幸若舞（こうわかまい）「敦盛（あつもり）」を舞って出陣し、**桶狭間（おけはざま）の戦い**で勝利を挙げたのは清洲城主時代の出来事であった。

美濃併合、そして天下人へ

次いで隣国美濃への侵出を開始した信長は、美濃に近い小牧山（こまきやま）に城を造ると家臣ともども移住し、

本文の続きはP170

新たな居城とした。国境付近には未だ去就の定まらぬ勢力があったため、美濃に接近することによって彼らに牽制を加え、迅速かつ安全な行程を確保したのである。これが**小牧山城**であった。

　信長が小牧山城に住んだのは4年間だったため、一時拠点とされていた。しかし、近年の調査で信長時代の石垣が発掘され、本格的な居城だったことが判明した。

　8年を要した美濃攻略に成功すると、信長は美濃斎藤氏の居城・**稲葉山城**の名を**岐阜城**と改めて移り住み、5番目の居城とした。**新たに獲得した地域に本拠を移し、そこからさらに版図を拡げてゆく**のがこの時期の信長の特徴といえるだろう。事実、信長は岐阜城を拠点に、一介の国持ち大名から天下人へと大きな飛躍を遂げてゆく。

　信長の美濃併合と前後して、京では将軍足利義輝が暗殺され、その弟**義昭**が諸大名に軍事協力を要請していた。信長はこれに応えて上洛戦を敢行。敵対勢力を一掃して義昭を将軍に就任させ、京都周辺の数か国を支配圏に置くことに成功する。だが次第に義昭と不仲になり、今度は義昭によって**反信長包囲網**を作られる窮地に陥った。

　時に連携し、時には各地で個別に挙兵する敵陣営に対し、窮地に追い込まれながらも辛抱強く対応していった信長は、敵の主力であった**武田信玄**が没したことを契機に反撃に転じ、将軍義昭を京から追放。越前(福井県)の**朝倉氏**、小谷城の**浅井氏**を滅ぼし、その他の勢力も掃討して畿内の支配を確立する。そして室町幕府を解体し、事実上「**天下人**」としての地位を獲得するのである。

天魔王、天に帰する

　天正3年(1575)、**長篠の戦い**で長年の宿敵であった武田氏に決定的な勝利を収めた信長は、諸

戦国秘話

女城主の城

　遠山氏の美濃（岐阜県）岩村城には信長の叔母が嫁いでいた。当主の遠山景任没後はその叔母が城主を務めていたが、武田軍の攻撃を受けた信長の叔母は敵将秋山虎繁と婚儀を結び城を明け渡してしまう。後に織田軍の反撃で城が落ちると、信長の叔母は信長の手によって斬られたという。

女城主・おつやの方が守った岩村城

清洲城の跡地は、近代になって東海道本線・東海道新幹線が開通したことによって分断されている。そのため、現在模擬天守が建っている場所は当時城があった地点ではない。

CG復元された安土城内の様子（近江八幡市提供）

方面の侵攻戦には専門の方面軍を編成して担当させる方針をとり始めた。そして自らは、なおも健在な宗教勢力や朝廷権力の削減に力を注ぐ一方、琵琶湖畔の安土山に新たな城の建築を開始する。信長最後の居城となる**安土城**である。

防御を意図的に抑えたこの城には、山頂に「**天主**」と名付けたきらびやかな高層建築が屹立していた。その内部は中国の儒教、道教、聖人たち、仏教の地獄と極楽など、当時想像し得る「**世界の全て**」を描いた**障壁画**で埋め尽くされ、宇宙を意味する八角形の階もあった。絶対権力者信長による**絶対統治の始まり**を宣言するに等しい空前絶後の城だったのである。

未征服の地は残るものの、数多の強敵を倒し、朝廷すら籠絡しつつある信長にとって、天下統一は約束されているかに思われた。

だが天正10年（1582）6月、信長より中国出兵を命じられた明智光秀は、居城の亀山城を出発すると突如転進して京へ入り、本能寺に宿泊中の主君信長を襲った。「是非に及ばず」それが記録される信長最期の言葉である。前代未聞の威容を誇った安土城天主も、数日のうちに灰燼に帰している。

小牧山城の復元された石垣

建物が焼失し石垣のみが残る安土城天守台

信長以前、わずか17名で稲葉山城を占拠した武将がいる。俗に「秀吉の軍師」と呼ばれる竹中半兵衛だ。当時は斎藤氏に仕えていたが、主君を諌めるために城を乗っ取ってみせ、間もなく返還したという伝説がある。

豊臣秀吉の城

秀吉は長浜城を得てはじめて城持ちとなり、信長の後継者として天下を取ると、覇者にふさわしい絢爛豪華な城を次々に築いた。

永禄4年(1561)

墨俣城（すのまたじょう）

城番号 481 参照頁 ▶ P230

一説に、信長の重臣たちが次々と失敗した後に若き日の秀吉が見事築きあげたとされる「一夜城」。しかし墨俣にはそれ以前から斎藤方の砦があり、早々と織田軍によって奪取されていたなど食い違う記述も残っている。

秀吉勢力図

賤ヶ岳の戦いで勝利 天正11年(1583)

小田原城攻め直前 天正18年(1590)

小田原攻め

天正元年(1573)

1 長浜城（ながはまじょう）

城番号 681 参照頁 ▶ P249

長浜の「長」は主君信長の一字から選ばれたとも伝わる。秀吉はこの長浜城主時代に、少年時代の加藤清正や福島正則、石田三成らを養育するなど、後の直臣団の形成を行っている。陸路・水路の重要拠点でもあった。

天正18年(1590)

石垣山城（いしがきやまじょう）

城番号 277 参照頁 ▶ P149

小田原城から3kmほど離れた笠懸山の山頂に作られた。総石垣の城は当時まだ関東では珍しく、そのため「石垣山城」と呼ばれる。小田原城攻めの陣所として実際に用いられたが、戦後は使われることなく廃棄された。

信長の元での立身

豊臣秀吉は若い頃、**木下藤吉郎**（とうきちろう）の名で尾張（おわり）(愛知県)の織田信長に仕え、その尾張統一戦から畿内（きない）平定戦のなかで頭角を現し始めた。

部隊を率いて多くの合戦に参加するだけでなく、京都奉行職に抜擢されるなど次第に幅広く活躍の場を与えられてゆくが、当時は**城持ちの身分ではなかった。**

さて秀吉と城の逸話といえば、**墨俣（すのまた）一夜城**の一件が有名である。美濃（みの）攻めの際、国境の川を隔てた敵領に前線基地を築くという難題に挑戦した秀吉が、あらかじめ加工しておいた木材を筏（いかだ）に組んで川の上流から流し、見事に短期間で

2 天正8年(1580) 姫路城(ひめじじょう)

城番号 607 参照頁 ▶ P10

秀吉が中国攻めの拠点とした城。本能寺の変が起きると、秀吉は光秀討伐を目指して驚異の速度で備中高松から引き返した。そして姫路城の蔵から金銭・米の全てを将兵に分け与え、不退転の決意で戦いに向かったという。

秀吉時代の石垣

4 天正11年(1583) 大坂城(おおさかじょう)

城番号 581 参照頁 ▶ P22

大坂城は、淀川とその支流に囲まれた天然の要害に豊臣政権の政庁として建てられた。かつて信長を苦しめた石山本願寺の跡地にあたる。大坂の陣によって焼失した後、徳川家によって再建され幕府の直轄地になっている。

復興天守

元亀元年(1570) 横山城(よこやまじょう)

城番号 672 参照頁 ▶ P278

姉川の合戦の後、浅井氏攻略のために秀吉が置かれた城。秀吉はこの城を守る一方、浅井氏に従う周辺勢力の切り崩しを行った。この働きにより信長は岐阜〜京間の行程を確保した上、次第に浅井氏の勢力を削いでいった。

賤ヶ岳の戦い

備中高松攻め

3 天正10年(1582) 山崎城(やまざきじょう)

城番号 576 参照頁 ▶ P259

秀吉は明智光秀討伐のために山崎城に陣取り勝利を得た(山崎の戦い)。その後は当面のライバルである柴田勝家の持つ長浜城と小谷城との戦闘に備える城として重用。山麓の宝積寺を含めて城郭として利用した。

城を完成させたというものだ。

だがこれはあくまで伝説である。秀吉と城との関わりを確かな記録から挙げれば、元亀(げんき)元年(1570)に北近江(滋賀県)浅井(あざい)氏の**小谷**(おだに)**城**を攻略するため、その直近の**横山**(よこやま)**城**を任されたのが最初となるが、それも城主という立場ではなく、**城番**(じょうばん)として城を預かったにすぎない。

浅井氏滅亡後、信長から浅井氏旧領を与えられた秀吉は、琵琶湖に面した今浜(いまはま)の地を長浜と改めると、ここに初めて自らの居城を構えた。これが**長浜**(ながはま)**城**である。

ようやく一城の主となった秀吉は、この城で後の加藤清正や石田三成ら直属の家臣団を育成し始めるなど、**織田家の有力武将**としての足場を固めていった。

天正5年(1577)、秀吉は信長より中国方面の平定を命じられ、まず播磨(はりま)(兵庫県)に進んだ。

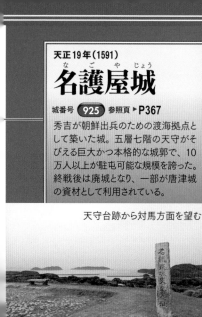

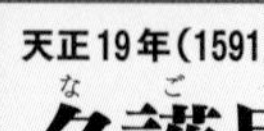

天正19年（1591）

名護屋城

城番号 925 参照頁▶P367

秀吉が朝鮮出兵のための渡海拠点として築いた城。五層七階の天守がそびえる巨大かつ本格的な城郭で、10万人以上が駐屯可能な規模を誇った。終戦後は廃城となり、一部が唐津城の資材として利用されている。

天守台跡から対馬方面を望む

5 聚楽第

天正15年（1587）

城番号 560 参照頁▶P256

関白となった秀吉が築いた居館。関白職と共に甥の秀次に譲られていることから、「関白の邸宅兼政庁」という位置づけだったとも考えられる。秀次を誅殺した後には徹底的に破却されたため、遺構は現存していない。

淀城

6 伏見城

文禄元（1592）年

城番号 575 参照頁▶P255

伏見城は3度築城されている。秀吉が当初指月山に築城した伏見城は慶長大地震で倒壊。秀吉は木幡山に再び伏見城を建築するが、これは関ヶ原の合戦で焼失。後に家康が3度目の城を築いた。別名を桃山城とも言う。

復元された伏見城の石垣

運命の転換期

この時、織田方に属した有力武将・**小寺孝高**（後の**黒田孝高**）から中国平定の拠点にと**姫路城**を提供される。秀吉はこの城を改修し、城下も整備して持ち城とした。現代に伝わる名城の原型は、この時期に形造られたものである。

姫路城を拠点にし、但馬・淡路（兵庫県）、因幡・伯耆（鳥取県）、美作・備前（岡山県）と侵攻を進めた秀吉は、備中（岡山県）の**高松城**を包囲していた最中、主君信長が自身の同僚のひとり明智光秀に討たれたとの報に接する。

秀吉は信長の仇を討つべく即座に**姫路城**まで戻ると、蔵の中の食料や財宝を全て家臣たちに分け与えたと伝わる。自ら退路を断ち、兵の士気を高めて光秀との決戦に臨んだ秀吉は、この戦いに勝って織田家臣団のなかで発言力を増すことになった。

豆知識

長浜は陸路の要所というだけでなく琵琶湖の水運の拠点でもあり、京都にも通じていた。城には城下の掌握に留まらず、このように広範囲の交通網の支配につながるものもある。

天下人から晩年

戦後、柴田勝家ら信長旧臣との合議で領地の再分配が行われた結果、長浜城を手放した秀吉は、山城(京都府)に**山崎城**を築き新たな居城とした。信長旧臣団は秀吉派と勝家派に分かれて対立が始まっており、姫路では畿内の情勢に対応が遅れると判断されたのだ。

天正11年、**賤ヶ岳の戦い**で柴田勝家を破った秀吉は信長旧臣団の支配を固め、信長の進めた天下統一戦を引き継いで版図を拡大していった。朝廷からは関白太政大臣の位と豊臣の姓を賜り、**事実上の天下人**と目されるようになる。

摂津(大阪府)に築城を始めていた**大坂城**、および京に設けた政庁兼邸宅の**聚楽第**が豊臣政権樹立に伴う秀吉の新たな居城となった。いずれも天下人に相応しく壮大で、派手好みの秀吉の嗜好と桃山文化が反映された**絢爛豪華な装飾**に彩られていた。大坂城を訪れた地方の大名のなかには、その規模に圧倒された者もあったという。

同じ頃、秀吉は京伏見の**淀城**を改修して側室(淀殿)に与えており、持ち城の増加速度からも権勢のほどをうかがうことができる。

四国、九州、そして関東以北も制圧した秀吉は、ついに日本全土を統一。関白位を甥の秀次に譲って太閤となり、京に**隠居の城**として**伏見城**を築いた。ところが、当初隠居邸の性格が強かった伏見城は、やがて豪壮な「**太閤の城**」へと姿を変えていった。朝鮮出兵や実子秀頼の誕生などにより、秀吉自身の人生設計に変更を余儀なくされたからである。

この朝鮮出兵に際し、肥前(佐賀県)唐津に日本軍渡航拠点として築いた**名護屋城**が、秀吉の築いた最後の城となった。

秀吉自身も一時この城に在陣したものの、朝鮮での戦況が行き詰まりを見せ始めた頃に自らも健康を損ねるようになり「太閤の城」伏見城に戻って床に伏し、そのまま没している。

聚楽第の大名屋敷跡から発掘された金箔瓦
(京都府埋蔵文化財調査研究センター提供)

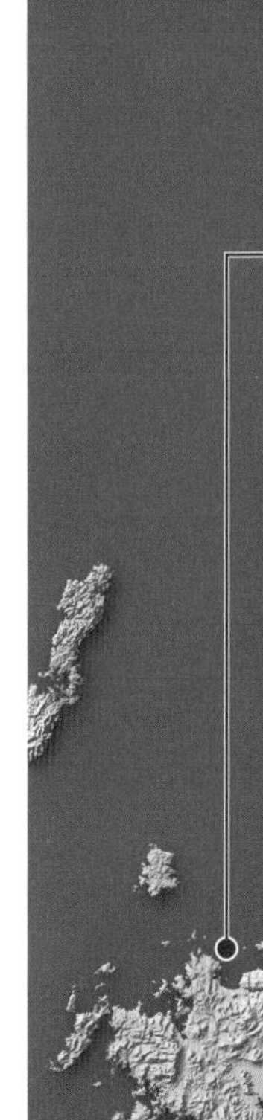

慶長元年(1596)の慶長伏見地震で伏見城が倒壊した際、難を逃れた秀吉のもとへ真っ先に駆けつけたのは謹慎中の加藤清正だった。これにより謹慎を解かれた清正は「地震加藤」と呼ばれたという。

徳川家康の城

家康は岡崎城で誕生し、信長と同盟を組んで勢力を増やすも、秀吉時代には関東へ国替え。その地で約260年に渡る江戸幕府の礎を築いた。

家康が伏見城から移築したという伏見櫓

4 江戸城

天正18年(1590)

城番号 251 参照頁▶P40

家康が関東へ国替えになった頃、江戸は人口も少なく未開の土地が多かった。江戸城も規模の小さい前時代的な城であったが、段階的に増改築されて国内最大規模の面積を持つ城となった。現在の皇居はその一部である。

今川館

天文18年(1549)

戦国末期には駿河・遠江・三河を領した今川氏の居館。家康は幼年期から青年期までをここで過ごした。桶狭間の戦いに敗れ、当主義元を失って弱体化した今川氏は、武田信玄の侵攻を受けて滅亡。館も失われた。

独立への道のり

徳川家康が生まれた三河(愛知県)の松平氏は、**岡崎城**を居城とする小領主であり、隣国尾張(愛知県)の織田氏に圧迫されていた。

そこで家康の父・松平広忠は、駿河・遠江(静岡県)を領する今川氏を後ろ盾にこれに対抗する道を選び、人質として幼い我が子**竹千代**(家康)を今川氏に差し出した。ところがほどなく広忠が没し、松平氏も岡崎城も事実上今川の配下に組み込まれる結果となってしまった。岡崎の松平家家臣たちは今川に従属する屈辱に耐え、主家再興の日を待ち続けたのである。

一方、人質として駿河**今川館**で

1 天文11年（1542） 岡崎城（おかざきじょう）

城番号 514 参照頁▶P208

三河守護代・西郷氏の居城であったが、家康の祖父・松平清康の代に松平氏の城となった。家康誕生の城であり、徳川氏躍進の拠点。家康が浜松城に移った後は、家康の嫡男で信長の娘を娶った信康が守った。

復興天守

2 永禄11年（1568） 浜松城（はままつじょう）

城番号 435 参照頁▶P222

元は今川方の城で曳馬城と呼ばれた。この城を落とした家康は、武田氏の侵攻に備え、改修の後に岡崎城より本拠地を移す。この時「曳馬」の名が「馬を退く（引く）＝敗北」を連想するとして「浜松」へと改めている。

3 天正14年（1586） 駿府城（すんぷじょう）

城番号 438 参照頁▶P203

武田氏滅亡の後に駿河を領した家康が、今川館の跡地に築き居城とした。その後家康に関東への国替えが命じられると、城は秀吉譜代の家臣・中村一氏が領するものの、関ヶ原の合戦の後に再び家康の居城となっている。

復元された東御門

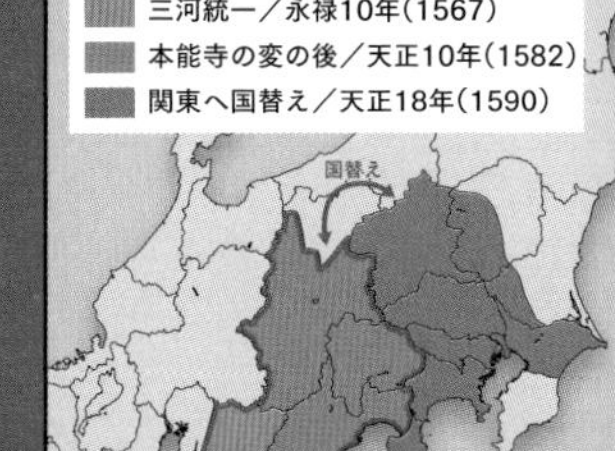

関ヶ原の戦い

桶狭間の戦い

慶長19年（1614） 大坂城（おおさかじょう）

城番号 581 参照頁▶P22

家康は関ヶ原の戦いに勝利し天下の覇権を握ったが、大坂城には豊臣秀頼が勢力を保持していた。その勢力を除くために、家康は慶長19年（1614）の冬と翌年の夏に大坂城で豊臣軍と戦闘を行い、豊臣の世を終わらせた。

育った竹千代は元服し**松平元康**（もとやす）と名乗る。そして永禄（えいろく）3年（1560）、主君今川義元（よしもと）に従い尾張織田氏攻めに参加した。しかしこの戦いで義元と今川軍本隊は敵の織田信長によって壊滅させられてしまう。**桶狭間（おけはざま）の戦い**であった。

総崩れとなり敗走する今川軍のなか、元康は家臣団を集めて岡崎城へ入り今川家の支配から離れる道を選択。名を**徳川家康**と改め、ここに宿願の独立を果たすのである。

以降徳川家では、岡崎城を家康誕生の城として神聖視すると同時に、主従が心をひとつにして苦難を乗り越えた**精神的支柱の城**として位置づけるようになった。

武田氏との戦い

家康は旧怨を捨てて尾張の織田信長と同盟を結び、背後を守り合う形で領土を拡げることを取り決めた。支配力の衰えた今川氏の領地を侵蝕していった家康は、逆方

本文の続きはP178

面から今川領を狙う甲斐（山梨県）の**武田信玄と争う**ようになる。

そこで家康は元亀元年（1570）に勢力圏の東端にあたる遠江**曳馬城**を改修、**浜松城**と改名して本拠を移し、武田方の侵攻に備えた。戦国最強と謳われた武田軍に対し、対決姿勢を明確に示したのである。それは信長との同盟に全幅の信頼を寄せている証でもあった。

武田軍との戦いは、**高天神城**や**二俣城**など地域の要衝が攻防の舞台となり、家康自身が討ち死に寸前の大敗を喫するなど、苦戦が続いた。浜松時代の家康は、生涯で最も死に直面した日々を送っていたといえる。

しかし天正3年（1575）、織田・徳川連合軍で臨んだ**長篠の戦い**で武田軍に勝利を挙げたことで形勢は逆転する。天正10年には織田軍とともに甲斐に侵攻して武田氏を滅ぼし、三河・遠江・駿河を領する大名へと成長を遂げた。

豊臣氏との決戦

同盟者であり親族でもあった信長が没すると、その後継者を目指す**羽柴秀吉**（のちの豊臣秀吉）との間で対立が始まる。家康が秀吉に従う形で和平が結ばれたが、両者の緊張関係はなおも続いた。

天正14年、家康は幼少期を過ごした駿河今川館の跡地に**駿府城**を築き、浜松から居城を移す。秀吉に臣従する態度を示しながらも、その政権から地理的にも立場的にも距離を置いたのである。

だがその4年後、秀吉から先祖伝来の三河を含む五か国の領国を差し出し、その代わりに関東八か国へと移ることを命じられた。領国数こそ増えるが実際には京・大坂から遠い地をあてがわれたにすぎず、実質的な挑発であった。

秀吉の没後、家康は即座に天下獲りに動き、自らに味方する大名を募って結集。秀吉の側近であっ

戦国秘話　鳥居強右衛門と長篠城

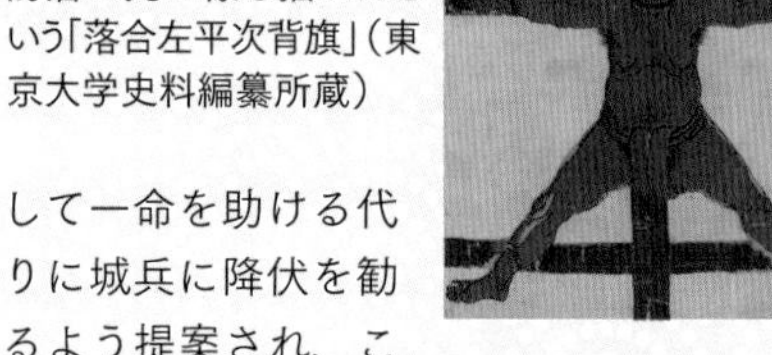

鳥居の死に様を描いたという「落合左平次背旗」（東京大学史料編纂所蔵）

天正３年（1575）、徳川に属する奥平氏の長篠城は、武田勝頼率いる１万5000の武田軍に包囲された。わずか500で守る城方は家康への援軍を要請するため、鳥居強右衛門という使者を放つ。強右衛門は密かに包囲を抜ける、家康の居城岡崎まで一晩で走破した。そして家康から、間もなく長篠救援に向かうことを告げられる。

強右衛門は一刻も早く吉報を届けるため、休息もとらずに長篠城への帰路についた。ところが強右衛門は城まであと一歩のところで武田方に捕らえられてしまう。そして一命を助ける代わりに城兵に降伏を勧めるよう提案され、これを受諾するが、強右衛門は長篠城から見える高台に引き立てられた。事態を見守る城兵たちに向かい、強右衛門は武田方との約束を破って「間もなく援軍は来る」と絶叫する。

強右衛門は磔にされ処刑された。だが一命を賭した働きにより長篠城はもちこたえ、武田軍は織田・徳川連合軍との対決を迎える。

た石田三成を**関ヶ原の戦い**で破る。そして朝廷から武家の頭領の位である征夷大将軍に任命され、江戸に幕府を開くのである。この時、家康は諸大名を動員した天下普請で居城の**江戸城**を大改修。江戸城の改修は孫・家光の代まで続き、広大な城域を誇る巨大城郭が完成した。

江戸城内で最も古いとされる白鳥濠の高石垣

とはいえ、秀吉の遺児秀頼の残る豊臣氏は未だ別格の地位にあり、心を寄せる大名も少なくなかった。そこで家康はわずか2年で将軍職を実子秀忠に譲り、江戸城を出て再び**駿府城**を居城とし、幕府支配体制の強化を推し進めた。朝廷からも旧政権からも隔たれた未開の東国で、新しい強固な都を創設することを目指したのである。晩年の家康にとって、城とは**武力以外の戦いを行う場所**であった。

慶長19年（１６１４）、豊臣氏征伐を発表した家康は20万の大軍で**大坂城**を包囲すると、堀を埋めて防御力を奪い遂に落城させた。ここに至り、天下は徳川家のもとに一元支配されることとなる。

以降２５０年におよぶ支配の礎を完成させた家康は、元和2年（１６１６）、駿府城で没している。家康が最晩年を過ごした駿府城は壮大な天守をもつ巨大城郭だった。しかし、天守は焼失し、天守台も失われた。そのため、天守の姿は文献に記されるのみだったが、発掘調査で家康時代の天守台が発見。その規模が大御所の城にふさわしいものであることが証明された。

発掘された家康時代の駿府城天守台

豆知識

関東に移封したばかりの家康は、土造りだった江戸城の大規模改修を行わなかった。秀吉政権への配慮とも、逆に秀吉への反抗心ともいわれる。江戸城が石垣の城へ変貌するのは、関ヶ原合戦後のことである。

伊達政宗の城

東北地方は統一が遅れていたが、そんな情勢下で政宗は東北一の大名になる。しかし天下の情勢は秀吉と家康にあり、政宗は臣下として仙台を治めることになる。

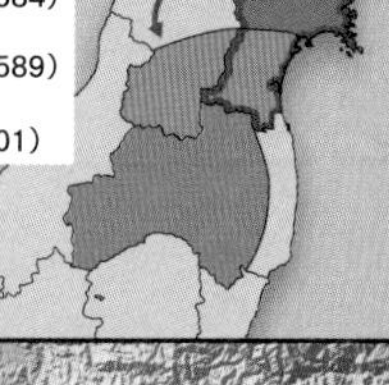

1 米沢城（よねざわじょう）

永禄10年（1567）

城番号 083 参照頁 ▸P77

政宗の祖父・晴宗の代に桑折西山城から移り、居城となった。秀吉の天下統一後、一旦は蒲生氏の城となったが、間もなく蒲生氏が宇都宮へ移封となり、代わって上杉氏の城となる。一時は景勝の重臣・直江兼続が置かれた。

2 黒川城（くろかわじょう）（若松城）

天正17年（1589）

城番号 118 参照頁 ▸P74

政宗が葦名氏から奪い居城とするも、間もなく秀吉に召し上げられて蒲生氏の城となり、鶴ヶ城と改名された。若松城とも呼ばれる。その後上杉氏を経て、江戸時代は会津松平氏の城となった。幕末の白虎隊でも有名。

3 岩出山城（いわでやまじょう）

天正19年（1591）

城番号 102 参照頁 ▸P98

仙台城を築くまでの12年間、政宗が居城とした。秀吉に臣従していた時代の徳川家康が検地を命じられてここに滞在。城の改修を手がけた後に政宗に引き渡したと伝わっている。後に政宗の四男の家系が居住している。

長谷堂城の戦い

摺上原の戦い

白石城（しろいしじょう）

郡山合戦

5 若林城（わかばやしじょう）

寛永5年（1628）

城番号 108 参照頁 ▸P100

政宗は幕府には隠居屋敷と届けを出しながら、堀や土塁のある城を造り居城とした。仙台城は子忠宗に譲った。政宗死後に廃された。

4 仙台城（せんだいじょう）

慶長6年（1601）

城番号 099 参照頁 ▸P72

政宗による築城以前、政宗の叔父が居城とする小規模な城が存在した。改修の後は江戸城に次ぐ広大な城郭となり、江戸時代を通じて仙台藩の政庁となった。建てられた山の名をとって青葉城、また五城楼とも呼ばれる。

仙台城大手門隅櫓

明治時代に撮影された仙台城大手門

東北屈指の大名へ

伊達政宗は、父・輝宗の居城である出羽(山形県)**米沢城**で生まれた。元服して政宗と名乗ると、三春城主田村氏の娘と婚姻を交わし、18歳で家督を継ぐ。

政宗は東北大名の複雑な姻戚関係を無視し、敵対者を徹底的に叩くことで領地拡大を進めていった。

しかしその強行路線が仇となって父輝宗を失い、それまで伊達氏に従っていた蘆名氏・岩城氏らが佐竹氏と結んで離反する事態にまで発展する。これより政宗とそれに敵対する連合勢力との間で**激しい抗争**が始まるのである。

数に勝る敵陣営に対し敗戦が続いた政宗だが、郡山城・窪田城をめぐる**郡山合戦**に勝利したことで体勢を立て直し、天正17年(1589)の**摺上原の戦い**に勝って、一連の抗争に終止符を打った。

この時点で、政宗は陸奥南部から出羽南部(福島県内陸部から宮城県および山形県南部)に至る150万石相当を領する**東北一の大名**へと成長していた。そして生まれ育った米沢城から、新たに獲得した**会津**(福島県)の**黒川城**(若松城)へと居城を移すのである。

秀吉への臣従

だがこの頃、豊臣秀吉が関東以西を統一し、天下人として紛争停止を発令していた。政宗の領土拡張は秀吉の命に背くものとされ、小田原攻めの陣に政宗は白装束で参陣し、秀吉に謝罪。服属後、会津地方を没収され**米沢城**へ戻った。

ところがその翌年、今度は一揆を煽動した疑惑によって秀吉にその米沢城も没収される。領地も58万石まで減らされたうえ、**岩手沢城**(後に**岩手山城**に改名)に移るよう命じられたのである。

仙台藩の設立

秀吉の死後、政宗は家康に接近。関ヶ原の戦いでも伯父・最上義光とともに東軍についた。この時、家康から旧領回復を認めた「百万石のお墨付き」をもらったが、南部領で起こった一揆を煽動していたことが発覚し、お墨付きは反故となる。

結局、わずか2万石ほどの加増しか得られなかったが、それでも全国3位となる60万石を以て仙台藩を開いた政宗。**仙台城**を築き、泰平の世になると領地開発にいそしみ、幕末まで続く藩の基礎を築いた。

天正13年(1585)、小手森城を攻めた政宗は8000挺もの鉄砲を用いて城を落とし、城兵はおろか城内の女・子どもや犬までも殺戮。「小手森城の撫で斬り」として周辺勢力に衝撃を与えた。

上杉謙信の城

1 享禄3年（1530）

春日山城

城番号 321 参照頁▶P118

謙信の生家である長尾氏の居城で、景勝の代まで用いられた。謙信は出陣に際し、城内にあった毘沙門堂に籠って戦勝祈願をしたと伝わる。上杉氏の後に領主となった堀氏が福島城を建てたことで廃城となっている。

春日山城主要部の遠景

越後の龍、謙信は春日山城を拠点に、信濃では武田氏、関東では北条氏と熾烈な戦いを繰り広げた。勢力を拡大する信長との決戦を前に春日山城で没する。

「義の戦」を貫いた生涯

上杉謙信は、越後(新潟県)守護代を務める長尾家の居城・**春日山城**に生まれた。三男とも四男ともいう。その当時、越後は守護の越後上杉氏、守護代の長尾一族、そして有力小領主たちが激しい勢力争いを繰り広げていた。父為景の隠居後、家督および守護代職を継いだのは兄の晴景である。

元服し**長尾景虎**と名乗った若き日の謙信は、初め古志郡司として**栃尾城**に入り、兄を助けて国内の平定に従事していた。しかしまだ10代半ばながら**栃尾城の戦い**や**黒滝城の戦い**で非凡な活躍を見せたことから注目を集め、春日山城に

手取川の戦い跡の碑

戻って兄に代わり**守護代**を務めることになる。その後、守護の上杉定実が没したために守護を代行し、事実上の**越後国主**にもなった。

ここまでの来歴は他の戦国大名と大差ない。だがこの後が他と一線を画していた。

天文12年(1543)

栃尾城

城番号 337 参照頁▶P160

14歳で元服した後、古志郡司を務めていた間に謙信が居城とした。15歳の時、周辺の敵対勢力に城を襲われたが、謙信は少数の守兵を巧みに指揮し、これを撃退した。この「栃尾城の戦い」が謙信の初陣であった。

栃尾城本丸

七尾城攻め

魚津城

手取川の戦い

形骸化した室町幕府の支配を離れ、他国を侵略して領土拡大を図るのが常識だった時代に、幕府による**天下静謐**を助け、国内の治安維持と侵略に苦しむ他国の救援のために兵を動かしたのである。

宿敵武田信玄との10年におよぶ**川中島の戦い**は北信濃を奪われた村上氏の要請であったし、年をまたいで相模(神奈川県)まで遠征した**小田原城攻め**も、力を失った**関東管領上杉憲正**の旧領回復が目的だった。そのため、70度におよぶ合戦の多くで勝利を挙げた割には、謙信が生涯を通じて拡大した領地は少ない。居城が代々の城・春日山城と、平地に設けた政務の館・**上杉館**(**御館**)に限られたのも必然だったといえる。

勢力を拡大する織田信長との対決も、契機となったのは将軍足利義昭からの要請であった。天正4年(1576)、謙信は能登(石川県)七尾城を攻め落として加賀(石川県)に進み、柴田勝家率いる織田軍を**手取川の戦い**で破った。

しかし、信長との決戦を間近に控えた謙信は、出陣の数日前に春日山城で倒れ、そのまま息絶えた。義に生きた武将は、病によって生涯を閉じたのである。

大永元年（1521）
要害山城
城番号 308 参照頁 ▶P155
躑躅ヶ崎館の防御を強固にするため、緊急時の最終防衛拠点兼退避所（詰めの城）として信玄の父・信虎により築かれた。躑躅ヶ崎館からは直線距離にしておよそ2.5kmの要害山中腹にある。信玄はここで生まれたという。
川中島の戦い
木曾福島城
高遠城
岩村城
田中城
野田城攻め
三方ヶ原の戦い
信玄勢力図
信玄生まれる 大永元年（1521）
川中島の戦い開始 天文22年（1553）
信玄没する 元亀4年（1573）
山麓の積翠寺には信玄の産湯井戸が残る

武田信玄の城

信玄は戦の最中に生まれ、戦の最中に死んだ。居城は変えなかったが、他国侵攻の熱はすさまじく、甲斐を中心に四方に戦いを挑んでいる。

「甲斐の虎」侵攻の一生

武田信玄が生まれた時、父の信虎は戦の最中だった。そのため信玄が生まれたのは本拠地の**躑躅ヶ崎館**ではなく、母が避難していた**要害山城**だったと伝わる。天文5年（1536）に元服し晴信と名乗る。その後家臣と協力して父信虎を国外へ追放。武田家の家督と甲斐（山梨県）守護職を継承すると、小領主の集合体であった家臣団を統率し、巧みな外交戦を展開しながら周辺国を侵略していった。

出家して**信玄**と号し、**北条氏康**や**上杉謙信**ら強敵との激戦を経て、その版図は本国甲斐のほか、信濃（長野県）、駿河（静岡県）に加えて、上野（群馬県）、遠江（静岡県）、飛騨（岐阜県）、越中（富山県）、三河（愛知県）の一部にまで達していた。

永禄3年(1560)
海津城(松代城)
城番号 345 参照頁▶P120
信玄が川中島進出の拠点として築いた城。これに危機感を抱いた謙信が信濃に出陣し、有名な第四次川中島の戦いが起こった。戦後は重臣の春日虎綱が守り、上杉軍を牽制。江戸時代に真田信之が改修し、松代城となった。
海津城跡の碑
1
大永元年(1521)
躑躅ヶ崎館
城番号 294 参照頁▶P152
信玄の父である信虎が築き、信玄、勝頼の3代にわたり武田氏の居城となった。長篠の戦いに敗れた勝頼は新たに新府城を築いて移転したが、武田氏が滅亡した後には再び躑躅ヶ崎館が織田、徳川氏の支配拠点となった。
西曲輪には武田氏時代の枡形虎口が残る

しかし信玄は**居城を移さず**、躑躅ヶ崎館に留まり続けた。さらに、「人は城、人は石垣」という人心掌握を重視する言葉を残したとされることから、信玄は城を築かなかったというイメージが強い。

だが、**海津城**(長野県)や**大島城**(長野県)などの武田氏が国境や征服地に築いた支城は、攻めにくい河岸段丘を利用し、丸馬出や枡形虎口を巧みに配置した戦国屈指の堅城。その技術の高さは後に徳川家康が手本としたほどだった。

三河(愛知県)の徳川家康との戦いが本格化するにつれ、家康の同盟者である織田信長との直接対決も次第に現実化した。元亀3年(1572)、大軍勢を率いて出陣した信玄は二俣城など徳川方の諸城を落として進み、別働隊も織田領の**岩村城**を陥落させた。浜松城から迎撃に出た徳川軍に大勝利を挙げる(**三方ヶ原の戦い**)と、さらに西進を続けた。

ところが、三河**野田城**の落城後、武田軍の進軍は停止。作戦を中止して帰路についた。信玄はその途中で陣没。戦の中に生まれた武将は、戦の中で没した。

永禄年間（1558~70）
鉢形城
城番号 209 参照頁▶P114
荒川の河岸段丘の深沢川の谷を利用。氏康四男・氏邦の大改修によって惣構を持つ巨大城郭となり、北関東支配の拠点となった。小田原攻めでは10倍の豊臣軍相手に1か月の籠城戦を戦う
永禄２年（1559）
滝山城
城番号 272 参照頁▶P115
元は大石氏の城で、氏康五男・氏照が城主となる。巨大な横堀と角馬出を組み合わせた縄張は、北条流築城術の最高峰と評される。武田信玄に攻められるも寡兵で撃退し堅城ぶりを証明した。
江戸城
玉縄城
北条氏勢力図
早雲時代 永正15年（1518）
氏康時代 永禄8年（1565）
氏政時代 天正13年（1585）
滝山城の広大な横堀

北条氏の城

五代、約100年間にわたって関東に覇を唱えた北条氏。盤石の支配体制を支えたのは、支城網の構築と規格化された築城技術だった。

支城網による支配体制

北条氏初代の早雲（伊勢盛時）は備中伊勢氏の出身であり、その姉は駿河の今川義忠に嫁いでいたことが近年の研究で判明している。今川氏の家督争いで関東に下向した早雲は、伊豆の**韮山城**を居城として独立。次いで相模に進出して**小田原城**を奪取すると、三浦氏を滅ぼして相模全土を手中に収めた。

「北条」を名乗り始めたのは、二代氏綱の代だった。氏綱は居城を小田原城に移し、**江戸城**や**松山城**などを攻め落として関東南部を制圧。続く三代氏康は、北条以前の関東を割譲していた山内・扇谷上杉氏や古河公方の連合軍を川越城

明応4年（1495）
2 小田原城
城番号 276 参照頁▶P108
2代氏綱の代に本城となり、以降北条氏の繁栄を支えた。信玄・謙信の攻撃も退けた堅城であり、中世では最大の惣構が築かれていた。小田原攻めによる落城後は、家康家臣の大久保氏が入城し、近世城郭へと改修された。
明応2年（1493）
1 韮山城
城番号 436 参照頁▶P222
早雲の居城で、小田原に本拠が移ってからも北条氏にとって特別な意味合いをもつ城だった。小田原攻めでは氏康四男の氏規が10倍の敵を相手に籠城戦を戦うも、最後は家康の説得で開城した。
八王子城

北条時代の小田原城復元イラスト。城と城下街全体を惣構が取り囲んでいた（イラスト／香川元太郎）

本丸から居館跡である韮山高校と富士山を見る

の戦いで破り、関東支配を確かなものにした。続く四代氏政、五代氏直の代にも領土を拡大していく。

最盛期には9か国に及んだ版図を支えたのは、支城網による領国支配だった。氏康の息子である氏邦・氏照・氏規の兄弟が、それぞれ**滝山城**（のちに**八王子城**）・**鉢形城**・**韮山城**という要衝の城主となり、それ以外にも**玉縄城**・**江戸城**・**松井田城**などが支配拠点となった。

築城技術も高度に発達した。虎口には馬出を設けて橋頭堡とし、幅広い横堀は屈曲して横矢が掛かるように工夫がされ、堀内に障壁を設けた。城郭パーツは共通化され、築城技術を規格化することで、関東に支城網を築いたのである。

しかし、これらの支城網は秀吉の大軍に抗いきれなかった。支城網をつぶされて後詰めの可能性がなくなった小田原城は開城を余儀なくされ、ここに北条氏の繁栄は終焉を迎える。

長宗我部元親の城

土佐の小領主から土佐を統一した元親は近隣の有力勢力を下し、四国を平定。だが秀吉の四国攻めには耐えられず土佐一国に戻された。

白地城
一宮城
仏殿城
吉良城
1 天文8年(1539) 岡豊城
城番号 767 参照頁 ▶ P339
長宗我部氏が歴代の居城としていたが、永正5年(1508)、本山氏らの連合軍によって落城。元親の父・国親の代に改修を加え再び居城となった。その後、長宗我部氏が勢力を回復し、四国を統一するまでの拠点となった。
元親勢力図
初陣で勝利 永禄3年(1560)
土佐を平定 天正3年(1575)
四国を平定 天正12年(1584)

岡豊城遠景

四国統一への苦闘

長宗我部元親は**土佐**(高知県)の**小領主から四国全土に支配圏を拡げた戦国大名**である。

天文8年(1539)、父の居城である**岡豊城**で生まれ、幼少時は「**姫若子**」とあだ名されるほど頼りなく見えたという。だが初陣で勇猛さを発揮し味方の勝利に貢献。その後、父の死去に伴い家督を継ぐと、宿怨の本山氏をその居城朝倉城から本山城へ、そして瓜生野城へと追い込み、**長年の戦いに終止符を打った**。続いて安芸氏、一条氏も倒して天正3年(1575)には**土佐一国の統一**に成功する。

四国の残る3か国、伊予(愛媛

大高坂城は後に山内氏が改修し高知城となる

2 天正16年(1588) 大高坂城(高知城)

城番号 752 参照頁▶P314

秀吉の命によって土佐一国に減封された後に元親が築城し、岡豊城より移る。ところが治水に難があったため間もなく岡豊城に戻り、新たに浦戸城を築いて居城とした。元親が居城とした城の中では最も在城期間が短い。

3 天正19年(1591) 浦戸城

城番号 757 参照頁▶P338

桂浜に近い海岸に立地した元親最後の居城。元親は内陸部の岡豊から、大高坂、浦戸と段階的に沿岸地域に居城を移したことがわかる。ただし浦戸城については、朝鮮出兵のための一時的な拠点であったとの説もある。

鶴ヶ城

天守台跡

県)、阿波(徳島県)、讃岐(香川県)にも勢力拡大を始めた元親の存在は、天下統一を進める織田信長や、その後継者となった羽柴秀吉(後の豊臣秀吉)にとっても無視できないものとなっていった。

　信長からの恫喝、さらに秀吉配下の仙石秀久率いる軍勢の侵攻にも耐えた元親は、天正13年頃までに**四国をほぼ平定**する。しかし、秀吉が総力を挙げて臨んだ四国攻めの前に長宗我部軍は為す術なく降伏。土佐一国のみの領有を許されて**秀吉の軍門に下った。**

　元親は四国統一を目指した理由について、「**家臣に充分な領地を与えるため**」と語ったと伝わる。事実、土佐は総面積の八割を山林が占めており、開墾にも自ずと限度があった。だが、今後はその土佐一国で長宗我部家の家臣を養う必要に迫られたことになる。

　そこで元親は居城を岡豊から**大高坂城**(後の高知城)へ移し、さらに海に面した**浦戸城**を築く。防御には有利だが利便性の悪い山城を捨て、平野部への移転を選んだのだ。大高坂城は水はけの悪さから早々に廃棄されたとも、浦戸城は朝鮮出兵に伴う水軍基地として建築されたもので、大高坂城と並行して用いられたとも言われるが、何れにしろ**元親はこの2城に面した平野部に活路**を求め、街道を整備して城下を拡大していった。

　四男盛親に家督を譲った元親は、慶長4年(1599)、関ヶ原の戦いの前年に没した。

立花宗茂の城

宗茂勢力図
柳川藩へ復帰
元和6年（1620）
1
天正14年（1586）
立花山城
城番号 884 参照頁▶P376
もとは滅亡した名族・立花氏の居城であった。立花氏の名跡と立花山城は戸次道雪が拝領し、その婿養子となった宗茂に受け継がれる。若き日の宗茂はこの城に籠り、数に勝る秋月氏や島津氏の軍勢を退けている。
2
天正15年（1587）
柳川城
城番号 895 参照頁▶P378
蒲池氏が築き難攻不落の堅城と評された。龍造寺方の城であった時代、宗茂の義父・戸次道雪もこの城を攻めたが、落とせぬまま城攻めの最中に病により陣没している。豊臣・徳川両政権下での宗茂の居城である。

城内に残る石垣

本丸跡に残る石垣

九州の覇権争いから関ヶ原の戦いまでを駆け抜けた武将、立花宗茂。天下の情勢に翻弄されつつも柳川藩に落ち着くまでの城の変遷と生涯を追う。

「立花宗茂肖像」（模写／東京大学史料編纂所蔵）

「猛将」二人を父にもつ

立花宗茂（むねしげ）は部隊指揮官として傑出した戦果を残し、敵味方を問わずその人柄を愛された武将である。

宗茂は九州の大大名**大友氏の重臣の家**に生まれ、同じく大友氏の重臣の家に**婿養子**に入る。実父は後に**岩屋城**（いわや）・宝満（ほうまん）城主となり、**高橋紹運**（じょううん）と名乗る**吉弘鎮理**（よしひろしげただ）。義父は**立花山城**（たちばなやま）を与えられた**戸次鑑連**（べっきあきつら）（**立花道雪**（どうせつ））。いずれも大友家の軍事を司る有力武将であった。

天正（てんしょう）6年（1578）、**耳川**（みみかわ）**の合戦**で島津軍に大敗した大友氏は衰退の一途をたどる。さらに島津氏は龍造寺氏を倒して勢力を拡大、周辺勢力を従えて大友領に四方か

父紹運が討死を遂げた岩屋城

3 慶長8年(1603) 赤館城

城番号 135 参照頁▶P105

大名に復帰した宗茂は磐城国(福島県)棚倉藩主となり、最終的には3万5000石を領した。その居城が赤館城である。宗茂が柳川に移った後に棚倉藩は丹羽氏の領国となったが、この際に山城の赤館を破棄し、代わって棚倉城が造られた。

ら侵攻し始めるようになっていった。宗茂は実父の高橋紹運、義父の立花道雪と共にこれら諸勢力との戦いに臨み、苦戦を強いられながらも敵を退け続けた。

しかし圧倒的な兵力差を覆すことはできず、天正14年、宗茂の実父高橋紹運が岩屋城で玉砕して果てた。この時すでに立花道雪も病没しており、追いつめられた大友宗麟は天下統一を進める豊臣秀吉に誼を通じ、その傘下に入って島津氏に対抗する道を選んだ。

これを機に、宗茂は大友家を離れて**秀吉の直臣**になる。宗麟の推薦によるものとも、秀吉の要望だったとも言う。

豊臣軍の島津掃討戦が始まると、宗茂はその最前線で働き、島津方の諸城を陥落させた。そしてこの戦功により、秀吉から**筑後**(福岡県)**13万石**と、かつて龍造寺氏の支城だった**柳川城**を与えられる。

こうして豊臣大名となった宗茂は、その後も秀吉の命に従い、北条攻めや朝鮮出兵などに参陣する。

柳川への帰還

ところが慶長3年(1598)、秀吉が病没すると、徳川家康と石田三成が対立。関ヶ原の戦いが起こる。宗茂は西軍につき**大津城攻め**に参加。しかし、本戦に参加出来ないまま西軍は敗北してしまう。柳川に帰還した宗茂は、加藤清正ら東軍武将の攻撃を受け、奮戦むなしく降伏した。その後、改易された宗茂は一浪人として蟄居生活を送るが、慶長8年(1603)、徳川家康から召し出されて**陸奥棚倉**(福島県)**一万石**、**赤館城**を居城とする徳川家の大名に迎えられた。九州から遠い棚倉を与えたのは、家康が宗茂を評価しつつも一方で警戒していた証である。

慶長19年に大坂の陣が起こると、家康方として参陣。城攻めに加わることこそなかったが、大名として遇された恩に報いた。

そして元和6年(1620)、宗茂は**柳川藩主への復帰**を許された。関ヶ原の合戦で家康に敵対し所領を没収された後、旧領に返り咲いたのは宗茂ただ一人である。

戦国大名の居城一覧

戦国大名の居城は、すなわち地方統治の拠点であった。ここでは、「特集2」で紹介しきれなかった一度は訪れたい大名の居城を紹介する。

斎藤道三×岐阜城

［岐阜県］468 ▶P196

濃尾平野を一望する堅城。信長が攻め落として岐阜城と改名。

真田昌幸×上田城

［長野県］350 ▶P119

千曲川の河岸段丘を利用。徳川軍を２度撃退したことで知られる。

津軽為信×弘前城

［青森県］023 ▶P64

南部氏から独立を果たし、新たに築城。為信の死後に完成した。

三好長慶×飯盛城

［大阪府］586 ▶P261

三好政権の本拠地。信長に先駆けた石垣造りの城だった。

前田利家×金沢城

［石川県］393 ▶P199

秀吉から加賀を拝領し近世城郭へと改修。利家時代の石垣が残る。

最上義光×山形城

［山形県］078 ▶P71

最上氏の祖・兼頼が築城。義光が近世城郭へと大改修する。

浅井長政×小谷城

［滋賀県］677 ▶P248

浅井氏代々の居城。信長の攻撃で落城し、一時秀吉が入った。

朝倉義景×一乗谷城

［福井県］417 ▶P201

朝倉家代々の本拠地であった。信長に攻められ廃城となる。

蒲生氏郷×若松城

［福島県］118 ▶P74

地名を若松に、城名を鶴ヶ城に改め、城を改修し七重天守を建立。

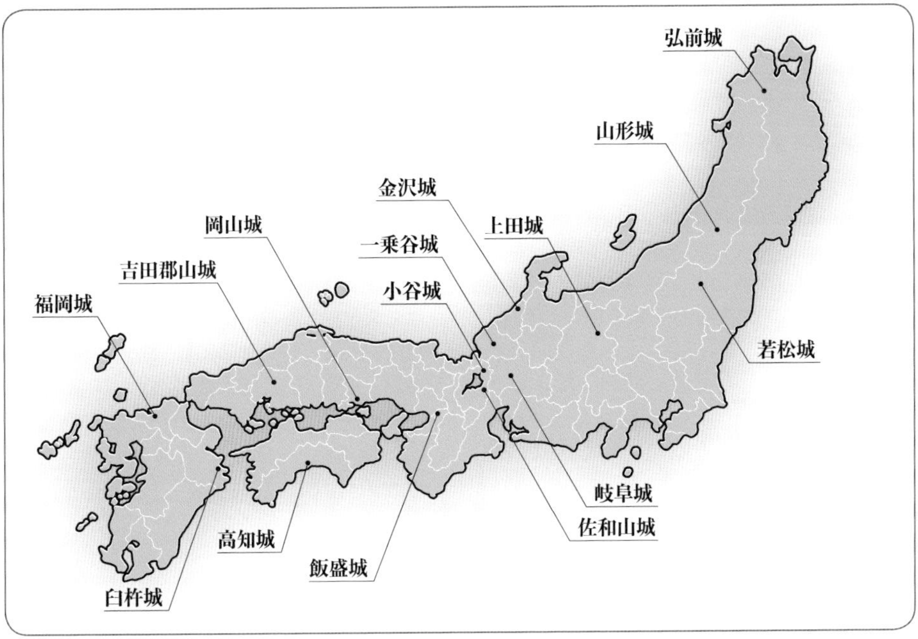

弘前城
山形城
金沢城
上田城
岡山城
一乗谷城
吉田郡山城
小谷城
福岡城
若松城
岐阜城
佐和山城
高知城
飯盛城
臼杵城

黒田長政×福岡城

[福岡県] 880 ▸P362

関ヶ原後に移封し名島城から本拠を移す。城下町の開発にも尽力。

毛利元就×吉田郡山城

[広島県] 852 ▸P320

山全体が城郭となるが、手狭のため元就死後に広島城へ移転。

石田三成×佐和山城

[滋賀県] 679 ▸P279

天守が建つ近世城郭だったが、関ヶ原後、徹底的に破壊される。

大友宗麟×臼杵城

[大分県] 976 ▸P393

宗麟が大友氏館から本拠を移す。島津氏との攻防の舞台にも。

山内一豊×高知城

[高知県] 752 ▸P314

長宗我部元親による築城を一豊が継ぎ、難工事の末に完成させる。

宇喜多秀家×岡山城

[岡山県] 811 ▸P348

秀家が石垣の城へと改修。関ヶ原後に小早川秀秋が入る。

お城コラム

築城名人とは何者なのか
多才な超一流デザイナーだった？

「築城名人」というと、藤堂高虎・加藤清正・黒田官兵衛の名前がよく挙げられる。いずれも安土・桃山時代から江戸時代にかけていくつもの築城に関わった人物だが、彼らはなぜ「名人」と謳われるのか。そもそも築城名人とは何をした人なのだろうか。

築城名人とは、必ずしも「築城者」のことではない。築城者は建築用語でいう注文主とか施主のこと。大坂城であれば豊臣秀吉が注文主になる。注文主は大まかな希望を伝えて、実際の設計や工事を普請奉行に依頼する。普請奉行は設計(縄張)、土木(普請)、建築(作事)、都市づくり(町割)、さらに現場監督もこなす、いわばお城デザイナーであった(➡P434)。

そして、この普請奉行を務めた者の中で、名城といわれる多くの城に関わった武将、そして革新的な仕事をした武将が築城名人と呼ばれた。彼らは自身の居城も築いたが、時の天下人であった秀吉や徳川家康から発注を受けた、超一流の普請奉行だったのだ。

では、名人たちの具体的な仕事をみてみよう。築城名人として藤堂高虎の名が真っ先に挙がるのは、家康の信を得て、公儀の城である「天下普請」の築城を一手に引き受けたからだろう。高虎は新時代の城として、四角い曲輪を並べ、層塔型天守や枡形虎口をもつ城を生み出した。城郭パーツの規格を統一することでコストと工期を削減し、城の大量生産を可能にしたのである。高虎は徳川大坂城(➡P22)や江戸城(➡P40)のほか、全国20城以上の築城・改修にたずさわったという。

実戦経験をおおいに生かした加藤清正は、熊本城(➡P16)に代表される、登れそうで登れない「武者返し(扇の勾配)」の石垣を考案。名護屋城(➡P367)や倭城(朝鮮に築いた日本の城)の築城に関わり、名古屋城(➡P28)の天守台石垣を担当したことでも知られている。

黒田官兵衛は、豊臣大坂城(➡P22)、高松城(➡P310)、福岡城(➡P362)といった土地や立地に着目した名軍師らしい実戦的な城を手掛けた。築城名人では他にも、松山城(➡P306)の加藤嘉明、金沢城(➡P199)の高山右近、土の城では、山本勘助や馬場信春といった武田信玄家臣の名が挙がることが多い。

今治城(➡P311)に建つ藤堂高虎像。高虎は今治築城で大型枡形虎口の導入など様々な実験的手法を試みている。

地域別

北陸・東海地方の城

富山県
石川県
福井県
静岡県
岐阜県
愛知県
三重県

Ⓐ天守　現在の岐阜の街を見下ろすように建つ岐阜城。天守は昭和31年(1956)に再建されたものである。

岐阜城（ぎふじょう）

岐阜県

建仁元年（1201）築

城番号 468
参照頁 ▶P228

史跡区分　国指定史跡

岐阜の象徴ともいえる織田信長ゆかりの城

織田信長が「**天下布武**」を掲げ、天下取りへの意思を明確に示したのは、岐阜城へと本拠地を移したころであった。天下取りの足がかりとなった城だが、その起源は鎌倉時代、建仁元年（1201）と大きく時代をさかのぼる。当時は城が築かれた山の名前から「**稲葉山城**」と呼ばれていた。室町期には一旦廃城となるが、室町末期に美濃守護代・斎藤利永により修復された。

戦国初期の混乱から、城主は**斎藤道三**へと移り、山城として改修される。**濃尾平野**一帯を望む要衝にあるため争乱の舞台になることが多く、築城以降、**7度**も攻め落とされたと伝わる。

尾張を統一した信長は美濃攻略を目指し、何度も稲葉山城を攻めた。伝承では**木下藤吉郎**（豊臣秀吉）が墨俣一夜城を築いたとされ、また稲葉山城への奇襲成功の合図として打ち振られたのが「ひょうたん」で、秀吉の馬印・**千成びょうたん**の由来となったとされる。

永禄10年（1567）には信長が稲葉山城に本拠を移し、その後**岐阜城**へと名を改めた。

当時、信長の元にいた宣教師**ルイス・フロイス**の著書『日本史』

本文の続きはP198

天守からの眺望　天守の眼下には長良川と濃尾平野が広がり、北は御嶽山や日本アルプス、南は伊勢湾まで一望することができる。また、犬山城や小牧山城が確認できる。

岐阜城遠望　岐阜城は長良川のほとり、標高329メートルの稲葉山(現・金華山)に築かれた。

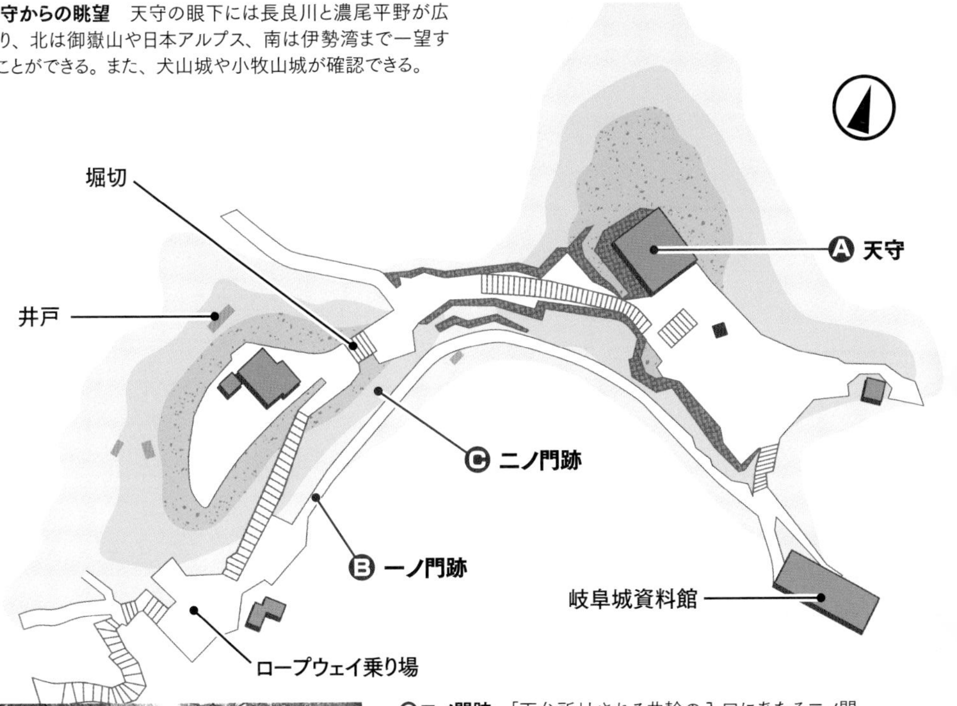

堀切
井戸
Ⓐ 天守
Ⓒ 二ノ門跡
Ⓑ 一ノ門跡
岐阜城資料館
ロープウェイ乗り場

Ⓒ二ノ門跡　「下台所」とされる曲輪の入口にあたる二ノ門。連続枡形の構造となる。

Ⓑ一ノ門跡　巨石と崖を用いた一ノ門跡。かつては巨石を用いた石垣が築かれていた。

には、岐阜城の華麗さが事細かに書き記されている。それによると、第一層の大座敷には金箔が貼られ、天守第二層には大奥、第三層には閑静な茶室が儲けられ、最上階となる第四層は展望台となっていたという。信長はのちに安土城を築き居城を移すが、これも**岐阜城がモデル**となっている。

関ヶ原直前に落城し明治に入り天守再建

その後岐阜城は信長の子である**信忠**(のぶただ)の居城となるが、本能寺で明智光秀の謀反に逢い父子ともに殺される。第三子・信孝が入るが、秀吉に背いたため攻められ敗死し、その後は池田輝政、豊臣秀勝、**織田秀信**と主を替えた。そして、慶長5年(1600)の**関ヶ原の戦い**で、西軍に付いた秀信を池田輝政、福島正則らが攻め落とす。その翌年には廃城とされ、平野部に加納城が築城された。もはや山城は必要なしとされたのである。

明治維新後、明治21年(1888)に岐阜公園として開放され、明治43年(1910)には三層の天守が建てられた。しかしこの天守はトタン屋根であり、焚き火の不始末により焼失。現在の模擬天守はロープウェイが開通した翌年の昭和31年(1956)に再建された。現状の天守台も明治に築かれたものだが、その天守台の下から戦国時代の**天守台**が発見された。

また、山麓の居館跡でも平成24年(2012)に**金箔瓦**が発見され、大きな池や滝をともなう**庭園跡**も確認された。これらの遺構が信長時代のものかどうか、議論が続いている。

発掘調査中の居館跡　近年の調査で、山麓では石垣造りの水路や大がかりな庭園があったことが判明している。

山麓居館の石列　山麓には巨石で築かれた石垣の登城路があった。現在は崩れてしまったが、当時は数メートルの高さがあっと考えられる。ルイス・フロイスの手記には、居館に通じる「裁断されない石の壁」があったと記されている。

宣教師ルイス・フロイスの『日本史』には、岐阜の町の様子も記されている。それによると、町の人口は8千～1万人ほどで、古代オリエントの都市バビロンを彷彿とさせるほど繁栄していたという。

復元された橋爪門続櫓と五十間長屋。

史跡区分 国指定史跡 重要文化財3件

加賀百万石を治める壮大な名城となる

織田信長の命により加賀一向一揆の拠点だった金沢御堂を陥落させた柴田勝家が、**佐久間盛政**に築かせたのが**金沢城**である。天正11年（1583）に**前田利家**に領有され、文禄元年（1592）には前田家の客将・**高山右近**により大改修。利家の子・利長の代にも度々改修されている。

五重の天守をもち、長々と石垣、櫓が連なる壮大な城だったが、江戸期、明治期に焼失。しかし**高麗門**と菱櫓からなる**石川門**、**三十間長屋**、**丑寅櫓石垣**などは現存し、平成11年（1999）以降、**櫓や門**、**五十間長屋**、**玉泉院丸庭園**などの復元整備が進められている。令和2年（2020）には**鼠多門・鼠多門橋**が再建された。

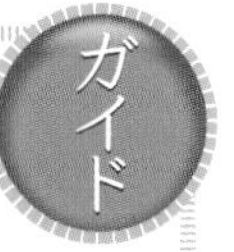

三大名園・兼六園

日本三大名園のひとつとして知られる兼六園は、金沢城と隣接して存在している。加賀歴代藩主により長い歳月をかけて形がつくられた庭園で、当時は金沢城の外郭の一部ともなっていた。現在のような庭園となったのは13代・斉泰の時代である。

兼六園の霞ヶ池

丸岡城の現存天守。古式な望楼型天守である。

丸岡城（まるおかじょう）

福井県

天正４年（1576）築

城番号 433

参照頁▶P221

史跡区分　重要文化財1件（天守）

北陸唯一の天守が江戸時代から残る城

北陸に唯一現存する「**天守をもつ城**」が**丸岡城**だ。天正3年（1575）に織田信長は越前を平定、その領地を柴田勝家に与えた。その勝家の甥・**勝豊**（かつとよ）によって築かれた城である。

現在も残る**二重三階の天守**は、笏谷石（しゃくだにいし）と呼ばれる石製の瓦を葺いている。これは通常の瓦では寒さに耐えきれず割れてしまうためで、豪雪地方の城らしい工夫が施されている。なお、天守は天正4年（1576）創建で現存最古とされていたが、近年の調査で寛永年間（1624～44）に建造されたものであることが判明した。

天守を取り囲むように**五角形の内堀**、その外周にも複雑に折れ曲がる外堀を配した。現在も外堀の一部は水路として残されている。

天正10年（1582）に勝豊が近江に移ると安井氏、青山氏、今村氏と城主を変え、慶長17年（1612）には**本多成重**（なりしげ）の居城となる。現存する石垣はこの頃に積まれたと見られている。元禄8年（1695）には**有馬氏**が入り、以後は明治期まで領有された。

現存天守では唯一、屋根に石瓦が使用されている。

豆知識　丸岡城の別名は「霞ヶ城（かすみがじょう）」。城の建つ地には大蛇が守護神として住んでおり、いざとなれば霞を吐き城を隠してしまう、との伝説からつけられた呼称だ。実際に多湿な地域でよく霧が立ちこめていたようである。

空から見た一乗谷。谷間に武家屋敷と城下町が建ち並んでいた。

一乗谷城（いちじょうだにじょう）

福井県

文明3年（1471）築

城番号 417
参照頁▶P219

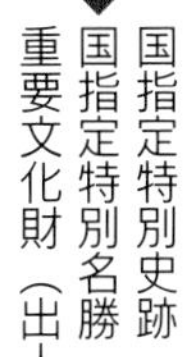

史跡区分
国指定特別史跡
国指定特別名勝
重要文化財（出土品）

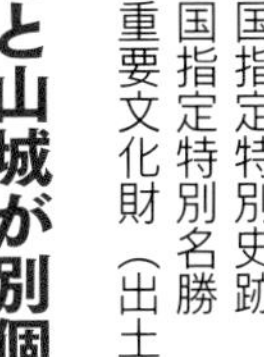

城下町と山城が別個に築かれた朝倉氏の本拠

戦国時代、織田信長と覇権を競い合った朝倉氏の居城が**一乗谷城**である。室町後期、文明3年（1471）に朝倉氏初代・**孝景**（たかかげ）が、一乗山とその谷間を城塞化して成立した。

南北に延びる狭い谷間の平地部の中心に一乗谷城が置かれ、その周辺に城下町を形成。谷への入り口となる部分には頑強な二つの城戸（きど）（門）が築かれ、谷間の城下町を守護した。

一方で一乗山に築かれた**山城**は、一の丸、二の丸、三の丸が無数の畝（うね）状空堀と土塁に囲まれるように縄張された。今なお残る空堀群は、山中の移動を妨害するための備えである。

昭和42年（1967）から発掘調査が行われ、当時の繁栄を示す**礎石群**（そせきぐん）や**茶室跡**など、数々の史跡が発見された。現在では**朝倉氏の館**や**武家屋敷**、**町屋**などの復元が進んでいる。前述した発掘の出土品は、資料館にて展示されている。

復元された武家屋敷

ワッフルのような
形状の障子堀。

山中城（やまなかじょう）

静岡県

永禄年間（1558~70）築

城番号 451

参照頁▶P225

史跡区分　国指定史跡

小田原防衛の要だった北条築城術の見本市

山中城は北条氏三代目当主・**氏康**により築城された。箱根山の中腹に東海道を取り囲むように築かれ、「箱根十城」のひとつにも数えられる**山城**である。

念入りに配置された**畝堀**、**堀障子**には北条氏独特の築城術が見られる。しかし対豊臣軍として防御を強化する改修中、小田原城攻めにより半日で落城した。

戦後、20年間に渡り発掘調査と史跡公園としての整備が行われ、障子堀など見どころが多い。また多くの遺構や出土品は、当時の戦闘や生活の様子を知る手がかりとなっている。

一の堀。内部に見える関東ローム層は滑って歩きにくいため、一度落ちると這い上がることが困難だった。

西の丸の畝堀と富士山

発掘された慶長期の天守台。南北約68m×東西約61mにおよび、これまで国内最大とされてきた江戸城の約約45m×約41mを上回った。

駿府城（すんぷじょう）

静岡県

天正13年（1585）築

城番号 438

参照頁▶P223

史跡区分 特になし

家康苦難の幼少期と天下取り後の居城に

天下人・**徳川家康**が今川氏の人質として幼少時代を過ごしたのが、駿府の地であった。**駿府城**が築かれたのは天正13年（1585）、信長により今川義元が討たれた後、家康と武田信玄とが共謀し今川氏を追ったのちのこととなる。

その後時代を経て、関ヶ原を制し天下人となった家康は隠居し、居城を駿府城に定める。慶長12年（1607）、六重七階（五重七階とも）の天守を持つ城へと改築。駿府城は御隠居・家康の居城としてふさわしい絢爛な城となり、その終の棲家ともなった。

天守は寛永12年（1635）年に焼失後、再建されず天守台のみが残っていたが、明治29年（1896）に取り壊され、本丸堀の埋め立てに使用された。三重の水路が本丸を取り囲む**輪郭式縄張**をもつが、各堀は細かく折れ曲がり、横矢を射掛けやすいよう計算されている。この縄張は**藤堂高虎**の手によると伝えられる。

現在は二の丸、三の丸の堀の一部と石垣、大手御門の虎口などが残るほか、発見された資料から**東御門**、**巽櫓**（たつみやぐら）が復元された。

平成28年（2016）から行われた発掘調査では、家康時代の天守台の規模や実態が判明。また、下層からは新たに**家康の改築以前に築かれた天守台**が発見されている。

豆知識　現在の駿府城は本丸、二の丸あたりが「駿府公園」として利用されており、三の丸あたりには静岡県庁他高層ビルが建ち並んでいる。また再建された巽櫓は資料館として公開されている。

六段壁は、背面にある高石垣の崩落を防ぐために、補強を重ねるうちに6段になった。

岩村城
いわむらじょう
岐阜県
鎌倉中期築
城番号 495
参照頁 ▶P232

史跡区分 県指定史跡

女城主の悲劇を伝える日本三大山城のひとつ

別名「**霧ヶ城**」の名が示すように、霧の立ちこめるような山間に築かれた**岩村城**。標高は717mにも達し、**日本三大山城**に数えられる。

戦国期には**遠山氏**の居城となり、武田信玄と織田信長の間で領有を争われた。最後の領主**景任**は、信長の助けも得て信玄を退けるが、元亀2年(1571)に病没。嫡男がまだ幼かったため、景任の妻にして信長の叔母・**おつやの方**が実質上の城主となった。

珍しい女性領主だが、彼女は武田氏の将・**秋山虎繁**に城を攻め落とされ、妻となってしまう。その後この城を落とした信長は、虎繁とともにおつやの方を逆さ磔にして切り捨てている。

天守はもたず、本丸、二の丸が無数の石垣で囲われていた。**追手門**の手前には堀切があり、**畳橋**と呼ばれる橋が架けられ、橋に面して三重櫓が建てられていた。全て明治期に取り壊されるが、平成2年(1990)に**太鼓櫓**などが再建された。

長局埋門。本丸は上下2段の曲輪からなり、下段を長局と呼ぶ。

伊賀上野城（いがうえのじょう）

三重県

天正13年（1585）築

城番号 535
参照頁▶P238

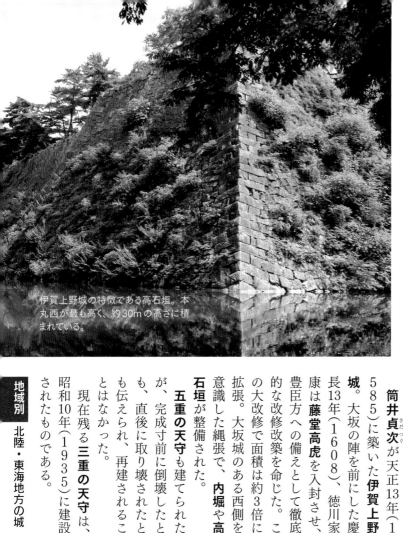

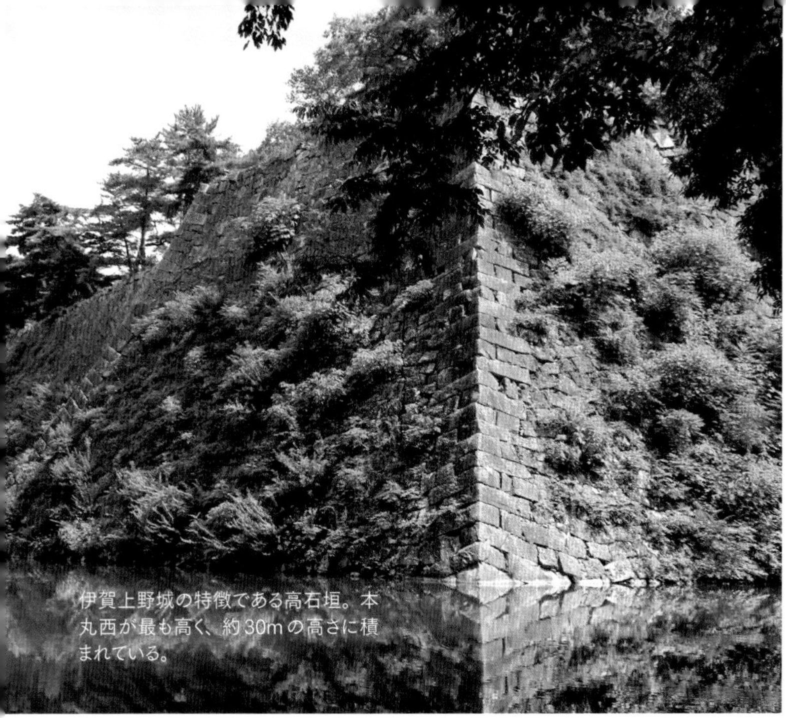

伊賀上野城の特徴である高石垣。本丸西が最も高く、約30mの高さに積まれている。

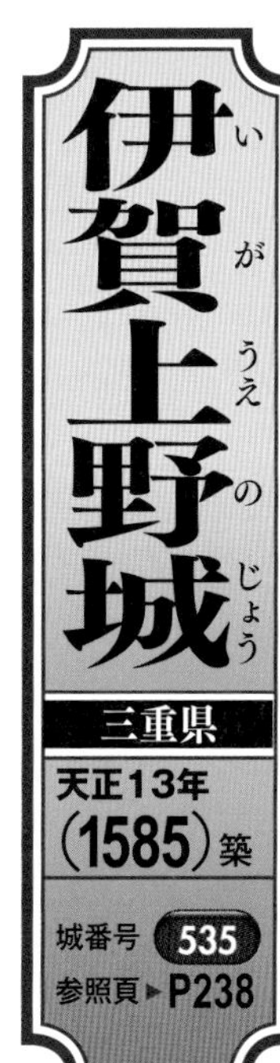

史跡区分 国指定史跡
市指定文化財1件

大坂の陣直前に大改修 徳川方の「切っ先」

筒井貞次（さだつぐ）が天正13年（1585）に築いた**伊賀上野城**。大坂の陣を前にした慶長13年（1608）、徳川家康は**藤堂高虎**を入封させ、豊臣方への備えとして徹底的な改修改築を命じた。この大改修で面積は約3倍に拡張。大坂城のある西側を意識した縄張で、**内堀**や**高石垣**が整備された。

五重の天守も建てられたが、完成寸前に倒壊したとも、直後に取り壊されたとも伝えられ、再建されることはなかった。

現在残る**三重の天守**は、昭和10年（1935）に建設されたものである。

歴史秘話

豊臣家滅亡後は建設工事も中止

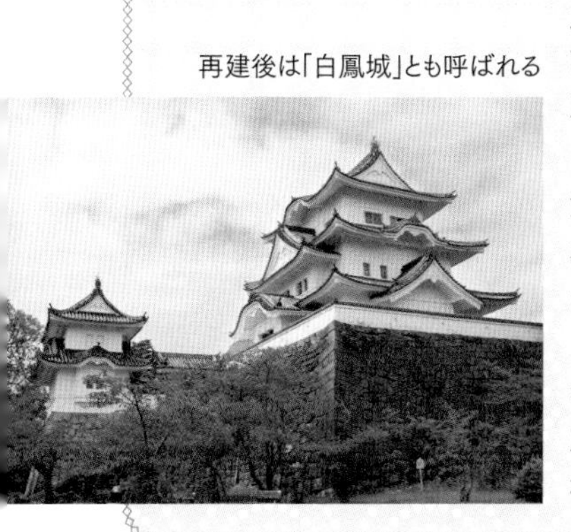

再建後は「白鳳城」とも呼ばれる

幻となった「五重の天守」に代表されるように、伊賀上野城は未完成部分が多い城としても知られている。本丸西側こそ固められたが、その城域を取り囲む外堀や土塁はところどころで途切れ、本丸すら無防備となる部分もあった。城普請自体が豊臣氏が滅んだ元和元年（1615）で中止され、以後は手付かず。あくまでも対豊臣のための城であり、備える相手が滅んだことで、城としての役目も終わったということだろう。

高岡城（たかおかじょう）

富山県
慶長14年（1609）築
城番号 390
参照頁▶P213

史跡区分 国指定史跡

築城名人・高山右近の描いた縄張が今も残る

前田利長（としなが）の居城・富山城が火災により焼失したため、それに代わる城として慶長14年（1609）に築かれたのが**高岡城**。縄張を担当したのは、築城名人としても、キリシタン大名としても名高い**高山右近**（うこん）である。

元和元年（1615）に「一国一城令」が発せられ廃城となり、城内の建物は解体されるも、**打込接の乱積**（うちこみはぎ）（らんづみ）による石垣や堀、島状に連結する曲輪、土塁などはほぼそのままの形を留めている。明治以降は総面積の約3分の1が水堀という全国的にも珍しい公園になっている。

本丸の広大な水堀。高岡城は桜の名所でもある。

人物 高山右近のその後

バテレン追放令により客商として加賀に招かれた高山右近。さらに徳川の世になると、慶長19年（1614）のキリシタン国外追放令を受けマニラへと渡り、その地で病没する。

七尾城（ななおじょう）

石川県
15世紀築
城番号 394
参照頁▶P214

史跡区分 国指定史跡

七つの尾根に渡る難攻不落の山城

七尾城は、能登守護の畠山氏が戦国時代（16世紀前半）に築いたとされる。城が七つの尾根にまたがっていることが名の由来とされ、松尾山を中心とした山中に曲輪が連なる**難攻不落の山城**として知られる。天正5年（1577）、上杉謙信により落城するが、戦上手の謙信にしても、折良く流行した疫病と畠山家臣団の内応によりようやく落とすことができたほどであった。

山の斜面を活かした縄張は現在も残るが、石垣の大部分は、後の城主・**前田利家**の手によるものだとされる。また、尾根沿いに長大に伸びた曲輪を配しており、山頂部には重臣・長氏（ちょうし）などの屋敷が置かれていたとされる。本丸から見下ろすように家臣の屋敷が配される、**畠山家内の主従関係**を偲ばせる縄張だ。

石垣の高さは最高でも4m弱程度で、天正期の技術では、高石垣は組めなかったことを物語る貴重な資料ともなっている。

階段状に積み上げた本丸石垣

掛川城

静岡県

永正9年(1512)築

城番号 439

参照頁▶P224

史跡区分 国指定史跡 重要文化財1件

かつては今川氏の平城 山内一豊が改築を施す

二の丸御殿の玄関

戦国期、駿河守護の今川氏親が**朝比奈泰熙**に築かせた**掛川城**は、豊臣政権下で**山内一豊**の居城となり、大改築される。

一豊が入城し改築を始めたのは天正18年(1590)、**三重の天守**と**櫓**を築き、城下町には堀を巡らせ外郭で取り囲んだ。一豊は慶長5年(1600)に土佐へと移るが、わずか10年で掛川の城下町は大いに繁栄する。

その後は松平氏をはじめ多くの城主が所有、最後は延享2年(1745)に太田道灌の子孫である**太田資俊**が入城し、その後明治期まで治めた。天守は幕末に取り壊されるが、平成6年(1994)に日本初の**木造復元天守**として再建された。ただし、外観は高知城を模している。

遺構として松尾池の内堀が残る。また江戸時代に再建された太鼓櫓や**二の丸御殿**、番所が現存するほか、平成7年(1995)に復元された大手門も見られる。

美濃金山城

岐阜県

天文6年(1537)築

城番号 473

参照頁▶P228

史跡区分 国指定史跡

犬山城に姿を変えた森氏の前線基地

美濃金山城は森蘭丸が幼少期を過ごした**山城**。城跡付近は現在「蘭丸ふる里の森」という自然公園として整備されている。

築城主は斎藤道三の息子・**斎藤正義**。当初は烏峰城という名だった。正義の死後、美濃を領地とした信長が家臣である**森可成**を城主に据え、以降は森氏の城として「関ヶ原の戦い」まで代々受け継がれていくことになる。

森氏が転封になると、建物は**犬山城改修の部品として解体**され、廃城。近年の発掘調査で多くの礎石が発見され、建物の構造が明るみになっている。出土品から天守や門が瓦葺きであったとの見方もされている。

本丸西南隅の石垣

破却され崩落した本丸の石垣

清洲城

愛知県

応永12年（1405）築

城番号 529
参照頁▶P237

史跡区分 特になし

信長初期の居城は名古屋城の建材に

築城は応永12年（1405）、尾張守護である**斯波義重**によるもの。その後斯波氏は織田家の台頭により衰え、弘治元年（1555）の**織田信長**の入城以降は尾張の中心地として栄えた。信長が「桶狭間の戦い」の際、「敦盛」を舞った城としても知られる。

信長の死後、信長の次男**信雄**が入り、天正14年（1586）に改築が施される。徳川氏の世となると名古屋への遷府がなされ、清洲の城下町がそのまま名古屋城下へ移転された。これが世にいう「**清洲越し**」で、その際に天守なども解体され、名古屋城築城の建材とされた。

新幹線内から見た清洲城模擬天守

ガイド 現在の清洲城

名古屋遷府により廃城となった清洲城は、縄張がほとんど失われ、現在の三重四階の模擬天守の内部は資料館になっている。清須公園内には信長と濃姫の銅像が立つ。また天守のすぐ脇を東海道新幹線が横切ることで知られる。

◇◇

岡崎城

愛知県

康正元年（1455）築

城番号 514
参照頁▶P235

史跡区分 市指定史跡

徳川家康生誕の城として重要視される

徳川家康生誕の城・**岡崎城**。康正元年（1455）、土地の**豪族西郷氏**により建てられた城を、家康の祖父・**松平清康**が奪い享禄4年（1531）に改築した。

天文11年（1542）にこの城で生まれた**松平竹千代**（家康の幼名）は、その後今川家の人質となり、苦難の幼少期を送る。「桶狭間の戦い」後は岡崎城へと戻り居城とし、三河一帯を平定した。

築城当初は丘陵部を利用した平山城であったが、「関ヶ原の戦い」後は**徳川氏の聖地**として重視され、元和3年（1617）に**本多康紀**がより近世城郭として改築。それ以前では、**三重三階の天守**が築かれた。豊臣秀吉により家康が関東へ移された際に入った田中吉政が、天正18年（1590）頃堅牢な城壁、石垣などを普請している。

明治に入り大部分が取り壊され、現在の天守は昭和34年（1959）に再建された。ただしこの天守は明治期の写真を参考にしたもので、本来は存在しない高欄（手すり）があるなど、正確なものではない。城趾は岡崎公園として整備されている。

本丸内から見た天守

長篠城（ながしのじょう）

愛知県
永正5年（1508）築
城番号 516
参照頁▶P236

史跡区分 国指定史跡

武田勝頼の猛攻を凌いだ断崖に築かれた堅固な城

長篠城は武田勝頼と織田信長、徳川家康が雌雄を決した「**長篠の戦い**」の舞台となった城である。その起源となったのは永正5年（1508）、土豪の**菅沼元成**が二本の川の合流地である断崖に築いた天然の要害の城で、一時期は武田氏が治めたが、後に家康が奪い大改築した。

天正3年（1575）には勝頼により激しく攻め立てられるも、家康の家臣**奥平貞昌**が落城寸前で死守。その後、応援に来た織田・徳川連合軍に勝頼は大敗を喫し、武田家滅亡へと至る。

現在、城趾内には飯田線の線路が走っているが、本丸付近には家康の大改修により造られたと考えられる**大規模な空堀と土塁**が、本丸南には**野牛曲輪**が良好に残っている。また、帯曲輪跡には史跡保存館が建つ。**本丸跡**や**勝頼本陣跡**は史跡として整備されている。

宇連川と寒狭川の合流点にある長篠城

松坂城（まつさかじょう）

三重県
天正16年（1588）築
城番号 536
参照頁▶P238

史跡区分 国指定史跡

蒲生氏郷が築いた石垣作りの名城

伊勢を領有していた**蒲生氏郷**が、天正16年（1588）に築いた城が**松坂城**である。当時氏郷は伊勢湾に面した松ヶ島城を居城としていたが、城下町の発展を考慮し、新たに城を築いた。

安土城の築城にも参加した氏郷によって建てられた松坂城は、荘厳さ、堅牢さなどから「**近世城郭の先駆けとなる名城**」として高く評価されている。氏郷が近江国から連れてきた石工集団に築かせた石垣は現在も保全されているが、一部は昭和から平成にかけて大規模な積み直しが行われた。

縄張は本丸、二の丸、三の丸のほかに二つの曲輪を持つ**梯郭式平山城**。各曲輪は石垣、石塁で囲まれている。本丸には三重の天守があったとされるが、正保元年（1644）に倒壊したと伝えられ、その形状は不明である。

建築物としては隠居丸と呼ばれる曲輪から移築された**米倉**、**御城番屋敷**がある。昭和の終わりごろには天守再建も計画されたが、地元住民から賛否が相次いだ結果、中止されている。

裏門の高石垣

北陸地方の城

富山県

越中守護の畠山氏の家督争いをきっかけに、各地で群雄が基盤を築くようになる。その後、上杉謙信が越中を平定し、能登国も支配するが、織田信長の勢力に敗れた。江戸時代には、富山藩として前田氏が治めた。

377 富山城

城年：天文元年(1532)　築城者：神保長職

特徴：神保氏の城を上杉謙信が攻め落とすが、援軍の織田信長が奪還し、佐々成政が置かれた。やがて成政は豊臣秀吉に敗れ、肥後に移る。その後は明治の廃藩置県にいたるまで前田氏が支配した。

所在地：富山市本丸

公共交通：JR北陸本線・富山駅より徒歩約10分

車：北陸道・富山ICから城址公園地下有料駐車場まで約15分

富山城の石垣と模擬天守

富山城大手の鏡石

378 白鳥城 しらとりじょう

築城年：天文12年(1543)　築城者：神保長職
特徴：上杉謙信の進撃を警戒して築かれた。天正13年(1585)に豊臣秀吉が佐々成政征伐の拠点にしたことでも知られる。別名は呉服山城。
所在地：富山市呉羽町
公共交通：JR高山本線・西富山駅より徒歩約30分で登城口
車：北陸道・富山西ICから約15分。しらとり広場Pか白鳥城址南駐車場を利用

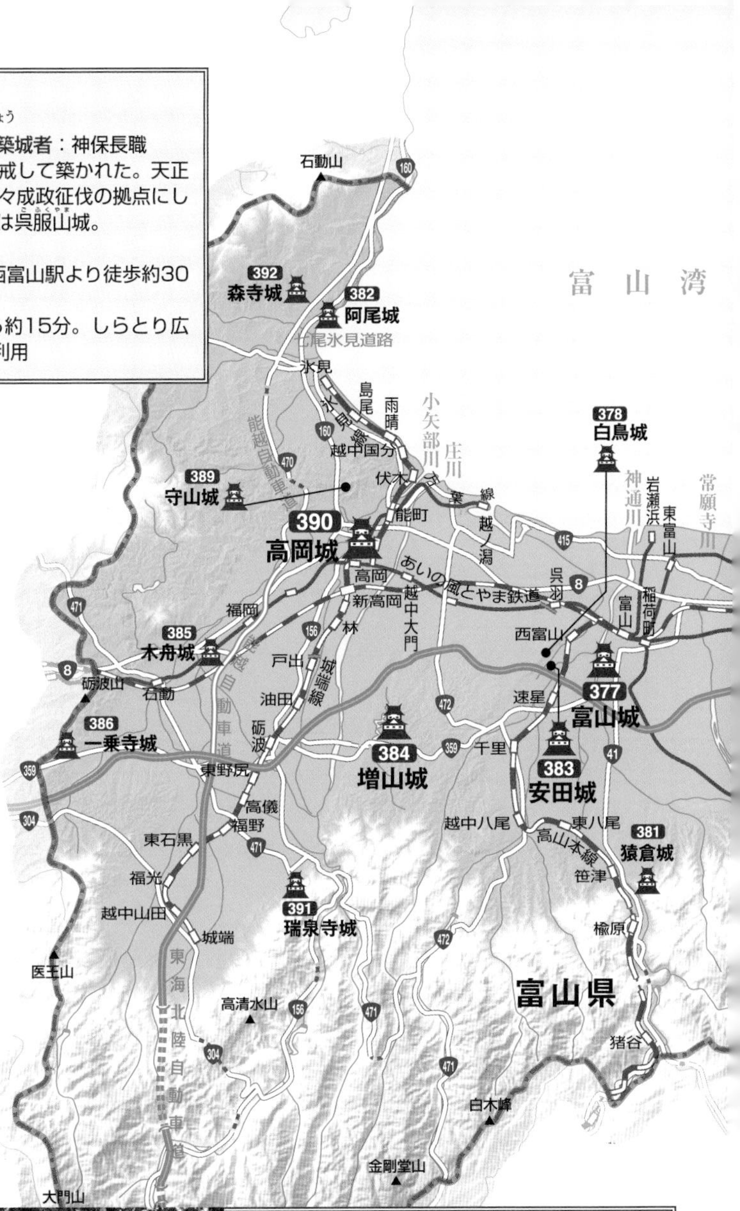

国宝 国宝　重文 重要文化財(国)
重文 重要文化財(県)　史跡 国指定史跡
史跡 県指定史跡

富山湾
392 森寺城
382 阿尾城
378 白鳥城
389 守山城
390 高岡城
385 木舟城
386 一乗寺城
384 増山城
377 富山城
383 安田城
381 猿倉城
391 瑞泉寺城
富山県

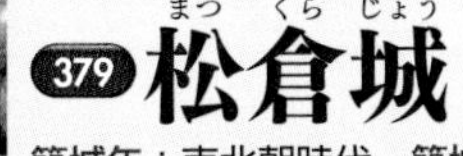

379 松倉城 まつくらじょう

史跡

築城年：南北朝時代　築城者：不明
特徴：室町時代に新川郡守護代・椎名氏が居城にした。椎名氏は永禄11年(1567)に武田信玄と通じて上杉謙信に背き、城を追われている。
所在地：魚津市鹿熊
公共交通：あい鉄・魚津駅より車
車：北陸道・魚津ICから駐車場まで約20分。駐車場から本丸まで徒歩約5分

松倉城の石の門砦

増山城二の丸と安室屋敷間の大堀切

380 弓庄城 ゆみのしょうじょう

築城年：永正年間(1504～1521)　築城者：土肥氏
特徴：土肥政繁のときに佐々成政に攻められ、城を明け渡した。佐々成政は人質として預かった政繁の次男を殺して、磔にしたという。
所在地：中新川郡上市町
公共交通：富山地方鉄道・上市駅より車
車：北陸道・立山ICから約10分。弓の里歴史文化館の駐車場を利用。本丸跡まで徒歩すぐ

381 猿倉城 さるくらじょう

築城年：不明　築城者：不明
特徴：神通川を見下ろす猿倉山に築かれた城。創建については諸説あるが元亀2年(1571)に塩屋氏が築いたとするのが一般的。船倉城とも。
所在地：富山市舟倉
公共交通：JR高山本線・笹津駅より徒歩約30分
車：北陸道・富山ICから猿倉山森林公園駐車場まで約20分。駐車場から徒歩すぐ

382 阿尾城 あおじょう

史跡

築城年：永禄年間(1558～1570)　築城者：菊池氏
特徴：断崖絶壁に築かれた山城。城の西側は斜面になっていて、北、南、東はすべて海。このような立地の城は富山県では他にない。
所在地：氷見市阿尾
公共交通：JR氷見線・氷見駅よりバス「北阿尾」下車、徒歩約10分
車：能越道・氷見北ICから駐車場まで約10分

383 安田城 やすだじょう

史跡

築城年：天正13年(1585)　築城者：不明
特徴：主な城主は前田家に仕えた岡嶋一吉。遺構の状態が素晴らしく、当時の城の有り様がかなり正確につかめる。非常に貴重な城。
所在地：富山市婦中町安田　公共交通：JR高山本線・婦中鵜坂駅より徒歩約20分　車：北陸道・富山西ICから史跡安田城跡駐車場まで約10分

384 増山城 ますやまじょう

史跡

築城年：不明　築城者：不明
特徴：富山を代表する山城で、越中三大山城に数えられる。築城時期は明らかではないが、南北朝時代もしくはそれ以前と考えられる。
所在地：砺波市増山
公共交通：JR城端線・砺波駅より約20分
車：北陸道・砺波ICから山麓の駐車場まで約20分。駐車場から二の丸まで徒歩約20分

385 木舟城 きふねじょう

史跡

築城年：元暦元年(1184)　築城者：石黒氏
特徴：天正13年(1585)の大地震で城が崩壊。城主・前田秀継が死ぬなど、多大な被害が出た。遺構はほぼ残っていない。貴船城とも。
所在地：高岡市福岡町木舟
公共交通：あい鉄・福岡駅またはJR高岡駅／新高岡駅よりバス
車：能越道・福岡ICから駐車場まで約5分

386 一乗寺城 いちじょうじじょう

築城年：南北朝期　築城者：不明
特徴：加賀と越中との国境のそばに築かれた城。応安2年(1369)に室町幕府軍によって、わずか一日で攻め落とされたという記録が残る。
所在地：小矢部市八伏
公共交通：JR北陸本線・石動駅より約20分
車：北陸道・小矢部ICから約20分。林道の先に駐車場あり。城跡まで徒歩約5分

一乗寺城の土塁

鳥瞰で見る安田城(写真／富山市教育委員会提供)

高岡城の石垣

387 魚津城 うおづじょう

築城年：建武2年(1335)　築城者：椎名氏
特徴：松倉城の支城として築かれた。小戸城、小津城とも呼ばれる。周囲を川や海、沼田で守られた難攻の城。後に上杉氏の拠点になった。
所在地：魚津市本町
公共交通：富山地方鉄道・電鉄魚津駅より徒歩すぐ
車：北陸道・魚津ICから約10分。旧大町小学校駐車場を利用

388 宮崎城 みやざきじょう

史跡

築城年：寿永元年(1182)　築城者：宮崎太郎
特徴：越中と越後の国境近くに位置する。戦国時代には上杉氏が越中に攻め入る際の重要拠点とされた。荒山城、境城などの別名がある。
所在地：下新川郡朝日町
公共交通：JR北陸本線・越中宮崎駅より徒歩・車
車：北陸道・朝日ICから約25分。城山駐車場を利用

389 守山城 もりやまじょう

築城年：南北朝時代　築城者：不明
特徴：見晴らしのよい山上に築かれた城。森山城、二上(ふたがみ)城、獅子頭城などの別名を持つ。神保氏張(じんぼうじはる)や前田利長が一時居城にした。
所在地：高岡市東海老坂
公共交通：JR北陸本線・高岡駅より車
車：能越道・高岡ICから本丸にある城山公園駐車場まで約20分

守山城の曲輪群

守山城本丸から富山市街地と北アルプスを望む

390 高岡城(たかおかじょう)

►P206

史跡

築城年：慶長14年(1609)　築城者：前田利長
特徴：富山城が大火に見舞われ、城主・前田利長が新たな居城として高岡城を築いた。利長は慶長19年(1614)に死去、高岡城も翌年の一国一城令を受けて廃された。現在は公園になっている。
所在地：高岡市古城
公共交通：JR北陸本線・高岡駅より徒歩約15分
車：能越道・高岡ICから高岡古城公園の駐車場まで約15分

391 瑞泉寺城 ずいせんじじょう

築城年：文明年間(1469〜1487)　築城者：蓮乗(れんじょう)
特徴：越中一向一揆で知られる瑞泉寺の城。井波(いなみ)城ともいう。後に前田利家により攻め落とされた。現在、跡地には公園や神社がある。
所在地：南砺市井波
公共交通：JR北陸本線・高岡駅よりバス
車：東海北陸道・南砺スマートIC／北陸道・砺波ICから約20分。井波交通広場駐車場を利用

392 森寺城 もりでらじょう

築城年：16世紀初め　築城者：畠山氏
特徴：能登守護の畠山氏が拠点として築いたとされ、氷見(ひみ)地方における山城のなかで最大の規模を誇る。現在は城跡内に「ふるさと歩道」と呼ばれる散策用のコースが設けられている。
所在地：氷見市森寺
公共交通：JR氷見線・氷見駅より車で約15分
車：能越道・氷見ICから駐車場まで約15分

七尾城の段々状の石垣

北陸地方の城

石川県（いしかわけん）

室町時代に畠山基国が能登守護を任じられ、守護代には遊佐氏が就いた。やがて応仁の乱を終えた畠山義統が下国し、戦国大名となる。いっぽう、加賀では富樫氏が守護を務めていたが、一向一揆に悩まされた。

393 金沢城（かなざわじょう） 重文 史跡

▶P199

築城年：天正８年(1580)　築城者：佐久間盛政
特徴：加賀一向一揆の拠点だったが、佐久間盛政が攻め落として居城にし、後に入った前田利家がさらに大規模な改修を行った。現在は日本三大庭園の兼六園を有する金沢城公園。別名は尾山城。
所在地：金沢市丸の内
公共交通：JR金沢駅よりバス「兼六園下」下車、徒歩約5分で金沢城公園
車：北陸道・金沢森本ICから約20分、金沢西IC／金沢東ICから約30分。兼六園駐車場など周辺の有料Pを利用

394 七尾城（ななおじょう） 史跡

▶P206

築城年：15世紀　築城者：畠山氏
特徴：広大な敷地を有する堅牢な山城で、天宮（てんきゅう）とも形容された。精鋭揃いの上杉軍も攻め落とすまでに一年の時を要している。別名は松尾城。
所在地：七尾市古府町
公共交通：JR七尾駅よりバス「城史資料館前」下車、徒歩すぐで登城口　車：能越道・七尾城山ICから本丸駐車場まで約20分。本丸まで徒歩約10分

395 鷹巣城 たかのすじょう

築城年：天正年間(1573～1592)初期　築城者：不明
特徴：犀（さい）川に面した丘陵に築かれた城。築城に関して不明な点も多いが、金沢城の番城だったと推測される。扇状に配された曲輪が特徴的。
所在地：金沢市西市瀬町・瀬領町
公共交通：JR北陸本線・金沢駅よりバス
車：金沢外環状道路・涌波ICから約20分。駐車場なし

396 津幡城 つばたじょう

築城年：寿永2年(1183)　築城者：不明
特徴：上杉謙信が七尾城攻めの拠点にした。その後前田利家が入り、修築している。かつてこの地に平維盛（これもり）の砦があったという伝承も。
所在地：河北郡津幡町清水
公共交通：JR七尾線・本津幡駅より徒歩約10分
車：北陸道・金沢森本ICから約15分／津幡バイパス・中橋ICから約5分。駐車場あり

金沢城石川門の二重櫓

国宝 国宝　重文 重要文化財(国)　重文 重要文化財(県)
史跡 国指定史跡　史跡 県指定史跡

397 高尾城 たかおじょう

築城年：長享2年（1488）以前　築城者：富樫氏

特徴：高尾山の頂に築かれた城。長享2年（1488）に一向一揆軍に奪われた。現在、城跡には教育センターがある。田江城、富樫城とも。

所在地：金沢市高尾町

公共交通：JR北陸本線・金沢駅よりバス

車：北陸道・白山ICから約20分。県教員総合研修センターの駐車場を利用

398 末森城 すえもりじょう

史跡

築城年：戦国時代　築城者：土肥氏

特徴：標高140mほどの山に築かれた城。天正12年（1584）に佐々成政と前田利家が戦った「末森合戦」の舞台として知られる。

所在地：羽咋郡宝達志水町竹生野

公共交通：JR七尾線・宝達駅より徒歩約30分

車：のと里山海道・今浜ICから末森城跡駐車場まで約10分。本丸まで徒歩約20分

末森城の古戦場跡碑

地域別 北陸・東海地方の城

小松城の天守台

399 朝日山城 あさひやまじょう

築城年：天正年間(1573～1592)　築城者：不明
特徴：前田利家が佐々成政と初めて戦ったのがこの場所。両者の戦力は拮抗しており、戦いの舞台は能登方面へ移っていく。
所在地：金沢市加賀朝日町
公共交通：JR北陸本線・森本駅／津幡駅より車で約20分
車：北陸道・金沢森本ICから約20分

400 御幸塚城 みゆきづかじょう

築城年：不明　築城者：富樫泰高
特徴：富樫氏の居城を一向一揆衆が奪った。しかしその後、佐久間盛政が敵武将を寝返らせ、簡単に攻略したといわれる。今江城ともいう。現在は公園となっており遺構はわかりにくい。
所在地：小松市今江町
公共交通：JR北陸本線・小松駅よりバス
車：北陸道・小松ICから約15分。駐車場なし

401 穴水城 あなみずじょう

築城年：建保年間(1213～1218)　築城者：長氏
特徴：穴水湾に面する要害の地に位置。別名は白波城、白藤城、岩立城。現在は城址公園として整備されている。城跡周辺には神社、高校が建ち、歴史資料館が置かれている。
所在地：鳳至郡穴水町川島
公共交通：のと鉄道・穴水駅より徒歩約20分
車：能越道・穴水ICから駐車場まで約30分

402 小丸山城 こまるやまじょう

築城年：天正10年(1582)　築城者：前田利家
特徴：前田利家が七尾城から移って、しばらくの間居城にした。城跡は現在公園になっており、前田利家と正室・まつの銅像がある。
所在地：七尾市馬出町
公共交通：JR七尾線・七尾駅より徒歩約5分
車：能越道・七尾ICから約10分／のと里山海道・上棚矢駄ICから約20分。駐車場あり

403 小松城 こまつじょう

築城年：天正4年(1576)　築城者：若林長門守
特徴：一向一揆衆の拠点になった城のひとつ。一国一城令を受けて一度は廃されたが、前田利常が再建し、隠居生活を送った。
所在地：小松市丸の内町
公共交通：JR北陸本線・小松駅よりバス「市役所前」下車、徒歩約10分　車：北陸道・小松ICから約5分。小松市役所の駐車場を利用

404 二曲城 ふとげじょう 史跡

築城年：戦国時代　築城者：二曲右京進
特徴：川を挟んで鳥越城と向かいあうように位置。加賀一向一揆の際、二曲右京進は一揆衆に味方し、最後まで本願寺勢の拠点になった。
所在地：白山市出合町
公共交通：北陸鉄道石川線・鶴来駅よりバス
車：北陸道・小松ICから約30分／小松バイパス・佐々木ICから約20分

405 大聖寺城 だいしょうじじょう 重文

築城年：鎌倉時代　築城者：狩野一門
特徴：錦城の別名を持つ。現在跡地は整備されて公園になっている。小堀遠州が設計し、国の重要文化財に指定されている茶室がある。
所在地：加賀市大聖寺錦町
公共交通：JR北陸本線・大聖寺駅より徒歩約15分
車：北陸道・加賀ICから約5分。錦城山公園駐車場を利用

406 石動山城 せきどうさんじょう 史跡

築城年：天正4年(1576)　築城者：上杉謙信
特徴：標高565mの石動山に位置する城。七尾城攻略の一環として築かれたと推測される。現在は主郭部に山小屋が置かれている。
所在地：鹿島郡中能登町
公共交通：JR七尾線・良川駅より車
車：能越道・七尾ICから約25分。能登歴史公園または石動山天平寺跡の駐車場を利用

小丸山城公園内に立つ利家とまつの像

松根城の二の丸虎口の堀

407 松根城 まつねじょう

史跡

築城年：不明　築城者：不明
特徴：石川と富山の境界線上に位置する。標高は約300mで、朝日山を見下ろすことができ、日本海や富山湾も臨める眺望に優れた城。
所在地：金沢市松根町
公共交通：JR北陸本線・森本駅より車で約20分
車：北陸道・金沢森本ICから城内の駐車スペースまで約30分。駐車場から主郭まで徒歩約10分

408 和田山城 わだやまじょう

史跡

築城年：永正3年(1506)　築城者：超勝寺
特徴：越前守護朝倉氏から逃れ、加賀国へ移ってきた和田坊超勝寺が築く。一揆が終息した後は、安井家清が城主を務めた。別名は寺井城。
所在地：能美市和田町
公共交通：JR北陸本線・小松駅よりバス・車
車：小松ICから約15分／金沢西バイパス・五間堂ICから約5分で和田山・末寺山史跡公園駐車場

409 松任城 まっとうじょう

築城年：鎌倉初期　築城者：不明
特徴：松任駅から徒歩3分ほどの場所にあり、非常にアクセスしやすい。現在はおかりや公園として整備されている。鏑木城とも呼ばれる。
所在地：白山市古城町
公共交通：JR北陸本線・松任駅より徒歩すぐ
車：北陸道・白山ICから約10分。松任文化会館駐車場を利用

410 舟岡城 ふなおかじょう

史跡

築城年：天正年間(1573～1591)　築城者：不明
特徴：船を裏返したような形の船岡山にある城。一向一揆勢に対抗するための拠点として築かれた。船岡山城、鶴来城などの別称もある。
所在地：白山市八幡町
公共交通：北陸鉄道石川線・鶴来駅より徒歩約25分　車：北陸道・白山ICから約30分で白山自然の家駐車場。登城口まで徒歩すぐ

411 岩倉城 いわくらじょう

築城年：16世紀前半　築城者：不明
特徴：鳥越城を本城とする一向一揆衆の拠点だったが、織田軍が奪い、逆に鳥越城攻めの拠点にした。城主の館跡が今なお残っている。
所在地：小松市原町
公共交通：JR北陸本線・小松駅よりバス
車：北陸道・小松ICから約25分。国道360号線沿いの案内板裏に駐車スペースあり

412 波佐谷城 はさたにじょう

築城年：戦国時代　築城者：宇津呂氏
特徴：一向一揆衆の拠点で、天正8年(1580)に柴田勝家により落城。三山の大坊主に数えられる松岡寺が置かれていたことでも知られる。
所在地：小松市波佐谷町
公共交通：JR北陸本線・小松駅よりバス
車：北陸道・小松ICから約20分／小松バイパス・東山ICから約5分

413 鳥越城 とりごえじょう

史跡

築城年：天文年間(1532～1555)　築城者：鈴木氏
特徴：佐久間盛政らが鎮圧した加賀一向一揆の拠点。熾烈な戦いを経て天正10年(1582)に城は陥落し、盛政は300人以上の門徒を磔に処した。城跡周辺には「首切り谷」などの地名が今も残る。
所在地：白山市三坂町
公共交通：JR北陸本線・小松駅よりバス
車：北陸道・小松ICから山上の駐車場まで約30分。駐車場から本丸まで徒歩約5分

鳥越城の復元された門と櫓

福井県（ふくいけん）

南北朝の内乱後、斯波氏が守護となるが、やがて但馬の朝倉氏が進出をはじめた。斯波氏が一族で争っている隙に、朝倉氏が越前国の権力を握ったが、天正元年（1573）に織田信長の攻撃を受け滅ぼされた。

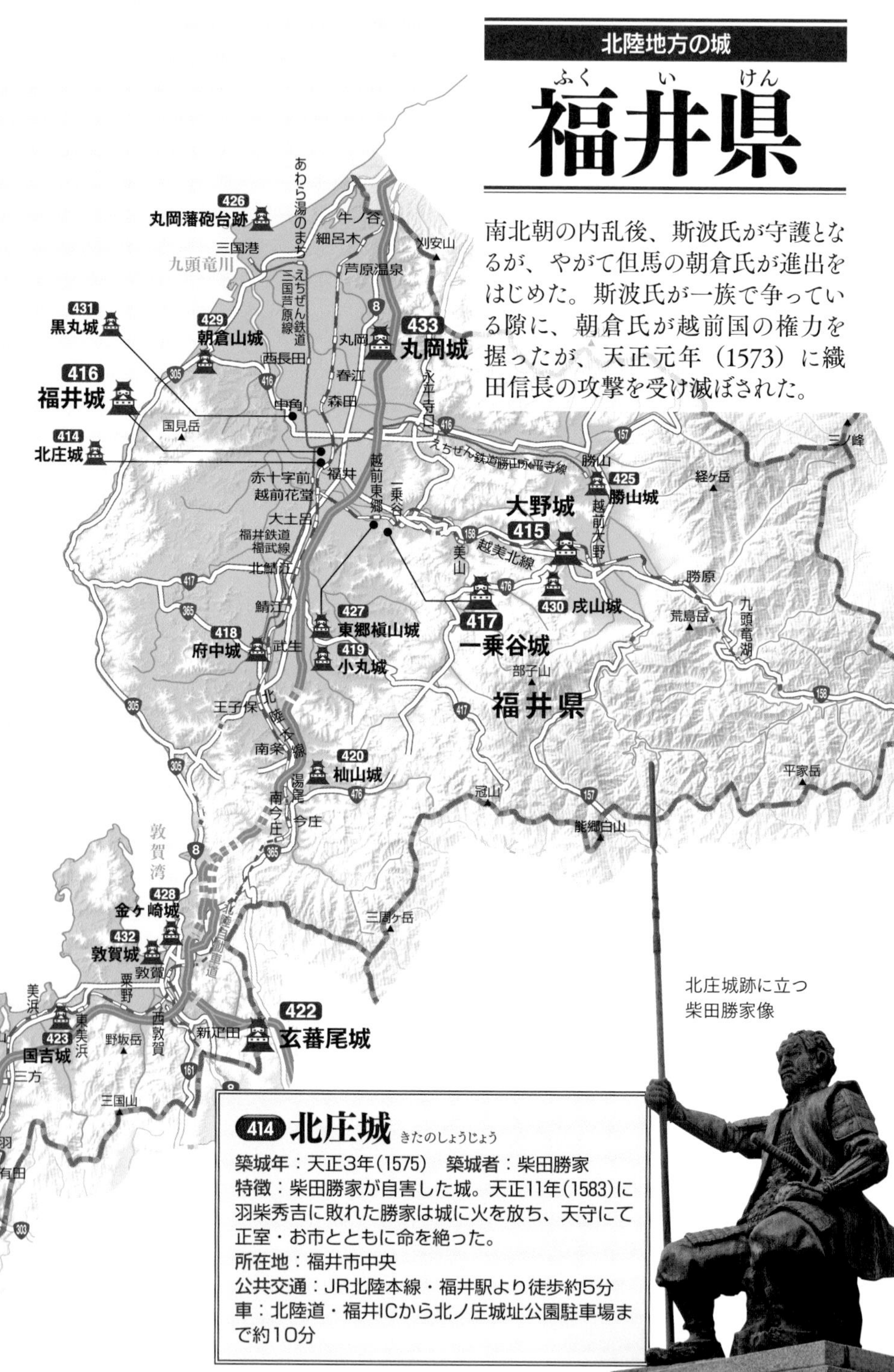

北庄城跡に立つ
柴田勝家像

414 北庄城 きたのしょうじょう

築城年：天正3年(1575)　築城者：柴田勝家

特徴：柴田勝家が自害した城。天正11年(1583)に羽柴秀吉に敗れた勝家は城に火を放ち、天守にて正室・お市とともに命を絶った。

所在地：福井市中央

公共交通：JR北陸本線・福井駅より徒歩約5分

車：北陸道・福井ICから北ノ庄城址公園駐車場まで約10分

朝靄に浮かぶ大野城

415 大野城

史跡

築城年：天正3年(1575)　築城者：金森長近

特徴：昭和43年(1968)に天守が再建され、現在は公園として整備されている。城下町は規則正しい区画から小京都の別名を持つ。

所在地：大野市城町

公共交通：JR越前大野駅から徒歩約30分で登城口

車：北陸道・福井ICから約30分／中部縦貫道・大野ICから約5分。駐車場複数あり

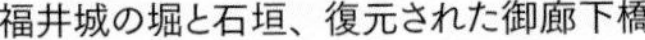

福井城の堀と石垣、復元された御廊下橋

416 福井城

築城年：慶長6年(1601)　築城者：結城秀康

特徴：柴田勝家の北庄城があった場所に、68万石大名となった結城秀康が新たに城を築く。四層天守を備える壮大な城だったが、火災により天守は失われた。現在は城跡に県庁や議事堂が置かれている。

所在地：福井市大手

公共交通：JR北陸本線・福井駅より徒歩約10分

車：北陸道・福井ICから約20分。福井市郷土歴史博物館などの有料駐車場を利用

417 一乗谷城

▸P201

重文 史跡

築城年：文明3年(1471)　築城者：朝倉孝景

特徴：一乗谷城のそばに設けられた朝倉氏代々の居館。情緒あふれる美しい庭園が残っており、一乗谷城跡にも様々な遺構が見られる。

所在地：福井市城戸ノ内町

公共交通：JR一乗谷駅より徒歩約20分で登城口の八幡神社　車：北陸道・福井ICから一乗谷駐車場まで約10分。山麓屋敷跡まで徒歩すぐ。山頂遺構まで登城口から徒歩約60分

若狭湾

国宝 国宝　重文 重要文化財(国)　重文 重要文化財(県)

史跡 国指定史跡　史跡 県指定史跡

一乗谷城の唐門

玄蕃尾城の複雑な縄張

418 府中城 ふちゅうじょう

築城年：天正3年(1575)　築城者：前田利家
特徴：織田信長が越前平定の後に家臣の前田利家に築かせた。かつては朝倉氏の奉行所で、現在、跡地には越前市役所が建っている。江戸後期に造られた表門は、市内の正覚寺へ山門として移築。
所在地：越前市府中
公共交通：JR北陸本線・武生駅より徒歩すぐ
車：北陸道・武生ICから約10分。駐車場なし

419 小丸城 こまるじょう

史跡

築城年：天正3年(1575)　築城者：佐々成政
特徴：柴田勝家の補佐役として活躍した府中三人衆のひとり、佐々成政の城。築城から数年後に成政が越中へと移り、城は廃されている。土塁や堀、本丸の一部などが残存。
所在地：越前市五分市町
公共交通：JR北陸本線・武生駅より車で約15分
車：北陸道・武生ICから小丸城跡駐車場まで約10分

420 杣山城 そまやまじょう

史跡

築城年：鎌倉時代　築城者：瓜生氏
特徴：天正元年(1573)に合戦で城主を失い廃城。東御殿、西御殿と呼ばれる広大な平地が残る。
所在地：南条郡南越前町阿久和
公共交通：JR北陸本線・湯尾駅より徒歩約50分で登城口　車：北陸道・今庄ICから登城口駐車場まで約15分。本丸まで徒歩約90分／中腹の駐車場から本丸まで徒歩約40分

421 小浜城 おばまじょう

史跡

築城年：慶長6年(1601)　築城者：京極高次
特徴：関ヶ原の戦いで活躍した京極高次の築城だが、工事が順調に進まず、完成した城を見る前に高次は転封。酒井氏が築城を引き継いだ。
所在地：小浜市城内
公共交通：JR小浜線・小浜駅より徒歩約15分
車：舞鶴道・小浜ICから約5分。城跡である小濱神社の駐車場を利用

422 玄蕃尾城 げんばおじょう

築城年：天正10年(1582)頃　築城者：柴田勝家
特徴：天正11年(1583)に柴田勝家が本陣を置いて羽柴秀吉と戦い、敗れた。勝家が秀吉との戦いを予期して築城したと思われる。
所在地：敦賀市刀根・滋賀県長浜市余呉町
公共交通：JR敦賀駅よりバス「刀根」下車、徒歩約60分で登城口　車：北陸道・木之本ICから駐車場まで約30分。主郭まで徒歩約30分

423 国吉城 くによしじょう

築城年：弘治2年(1556)　築城者：粟屋勝久
特徴：廃城を粟屋勝久が再興したと伝わる。永禄6年(1563)から永禄12年(1569)に渡って朝倉氏に攻められるが、一度も陥落しなかった。
所在地：三方郡美浜町佐柿　公共交通：JR美浜駅よりバス「佐柿」下車、徒歩約5分で登城口
車：舞鶴若狭道・若狭美浜ICから駐車場まで約10分。登城口から本丸まで徒歩約30分

424 後瀬山城 のちせやまじょう

史跡

築城年：大永2年(1522)　築城者：武田元光
特徴：居館を備えた大規模な山城。武田氏の後は、丹羽長秀、浅野長政などが城主を務め、最後は京極高次が小浜城に移るまで本拠にした。
所在地：小浜市伏原
公共交通：JR小浜線・小浜駅より徒歩約10分
車：舞鶴若狭道・小浜ICから登城口の駐車スペースまで約10分。登城口から本丸まで徒歩約30分

425 勝山城 かつやまじょう

築城年：天正8年(1580)　築城者：柴田勝安
特徴：福井平野と大野盆地の間に築かれた城。江戸時代には勝山藩庁が置かれた。現在は城跡に勝山市役所が建っている。別名は袋田城。
所在地：勝山市元町
公共交通：えちぜん鉄道・勝山駅より徒歩約15分
車：北陸道・勝山ICから約10分／東海道・白鳥西ICから約70分

小浜城の石垣

431 黒丸城 くろまるじょう

築城年：不明　築城者：不明
特徴：本城である大黒丸城と、その出城として築かれた小黒丸城をあわせて黒丸城と呼ぶ。一乗谷城に移る前の朝倉氏の本拠になった。
所在地：福井市黒丸町
公共交通：JR北陸本線・福井駅よりバス「黒丸城」下車、徒歩約5分
車：北陸道・丸岡ICから約25分

432 敦賀城 つるがじょう

築城年：天正11年(1582)　築城者：蜂屋頼隆
特徴：羽柴秀吉の家臣・蜂屋氏が築くが、6年後に病没。次いで大谷吉継が城主となり、拡張工事を行った。一国一城令を受けて廃される。
所在地：敦賀市結城町
公共交通：JR北陸本線・敦賀駅より「市立病院前」下車、徒歩約5分　車：北陸道・敦賀ICから約10分。眞願寺の駐車場を利用

433 丸岡城 まるおかじょう 重文

►P200

築城年：天正4年(1576)　築城者：柴田勝豊
特徴：望楼が載った古風な外観をしている天守は、現存の中で最も古いと言われていたが、近年の調査で江戸初期の建造と判明し、最古の称号を明け渡した。寒冷対策として、笏谷石の石瓦が葺かれている。周囲は埋め立てられ本丸のみが残る。
所在地：坂井市丸岡町霞町
公共交通：JR北陸本線・福井駅よりバス「丸岡城」下車、徒歩すぐ
車：北陸道・丸岡ICから丸岡城駐車場まで約5分

丸岡城の現存天守

426 丸岡藩砲台跡 まるおかはんほうだいあと 史跡

築城年：嘉永5年(1852)　築城者：丸岡藩(有馬氏)
特徴：外国船の来航をきっかけに海上防衛のために築かれた砲台の跡。遺構として5つの砲眼(砲弾を撃つための壁の穴)が残っている。
所在地：坂井市三国町梶
公共交通：えちぜん鉄道・水居駅より徒歩約60分
車：北陸道・丸岡ICから駐車場まで約10分。駐車場から遺構まで徒歩約5分

427 東郷槇山城 とうごうまきやまじょう

築城年：応永年間(1394〜1428)
築城者：朝倉正景
特徴：朝倉氏の本拠・一乗谷城の支城として築かれた。足羽川の対岸には、同じく一乗谷城の支城である成願寺城がある。現在は公園。
所在地：福井市小路町　公共交通：JR越美北線・越前東郷駅より徒歩約5分で登山口。　車：北陸道・福井ICから約15分。二の丸駐車場を利用

428 金ヶ崎城 かねがさきじょう 史跡

築城年：平安末期　築城者：不明
特徴：三方を海に囲まれ、「無双の要害」と称される城。戦国期には朝倉氏の拠点になるが、元亀元年(1570)に織田信長が攻め落とした。
所在地：敦賀市金ヶ崎町
公共交通：JR北陸本線・敦賀駅より徒歩約40分
車：北陸道・敦賀ICから約10分。金崎宮参拝者駐車場を利用。主郭まで徒歩約15分

429 朝倉山城 あさくらやまじょう

築城年：不明　築城者：不明
特徴：日本海と坂井平野を見下ろす朝倉山に築かれた城。詳細は不明だが室町末期に朝倉氏が織田軍を警戒して築いたという説が有力。
所在地：福井市深坂町
公共交通：JR北陸本線・福井駅よりバス
車：北陸道・丸岡ICから約30分。登山者用駐車場を利用

430 戌山城 いぬやまじょう

築城年：14世紀(南北朝期)頃　築城者：斯波氏
特徴：美濃街道を見下ろす要衝。のちの城主・朝倉氏の築城術による畝状竪堀群や大堀切は必見。金森氏の時に大野城が築かれ、廃城となった。
所在地：大野市犬山　公共交通：JR越美北線・越前大野駅より車で約10分、またはバス
車：北陸道・福井ICから約60分。みくら清水登城口に駐車スペースあり。主郭まで徒歩約30分

静岡県（しずおかけん）

駿河、遠江の守護職となった今川氏の影響力が、南北朝時代から大きかったエリア。残る伊豆は北条氏が治めた。今川氏真が徳川家康の攻撃を受け困窮すると、駿河、遠江の支配をあきらめて北条氏を頼った。

434 下田城 しもだじょう

築城年：天正17年（1589）　築城者：清水康英（やすひで）
特徴：北条氏直が豊臣氏の侵攻に備えて築かせた。城主・清水康英は1万超の豊臣軍の猛攻に600の兵で応戦したが、奮闘空しく落城。
所在地：下田市須崎
公共交通：伊豆急行・伊豆急下田駅より徒歩約15分　車：伊豆スカイライン・天城高原料金所から約70分。下田公園駐車場を利用

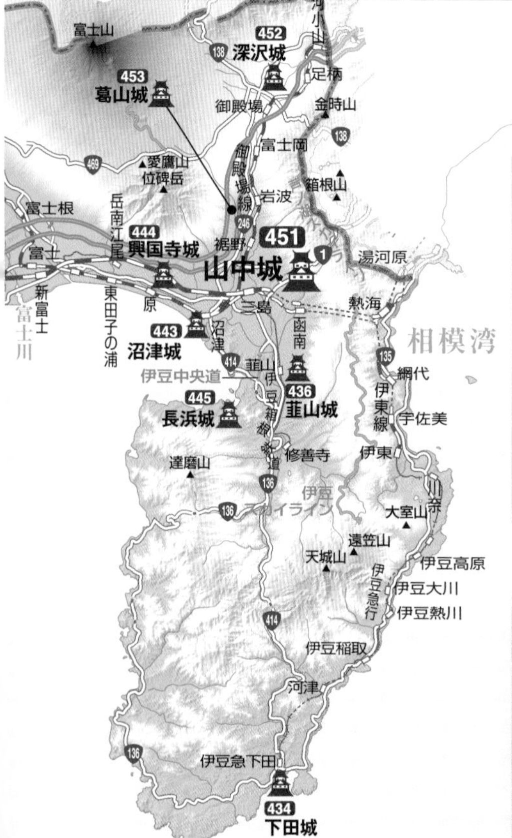

435 浜松城（はままつじょう）

築城年：元亀（げんき）元年（1570）　築城者：徳川家康
特徴：徳川家康、壮年期の居城。武田軍に敗れて退却した家康が、空城の計で敵の追撃を防いだ城としても有名。家康が関東に移った後は豊臣家臣の堀尾吉晴（よしはる）が入り、江戸時代には徳川家の譜代大名が城主になる。
所在地：浜松市中区元城町
公共交通：JR東海道本線・浜松駅より徒歩約20分　車：東名高速・浜松ICから約30分／新東名高速・浜松浜北ICから約40分。浜松城公園駐車場を利用

浜松城の石垣と模擬天守

436 韮山城 にらやまじょう

築城年：延徳3年（1491）　築城者：北条早雲
特徴：北条早雲が興国寺城から移った。豊臣秀吉の小田原攻めでは北条氏規（うじのり）が籠城し、豊臣の大軍を大いに手こずらせた。
所在地：伊豆の国市韮山韮山
公共交通：伊豆箱根鉄道・韮山駅より徒歩約20分で本丸　車：東名高速・沼津ICから約40分。江川邸に駐車場あり。本丸まで徒歩約15分

韮山城の土塁

丸子城丸馬出の三日月堀

437 丸子城 まりこじょう

築城年：室町時代　築城者：斎藤安元・今川氏親
特徴：交通の要所に位置。今川氏親が、家臣斎藤氏の居城を改修して支城にした。鞠子城、宇津谷城、赤目ヶ谷砦とも。
所在地：静岡市駿河区丸子
公共交通：JR静岡駅よりバス「吐月峰入口」下車、徒歩約10分で登城口
車：東名高速・静岡ICから約20分。駿府匠宿の駐車場を利用。登城口から本丸まで徒歩約30分

国宝 国宝　重文 重要文化財（国）
重文 重要文化財（県）　史跡 国指定史跡
史跡 県指定史跡

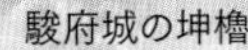

駿府城の坤櫓

438 駿府城 すんぷじょう

▶P203

築城年：天正13年（1585）　築城者：徳川家康
特徴：天正13年に築き、徳川家康が今川城から移って本拠とした。その後家康は関東へ移るが、慶長12年（1607）に五層天守の建築を含む大規模な改修を施し、駿府城で晩年を過ごした。家康の死後は幕府の管理下に入る。
所在地：静岡市葵区駿府公園
公共交通：JR東海道本線・静岡駅より徒歩約15分
車：東名高速・静岡ICから駿府城公園駐車場まで約20分。駐車場から本丸跡まで徒歩約5分

掛川城の復興天守

439 掛川城 かけがわじょう
▶P207

重文

築城年：永正9年(1512)　築城者：朝比奈泰熙
特徴：天正18年(1590)に山内一豊が入り、近世城郭に改修。平成6年(1994)、失われた天守が木造復元された。
所在地：掛川市掛川
公共交通：JR東海道本線・掛川駅より徒歩約5分
車：東名高速・掛川ICから大手門駐車場(有料)まで約5分。駐車場から天守まで徒歩約10分

440 高根城 たかねじょう

築城年：南北朝時代　築城者：奥山定則
特徴：永禄年間(1558～1570)に遠山氏により落城。その後、武田氏が改修して拠点にした。麓には居館跡がある。久頭郷城とも。
所在地：浜松市天竜区水窪町
公共交通：JR飯田線・向市場駅より徒歩約15分
車：東名高速・浜松ICから高根城公園駐車場まで約80分。駐車場から本曲輪まで徒歩約20分

441 三岳城 みたけじょう

史跡

築城年：南北朝時代　築城者：井伊道政
特徴：三岳山の尾根に築かれた井伊氏の本城。城の東西南北それぞれに支城が置かれている。戦国時代に入ると、今川氏の拠点になった。
所在地：浜松市北区引佐町
公共交通：天竜浜名湖鉄道・金指駅よりバス
車：新東名高速・浜松いなさICから約20分。三岳神社の駐車場を利用。徒歩約10分で城址

高天神城の横堀と土塁

442 高天神城 たかてんじんじょう

史跡

築城年：応永23年(1416)頃　築城者：今川氏
特徴：「高天神を制する者は遠州を制す」といわれた戦国時代の重要拠点。激しい争奪戦の末、最後は徳川家康が手中に収めた。
所在地：掛川市下土方　公共交通：JR掛川駅よりバス「土方」下車、徒歩約15分で追手門口
車：東名高速・掛川ICから追手門口の駐車場まで約15分。本丸まで徒歩約20分

443 沼津城 ぬまづじょう

築城年：安永6年(1777)　築城者：水野忠友
特徴：もとは元亀元年(1570)頃に武田勝頼が築いた三枚橋城(沼津古城)。沼津新城とも呼ばれる。江戸時代には沼津藩庁が置かれた。
所在地：沼津市大手町
公共交通：JR東海道本線・沼津駅より徒歩約5分
車：東名高速・沼津IC／伊豆縦貫道・沼津岡宮ICから約20分。沼津大手町駐車場を利用

444 興国寺城 こうこくじじょう

史跡

築城年：室町末期　築城者：不明
特徴：今川一族の内紛を収めた北条早雲が15世紀後半に城主となる。幾度も合戦の舞台になり、城主が頻繁に替わった。
所在地：沼津市根古屋　公共交通：JR原駅より徒歩約30分。またはJR原駅／沼津駅よりバス「東根古屋」下車、徒歩約5分
車：東名高速・沼津ICから駐車場まで約20分

興国寺城の天守台の石垣

石垣に丸石を用いている横須賀城

445 長浜城 ながはまじょう 史跡

築城年：室町時代　築城者：北条氏
特徴：内浦湾を臨む丘に築かれた北条氏の水軍拠点。北条氏は武田氏や豊臣氏の水軍と激しい戦いを繰り広げた。城の規模は小さめ。
所在地：沼津市内浦長浜
公共交通：JR東海道本線・沼津駅よりバス
車：伊豆中央道・長岡ICから約10分。城址の見学目的であれば案内板のある護岸に駐車可能

446 久能山城 くのうざんじょう 重文 史跡

築城年：永禄11年（1568）　築城者：武田信玄
特徴：武田氏は家臣に城を任せるが、徳川軍を前に開城。家康の没後、遺言により城が廃され東照宮が建てられた。　所在地：静岡市駿河区根古屋
公共交通：JR静岡駅よりバス「日本平ロープウェイ」下車、ロープウェイで約5分
車：東名高速・清水ICから日本平山頂駐車場まで約40分。駐車場から日本平ロープウェイを利用

447 小山城 こやまじょう

築城年：元亀2年（1571）　築城者：武田信玄
特徴：今川氏が築いた城砦を利用して築かれた。武田氏の後は徳川氏の城。遺構として三日月型の見事な三重堀が残る。
所在地：榛原郡吉田町　公共交通：JR藤枝駅／島田駅よりバス「片岡北吉田特別支援学校」下車、徒歩約5分　車：東名高速・吉田ICから能満寺山公園駐車場まで約15分。城跡まで徒歩約10分

448 二俣城 ふたまたじょう 史跡

築城年：16世紀初頭　築城者：二俣氏
特徴：戦国期に今川氏が拠点とし、後に武田氏と徳川氏の戦いの舞台となった。元亀3年（1572）の合戦では、武田軍が城兵の飲み水を断って勝利する。長篠の戦いの後は再び徳川氏の城になった。
所在地：浜松市天竜区二俣町
公共交通：天竜浜名湖鉄道・二俣本町駅より徒歩約10分　車：新東名高速・浜松浜北ICから駐車場まで約15分。本丸まで徒歩約10分

449 横須賀城 よこすかじょう 史跡

築城年：天正6年（1578）　築城者：大須賀康高
特徴：高天神城攻めの拠点として徳川家康が大須賀康高に築かせた。不開門が撰要寺に、搦手門が本源寺にそれぞれ移築されたと伝わる。
所在地：掛川市横須賀
公共交通：JR東海道本線・袋井駅よりバス
車：東名高速・掛川ICから横須賀城公園駐車場まで約30分。駐車場から城跡まで徒歩すぐ

450 久野城 くのじょう

築城年：明応年間（1492～1501）　築城者：久野宗隆
特徴：三方を水田に囲まれた立地。城主・久野宗隆は無許可で石塁を築いたため、常陸尾張に移されている。別名は座王城。
所在地：袋井市鷲巣
公共交通：JR東海道本線・袋井駅よりバス
車：新東名高速・遠州森町スマートICから約20分／東名高速・袋井ICから約10分。駐車場あり

451 山中城 やまなかじょう 史跡

►P202

築城年：永禄年間（1558～1570）　築城者：北条氏康
特徴：天正15年（1587）に豊臣秀吉との合戦に向けて改修工事を実施。天正18年（1590）に豊臣勢7万の猛攻を受けて陥落した。
所在地：三島市山中新田・田方郡函南町桑原
公共交通：JR三島駅よりバス「山中城跡」下車、徒歩すぐ登城口　車：伊豆縦貫道・沼津ICから城跡の駐車場まで約30分。本丸まで徒歩約15分

山中城の障子堀

二俣城の天守台

諏訪原城二の曲輪馬出の三日月堀

452 深沢城 ふかざわじょう

史跡

築城年：戦国時代　築城者：今川氏
特徴：深沢矢文の逸話で有名。元亀元年(1570)に武田信玄がこの城を攻めた際、城主・北条綱成に宛てて降伏勧告の矢文を打ち込んだ。
所在地：御殿場市深沢
公共交通：JR御殿場線・御殿場駅よりバス
車：東名高速・御殿場ICから約10分。南曲輪の案内板付近に数台の駐車スペースあり

453 葛山城 かずらやまじょう

築城年：室町時代　築城者：葛山氏
特徴：合戦用の山城と居住用の館の両方を備える中世の典型的な城郭。城主の葛山氏は今川氏の家臣で、今川氏が滅びると武田氏に仕えた。
所在地：裾野市葛山
公共交通：JR御殿場駅・岩波駅より徒歩約45分
車：東名高速・御殿場ICから約15分。仙年寺駐車場を利用

454 犬居城 いぬいじょう

史跡

築城年：14世紀頃(南北朝期)　築城者：天野氏
特徴：遺構は天野氏が武田流技術で改修したものとされてきたが、徳川氏による可能性が高まっている。竪堀に接する長大な横堀が見どころ。
所在地：浜松市天竜区春野町
公共交通：遠州鉄道・西鹿島駅よりバス
車：新東名高速・森掛川ICから約30分。春野ふれあい公園駐車場を利用。登城口から主郭まで徒歩約25分

455 諏訪原城 すわはらじょう

史跡

築城年：天正元年(1573)　築城者：馬場信春
特徴：元亀2年(1571)に武田信玄が砦を築き、武田勝頼家臣の馬場信春が本格的な城郭へと発展させた。高天神城攻めの拠点。
所在地：島田市金谷
公共交通：JR金谷駅より徒歩約30分
車：東名道・相良牧之原ICから駐車場まで約20分。ガイダンス施設あり。本曲輪まで徒歩約20分

456 小笠山砦 おがさやまとりで

築城年：永禄11年(1568)　築城者：徳川家康
特徴：掛川城と高天神城攻略のため、徳川家康が築いた付城。断崖絶壁に守られた広大な城域や長大な横堀、堀切など、堅固な城塞の様相。
所在地：掛川市入山瀬
公共交通：JR東海道本線・掛川駅より徒歩約70分またはバス　車：東名高速・掛川ICから約10分。小笠神社駐車場を利用。主郭まで約20分

457 馬伏塚城 まむしづかじょう

築城年：明応年間(1492～1501)頃
築城者：小笠原氏
特徴：城主の小笠原氏が徳川家臣となったため、高天神城攻防戦に際して家康が大改修。監視・後方支援・本陣とした。大土塁が現存する。
所在地：袋井市浅名　公共交通：JR袋井駅より徒歩約60分またはバス　車：国道1号・三ヶ野ICから約15分。袋井市郷土資料館駐車場を利用

458 相良城 さがらじょう

築城年：明和5年(1768)　築城者：田沼意次
特徴：老中・田沼意次の居城で天守や櫓のある広大な城だった。失脚後徹底的に破壊され、石垣と土塁がわずかに残る。本丸跡に史料館あり。
所在地：牧之原市相良
公共交通：JR東海道本線・静岡駅よりバス
車：国道473号・萱山ICから約5分。牧之原市役所相良庁舎の駐車場を利用

459 蒲原城 かんばらじょう

築城年：天文年間(1532～1555)　築城者：今川氏
特徴：今川・北条・武田の攻防戦の舞台で、武田信玄が「海道一」と称賛した、駿河湾と東海道を見下ろす要衝。その眺望と大堀切は必見。
所在地：静岡市清水区善福寺
公共交通：JR東海道本線・新蒲原駅より徒歩約40分
車：国道1号・高浜ICから駐車場まで約15分

犬居城馬出曲輪の横堀

静岡市庁舎から見た賤機山城

460 賤機山城 しずはたやまじょう

築城年：14世紀頃　築城者：今川氏
特徴：駿府今川館の背後に今川氏の詰城として築かれ、堀切や桝形状の土塁など、遺構も今川時代のものか。武田氏改修によるものとの説も。
所在地：静岡市葵区大岩ほか　公共交通：JR東海道本線・静岡駅より徒歩約50分またはバス
車：東名高速・静岡ICより約30分。浅間神社Pを利用。境内からハイキングコースで徒歩約40分

461 花倉城 はなくらじょう

築城年：14世紀後半頃　築城者：今川氏
特徴：南北朝期今川氏の詰城とされる。後の今川義元と異母兄の玄広恵探が家督を争った「花蔵の乱」の舞台。主要部の大堀切が見どころ。
所在地：藤枝市花倉
公共交通：JR東海道本線・藤枝駅より車で約40分またはバス　車：新東名高速・藤枝岡部ICから約20分。登城口より本曲輪まで徒歩約15分

462 勝間田城 かつまたじょう

史跡

築城年：14～15世紀頃　築城者：勝間田氏
特徴：鎌倉御家人の流れをくむ勝間田氏の城。今川氏に敗れ廃城となったが、遺構はよく整備されている。ダイナミックな5重堀切は必見。
所在地：牧之原市勝田
公共交通：JR金谷駅より車で約15分またはバス
車：東名高速・相良牧之原ICから駐車場まで約15分。本曲輪まで徒歩約15分

463 小長谷城 こながやじょう

築城年：15世紀頃　築城者：小長谷氏
特徴：今川家臣・小長谷氏の居城と伝わるが、駿河を手中にした武田信玄が改修。大規模な堀や重ね馬出しなど見応え充分。遺構は徳谷神社境内。
所在地：榛原郡川根本町
公共交通：大井川鉄道本線・千頭駅より徒歩約20分
車：新東名高速・静岡スマートICより約60分

中世の姿が復元された田中城

464 田中城 たなかじょう

築城年：15世紀頃　築城者：一色氏
特徴：稀少な円郭式縄張。今川・武田氏等の支配を経て一時は家康の宿泊所に。譜代大名が入り、幕末まで存続した。遺構は住宅街に点在する。
所在地：藤枝市田中
公共交通：JR東海道本線・西焼津駅より徒歩約25分　車：東名高速・焼津ICより約10分。田中城下屋敷の駐車場を利用

465 堀江城 ほりえじょう

築城年：貞治年間(1362～1368)　築城者：大沢氏
特徴：中臣鎌足の流れをくむ大沢氏の城。戦国時代は今川氏、後に徳川氏に臣従した。現在は遊園地で、本曲輪跡の観覧車下に説明板がある。
所在地：浜松市西区舘山寺町
公共交通：JR東海道本線・浜松駅よりバス
車：東名高速・舘山寺スマートICから約5分。浜名湖パルパルの駐車場を利用

466 社山城 やしろやまじょう

築城年：不明　築城者：不明
特徴：斯波・今川・武田・徳川各氏が攻防戦を繰り広げた要衝。特に武田時代の改修により、長大な横堀や二重堀切など高度な遺構が残る。
所在地：磐田市社山
公共交通：天龍浜名湖鉄道・敷地駅より徒歩約30分　車：新東名高速・新磐田スマートICから約10分。登城口から本曲輪まで徒歩約15分

467 横地城 よこちじょう

築城年：15世紀中頃　築城者：横地太郎家長
特徴：平安末期から15代続いた遠江の名族・横地氏の居城。尾根沿いの3城に加えて居館・寺院跡も。中世武士の生活空間を体感できる。
所在地：菊川市東横地
公共交通：JR東海道本線・菊川駅より車で約15分またはバス
車：東名高速・菊川ICから駐車場まで約10分

岐阜県（ぎふけん）

下克上を体現したかのような斎藤道三、義龍親子が美濃の権力を握ったが、龍興の代になって、織田信長に滅ぼされた。いっぽう、飛騨は織田信長が没したあと、豊臣秀吉が金森長近を送り込んで支配した。

苗木城の天守台

470 苗木城 なえぎじょう　史跡

築城年：天文年間(1532～1555)　築城者：遠山直康
特徴：森長可に一度城を奪われるが、後に奪還。城壁に赤土が使用されていることから赤壁城の別名を持つ。高森城とも。
所在地：中津川市苗木　公共交通：JR中津川駅よりバス「苗木」下車、徒歩約30分
車：中央道・中津川ICから城跡駐車場まで約15分。天守台まで徒歩約15分

471 明知城 あけちじょう　史跡

築城年：宝治元年(1247)　築城者：遠山景重
特徴：遠山氏の18の支城のうちのひとつ。白鷹城とも呼ばれる。明智遠山氏の居城で、「遠山の金さん」こと遠山金四郎は明智遠山氏の子孫。
所在地：恵那市明智町
公共交通：明知鉄道・明智駅より徒歩約35分
車：中央道・恵那ICから駐車場まで約40分。駐車場から本丸まで徒歩約10分

472 久々利城 くくりじょう

築城年：応永年間(1394～1427)　築城者：土岐氏
特徴：久々利氏の祖・土岐氏の築城と伝わる市内最大の山城。信長時代は森長可の家臣が入る。近年は木々の伐採などの整備が進み、往時の縄張がよくわかる。　所在地：可児市久々利　公共交通：JR太多線・可児駅よりバス「可児郷土歴史館」下車、徒歩約2分　車：東東海環状道・可児御嵩ICから約10分。可児郷土歴史館の駐車場を利用

473 美濃金山城（みのかねやまじょう）　史跡

▸P207

築城年：天文6年(1537)　築城者：斎藤正義
特徴：斎藤道三の家臣・斎藤正義が築城。正義はこの城を拠点に勢力を伸ばすが、土岐氏に謀られ殺される。殺害を計画したのは道三とも。
所在地：可児市兼山町　公共交通：名鉄・明智駅よりバス「城戸坂」下車、徒歩約15分　車：東海環状道・可児御嵩ICから約10分。山麓、または山腹の駐車場を利用。本丸まで徒歩約10分

山麓から見た金華山(岐阜城)

468 岐阜城（ぎふじょう）　史跡

▸P196

築城年：建仁元年(1201)　築城者：二階堂行政
特徴：かつては稲葉山城と呼ばれ、天文8年(1539)に斎藤道三が入城。永禄10年(1576)に織田信長が攻め落とし、岐阜城と名付けた。現在の天守石垣は信長時代の石垣を積みなおしたものである。
所在地：岐阜市天守閣
公共交通：JR岐阜駅よりバス「岐阜公園・歴史博物館前」下車、徒歩すぐで岐阜公園
車：東海北陸道・岐阜各務原ICより約20分。岐阜公園駐車場からロープウェー乗り場まで徒歩すぐ

469 松倉城 まつくらじょう　史跡

築城年：天正7年(1579)　築城者：三木自綱
特徴：飛騨で強大な勢力を誇った三木自綱が築き、城主を子・秀綱に任せた。後に三木氏は羽柴秀吉と対立し、城を落とされて滅亡した。
所在地：高山市松倉町　公共交通：JR高山駅よりバス「飛騨の里」下車、徒歩約20分で登城口　車：高山清見道路・高山ICから登城口まで約15分。登城口から本丸まで徒歩約10分

474 曽根城 そねじょう

築城年：永禄初期（1560年代）　築城者：稲葉良通

特徴：城跡に残る華渓寺は良通が母の供養のために建てたもので、城が廃された後、享保19年（1734）に現在の場所に移された。

所在地：大垣市曽根町

公共交通：JR大垣駅よりバス「曽根」下車、徒歩約5分で曽根城公園　車：東海環状道・大垣西ICから約25分。曽根城公園駐車場を利用

475 鷺山城 さぎやまじょう

築城年：文治年間（1185〜1190）

築城者：佐竹秀義

特徴：天文17年（1548）に斎藤道三が稲葉山城から移って人生の晩年を過ごした。長良川の戦いで道三が息子の義龍に敗れ、廃城になった。

所在地：岐阜市鷺山　公共交通：JR東海道本線・岐阜駅よりバス　車：東海北陸道・岐阜各務原ICから約30分。駐車場なし

476 加納城 かのうじょう　史跡

築城年：文安2年（1445）　築城者：斎藤利永

特徴：斎藤利永が築いた城は天文7年（1538）に一度廃された。慶長6年（1601）の天下普請により復興され、加納藩主代々の居城になる。

所在地：岐阜市加納丸の内

公共交通：名鉄名古屋本線・茶所駅より徒歩約15分

車：東海北陸道・岐阜各務原ICから加納公園駐車場まで約10分

国宝　国宝　重文　重要文化財（国）　重文　重要文化財（県）　史跡　国指定史跡　史跡　県指定史跡

477 北方城 きたがたじょう

史跡

築城年：14世紀　築城者：北方五郎
特徴：土岐頼興が北方五郎を名乗って築城。後に、西美濃三人衆のひとりに数えられる安藤守就が住んだが、稲葉一鉄（良通）により落城。江戸時代には旗本・戸田家陣屋となった。
所在地：本巣郡北方町
公共交通：JR東海道本線・岐阜駅よりバス
車：東海北陸道・岐阜各務原ICから約25分

478 鍋山城 なべやまじょう

史跡

築城年：天文年間（1532～1555）　築城者：鍋山安室
特徴：鍋山安室は跡継ぎ候補として三木顕綱を養子に迎えるが、顕綱は安室を殺し城を奪う。そして顕綱は兄・三木自綱によって殺された。石垣や土塁が残るが、いつの時代のものかは不明。
所在地：高山市松之木町
公共交通：JR高山本線・高山駅よりバス
車：高山清見道路・高山ICから約15分

479 篠脇城 しのわきじょう

史跡

築城年：南北朝時代　築城者：東氏村
特徴：城主の東一族は歌人としても有名。斎藤妙椿に城を奪われた常縁が悲しみを和歌に込めて詠うと、妙椿は心を打たれ、城を返した。
所在地：郡上市大和町
公共交通：長良川鉄道・徳永駅より徒歩35分
車：東海北陸道・ぎふ大和ICから約10分。古今伝授の里駐車場を利用

480 揖斐城 いびじょう

築城年：康永2年（1314）　築城者：揖斐頼雄
特徴：養子の土岐光親が、5代目城主・揖斐基信の跡を継ぐ。天文16年（1547）に、土岐氏と対立していた斎藤道三に攻め落とされた。
所在地：揖斐郡揖斐川町
公共交通：養老鉄道・揖斐駅より徒歩40分
車：東海環状道・大野神戸ICから約15分。城台山公園駐車場を利用

481 墨俣城 すのまたじょう

築城年：永禄9年（1566）　築城者：豊臣秀吉
特徴：織田信長が敵地・墨俣に築城を試みるが、佐久間信盛、柴田勝家が相次いで失敗。しかし羽柴秀吉が数日で築き、一夜城と呼ばれた。
所在地：大垣市墨俣町
公共交通：JR東海道本線・岐阜駅よりバス
車：名神高速・安八スマートICから約15分。さい川さくら公園駐車場を利用

482 高須城 たかすじょう

築城年：不明　築城者：氏家重国
特徴：南北朝時代の築城と思われる。元禄13年（1700）以降は松平氏が住み、現在は城主の館が復元されて歴史民俗資料館になっている。
所在地：海津市海津町
公共交通：JR東海道本線・大垣駅よりバス
車：名神高速・羽島IC／東名阪道・長島ICから約25分

483 菩提山城 ぼだいさんじょう

築城年：永禄2年（1559）　築城者：竹中重元
特徴：南・北・東を断崖に守られている。竹中重元は築城後すぐに死去。16歳の重治（半兵衛）が跡を継ぎ、後に名軍師として活躍する。
所在地：不破郡垂井町
公共交通：JR東海道本線・垂井駅よりバス・車
車：名神高速・関ヶ原ICから約15分／東海環状道・大垣西ICから約20分。駐車場あり

484 竹中氏陣屋 たけなかしじんや

史跡

築城年：天正16年（1588）　築城者：竹中重門
特徴：竹中重門は、豊臣秀吉の参謀役として名を馳せた竹中半兵衛の息子。重門は山城の菩提山城に不便を感じ、山の麓に陣屋を築いた。白壁の櫓門や当時の石垣が見られる。
所在地：不破郡垂井町
公共交通：JR東海道本線・垂井駅より徒歩約50分
車：名神高速・関ヶ原ICから約10分。駐車場あり

485 郡上八幡城

史跡

築城年：永禄2年（1559）　築城者：遠藤盛数
特徴：東常慶の畔千葉城を改修して築かれた。遠藤盛数が築城の無事を願って人柱を探していたところ、「およし」という女が名乗り出て命を捧げたという伝承が残る。後に稲葉貞通の城になる。
所在地：郡上市八幡町
公共交通：長良川鉄道・郡上八幡駅よりバス
車：東海北陸道・郡上八幡ICから約10分。山腹の城山公園駐車場または山頂の郡上八幡城駐車場を利用

郡上八幡城の木造模擬天守

大垣城復元天守と戸田氏鉄騎馬像

486 西高木家陣屋 にしたかぎけじんや 史跡

築城年：慶長6年(1601)　築城者：高木貞利
特徴：西高木家は、三家に分かれた高木家のひとつ。現在は陣屋跡に郷土資料館が建てられている。多羅城、多良城と呼ばれることもある。
所在地：大垣市上石津町
公共交通：JR東海道本線・関ヶ原駅よりバス
車：名神高速・関ケ原ICから約25分。上石津郷土資料館駐車場を利用

487 江馬下館 えましもだて 史跡

築城年：室町時代　築城者：江馬氏
特徴：北飛騨で強い勢力を誇った江馬氏の館。現在は江馬氏館跡公園となり、京風庭園や主門などの遺構が復元されている。　所在地：飛騨市神岡町　公共交通：JR高山本線・飛騨古川駅よりバス　車：東海北陸道・飛騨清見ICから約50分／北陸道・富山ICから約60分。道の駅スカイドーム神岡駐車場を利用。駐車場から徒歩約5分

488 高原諏訪城 たかはらすわじょう 史跡

築城年：室町時代　築城者：不明
特徴：江馬氏の重要拠点。江馬氏は戦国期に飛騨地方をほぼ手中に収めるが、三木自綱に敗れ滅亡。旭日城、江馬城とも。　所在地：飛騨市神岡町　公共交通：JR高山本線・飛騨古川駅よりバス　車：東海北陸道・飛騨清見ICから約50分／北陸道・富山ICから約60分。道の駅スカイドーム神岡駐車場を利用。駐車場から徒歩約30分

489 小島城 こじまじょう 史跡

築城年：南北朝時代　築城者：姉小路氏
特徴：飛騨の国司に任ぜられた姉小路氏の代々の居城。天正13年(1585)に、豊臣秀吉の家臣である金森長近によって攻め落とされた。
所在地：飛騨市古川町
公共交通：JR高山本線・杉崎駅より徒歩約10分
車：東海北陸道・飛騨清見ICから太江農業センター駐車場まで約30分。駐車場から徒歩約30分

490 蛤城 はまぐりじょう 史跡

築城年：不明　築城者：不明
特徴：金森長近が天正13年(1585)にこの城に攻め込んだ際、蛤に似た奇妙な石を見つけたことからその名がついた。旧名は古川城という。
所在地：飛騨市古川町
公共交通：JR高山本線・飛騨古川駅より徒歩・車
車：東海北陸道・飛騨清見ICから約30分。駐車場なし

491 大垣城 おおがきじょう

築城年：不明　築城者：不明
特徴：西美濃における政治・軍事の要所。天文年間(1532～1555)の初期に竹腰氏が築いたとする説が有力。天文13年(1544)に織田信秀に攻め落とされる。その数年後、斎藤道三が城を奪う。
所在地：大垣市郭町
公共交通：JR東海道本線・大垣駅より徒歩約5分
車：名神高速・大垣ICから約15分。市営丸の内駐車場を利用

492 増島城 ますしまじょう 史跡

築城年：天正13年(1585)　築城者：金森長近
特徴：一国一城令により古川旅館として生まれ変わり、元禄5年(1692)に破却された。城門が林昌寺・円光寺の山門として移築されている。
所在地：飛騨市古川町　公共交通：JR高山本線・飛騨古川駅より徒歩約10分　車：東海北陸道・飛騨清見ICから飛騨古川駅裏駐車場まで約30分。駐車場から徒歩約10分

493 小鷹利城 こたかりじょう 史跡

築城年：不明　築城者：不明
特徴：飛騨国司・姉小路氏の一族である小鷹利氏の城。城の歴史は不明点が多いが、金森長近によって落城した後、廃されたと思われる。
所在地：飛騨市河合町
公共交通：JR高山本線・飛騨古川駅よりバス・車
車：東海北陸道・飛騨清見ICから飛騨古川ふれあい広場まで約25分。本丸まで徒歩約40分

494 広瀬城 ひろせじょう 史跡

築城年：天文年間(1532～1555)　築城者：広瀬氏
特徴：城主は、高堂城を本拠とした広瀬氏の家臣・田中氏。明瞭に残る何十条もの畝城竪堀群は壮観で、全国的にも稀少。
所在地：高山市国府町　公共交通：JR飛騨国府駅より徒歩約30分　車：中部縦貫道・飛騨清見ICから約20分。岐阜県文化財保護センターに許可を取れば駐車可能。登城口から本丸まで徒歩約10分

岩村城主郭の石段と六段壁

495 岩村城（いわむらじょう） 史跡

▶P204

築城年：鎌倉中期　築城者：遠山氏
特徴：戦国期に城主の遠山景任が病没した際、景任の妻で織田信長の叔母にあたるおつやの方が城主を務めた。ほぼ完存する石垣が見どころ。
所在地：恵那市岩村町
公共交通：明知鉄道・岩村駅より徒歩約60分
車：中央道・恵那ICから約20分。岩村歴史資料館前駐車場から本丸まで徒歩約30分／本丸直下の出丸駐車場から徒歩約5分

496 高山城 たかやまじょう 史跡

築城年：天正16年（1588）　築城者：金森長近
特徴：三木氏を倒して飛騨を手中に収めた金森長近が古城跡に新城を築く。築城にあたり本城の松倉城を取り壊して建材を調達したという。
所在地：高山市八軒町
公共交通：JR高山本線・高山駅より徒歩約25分
車：高山清見道路・高山ICから城山公園駐車場まで約15分

497 萩原諏訪城 はぎわらすわじょう 史跡

築城年：天正13年（1585）頃　築城者：不明
特徴：築城者は諸説あるが、金森長近の義兄弟である佐藤秀方とする説が有力。城が廃された後、跡地に金森氏が旅館を築いている。
所在地：下呂市萩原町
公共交通：JR高山本線・飛騨萩原駅より徒歩約5分
車：東海北陸道・郡上八幡ICから約60分。萩原一番街駐車場を利用

498 小里城山城 おりしろやまじょう 史跡

築城年：天正2年（1574）　築城者：小里光明
特徴：土岐氏の流れを汲む小里氏の城。城主・小里光明は天正11年（1583）に豊臣秀吉からの和睦要求を拒否して徳川家康についた。
所在地：瑞浪市稲津町
公共交通：JR中央本線・瑞浪駅よりバス・車
車：中央道・瑞浪ICから駐車場まで約15分。駐車場から登城口まで徒歩すぐ

499 妻木城 つまぎじょう 史跡

築城年：不明　築城者：土岐頼重
特徴：築城者は土岐氏だが異説もある。城跡には現在八幡神社が建っており、山麓には侍屋敷跡がある。屋敷館跡も城跡と同じく県の史跡。
所在地：土岐市妻木町
公共交通：JR中央本線・多治見駅よりバス
車：東海環状道・土岐南多治見ICから約15分。駐車場から登城口まで徒歩すぐ

500 小倉山城 おぐらやまじょう

築城年：慶長10年（1605）　築城者：金森長近
特徴：金森長近が高山城から移って隠居生活を送る。金森長近がこの世を去った後、子の長光も6歳で夭逝。廃城になる。別名・小倉居館。
所在地：美濃市泉町
公共交通：長良川鉄道・梅山駅より徒歩約10分
車：東海北陸道・美濃ICから小倉公園駐車まで約10分

501 大桑城 おおがじょう 史跡

築城年：13世紀前半　築城者：逸見義重
特徴：承久の乱で功績を上げた逸見義重が築城した。町境に位置する古城山の頂にある。現在、城跡には模型の天守が置かれている。
所在地：山県市高富町
公共交通：JR東海道本線・岐阜駅よりバス
車：東海環状道・関広見ICから約20分。おおが城山公園駐車場を利用

502 革手城 かわてじょう

築城年：室町初期　築城者：土岐頼康
特徴：美濃・尾張・伊勢と三国の守護職についた土岐氏が新たな本拠として築いた。「船田合戦」と称される跡継ぎ争いで焼失している。斎藤道三が稲葉山城へ移るまで本城とした。川手城とも。
所在地：岐阜市正法寺町
公共交通：名鉄名古屋本線・茶所駅より徒歩約15分
車：東海北陸道・岐阜各務原ICから約10分

503 長山城 ながやまじょう

築城年：康永元年（1342）　築城者：土岐頼重
特徴：弘治2年（1556）に斎藤義龍に攻められた際、城主・明智光安が自害。光秀が逃げ延びて、後に明智氏を復興した。明智城とも呼ぶ。
所在地：可児市瀬田
公共交通：名鉄広見線・明智駅より徒歩約25分
車：東海環状道・可児御嵩ICから駐車場まで約10分

名古屋城の本丸御殿、小天守と大天守(すべて復元)

東海地方の城

愛知県(あいちけん)

室町時代に尾張の守護・斯波氏に変わり、織田氏が権力を掌握する。三河では今川氏が駿河、遠江から勢力を拡大してきたが、桶狭間の戦いで今川義元が織田信長に返り討ちに遭うと、急激に衰退していった。

506 名古屋城(なごやじょう)

▸P28

重文 史跡

築城年：慶長15年(1610)　築城者：徳川家康

特徴：かつては那古野城があり、織田信長の居城だった。後に家康が那古野城を改修、名古屋城を築き、尾張徳川氏の本拠とした。戦災で天守が焼失するも昭和34年(1959)に復元。別名は金鯱(きんこ)城。

所在地：名古屋市中区本丸

公共交通：市鉄名城線・市役所駅より徒歩約5分

車：名古屋都心環状線・丸の内出口から約5分。周辺の有料駐車場を利用

504 犬山城(いぬやまじょう)

▸P52

国宝 史跡

築城年：文明元年(1469)　築城者：織田信康

特徴：天文6年(1537)に織田信康が現在の場所に移した。戦国期に織田信長が攻め落とし、尾張を統一。江戸時代には尾張徳川氏が城主となる。三層の天守を備える美しい城で白帝城と称された。

所在地：犬山市大字犬山　公共交通：名鉄・犬山駅より徒歩約20分　車：東名高速・小牧ICから犬山城第一駐車場まで約30分。天守まで徒歩約10分

507 那古野城 なごやじょう

築城年：大永年間(1521～1528)　築城者：今川氏親

特徴：永正15年(1518)に尾張国の東半分は駿河の今川氏の支配下になり、その最前線に氏親が築いた城。その後、織田信秀が攻め落とし居城とした。

所在地：名古屋市中区二の丸

公共交通：市鉄名城線・市役所駅より徒歩約5分

車：名古屋都心環状線・丸の内出口から約5分。周辺の有料駐車場を利用

505 小牧山城(こまきやまじょう)

史跡

築城年：永禄6年(1563)　築城者：織田信長

特徴：織田信長が美濃攻めの拠点として築城。永禄10年(1567)に稲葉山城に移り廃城となる。現在は天守を模した資料館が置かれている。

所在地：小牧市堀の内

公共交通：名鉄小牧線・小牧駅よりバス「小牧市役所前」下車、徒歩すぐ登城口

車：東名高速・小牧ICから小牧山北駐車場(有料)まで約10分。登城口から主郭まで徒歩約10分

508 勝幡城 しょばたじょう

築城年：永正年間(1504～1529)　築城者：織田信定

特徴：織田信定の子・信秀がこの城を拠点に勢力を拡大し、織田氏繁栄の礎を築く。織田氏が那古野城に本拠を移した後は廃城になった。

所在地：稲沢市平和町

公共交通：名鉄津島線・勝幡駅より徒歩約10分

車：名古屋第二環状道・甚目寺北ICから約15分。勝幡駅前の有料駐車場を利用

復元整備された小牧山城山麓の堀と土塁

512 大高城 おおだかじょう 史跡

築城年：永正年間(1504～1521)　築城者：花井氏
特徴：桶狭間の戦いにおいて、19歳の家康が織田軍の包囲を突破して城に兵糧を届けたことで名高い。現在は公園となっている。
所在地：名古屋市緑区大高町
公共交通：JR東海道本線・大高駅より徒歩約10分で城跡
車：名四国道・大高ICより約5分。駐車場なし

509 小幡城 おばたじょう

築城年：大永2年(1522)　築城者：岡田重篤
特徴：天文４年(1535)に家康の祖父清康が尾張侵攻時に在城。三河との連絡路に使うため家康が修復したが、小牧長久手の戦い以後廃城となる。
所在地：名古屋市守山区西城
公共交通：名鉄瀬戸線・瓢箪山駅より徒歩約15分
車：名古屋第二環状道・小幡ICから約5分。駐車場なし

510 鳴海城 なるみじょう

築城年：応永元年(1394)　築城者：安原宗範
特徴：城主・岡部元信は桶狭間の戦いにおいて、討ち取られた主君・今川義元の首と引き換えに開城を申し入れた。織田信長はその忠義に感動したという。
所在地：名古屋市緑区鳴海町
公共交通：名鉄名古屋本線・鳴海駅より徒歩約5分
車：名古屋第二環状道・鳴海ICから約10分

岩崎城の模擬天守

511 岩崎城 いわさきじょう

築城年：天文7年(1538)　築城者：丹羽氏清
特徴：勝幡城の支城。天正12年(1584)、小牧長久手の戦いの前哨戦・岩崎城の戦いで落城するも、徳川・織田軍の勝利に貢献した。
所在地：日進市岩崎町
公共交通：名鉄豊田線・赤池駅よりバス
車：東名高速・名古屋ICから城跡公園駐車場まで約15分

国宝 国宝　重文 重要文化財(国)　重文 重要文化財(県)
史跡 国指定史跡　史跡 県指定史跡

513 沓掛城 くつかけじょう

築城年：応永年間(1394～1428)
築城者：藤原義行
特徴：明応元年(1492)頃に近藤氏の本拠になる。桶狭間の戦いで城主・近藤景春が討たれ、落城。その後は織田氏の支配下に入った。
所在地：豊明市沓掛町
公共交通：名鉄名古屋本線・前後駅より徒歩約40分　車：伊勢湾岸道・豊明ICから沓掛城址公園駐車場まで約15分

岡崎城天守遠景

514 岡崎城 おかざきじょう

►P208

築城年：康正元年(1455)　築城者：西郷稠頼
特徴：西郷氏の城だったが、松平清康が攻め落とした。徳川家康はこの城で生まれ、産湯を使ったという井戸が現在も残っている。
所在地：岡崎市康生町
公共交通：名鉄名古屋本線・東岡崎駅より徒歩約15分　車：東名高速・岡崎ICから岡崎城公園駐車場(有料)まで約10分

515 足助城 あすけじょう

築城年：戦国時代　築城者：不明
特徴：真弓山に築かれた足助鈴木氏の城。現在は公園として整備され、復元された櫓を見ることができる。真弓城、真弓山城とも呼ばれる。
所在地：豊田市足助町
公共交通：名鉄豊田線・浄水駅よりバス
車：猿投グリーンロード・力石ICから城跡公園駐車場まで約30分

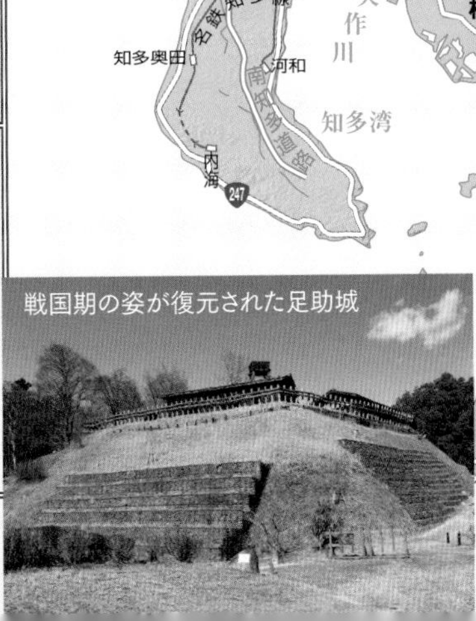

戦国期の姿が復元された足助城

516 長篠城 ながしのじょう

史跡

▶P209

築城年：永正5年(1508)　築城者：菅沼元成
特徴：武田勝頼が攻め、長篠の戦いのきっかけとなった城。百戦錬磨の武田騎馬隊が、野戦陣地を築いて鉄砲を駆使した織田・徳川連合軍に敗れた。
所在地：新城市長篠
公共交通：JR飯田線・長篠城駅より徒歩約10分
車：新東名高速・新城ICから約5分。長篠城址史跡保存館駐車場を利用。城跡まで徒歩約10分

517 楽田城 がくでんじょう

築城年：永正年間(1504〜1520)　築城者：織田久長
特徴：永禄年間(1558〜1570)に犬山城主・津田信清に攻められ、落城している。城跡は現在、小学校の敷地になっており、門跡の石碑が残るのみ。
所在地：犬山市楽田
公共交通：名鉄小牧線・楽田駅より徒歩約5分
車：東名高速・小牧北ICから約15分。駐車場なし。城跡は小学校の敷地なので要注意

518 丸根砦 まるねとりで

史跡

築城年：永禄2年(1559)　築城者：織田信長
特徴：織田家臣の佐久間盛政が今川方の徳川家康と戦った場所。家康が盛政を討ち、今川方は勢いに乗るが、桶狭間の戦いでは敗れた。現在は史跡として整備され、郭や堀の一部が良好に残る。
所在地：名古屋市緑区大高区
公共交通：JR東海道本線・大高駅より徒歩約5分
車：名四国道・大高ICから約10分

519 刈谷城 かりやじょう

築城年：天文2年(1533)　築城者：水野忠政
特徴：水野忠政が築いて、それまでの本拠から移り住んだ。亀城という別名があり、現在、城跡は整備されて亀城公園になっている。
所在地：刈谷市城町
公共交通：名鉄三河線・刈谷市駅より徒歩約15分
車：名四国道・北崎ICから約15分。亀城公園駐車場を利用

520 安祥城 あんしょうじょう

築城年：永享14年(1440)　築城者：和田親平
特徴：岡崎城に移るまで、松平氏が居城にした。織田氏との戦いで、人質として幼少の家康と織田信広を交換したエピソードは有名。
所在地：安城市安城町
公共交通：名鉄西尾線・南安城駅より徒歩約10分
車：東名高速・岡崎IC／伊勢湾岸道・豊田南ICから約25分。安城市歴史博物館駐車場を利用

521 桜井城 さくらいじょう

築城年：文明年間(1469〜1486)　築城者：松平氏
特徴：小浦氏の屋敷をもとに築かれた城。桜井松平氏が本城とし、天正18年(1590)に城主が家康について関東に移ったため廃された。
所在地：安城市桜井町
公共交通：名鉄西尾線・桜井駅より徒歩約10分
車：東名高速・岡崎ICから約30分／伊勢湾岸道・豊明ICから約35分。駐車場あり

522 大給城 おぎゅうじょう

史跡

築城年：天文年間(1532〜1555)　築城者：松平乗元
特徴：松平氏の築城とするのが一般的だが、もとは長坂氏の城だったという説も。国の史跡「松平氏遺跡」のうちのひとつ。
所在地：豊田市大内町
公共交通：名鉄三河線・豊田市駅よりバス
車：東海環状道・豊田松平ICから約10分。登城口に駐車スペースあり。主郭まで徒歩約15分

523 松平城 まつだいらじょう

史跡

築城年：弘安年間(1278〜1288)　築城者：在原信盛
特徴：松平氏はこの城で後の活躍の基盤を築いた。後に徳川氏となる松平氏の居館とあわせ、松平氏遺跡として知られる。
所在地：豊田市松平町
公共交通：名鉄三河線・豊田市駅よりバス
車：東名高速・豊田ICから約20分／東海環状道・豊田松平ICから約10分。松平郷館駐車場を利用。Pから徒歩約10分

524 西尾城 にしおじょう

築城年：鎌倉時代　築城者：足利義氏
特徴：本丸に築いた三層の天守を、後に二の丸に移すという非常に珍しい移築が行われている。西条城、鶴城、錦丘城の別名を持っている。
所在地：西尾市錦城町
公共交通：名鉄西尾線・西尾駅より徒歩約15分
車：国道23号・安城西尾ICから城跡の西尾市歴史公園駐車場まで約20分

525 飯盛城 いいもりじょう

史跡

築城年：治承年間(1177〜1181)　築城者：足助重長
特徴：巴川を見下ろす山に築かれた。城跡およびその周辺は美しい紅葉が見られる観光地として知られ、居館跡には曹洞宗香積寺がある。
所在地：豊田市足助町
公共交通：名鉄本線・東岡崎駅よりバス
車：猿投グリーンロード・力石ICから約20分。西町第2駐車場を利用

豊川に面して建つ吉田城の鉄櫓

530 吉田城 よしだじょう

築城年：永正2年(1505)　築城者：牧野古白
特徴：15万2千石の領主として入城した池田輝政が、城下町を含めて城を整備・拡張した。現在、城跡は豊橋公園の一区画になっている。
所在地：豊橋市今橋町
公共交通：豊鉄市内線・市役所前駅より徒歩約5分
車：東名高速・豊川ICから城跡の公園駐車場まで約20分

531 田原城 たはらじょう

築城年：文明12年(1480)　築城者：戸田宗光
特徴：渥美半島に位置。松平氏が今川氏に送った人質の竹千代を城主・戸田氏が奪い、織田氏に渡したために今川氏に攻め落とされた。
所在地：田原市田原町
公共交通：豊鉄渥美線・三河田原駅より徒歩約15分
車：国道23号・神野新田ICから田原市博物館駐車場まで約20分

532 古宮城 ふるみやじょう

築城年：元亀2年(1571)　築城者：馬場信房
特徴：武田信玄が、築城の名手として知られる馬場信春に命じて築かせた。徳川家康のいる岡崎城を攻めるための重要拠点になった。
所在地：新城市作手清岳
公共交通：JR飯田線・新城駅よりバス「鴨ヶ谷口」下車、徒歩約10分
車：新東名高速・新城ICから約40分

533 末森城 すえもりじょう

築城年：天文17年(1548)　築城者：織田信秀
特徴：今川氏の侵攻に備えて築城。織田信秀の後を継いで城主になった信行は、信長に謀反を起こすも、清洲城に誘い出されて殺された。
所在地：名古屋市千種区城山町
公共交通：地下鉄東山線・覚王山駅／名城線・本山駅より徒歩約5分
車：名古屋高速・四谷ICから駐車場まで約5分

534 本證寺 ほんしょうじ

築城年：鎌倉時代後半　築城者：慶円上人(創建)
特徴：真宗三河三か寺の一寺で、三河一向一揆の拠点。二重の堀(外堀は一部現存、内堀は完存)、土塁、鼓楼と城郭伽藍の姿を今に残す。
所在地：安来市野寺町
公共交通：名鉄西尾線・南桜井駅より徒歩約15分
車：国道23号・藤井ICから駐車場まで約5分

526 野田城 のだじょう

築城年：永正2年(1505)　築城者：菅沼定則
特徴：武田信玄がこの城を攻めた際、城兵が奏でる笛の音に聞き惚れて火縄銃で撃たれた。信玄は戦には勝利したものの、甲斐へ戻る途中その傷が原因で死去したとの伝承がある。
所在地：新城市豊島
公共交通：JR飯田線・野田城駅より徒歩約20分
車：新東名高速・新城ICから約20分。駐車場なし

527 田峯城 だみねじょう

築城年：文明2年(1470)　築城者：菅沼定成
特徴：奥三河で勢力を誇り、山家三方衆にも数えられる田峯菅沼氏の居城。他国の侵攻は少なかったが、歴代城主は内紛に悩まされた。
所在地：北設楽郡設楽町
公共交通：JR飯田線・本長篠駅よりバス「田峯」下車、徒歩約15分　車：新東名高速・新城ICから田峯城駐車場まで約30分

528 宇利城 うりじょう

史跡

築城年：文明年間(1469～1487)　築城者：熊谷重実
特徴：要害の地に築かれ、南以外の三方を崖に守られている。三河を手中に収めんとする松平清康が享禄3年(1530)に攻めた。
所在地：新城市中宇利　公共交通：JR飯田線・新城駅より車　車：東名高速・豊川ICから約25分／新東名高速・新城ICから約30分。県道81号の中宇利交差点脇にPあり。Pから徒歩約40分

529 清洲城 きよすじょう

▸P208

築城年：応永12年(1405)　築城者：斯波義重
特徴：清洲織田氏の居城。交通の要所に位置し、名古屋城が築かれるまで政治・経済の中心地だった。慶長15年(1610)に廃され、建材が名古屋城の改修に用いられている。
所在地：清須市朝日　公共交通：名鉄名古屋本線・新清洲駅より徒歩約15分　車：名古屋高速・清洲東ICから城跡の公園駐車場まで約5分

東海地方の城

三重県（みえけん）

南北朝時代に大納言・北畠親房が伊勢国に向かい、南朝の勢力を強めるために奮闘した。南北朝の和議が成ったあとは、北畠氏をはじめ、長野氏、関氏、北部の地侍「北勢四十八家」らが戦いを繰り広げた。

535 伊賀上野城（いがうえのじょう） 史跡

►P205

築城年：天正13年(1585)　築城者：筒井定次（さだつぐ）
特徴：筒井氏の城を慶長16年(1611)に藤堂高虎が改築した。日本一と称される石垣の高さは、実に約30mに及ぶ。白鳳城とも称される。
所在地：伊賀市上野丸之内
公共交通：伊賀鉄道・上野市駅より徒歩約10分
車：名阪国道・上野IC／中瀬ICから城跡の上野公園駐車場まで約10分

536 松坂城（まつさかじょう） 史跡

►P209

築城年：天正16年(1588)　築城者：蒲生氏郷（がもううじさと）
特徴：豊臣秀吉の居城・大坂城の一字をもらい、縁起のいい「松」の字を足して蒲生氏郷が名付けた。築城当初や江戸時代の修復後など、石垣の変遷が見られる。
所在地：松阪市殿町
公共交通：JR／近鉄・松阪駅より徒歩約15分
車：伊勢道・松阪ICから松阪市駐車場まで約15分。駐車場から天守台まで徒歩約5分

537 津城（つじょう） 史跡

築城年：永禄年間(1558～1570)　築城者：細野藤敦
特徴：築城の達人である藤堂高虎が慶長16年(1611)に大規模な改修を行う。関ヶ原の戦いでは、城主・富田信高の正室・おみのの方が若武者姿で出陣し、自軍の兵を奮い立たせたと伝わる。
所在地：津市丸之内
公共交通：近鉄名古屋線・津新町駅より徒歩約15分
車：伊勢道・津ICから約10分。お城東駐車場(有料)を利用。城跡まで徒歩すぐ

538 霧山城 きりやまじょう 史跡

築城年：康永元年(1342)　築城者：北畠顕能（あきよし）
特徴：8代城主・北畠具教（とものり）が、織田信長の次男で養子の信雄と対立。天正4年(1576)に具教が暗殺され、織田軍が城を攻め落とした。
所在地：津市美杉町上多気
公共交通：JR名松線・伊勢奥津駅よりバス「北畠神社前」下車、徒歩すぐで登城口
車：伊勢道・勢和多気ICから北畠神社駐車場まで約40分。登城口から本丸まで徒歩約40分

539 北畠氏館 きたばたけしやかた

築城年：興国3年(1342)　築城者：北畠顕能
特徴：南朝方の名門・北畠氏の本拠地で、現在は神社の境内。霧山城が詰城として背後を守る。国名勝の回遊式庭園は戦国期そのままの姿。山麓には六田館(東御所)という居館跡がある。
所在地：津市美杉町上多気
公共交通：JR名松線・伊勢奥津駅よりバス「北畠神社前」下車、徒歩すぐ
車：伊勢道・勢和多気ICから駐車場まで約40分

540 亀山城（かめやまじょう） 史跡

築城年：天正18年(1590)　築城者：岡本宗憲（むねのり）
特徴：関ヶ原の戦いで城主・岡本宗憲が西軍についたため領地を没収され、その後は頻繁に城主が替わった。延享（えんきょう）元年(1744)以降は石川氏の城になる。粉蝶（ふんちょう）城の異名を持つ。城の西には関実忠（せきさねただ）が築いた亀山古城がある。
所在地：亀山市本丸町
公共交通：JR関西本線・亀山駅より徒歩約10分
車：京都縦貫道・亀岡ICから城跡の亀山公園駐車場まで約10分

松坂城の連続枡形

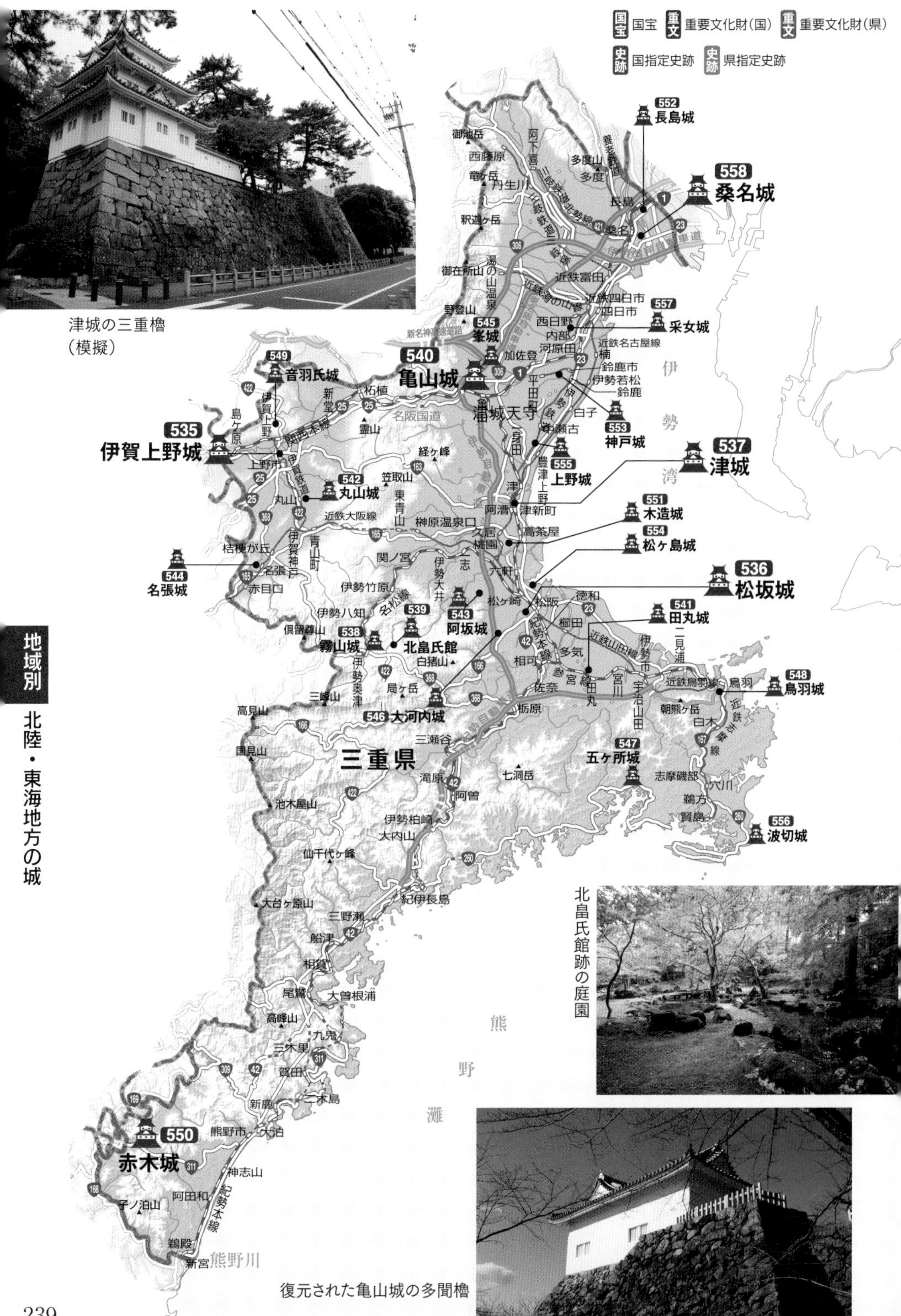

津城の三重櫓（模擬）

北畠氏館跡の庭園

復元された亀山城の多聞櫓

田丸城の天守台

541 田丸城 たまるじょう
史跡

築城年：延元元年（1336）　築城者：不明
特徴：小高い丘陵に築かれた城。現在は城山公園になっており、天守台、大手門の石垣、内堀など、数々の遺構が見られる。玉丸城とも。
所在地：度会郡玉城町田丸
公共交通：JR参宮線・田丸駅より徒歩約10分
車：伊勢道・玉城ICから田丸城址駐車場まで約10分。駐車場から天守跡まで徒歩約5分

542 丸山城 まるやまじょう

築城年：天正6年（1578）　築城者：滝川雄利
特徴：土豪衆の強い抵抗を受けて築城工事が頓挫するが、天正9年（1581）に織田信長の大軍が土豪衆を鎮圧し、ようやく城が完成した。
所在地：伊賀市下神戸
公共交通：伊賀鉄道伊賀線・丸山駅より徒歩約5分
車：名阪国道・治田ICから約15分／伊勢道・久居ICから約50分。駐車場あり

543 阿坂城 あざかじょう
史跡

築城年：応永年間（1394〜1428）
築城者：北畠満雅
特徴：足利軍に対し篭城した際、水不足に陥ったことを敵に知られぬよう水の代わりに白米を馬にかけたという逸話から白米城と呼ばれる。
所在地：松阪市大阿坂町桝形
公共交通：JR紀勢本線・松阪駅よりバス
車：伊勢道・松坂ICから駐車場まで約10分

544 名張城 なばりじょう

築城年：天正13年（1585）　築城者：松倉勝重
特徴：元和3年（1671）にいったん廃されるが、藤堂高吉が新たに陣屋を築いた。跡地は現在、小・中学校の敷地になり、殿館が一部残る。
所在地：名張市丸之内
公共交通：近鉄大阪線・名張駅より徒歩約5分
車：名阪国道・小倉ICから約25分。周辺の観光駐車場を利用

545 峯城 みねじょう
史跡

築城年：貞治6年（1367）　築城者：関政実
特徴：築城後、関政実は峯氏を名乗る。豊臣の大軍に対して当時の城主・滝川儀太夫が籠城した天正11年（1583）の戦いが有名。
所在地：亀山市川崎町
公共交通：JR紀勢本線・亀山駅よりバス
車：東名阪道・亀山ICから約15分。柴崎公民館駐車場を利用

546 大河内城 おかわちじょう
史跡

築城年：応永22年（1415）　築城者：北畠顕雅
特徴：北畠氏の戦国期の本拠。北と東には川、西南には深い谷があり、防御に適した立地になっている。天正3年（1575）に廃城。
所在地：松阪市大河内町
公共交通：近鉄山田線・松阪駅よりバス
車：伊勢道・松阪ICから約10分。大河内地区市民センター駐車場を利用。駐車場から徒歩約5分

547 五ヶ所城 ごかしょじょう
史跡

築城年：康永年間（1342〜1345）　築城者：愛洲氏
特徴：五ヶ所湾を見下ろす台地に位置する城。城の北側、西側は五ヶ所川に守られている。元亀もしくは天正初期に廃されたと思われる。
所在地：度会郡南伊勢町
公共交通：近鉄山田線・宇治山田駅よりバス
車：伊勢自動車道・玉城ICから約30分。愛洲の館駐車場を利用

548 鳥羽城 とばじょう
史跡

築城年：文禄3年（1594）　築城者：九鬼嘉隆
特徴：鳥羽湾近くの丘に築かれた城。海上の戦いで無類の強さを誇った九鬼の水軍が本拠とし、海賊城と呼ばれた。錦城の別名も持つ。
所在地：鳥羽市鳥羽
公共交通：JR参宮線・鳥羽駅より徒歩約10分
車：伊勢二見鳥羽ライン・朝熊ICから約15分。鳥羽駅西駐車場を利用

549 音羽氏城 おとわしじょう

築城年：16世紀頃　築城者：音羽氏
特徴：掘り込んだ単郭を高い土塁で囲む伊賀の城館スタイルだが、虎口などに巨石が積まれている。矢穴の空いた石材が主郭内にも転がる。
所在地：伊賀市音羽
公共交通：JR伊賀上野駅より車で約10分
車：伊名阪国道・伊賀一之宮ICから約15分。駐車場なし。登城口から主郭まで徒歩約10分

赤木城の枡形虎口

550 赤木城（あかぎじょう） 史跡

築城年：天正17年（1589）　築城者：藤堂高虎
特徴：規模は小さいが、石垣の遺構がよく残る。赤木城に続く田平子峠は藤堂高虎が多数の農民を斬首した場所で、供養碑が建っている。
所在地：熊野市紀和町赤木　公共交通：JR阿田和駅よりバス「田平子」下車、徒歩約15分で駐車場
車：尾鷲熊野道路・熊野大泊ICから登城口の駐車場まで約40分。主郭まで徒歩約10分

551 木造城 こつくりじょう

築城年：貞治5年（1366）　築城者：木造顕俊
特徴：北畠顕能の次男・顕俊によって築かれ、顕俊は木造氏の祖となった。現在は案内板と城跡碑が設置されているだけで、遺構はほとんど残っていない。
所在地：津市木造町
公共交通：近鉄名古屋線・桃園駅より徒歩約30分
車：伊勢道・久居ICから約15分。駐車場なし

552 長島城 ながしまじょう

築城年：文明14年（1482）　築城者：伊藤重晴
特徴：藤原道家の館が長島城の前身になったと伝えられる。元亀元年（1570）に一向宗願証寺により攻め落とされ、一向一揆の拠点になった。現在は小・中学校の敷地となっている。
所在地：桑名市長島町
公共交通：JR関西本線・長島駅より徒歩約15分
車：東名阪道・長島ICから約5分。駐車場なし

553 神戸城 かんべじょう 史跡

築城年：天文年間（1532～1555）　築城者：神戸具盛
特徴：織田信長に攻められた際、神戸氏が信長の子・信孝を養子にする条件で和睦。信孝は五層天守閣を築く。神戸氏の後は本多氏が入る。
所在地：鈴鹿市神戸
公共交通：近鉄鈴鹿線・鈴鹿市駅より徒歩約10分
車：東名阪道・鈴鹿ICから駐車場まで約30分。駐車場から本丸跡まで徒歩約10分

554 松ヶ島城 まつがしまじょう 史跡

築城年：天正8年（1580）　築城者：織田信雄
特徴：織田軍に対して北畠具教が築いた細首城が前身。織田信雄が大幅な改修を施し松ヶ島城とした。遺構は天守山と呼ばれる台状地のみ。
所在地：松阪市松ヶ島町
公共交通：近鉄山田線・松ヶ崎駅より徒歩約20分
車：伊勢道・松阪ICから約20分。松ヶ崎公園駐車場を利用。駐車場から徒歩約10分

555 上野城 うえのじょう

築城年：元亀元年（1570）　築城者：織田信包
特徴：東を見れば伊勢湾、南には津城があり、非常に眺望に優れた立地に築かれた城。現在は本城山公園になり、展望台が設置されている。
所在地：津市河芸町上野
公共交通：近鉄・豊津上野駅／伊勢鉄道・伊勢上野駅より徒歩約15分　車：名阪国道・上野IC／中瀬ICから公園駐車場まで約10分

556 波切城 なきりじょう

築城年：南北朝末期　築城者：川面氏
特徴：航海の難所として知られる岬に築かれた城。当初は川面氏の居城だったが九鬼氏が攻め落とし、鳥羽城に移るまで本拠とした。
所在地：志摩市大王町波切
公共交通：近鉄志摩線・鵜方駅よりバス
車：伊勢道・伊勢西ICから約50分。波切漁港の有料駐車場を利用

557 采女城 うねめじょう

築城年：文応元年（1260）頃　築城者：後藤基秀
特徴：築城から300年続いたが、織田信長の伊勢侵攻で滝川一益に攻められ廃城。極細の土橋とその先の枡形虎口など、先進的な縄張。
所在地：四日市市采女町　公共交通：近鉄・四日市駅よりバス　車：伊東名阪道・四日市ICから約15分。内部地区市民センター駐車場を利用。登城口から一の郭まで徒歩約10分

558 桑名城（くわなじょう） 史跡

築城年：慶長6年（1601）　築城者：本多忠勝
特徴：三重県北端の河口近くにある。本多忠勝が10年近い歳月をかけて築城し、桑名藩の代々の居城になった。元禄14年（1701）の火災と慶応4年（1868）の戊辰戦争で一部が焼失。現在は公園。
所在地：桑名市吉之丸
公共交通：JR関西本線・桑名駅より徒歩約15分
車：伊勢湾岸道・湾岸桑名ICから約15分。公園駐車場、または周辺の有料駐車場を利用

お城コラム

「軍学」における築城術

「机上の城」は役に立たなかった？

江戸時代になると、戦国時代の合戦を回顧するかたちで軍学が発展する。軍学は主に用兵学や戦術を研究する学問であったが、それだけではなく精神論的なものを含んでいた。江戸時代には大名らの教養として広く学ばれ、各大名たちは多くの軍学者を召し抱えていた。

軍学のなかには、築城術、攻城戦、城を守る方法なども含まれている。そのため軍学者は様々な城の縄張図を収集し、分析した。そして理想の縄張を生み出した。弟子の大名にも描かせ、これを添削した絵図が残されている。ただし、軍学が盛んになった頃には、一国一城令により新しい城を造ることは困難で、実戦で活かせることはまずなかった。

軍学による築城としては、甲州流の近藤正純(まさずみ)による赤穂城(➡P251)、長沼流の市川一学(いちがく)による松前城(➡P68)が有名である。

赤穂城は純粋な甲州流の城とはいいがたい。築城の頃、山鹿素行(やまがそこう)が朱子学を非難して赤穂にお預けになった。高名な素行先生が赤穂にいるのだからと、素行の意見を所々取り入れたため、甲州流プラス山鹿流という二つの流派の特徴が取り入れられたのだ。軍学では曲線が尊ばれたため、屈曲する塁線が多用されているが、元々の地形や城下町などの条件もあって、理想どおりの城にはならなかったようだ。

幕末の築城となった松前城は、西洋式の築城法も取り入れ、海から攻撃してくる敵を想定して造られた。海に面した大手側は強固な構えであったが、反対の山側から攻められることを考えられておらず、守りが甘かった。そのため箱館戦争の際、わずかな兵を率いた土方歳三に、あっという間に落とされてしまった。

軍学による縄張は、平和な時代に机上で論じられるだけの学問であり、実戦では通用しなかったのである。

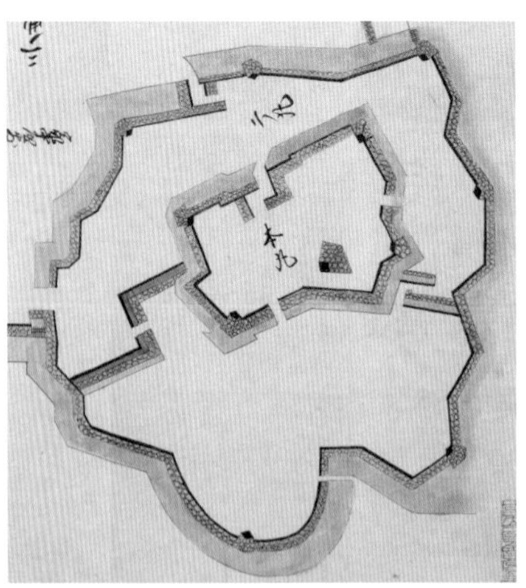

赤穂城の縄張(「日本古城絵図」より)。塁線の屈曲と要所に建てられた櫓が連動するような守り方を意図していた。

松前城には大砲を設置する台場が7か所築かれた。写真は5番台場跡。

地域別

近畿地方の城

- 京都府
- 大阪府
- 兵庫県
- 奈良県
- 和歌山県
- 滋賀県

Ⓐ二の丸御殿　国内で唯一現存する武家書院造りの建築物である二の丸御殿。近現代史でも度々名が登場する重要な建築物で、国宝にも指定されている。

二条城（にじょうじょう）

京都府

慶長8年（1603）年築

城番号 559

参照頁 ▶P256

史跡区分　世界遺産、国指定史跡、国指定名勝、国宝指定6件、重要文化財22件

桃山様式を多く残す徳川家象徴の城

一般的に知られ、現存する二条城を築いたのは**徳川家康**だが、それ以前にも二条城と呼ばれる城は存在した。室町幕府第13代・足利義輝の居城、織田信長が築いた同15代・**足利義昭の居城**、やはり信長が築いた**二条新御所**がそれぞれ史上では「二条城」として記される。しかし、いずれも現存の二条城とは別の場所にあり、遺構も残っていない。

家康が慶長6年（1601）に上洛すると、京での御所として築かせたのが今に残る二条城だ。築城の際には外様大名たちに普請させる、いわゆる「**天下普請**」が行われている。完成したのは慶長8年（1603）だが、天守のみはやや遅れて慶長11年（1606）の完成となる。

この城は防衛拠点としてではなく、**天下を取った徳川家の象徴**として、京や全国の大名に威光を示すことが目的とされた。ほぼ天下が治まっていたこと、付近には伏見城があったことも理由である。慶長16年（1611）には家康と豊臣秀頼の対面が行われた。家康はこの会見時に豊臣家を取りつぶす決意を固めたとされる。

Ⓒ天守台　天守は後水尾天皇行幸に際して造営されたが、落雷により本丸御殿とともに焼失した。

Ⓑ東大手門　二条城の正門。築城当時は単層の高麗門だったが、その後格式ある櫓門に改築された。

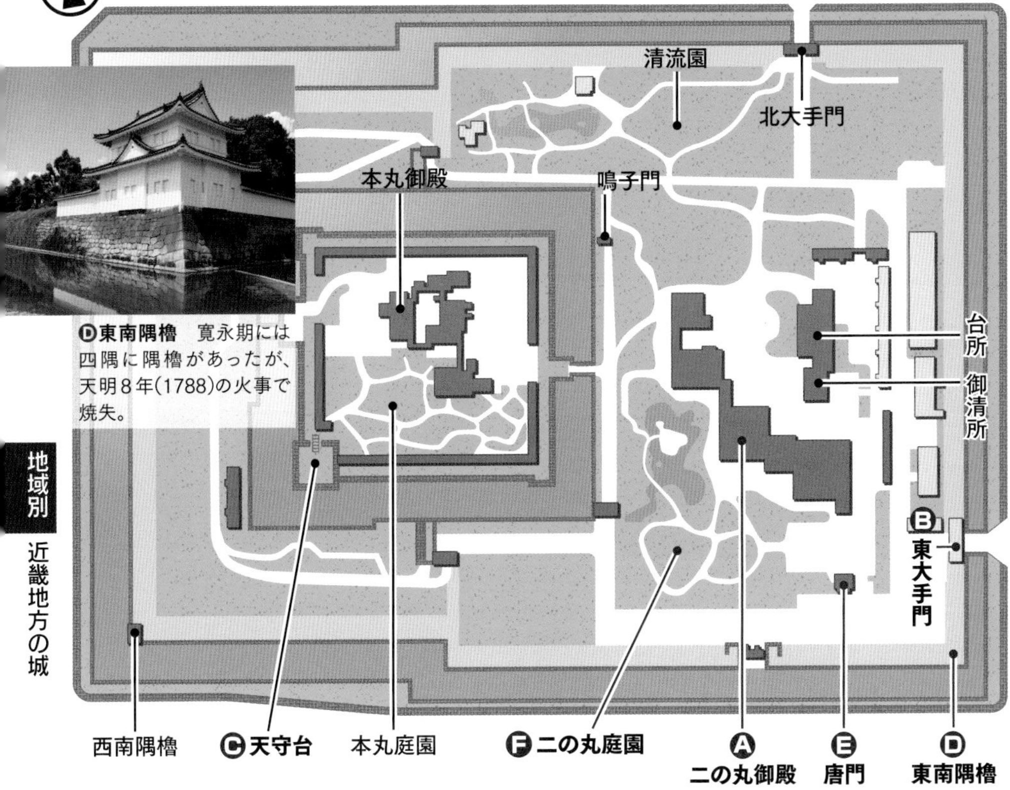

Ⓓ東南隅櫓　寛永期には四隅に隅櫓があったが、天明8年(1788)の火事で焼失。

清流園
北大手門
本丸御殿
鳴子門
台所
御清所
Ⓑ東大手門
西南隅櫓
Ⓒ天守台
本丸庭園
Ⓕ二の丸庭園
Ⓐ二の丸御殿
Ⓔ唐門
Ⓓ東南隅櫓

城自体は世界遺産登録 二の丸御殿は国宝に

二条城の普請は二代秀忠、三代家光の代でも続けられ、今日の姿となったのは家光の代である。秀忠の代で行われた改修は大規模なもので、縄張の変更なども行われたが、この指揮を執ったのは**藤堂高虎**であった。この時高虎は秀忠に複数の案を示し、秀忠が決めた案に沿って普請が行われたとされる。寛永元年(1624)には後水尾天皇の**二条城行幸**というイベントがあり、その際の改修によって現在の姿が完成した。

天守は寛延(かんえん)3年(1750)、落雷による火事で消失。その後は再建されることがなかったが、天守の土台である**天守台**は今も堅牢な姿を残している。ほかには**二の丸御殿**(ごてん)、東や北の**大手門**、櫓門(やぐらもん)や鳴子門(なるこもん)などの多くの門、

本文の続きはP246

東南と西南の隅櫓など、多くの建造物が今も残る。ただし、現在残る**本丸御殿**は明治になって移築されたものだ。

とくに歴史的価値の高いのが国宝指定もされている**二の丸御殿**で、唐門、車寄せ、遠侍、式台、大広間、黒書院、白書院、御清所、長屋と武家書院建築様式が完全に残る。豪華な桃山建築物でもあり、国宝級の調度、壁画、彫刻などが多く施されている。また二条城自体も平成6年（1994）に、「**古都京都の文化財**」のひとつとしてユネスコの**世界遺産**に登録された。

Ⓔ唐門　彫刻や金箔で飾られたじつに豪奢な門。切妻造の四脚門で、唐破風を用いている。

Ⓕ二の丸庭園
江戸時代初期の様式を残す庭園。明治以降、皇室の離宮になってから改修され、戦後に国の特別名勝に指定された。

人物　二条城で大政奉還した最後の将軍・徳川慶喜

江戸幕府第 15 代将軍にして最後の将軍となった徳川慶喜だが、その将軍就任が執り行われたのも、大政奉還により幕府を終わらせたのも、二条城での出来事だった。その後の鳥羽・伏見の戦いや戊辰戦争、江戸城開城などを経て、最終的に慶喜は駿府（静岡）で余生を過ごす。のちに明治天皇との謁見や貴族院議員への就任なども果たし、余生は趣味に没頭しつつ過ごしたという。江戸幕府の歴代将軍では最長寿となる 77 歳で死去する。

徳川慶喜肖像（福井県立郷土歴史博物館蔵）

かつて二条城には2度天守が築かれた。1度目は家康の時代、大和郡山城から移築されたとみられる五重の天守があったが、のちに淀城へ移築。その天守に変わって家光が築いたのが、落雷によって消失した天守だ。

近年整備されて
景観がよくなった大石垣。

観音寺城

滋賀県

建武2年（1335）頃築

城番号 680

参照頁▶P279

史跡区分　国指定史跡

六角氏の居城となる日本最大級の山城

観音寺城の正確な築城年は不明である。『太平記』には建武2年（1335）、北朝方の**六角氏頼**が立て籠もったとの記述があるため、おそらくその頃であろう。また「応仁の乱」では観音寺城を巡る攻防戦が3度みられたようである。

戦国期には**六角義賢・義治**親子の居城となるが、永禄11年（1568）の織田信長上洛の際に支城である箕作城と和田山城が落とされるとそのまま放棄され、その後は廃城とされた。

繖山山頂に本丸が置かれ、山の広範囲に曲輪、砦を構えた、有数の規模を誇る**山城**であり、**日本五大山城**にも数えられる。近年は登城道の整備が進み、当時の石垣をじっくりと鑑賞できる。なかでも伝平井丸虎口は城内で最も大きい石を用いており、見応え十分だ。

伝平井丸の石垣

石垣造りの黒金門。

小谷城（おだにじょう）

滋賀県

大永３年（1523）頃築

城番号 677
参照頁 ▶P278

史跡区分 国指定史跡

浅井長政の悲話が残る名山城

織田信長が天下取りへ至る過程で立ちはだかった**浅井長政**（あざいながまさ）の居城が**小谷城**である。平野部に突き出すような標高４９５ｍの小谷山の尾根を利用している。

詳しい築城年はわかっていないが、長政の祖父**浅井亮政**（すけまさ）により大永（だいえい）3年（１５２３）頃築かれたとされる。元亀３年（１５７３）、羽柴秀吉を先鋒とする織田軍に攻められ落城し、浅井氏は滅亡した。

現在、建築物などは一切残っていないが、各曲輪には石垣や土塁、堀切などが残されており、城の最高部である**山王丸**には大石垣も見られる。また**本丸・大広間**には居住用地として使われていたことを示す遺物も見つかっている。

小谷城に立つ浅井長政自刃之地碑

山麓から見る。右側尾根が小谷城。中央奥は朝倉軍が詰めた大嶽城。

長浜城の模擬天守。
桜の名所としても知られる。

史跡区分 なし

秀吉が城主となった水運重視の城

羽柴秀吉は小谷城を攻め落とした武功により、浅井領一帯を織田信長から与えられ、それから3年ほどは小谷城に入る。しかし山城であった小谷城の不便さから、琵琶湖のほとりに**長浜城**を築く。

この城が築かれた最大の理由は、**琵琶湖の水運**を最大限に活かすことであった。城下には二つの港があったといい、また直接城内まで船の出入りが可能だった。琵琶湖畔に家臣を配置し近江を治めようとする、信長の方針とも一致していた。

築城には廃城となった小谷城の資材が使われた。しかし長浜城も元和（げんな）元年（1615）には廃城となり、建築物は彦根城（⬇P48）建築のために使われた。現在残る天守は昭和58年（1983）に建てられた**模擬天守**で、犬山城・伏見城の天守を参考に造られた。

秀吉以外に勝家も治めた長浜城

長浜城を築いた羽柴秀吉だが、当時は織田信長による天下取りの真っ最中で、腰を落ち着ける間はなかったようだ。「本能寺の変」後は近江を領有した柴田勝家が入るが、秀吉と勝家はその後対立し、結局秀吉が攻め落としている。

破却された長浜城の天守は、昭和58年（1983）に市民の強い希望により再興され、内部は長浜市と城の歴史を学べる歴史博物館となっている。耐震工事のため長らく休館していたが、令和4年（2022）4月、再びオープンした。

天守台の石垣と現存の坤櫓。

明石城
あかしじょう
兵庫県
元和5年
(1619)築
城番号 620
参照頁 ▶P268

史跡区分
国指定史跡
重要文化財2件

壮麗な白漆喰塗りの櫓と土塁が残る

「大坂夏の陣」での戦功から明石へ転封となった**小笠原忠真**は、2代将軍秀忠より新城建築を命じられた。そして、同じく姫路へ転封していた義父**本多忠政**の協力を受けて築かれたのが、**明石城**である。

幕府による明石城建築の狙いは、西国外様大名の監視にあった。もともとこの地には船上城があったが、その縄張は貧弱であり、それに代わる城を求めたといわれる。

家康と深い血縁を持つ忠真をこの地に置いたことからも、西を睨む要地であったことがうかがえるだろう。

明石海峡を望む平地と、小高い丘を利用して築かれた**平山城**で、三重の**連郭式縄張**をもつ。国内有数の大きさを誇る天守台はあるものの天守は築かれなかった。

本丸の四隅には三重櫓が置かれ、このうち、**坤櫓**、**巽櫓**と呼ばれる櫓は現在も残存。どちらの櫓も白漆喰で塗られた壮麗な櫓で、やはり白漆喰塗りの土塀で繋がれている。

土塀と両櫓を見渡す南側から見た眺めは、実に壮麗である。

阪神淡路大震災では石垣の一部が倒壊したが、現在は修復されている。

明石城本丸の四隅に築かれた坤櫓と巽櫓。

石垣が屈曲する厩口門。

史跡区分　国指定史跡　国指定名勝

忠臣蔵でおなじみ赤穂義士の故郷

元禄14年(1701)に起こった「**元禄赤穂事件**」、いわゆる『**忠臣蔵**』の物語で知られる赤穂の城。物語の舞台となったのは江戸であるが、浅野内匠頭長矩（たくみのかみながのり）の刃傷沙汰の知らせを筆頭家老・大石内蔵助良雄（くらのすけよしお）が受け取ったのはこの城であった。

赤穂城の起源は詳しくわかっていないが、元からあった簡素な陣屋を慶安元年(1648)に改修し、城として整備した。改修にあたっては軍学者の近藤正純（まさずみ）らにより**甲州流軍学**、**山鹿（やまが）流軍学**が取り入れられ、近世城郭を築き上げている。本丸を二之丸が取り囲み、その東に三之丸を配している。

平成8年(1996)に本丸内部を整備し、本丸櫓門などが復元された。また、平成28年(2016)には二之丸庭園の整備も完了し、本丸庭園と合わせて国の指定名勝となった。

その他　軍学に沿って建つ城

赤穂城を改築した浅野長直（ながなお）は、軍師の甲州流軍学者の近藤正純に縄張を命じ、また山鹿流軍学者の山鹿素行も招聘する（➡P242）。この二者により築かれた赤穂城は、砲撃戦を考慮した櫓が造られるなど、当時の軍学を反映した城として完成された。

豆知識　赤穂城は明治の廃城令で建築物が破棄されたのち、城跡は荒れ放題となる。しかし昭和25年(1950)、赤穂浪士討ち入りから250年という節目にあたり大手門、大手隅櫓などが復元された。

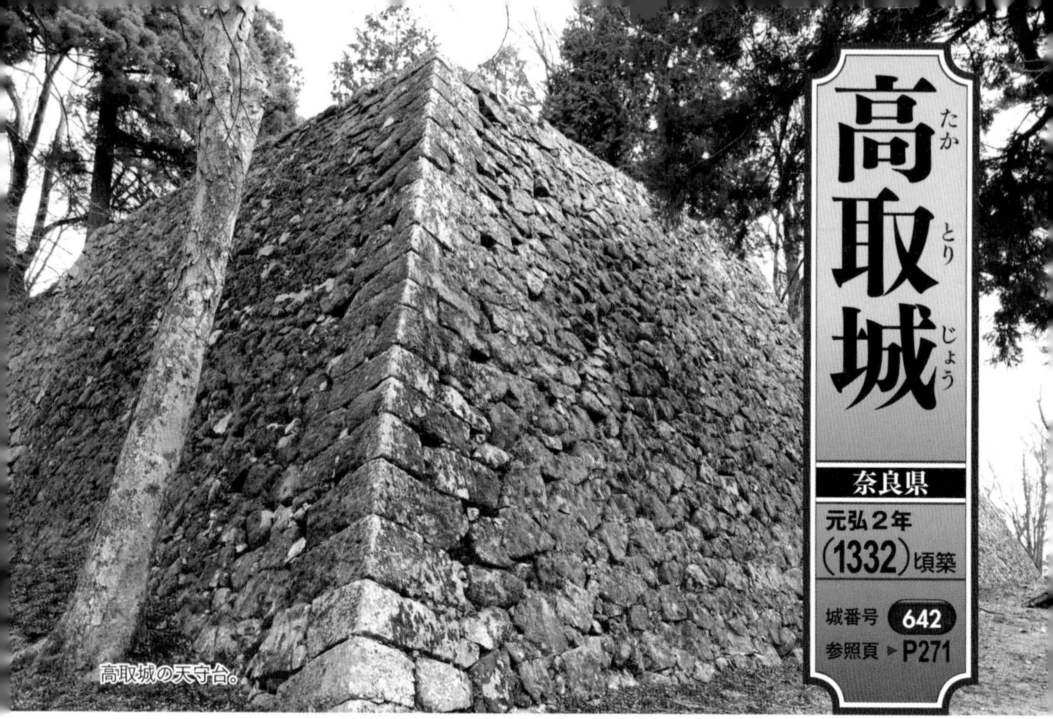

高取城の天守台。

高取城

奈良県

元弘2年（1332）頃築

城番号 642

参照頁 ▶P271

史跡区分　国指定史跡

織豊系の築城技術が残る最大規模の山城

奈良県の吉野山系に連なる険しい山に造られた**高取城**。そもそもは南北朝時代に、**越智邦澄**の手で築かれた城が始まりと伝わるが、詳細はわからず、また一時期は廃城となっていた。

これを戦国大名・**筒井順慶**が修復した後、羽柴秀長とその家臣・**本多氏**によって近世城郭へと改築された。

近世に築かれた**山城**としては最大規模であり、また比高446mは日本一である。天守をもつ山城というのも珍しく、織豊系の特徴が色濃く見られる**高石垣**が今も残る。山そのものが要害となるのはもちろん、総延長約3㎞の土塀、それを上回る長さの石垣などで防御された、難攻不落の山城として名高い。

山城では珍しく**水堀**も備えていたが、これは防御のためというよりも、用水池として使われていたようだ。

縄張は堅固であり、登城道にはいくつも枡形虎口が置かれ、全体で27もの櫓を構えていた。本丸には三重天守がそびえ、二重の小天守が配されていた。

十五間多門の石垣

復元された天守。

和歌山城
わかやまじょう
和歌山県
天正13年（1585）築
城番号 644
参照頁 P272

史跡区分
国指定史跡
国指定名勝
重要文化財1件

徳川御三家の居城として華やかに改築

和歌山城は、天正13年（1585）、小高い虎伏山に**羽柴秀長**が簡素な城を築いたことに始まり、慶長5年（1600）には浅野幸長により改築を受けた。また元和5年（1619）には徳川家康の第10子、**徳川頼宣**が城主となり、その名に恥じぬよう大改築が施され現在の姿となった。

縄張は天守曲輪と本丸を囲むように、二の丸、南の丸などが同心円状に取り囲む。大天守は三重で、小天守、乾櫓、二の門が多聞櫓で連結されている**連立式天守**。ただし、当初の**大天守**は江戸中期に雷火で焼失。再建されるも太平洋戦争時に空襲で再び焼け落ちてしまい、昭和33年（1958）に外観復元された。

和歌山城の天守曲輪

周山城（しゅうざんじょう）

京都府
天正8年（1580）築
城番号 567
参照頁 ▶P258

史跡区分 特になし

近世城郭の嚆矢を継いだ巨大山城

明智光秀が丹波一帯の支配拠点とした山城。織田信長の居城であった安土城と同様に、天守がそびえる近世城郭の先駆け的存在とされている。

城域は東西に分かれており、東側の最高所に**天守**が置かれ、**周山街道**を一望できたという。正方形の土塁に囲まれた主郭からは東西に1300m、南北に600mに曲輪がのび、大規模城郭であったことがうかがえる。

光秀が敗死した後は、この城も破却となり、徹底的な破壊が行われた。その破壊の痕跡は現在でも大手沿いに見ることができ、土塁や堀切などの遺構も各所に確認できる。

主郭東面の破却された石垣

保存状態の良い石垣

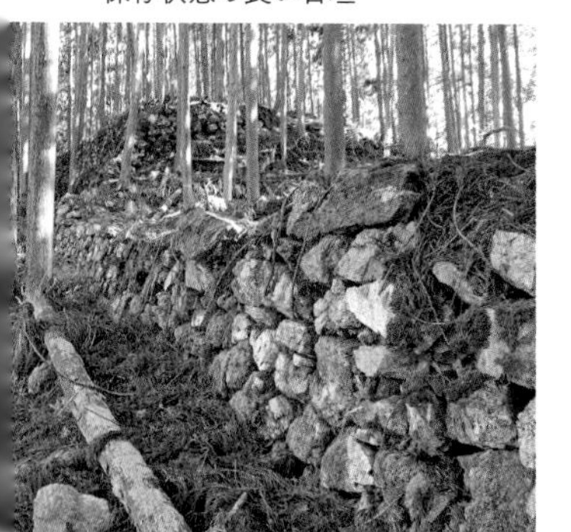

千早城（ちはやじょう）

大阪府
元弘2年（1332）築
城番号 591
参照頁 ▶P262

史跡区分 国指定史跡

楠木正成が寡兵で守った中世の要害

鎌倉末期から南北朝時代にかけて活躍した**楠木正成**（くすのきまさしげ）の居城が千早城である。金剛山（こんごうさん）一帯の尾根に築かれ、四方を谷に囲まれた要害に建つ**山城**で、下赤坂城（しもあかさかじょう）、上赤坂城（かみあかさかじょう）の支城をもつ。後醍醐（ごだいご）天皇の呼びかけに応じて参じた正成が元弘（げんこう）2年（1332）に築き、鎌倉幕府軍を相手に奮迅の活躍を見せた（⬇P284）。

下赤坂城が敵と相対する出城的役割を担い、上赤坂城は本丸、その詰めの城として造られたのが千早城となる。後には南北朝時代、正成の孫正勝（まさかつ）の代に、北朝方の畠山基国（もとくに）に攻め落とされ、その後廃城となっている。現在は金剛山中に**曲輪**や**空堀**などの跡が残る。

城域にある楠木正成を祀る千早神社

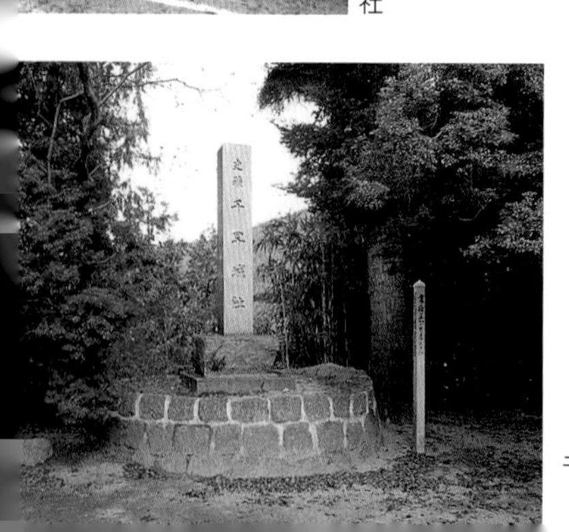

千早城址の碑

伏見城（ふしみじょう）

京都府
文禄元年（1592）築
城番号 575
参照頁▶P259

史跡区分 宮内庁治定

秀吉・家康と二人の天下人が拠った城

伏見東小学校内にある伏見城の復元石垣

伏見城とは**豊臣秀吉**、**徳川家康**が築いた複数の城の総称である。まずは文禄元年（1592）、秀吉が指月山に築いた「**指月山伏見城**」。この城が慶長伏見地震により倒壊すると、木幡山に場所を移して慶長2年（1597）に「**木幡山伏見城**」が再建される。

指月山伏見城も茶聖・**千利休**の趣向を取り入れた絢爛な城だった。しかし、木幡山伏見城はそれ以上のもので、聚楽第をはじめ多数の建物が移築され、秀吉は残りの生涯をこの地で過ごしている。

秀吉の死後は豊臣秀頼が入った後、家康の居城となる。しかし「**伏見城の戦い**」によって、城も城下もすべて焼失し、慶長7年（1602）に家康によって木幡山伏見城が再建される。だがその城も「一国一城令」によって廃城となり、天守や櫓、門などは全国の城や寺社に移築されている。

現在、遺構はほぼ残っていないが、近年の発掘調査で秀吉時代の金箔瓦などが発見されている。また令和3年（2021年）には指月山伏見城の石垣が発見された。

篠山城（ささやまじょう）

兵庫県
慶長14年（1609）築
城番号 602
参照頁▶P264

史跡区分 国指定史跡

名だたる大名を召集し天下普請で築いた名城

徳川家康が行わせた「**天下普請**」で造られた**篠山城**は、戦国末期の築城ゆえに、近世城郭の特徴が色濃く表れる。

城は幅広で方形の水堀に囲まれ、二の丸、本丸も内堀と高石垣で固められている。また各虎口には馬出が設けられて、防御をより堅牢なものにした。天守は造られなかったが、**天守台**は造られている。

築城は慶長14年（1609）、大坂城に立てこもる、豊臣氏への備えとして急造された。縄張は**藤堂高虎**、普請総奉行は池田輝政が担い、15か国20名の大名が動員された大規模な普請であった。約200日という短期間ながら、完成度の高さには目を見晴らされる。

明治時代に入り、**大書院**を残して建物はすべて取り払われるが、外堀、内堀に**馬出**などの縄張はそのまま残されている。また唯一残された大書院も昭和19年（1944）に焼失し、平成に入り復元された。

篠山城の天守台

近畿地方の城

京都府（きょうとふ）

古くから権力の中心にあった京都は、建武中興のころから城郭が多く築かれた。足利尊氏が幕府を開き、応仁の乱では各地で11年間も戦闘が繰り広げられた。細川氏と山名氏の抗争は戦国時代までつながっていく。

560 聚楽第（じゅらくだい）

重文

築城年：天正15年（1587）　築城者：豊臣秀吉

特徴：木造建築の最高峰とも称された豪華絢爛な城郭風の邸宅。旧平安京大内裏（だいだいり）跡地に立地し、政庁としての機能も備える。内野御構（うちのおかまい）とも。

所在地：京都市上京区一条堀川〜千本丸太町付近

公共交通：JR東海道本線・京都駅よりバス

車：名神高速・京都東IC／京都南ICから約30分。周辺の有料駐車場を利用

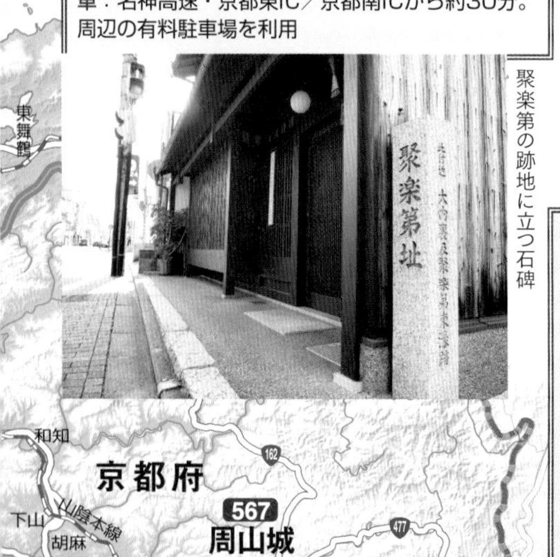

聚楽第の跡地に立つ石碑

559 二条城（にじょうじょう）

►P244

国宝　重文　史跡

築城年：慶長8年（1603）　築城者：徳川家康

特徴：家康が京に滞在中の宿所として築城。慶応3年（1867）に第15代将軍・徳川慶喜が大政奉還を宣言したのもこの城。世界遺産に登録され、主要な遺構のほとんどは重要文化財になっている。二の丸御殿は国宝。

所在地：京都市中京区二条通堀川西入二条城町

公共交通：地下鉄東西線・二条城前で下車、徒歩すぐ。JR京都駅よりバス「二条城前」下車、徒歩すぐ

車：名神高速・京都東IC／京都南ICから元離宮二条城駐車場（有料）まで約30分

二条城の唐門

二条城の西南隅櫓

勝龍寺城の隅櫓と水堀

561 勝龍寺城 しょうりゅうじじょう

築城年：室町中期　築城者：畠山義就（よしなり）
特徴：細川頼春（よりはる）の築城とする説も。戦国期に山城国支配の拠点として重要視された。現在は公園で、櫓を模した資料館や美しい庭園がある。
所在地：長岡京市勝竜寺
公共交通：JR東海道本線・長岡京駅より徒歩約10分　車：名神高速・大山崎ICから勝龍寺城公園駐車場まで約5分

562 宮津城 みやづじょう

築城年：天正7年(1579)　築城者：細川忠興（ただおき）
特徴：織田信長の了解を得て着工。築城に際して信長家臣の明智光秀も力を貸している。後に京極高広が入って、大幅に改築された。遺構は移築した門のみが残っている。
所在地：宮津市鶴賀
公共交通：北近畿タンゴ鉄道宮福線・宮津駅より徒歩約4分　車：京都縦貫道・宮津天橋立ICから約5分。駐車場なし

563 福知山城（ふくちやまじょう）

築城年：天正7年(1579)　築城者：明智光秀・秀満
特徴：塩見氏の横山城をもとに新城として築かれた。東西および北を急崖に守られる堅牢な城で、福知山城の名になったのは江戸時代に入り、朽木氏が城主になってから。明治維新を迎え、城は破却された。
所在地：福知山市字内記
公共交通：JR山陰本線・福知山駅より徒歩約15分
車：舞鶴若狭道・福知山ICから約10分。ゆらのガーデン駐車場を利用

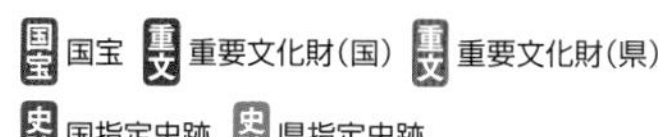

福知山城の復元天守

周山城に残る明智光秀時代の石垣

564 槇島城 まきしまじょう

築城年：承久3年(1221)　築城者：長瀬左衛門
特徴：室町時代に足利氏家臣の槇島氏が本拠にした。天正元年(1573)に足利義昭と織田信長の合戦の舞台になった。現在は公園。
所在地：宇治市槇島町薗場
公共交通：京阪電鉄宇治線・宇治駅よりバス
車：京滋バイパス・宇治東ICから約6分。駐車場なし

565 亀山城(亀岡城) かめやまじょう／かめおかじょう

築城年：天正6年(1578)　築城者：明智光秀
特徴：丹波攻めの拠点として明智光秀が古砦を改修・拡張して築いた。江戸時代の天下普請により改修され、明治維新まで存続した。
所在地：亀岡市荒塚町内丸
公共交通：JR山陰本線・亀岡駅より徒歩約3分
車：京都縦貫道・亀岡ICから約10分。大本本部駐車場(城跡見学時のみ)か周辺の有料駐車場を利用

566 淀城 よどじょう

築城年：元和9年(1623)　築城者：松平定綱
特徴：将軍徳川秀忠が松平定綱に築かせた城。京阪本線・淀駅前に遺構が残る。北に500mほど離れた場所には「淀古城」があった。
所在地：京都市伏見区淀本町
公共交通：京阪本線・淀駅より徒歩約3分
車：京滋バイパス・久御山淀ICから淀城跡公園駐車場まで約5分

567 周山城 しゅうざんじょう

►P254

築城年：天正8年(1580)　築城者：明智光秀
特徴：明智光秀が築き、光忠を城主に据えた。城名は周の武王に由来するという説も。本能寺の変の後は城主不在となり、廃された。
所在地：京都市右京区京北周山町
公共交通：JR東海道本線・京都駅よりバス
車：京都縦貫道・八木東ICから約30分。道の駅ウッディー京北のPを利用。登山口まで徒歩約10分

568 静原城 しずはらじょう

築城年：弘治3年(1557)　築城者：三好長慶
特徴：城谷山の頂に築かれた城。天正元年(1573)に明智光秀が大軍を率いて攻め落とした。城谷山の尾根にも城跡が残っている。
所在地：京都市左京区静市静原町
公共交通：京阪鴨東線・出町柳駅よりバス
車：名神高速・京都東ICから約50分。静原神社前の駐車スペースを利用

569 御土居 おどい

史跡

築城年：戦国末期　築城者：豊臣秀吉
特徴：京都の境界線を明確にすべく設けられた防塁。市内9ヵ所に跡が残る。御土居の内側が洛中、外側が洛外となる。別名・京都総曲輪。
所在地：京都市上京区ほか
公共交通：JR山陰本線・円町駅よりバス下車、徒歩約15分　車：名神高速・京都南ICから約30分。付近のコインパーキングを利用

570 八木城 やぎじょう

史跡

築城年：室町時代　築城者：内藤入道
特徴：丹波三大城郭のひとつ。キリシタン武将の内藤ジョアンが布教活動の本拠とした城としても有名。織田信長に攻め落とされた。
所在地：南丹市八木町本郷
公共交通：JR山陰本線・八木駅より徒歩約15分
車：京都縦貫道・八木東ICから約20分、春日神社の駐車場を利用。登山口まで約5分。登山口から主郭まで約35分

571 田辺城 たなべじょう

築城年：天正7年(1579)　築城者：田辺氏
特徴：慶長5年(1600)の関ヶ原の戦いで落城。舞鶴市の中央部に位置し、別名は舞鶴城。城跡は現在、舞鶴公園として整備されている。
所在地：舞鶴市南田辺
公共交通：JR舞鶴線・西舞鶴駅より徒歩約10分
車：舞鶴若狭道・舞鶴西ICから約10分。周辺の市営駐車場。城内の駐車スペース(数台)を利用

淀城天守台の穴蔵

山崎城の天守台跡

572 笠置城 かさぎじょう
史跡

築城年：元徳3年（1331）　築城者：不明
特徴：後醍醐天皇が鎌倉幕府討伐を掲げて挙兵。元弘の変の中心地となった。天皇は大軍を相手に善戦するが城への潜入を許して敗北した。
所在地：相楽郡笠置町
公共交通：JR関西本線・笠置駅より徒歩45分
車：京奈和道・木津ICから約40分。笠置寺駐車場（有料）を利用。笠置寺まで徒歩約10分

573 鹿背山城 かせやまじょう

築城年：文治4年（1188）　築城者：木津英清
特徴：城域の広さは南山城地方屈指。文明2年（1470）に畠山氏により落城。戦国期には松永久秀が入り、大幅に改修を施している。
所在地：木津川市鹿背山字鹿曲田
公共交通：JR奈良線・木津駅よりバス
車：京奈和道・木津ICから約15分。駐車場なし。登山口の西念寺から本丸まで徒歩約15分

574 山科本願寺 やましなほんがんじ
史跡

築城年：文明10年（1478）　築城者：蓮如兼寿
特徴：浄土真宗の総本山・山科本願寺が城郭化。近年の宅地開発によって遺構の大半は失われたが、5mにも及ぶ高さの土塁が残る。
所在地：京都市山科区
公共交通：市営地下鉄東西線・東野駅より徒歩約10分で土塁の残る山科中央公園
車：名神高速・京都東ICから約10分

575 伏見城 ふしみじょう
▶P255

築城年：文禄元年（1592）　築城者：豊臣秀吉
特徴：豊臣秀吉が聚楽第から移って晩年を過ごした。もともとは指月山にあったが地震で崩れ、現在の地に建て直された。桃山城とも呼ぶ。
所在地：京都市伏見区桃山町太蔵
公共交通：JR奈良線・桃山駅より徒歩約20分
車：伏見桃山城は第二京阪・城南宮南ICから伏見桃山城運動公園駐車場まで約10分

576 山崎城 やまざきじょう
史跡

築城年：延元3年（1338）　築城者：赤松則祐
特徴：豊臣秀吉と明智光秀が火花を散らした山崎の戦いで知られる。後に豊臣秀吉が改修して本拠にした。天王山城、鳥取尾城とも呼ぶ。
所在地：乙訓郡大山崎町
公共交通：JR東海道本線・山崎駅より徒歩すぐ
車：名神高速・大山崎ICから約5分。宝積寺の駐車場を利用。登山口から本丸まで徒歩約40分

577 建部山城 たけべやまじょう

築城年：建武3年（1336）　築城者：不明
特徴：丹後の85城を支配下に置いたといわれる一色氏の本拠。天正7年（1579）に細川藤孝・明智光秀軍が陥落。のち藤孝の城となるが、本拠を宮津城に移したため廃城となる。八田城ともいう。
所在地：舞鶴市喜多
公共交通：JR舞鶴線・西舞鶴駅よりバス
車：京都縦貫道・舞鶴大江ICから駐車場まで約20分

578 園部城 そのべじょう

築城年：元和5年（1619）　築城者：小出吉親
特徴：小出氏代々の居城。明治に入って大規模な改築が行われた。櫓門は城跡に建つ園部高校の校門になっている。太鼓櫓が安楽寺に移築された。
所在地：南丹市園部町小桜町
公共交通：JR山陰本線・園部駅よりバス
車：京都縦貫道・園部IC／八木西ICから園部公園駐車場まで約5分

579 弓木城 ゆみのきじょう

築城年：室町時代　築城者：稲富氏
特徴：四代目城主・伊賀直家は鉄砲の名人として知られる。後に一色氏が城主になり、細川氏によって陥落。稲富城、一色城の別名がある。
所在地：与謝郡与謝野町弓木
公共交通：北近畿タンゴ鉄道宮津線・岩滝口駅より徒歩約35分　車：鳥取豊岡宮津道・与謝天橋立ICから城山公園駐車場まで約4分

伏見城の模擬天守

真田丸跡に立つ顕彰碑

近畿地方の城

大阪府（おおさかふ）

奈良や京都に近く、交通の要所として栄えた大阪府。南北朝の内乱では、各地で激しい戦闘がおこなわれ、数々の城砦が築かれた。以後、細川氏、畠山氏が守護となるが動乱が絶えず、廃城された城も多い。

580 茨木城 いばらきじょう

築城年：室町時代　築城者：不明
特徴：城跡には茨木小学校が建ち、復元された櫓門がある。また楼門が大和小泉慈光院（やまとこいずみじこういん）に、搦手門が茨木神社に移築されたといわれている。
所在地：茨木市上泉町・片桐町・本町・元町
公共交通：阪急電鉄京都線・茨木市駅より徒歩
車：名神道・茨木ICから約10分。市営中央公園駐車場を利用

581 大坂城（おおさかじょう） 重文 史跡

▸P22

築城年：天正11年(1583)　築城者：豊臣秀吉
特徴：石山本願寺跡に築かれた豊臣秀吉の本城。天正11年(1583)の大坂夏の陣で陥落し、後に徳川秀忠が復興。徳川の城も焼失したが、昭和6年(1931)に五層天守が復元されている。
所在地：大阪市中央区大阪城
公共交通：JR大阪環状線・大阪城公園駅より徒歩約10分
車：阪神高速13号東大阪線・法円坂IC／森之宮ICからすぐ。大阪城公園森ノ宮駐車場などを利用

582 真田丸 さなだまる

築城年：慶長19年(1614)　築城者：真田幸村
特徴：大坂冬の陣で合戦の舞台になり、徳川軍を相手に真田幸村がその実力を存分に見せつけた。三日月形の縄張から偃月（えんげつ）城とも称される。
所在地：大阪市天王寺区
公共交通：JR大阪環状線・玉造駅より徒歩約10分
車：阪神高速湾岸線・森之宮ICから駐車場まで約10分

583 芥川山城 あくたがわやまじょう

築城年：永正12年(1515)　築城者：細川氏
特徴：三好長慶が絶頂期を過ごした城で、大手には当時の石垣が残る。山上に御殿があったと伝わり、実際に主郭から建物の礎石が発掘された。
所在地：高槻市大字原
公共交通：JR高槻駅よりバス「塚脇」下車、徒歩約15分　車：名神道・茨木JCから登城口まで約30分。登城口から主郭まで徒歩約15分

584 津田城 つだじょう

築城年：延徳2年(1490)　築城者：津田正信
特徴：山城国（やましろのくに）、大和国、河内国（かわちのくに）の国境がある交通の要所・津田に築かれた城。天正3年(1575)に織田信長がこの城を攻め落としている。
所在地：枚方市津田
公共交通：JR片町線・津田駅よりバス　車：第二京阪・枚方学研ICから2分。津田サイエンスヒルズ内枚方国見山配水池付近の駐車スペースを利用

585 守口城 もりぐちじょう

築城年：室町時代　築城者：不明
特徴：応仁の乱で戦いの舞台となり、石川合戦では明智光秀の拠点になった。城の正確な場所は不明で竜田通とも土居町ともいわれる。
所在地：守口市竜田通
公共交通：京阪本線・守口市駅より徒歩
車：阪神高速12号守口線・守口ICから約8分。駐車場なし

大坂城の復興天守と水堀

国宝 国宝　重文 重要文化財(国)　重文 重要文化財(県)

史跡 国指定史跡　史跡 県指定史跡

586 飯盛城（いいもりじょう）

築城年：建武年間(1334〜1338)
築城者：佐々目憲法（ささめけんぽう）
特徴：永禄3年(1560)に三好長慶（みよしながよし）が城主になり、城を整備・拡張。現在は自然豊かなハイキングコースを有する行楽スポットになっている。
所在地：大東市北条
公共交通：JR片町線・四条畷駅より徒歩約15分
車：第二京阪・寝屋川南ICから約20分。四條畷神社または慈眼寺のPを利用。主郭まで徒歩約40分

飯盛城御体塚郭下の石垣

地域別
近畿地方の城

587 八尾城 やおじょう

築城年：南北朝時代
築城者：八尾別当兼幸(顕幸)
特徴：キリシタン大名の池田教正の城として知られる。織田信長と石山本願寺との戦いが終わったあと、教正は若江城から八尾城に移った。
所在地：八尾市南本町
公共交通：近鉄大阪線・近鉄八尾駅より徒歩約5分
車：近畿道・八尾ICから約10分

588 丹南陣屋 たんなんじんや

築城年：元和9年(1623)　築城者：高木正次
特徴：陣屋跡には遺構は残されていないが、陣屋の西にある来迎寺に奥屋敷として遺構の一部が移築されており、記念碑が建てられている。
所在地：松原市丹南町
公共交通：近鉄南大阪線・河内松原駅よりバス
車：阪和道・松原ICから約7分。来迎寺参拝者用駐車場を利用

589 地黄陣屋 じおうじんや

築城年：慶長7年(1602)　築城者：能勢頼次
特徴：丸山城の建材を使用して築かれたため新丸山城とも呼ばれる。城主・能勢頼次は善政で知られる人物。現在、城跡には中学校がある。
所在地：豊能郡能勢町
公共交通：能勢電鉄妙見線・妙見口駅よりバス
車：阪神高速11号池田線・池田木部第二ICから約30分。駐車場なし

590 岸和田城(きしわだじょう)

史跡

築城年：応永年間(1394〜1428)
築城者：信濃泰義
特徴：南北朝時代に築かれた古城が前身とされる。五層天守を有していたが落雷で焼失。後に三層の天守が造られた。別名は千亀利城。
所在地：岸和田市岸城町
公共交通：南海本線・蛸地蔵駅より徒歩約5分
車：阪神高速湾岸線・岸和田南ICから駐車場まで約10分

岸和田城の復興天守

千早城跡に立つ碑

591 千早城(ちはやじょう)

▶P254

史跡

築城年：元弘2年(1332)　築城者：楠木正成
特徴：鎌倉幕府の大軍に攻められたが、籠城して3か月以上も耐え続け、その間に幕府が滅亡した。現在、城跡には千早神社がある。
所在地：南河内郡千早赤阪村千早
公共交通：南海電鉄・河内長野駅からバス「金剛山登山口」下車、徒歩すぐ
車：道・美原南ICから約50分。金剛山登山口の駐車場を利用。本丸まで徒歩約20分

592 交野城 かたのじょう

築城年：文和元年(1352)　築城者：安見清儀
特徴：築城後、安見氏は畠山氏に仕え、河内守護代になった。私部城と呼ばれることも多い。天正3年(1575)に廃されている。
所在地：交野市私部
公共交通：京阪交野線・交野市駅より徒歩約10分
車：第二京阪・交野南ICから約6分。交野市役所周辺のコインパーキングを利用

593 恩智城 おんちじょう

築城年：建武年間(1334〜1337)
築城者：恩智左近
特徴：城主の恩智左近は鎌倉幕府軍を迎えた千早城の籠城戦など数々の合戦で功績を残している。城跡は現在公園で、近くに小学校がある。
所在地：八尾市恩智中町
公共交通：近鉄大阪線・恩智駅より徒歩約15分
車：第二京阪・長原ICから約30分

594 若江城 わかえじょう

築城年：弘和2年(1382)　築城者：畠山氏
特徴：畠山氏の後、三好氏が城主になる。天正元年(1573)に織田信長が攻め落として池田教正を置き、石山本願寺に対する拠点にした。
所在地：東大阪市若江本町・南町・北町
公共交通：近鉄奈良線・若江岩田駅より徒歩約15分
車：近畿道・東大阪南ICから約5分。若江公民館の駐車場を利用

上赤坂城主郭から河内平野を一望する

595 根福寺城 こんぷくじじょう

築城年：天文4年(1535)　築城者：松浦肥前守
特徴：細川清元・元常の家臣として活躍した松浦肥前守による築城。後に根来衆が出城として利用する。城の規模は東西500mあり、大阪府の山城の中でも大規模な城。かつては野田山城とも。
所在地：貝塚市秬谷
公共交通：水間鉄道・水間観音駅よりバス
車：阪和道・貝塚ICから約15分

596 高屋城 たかやじょう

築城年：文明11年(1479)　築城者：畠山氏
特徴：築城者は畠山義就・政長・基家のいずれか。大規模な争いが絶えなかった城のひとつで、築城以来30回近くも城主が交替している。
所在地：羽曳野市古市
公共交通：近鉄南大阪線・古市駅より徒歩約10分
車：西名阪道・藤井寺ICから約20分。周辺に駐車場なし

597 狭山陣屋 さやまじんや

築城年：元和2年(1616)　築城者：北条氏信
特徴：北条氏代々の陣屋。12代目・氏恭のときに明治維新が起こって、その後は廃された。堺市の本願寺別院に移築された大手門がある。
所在地：大阪狭山市狭山
公共交通：南海高野線・大阪狭山市駅より徒歩約10分　車：阪和道・美原南ICから約15分。狭山池博物館の駐車場を利用

598 高槻城 たかつきじょう 史跡

築城年：正暦年間(990〜995)　築城者：近藤忠範
特徴：戦国時代に和田氏が城主になり、後にキリシタン大名・高山右近の居城になった。現在は公園で、高山右近の像が置かれている。
所在地：高槻市城内町
公共交通：阪急電鉄京都線・高槻市駅より徒歩約15分
車：名神高速・茨木ICから約30分。しろあと歴史館の駐車場を利用。城跡公園まで徒歩約5分

高槻城に立つ
高山右近の銅像

599 上赤坂城 かみあかさかじょう 史跡

築城年：元弘年間(1331〜1334)　築城者：楠木正成
特徴：東西南の三方を山に守られた城。元弘の乱ではわずか300ほどの城兵で100万超の鎌倉勢と戦ったとされる。楠木城などとも呼ぶ。
所在地：南河内郡千早赤阪村
公共交通：近鉄長野線・富田林駅よりバス
車：第二京阪・羽曳野ICから約30分。交野市役所周辺のコインパーキングを利用

600 池田城 いけだじょう

築城年：室町前期　築城者：池田氏
特徴：永正5年(1508)に細川氏に攻められ、城主・貞正は城に火を放って自害したが、天正16年(1519)には息子の久宗が城を奪い返した。現在は池田城跡公園として城跡風の模擬施設が整備された。　所在地：池田市城山町　公共交通：阪急宝塚線・池田駅よりバス　車：阪神高速池田線・川西小花ICから約10分。周辺の有料駐車場を利用

601 烏帽子形城 えぼしがたじょう 史跡

築城年：14世紀頃　築城者：楠木正成
特徴：地域支配の要地として重視された城。見どころは、主要部をぐるりと囲む深い横堀。現在残る巧みな縄張は中村一氏が改修したもの。
所在地：河内長野市喜多町
公共交通：近鉄・三日市町駅より徒歩約20分
車：南阪和道・羽曳野ICから烏帽子形公園駐車場まで約30分。主郭まで徒歩約10分

横堀が縦横に
めぐる烏帽子形城

兵庫県（ひょうごけん）

摂津、但馬、丹波、播磨、淡路と、広大なエリアに多数の国を擁した兵庫県。山名氏と赤松氏が勢力を誇っていたが、羽柴秀吉の前に屈した。国宝で世界遺産の姫路城は、城郭史において極めて重要な存在である。

篠山城の大書院

602 篠山城（ささやまじょう）

►P255

史跡

築城年：慶長14年(1609)　築城者：徳川家康
特徴：天下普請により生まれた城のひとつ。縄張は藤堂高虎が担当し、石垣は高度な技術を持つ職人集団・穴太衆によって築かれている。
所在地：篠山市北新町　公共交通：JR福知山線・篠山口駅よりバス「篠山口」下車、徒歩約5分　車：舞鶴若狭道・丹南篠山口ICから大手前駐車場まで約10分。城跡まで徒歩すぐ

603 龍野城 たつのじょう

築城年：明応8年(1499)頃　築城者：赤松村秀
特徴：鶏龍山に位置。寛文12年(1672)以降は脇坂氏が入り、麓に新城が築かれた。因念寺、浄栄寺、蓮光寺に城門が移築されている。
所在地：たつの市龍野町上霞城
公共交通：JR姫新線・本竜野駅よりバス
車：山陽道・龍野ICから駐車場まで約10分で駐車場。龍野歴史文化資料館駐車場も利用可能

604 置塩城 おきしおじょう

史跡

築城年：文明元年(1469)　築城者：赤松政則
特徴：置塩山に位置する城。赤松政則が姫路城から本拠を移すために築城した。大手門が姫路城に移築されている。藤丸城とも呼ばれる。
所在地：姫路市夢前町宮置　公共交通：JR山陽本線・姫路駅よりバス「宮置」下車、徒歩約15分で登城口　車：中国道・福崎ICから約15分。登山口に駐車スペースあり。山頂まで徒歩約40分

605 白旗城 しらはたじょう

史跡

築城年：鎌倉末期〜南北朝初期　築城者：赤松則村
特徴：赤松季房が空から源氏の白旗が振ってくる夢を見たことから白旗城の名がついたといわれる。嘉吉の乱で鎌倉幕府軍の攻撃を受けて落城。
所在地：赤穂郡上郡町
公共交通：智頭急行・河野原円心駅より徒歩約90分　車：中国道・作用IC／播磨道・播磨新宮ICから白旗城登山者用駐車場まで約30分

606 上月城 こうづきじょう

築城年：延元元年(1336)　築城者：上月景盛
特徴：嘉吉元年(1441)に山名氏により陥落。その後も何度も戦いの舞台になり、通算で4度も落城している。最後の城主は間島氏。
所在地：佐用郡佐用町上月
公共交通：JR姫新線・上月駅より徒歩約15分
車：中国道・佐用ICから約20分。駐車場なし

607 姫路城（ひめじじょう）

►P10

国宝　重文　史跡

築城年：正平元年(1346)　築城者：赤松貞範
特徴：中国統治を目指す羽柴秀吉が天正8年(1580)に改修し、姫路城の名をつけた。後に池田輝政が入り、五層の天守を備える壮大な城になる。世界遺産に登録され、8つの国宝を有する。別名は白鷺城。
所在地：姫路市本町
公共交通：JR山陽本線・姫路駅よりバス「大手門前」下車、徒歩すぐ
車：山陽道・山陽姫路東ICから約20分。周辺の有料駐車場を利用

姫路城の現存天守

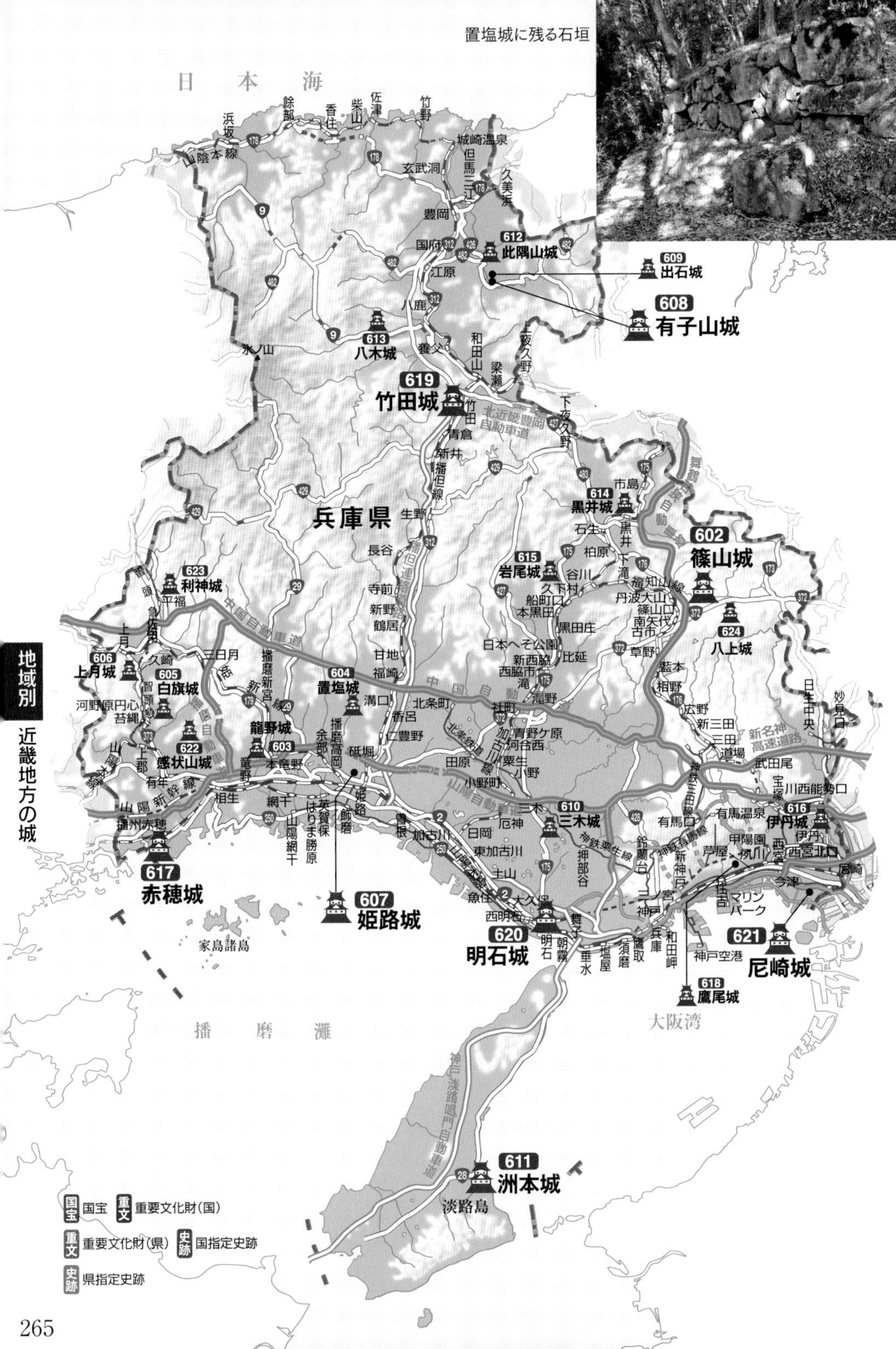
日本海
兵庫県
播磨灘
大阪湾
608 有子山城
609 出石城
612 此隅山城
613 八木城
619 竹田城
614 黒井城
602 篠山城
615 岩尾城
623 利神城
624 八上城
606 上月城
605 白旗城
604 置塩城
603 龍野城
622 感状山城
617 赤穂城
607 姫路城
610 三木城
616 伊丹城
620 明石城
621 尼崎城
618 鷹尾城
611 洲本城
家島諸島
淡路島
国宝
重要文化財(国)
重要文化財(県)
国指定史跡
県指定史跡

置塩城に残る石垣

有子山城本丸の石垣と石段

608 有子山城

築城年：天正2年(1574)　築城者：山名祐豊
特徴：山名祐豊が羽柴秀吉に本拠を追われて築いたが、永禄12年(1569)にまたも秀吉に攻め落とされた。有子城、高城とも呼ばれる。
所在地：豊岡市出石町　公共交通：JR山陰本線・豊岡駅よりバス「出石営業所」下車、徒歩約5分
車：駐車場は出石城と同様。出石城稲荷神社東側に登城口。登城口から本丸まで徒歩約50分

609 出石城 いずしじょう

築城年：慶長9年(1604)　築城者：小出吉英
特徴：有子山の麓に築かれた城。小出氏の後は松平氏や仙石氏が城主になった。その後、仙石氏は城主を譲ることなく明治に至っている。
所在地：豊岡市出石町
公共交通：JR山陰本線・豊岡駅よりバス「出石営業所」下車、徒歩約5分　車：播但連絡道・和田山ICから約40分。周辺の有料駐車場を利用

復元された出石城の隅櫓

610 三木城 みきじょう

築城年：長享2年(1492)　築城者：別所則治
特徴：羽柴秀吉の巧みな兵糧攻めで落とされた城。城兵をじっくりと極限状態に追い込むこの戦いは「三木の干殺し」と称された(➡P289)。
所在地：三木市上の丸町
公共交通：神戸電鉄粟生線・三木上の丸駅より徒歩すぐ 車：山陽道・三木小野ICから上の丸公園駐車場まで約10分

大阪湾を望む
洲本城の模擬天守

611 洲本城

史跡

築城年：大永6年(1526)　築城者：安宅氏
特徴：天正13年(1585)に脇坂安治が城を改修。山麓の館は寛永8年(1631)に築かれたもの。山の名をとって三熊城とも呼ばれる。
所在地：洲本市小路谷・山手
公共交通：JR山陽本線・舞子駅よりバス「洲本バスセンター」下車、徒歩約40分
車：神戸淡路鳴門道・洲本ICから駐車場まで約30分

612 此隅山城 このすみやまじょう

史跡

築城年：応安5年(1372)　築城者：山名時義
特徴：応仁の乱では2万以上の兵が集まったという。永禄12年(1569)に羽柴秀吉により落城。城主の山名氏は有子山に新たな城を築く。
所在地：豊岡市出石町
公共交通：JR山陰本線・豊岡駅よりバス
車：北近畿豊岡道・八鹿氷ノ山ICから約20分。登城口のあるいずし古代学習館の駐車場を利用

613 八木城 やぎじょう

史跡

築城年：不明　築城者：不明
特徴：八木古城と呼ばれる土城と、新しく築かれた石城がある。一般的に八木城といえば後者を指すことが多い。室町幕府滅亡後、明智光秀の手で改修された立派な高石垣が残る。
所在地：養父市八鹿町
公共交通：JR山陰本線・八鹿駅よりバス
車：播但連絡道路・和田山ICから約20分

八木城の土塁

黒井城本丸南面の石垣

614 黒井城 くろいじょう

史跡

築城年：建武年間（1334～1338）　築城者：赤松貞範
特徴：戦国時代に明智光秀が家臣の斎藤利三を城主に据えた。現在の興禅寺が斎藤氏の館跡。春日局の出生地ともいわれる。別名は保月城。
所在地：丹波市春日町
公共交通：JR福知山線・黒井駅より徒歩約10分
車：舞鶴若狭道・春日ICから約10分。猪口山登山口の駐車場を利用。本丸まで徒歩約30分

615 岩尾城 いわおじょう

史跡

築城年：永正13年（1516）　築城者：和田斉頼
特徴：天正7年（1579）に織田勢に攻め落とされ、文禄4年（1595）に廃城になる。和田城とも呼ぶ。
所在地：丹波市山南町
公共交通：JR福知山線・谷川駅よりバス「和田学校前」下車、徒歩すぐ　車：中国道・滝野社ICから約40分。和田小学校裏の遊歩道から本丸まで徒歩約50分（学校開講時間は和田小学校に要連絡）

616 伊丹城（有岡城） いたみじょう/ありおかじょう

史跡

築城年：14世紀頃　築城者：伊丹氏
特徴：謀反により織田信長が陥落させた、荒木村重の惣構の城。駅前が城跡だが、実は線路が主郭を分断。転用石混じりの復元石垣あり。
所在地：伊丹市伊丹
公共交通：JR福知山線・伊丹駅より徒歩すぐ
車：中国道・中国池田ICから約15分。周辺の有料駐車場を利用

617 赤穂城 あこうじょう

▸P251

史跡

築城年：慶安元年（1648）　築城者：浅野長直
特徴：古城をもとに築城がはじまり、完成したのは寛文元年（1661）。明治以降に行われた修築工事でいくつかの遺構が復元されている。
所在地：赤穂市上仮屋
公共交通：JR赤穂線・播州赤穂駅より徒歩約20分
車：山陽道・赤穂ICから城跡公園駐車場まで約15分

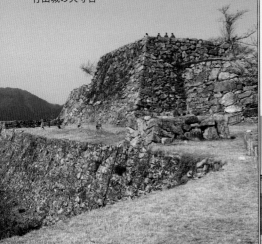

赤穂城の本丸門

618 鷹尾城 たかおじょう

築城年：永正8年（1511）　築城者：瓦林正頼
特徴：山城（鷹尾山城）と平城（芦屋城）からなり、山城だけを指して鷹尾城と呼ぶことも多い。現在はハイキングコースになっている。
所在地：芦屋市城山
公共交通：JR神戸線・芦屋駅より徒歩約30分
車：阪神高速道路3号神戸線・芦屋ICから約15分。駐車場なし

619 竹田城 たけだじょう

▸P56

史跡

築城年：嘉吉3年（1443）　築城者：太田垣氏
特徴：太田垣氏は但馬守護山名氏の家臣。遺構の石垣は状態がよく、赤松氏が城主だった文禄年間（1592～1596）から慶長年間（1596～1615）の間に築かれたものだと推測される。
所在地：朝来市和田山町竹田
公共交通：JR播但線・竹田駅より徒歩約40分
車：北近畿豊岡道・和田山ICから山城の郷駐車場まで約10分。大手口まで徒歩約40分

竹田城の天守台

明石城の隅櫓

620 明石城 あかしじょう

▶P250

重文 史跡

築城年：元和5年(1619)　築城者：小笠原忠眞

特徴：十万石大名になった小笠原氏が交通の要所を選んで築いた城。三木城をはじめ、廃城となっている周辺の城から建材を集めた。

所在地：明石市明石公園

公共交通：JR山陽本線・明石駅より徒歩すぐ

車：第二神明道・大蔵谷ICから約10分。城跡の明石公園駐車場(有料)を利用

621 尼崎城 あまがさきじょう

築城年：元和3年(1617)　築城者：戸田氏鉄

特徴：かつては四層の天守を備えた城だった。現在は公園となり、遺構はほぼ残っていないが、令和元年(2019)に篤志家の寄附によって新たに模擬天守が建てられた。

所在地：尼崎市北城内

公共交通：阪神電鉄・尼崎駅より徒歩約5分

車：阪神高速神戸線・尼崎東ICから約10分。公園の駐車場を利用

尼崎城の模擬天守

感伏山城の遠望

622 感状山城 かんじょうさんじょう

築城年：12〜14世紀頃または建武3年(1336)

築城者：瓜生氏または赤松則祐

特徴：播磨守護・赤松氏の城。粗く加工した石をやや丸く低く積んだ独特の石積みは、宇喜多氏の改修によるものか。礎石建物群跡も出土。

所在地：相生市矢野町

公共交通：JR山陽本線・相生駅よりバス

車：山陽道・龍野西ICから約20分。「羅漢の里」登城口から主郭まで徒歩約30分

623 利神城 りかんじょう

史跡

築城年：貞和5年(1349)　築城者：別所敦範

特徴：かつては三層の天守を備えていたが、池田輝政に壊された。崩落危機による立入禁止が続いたが、近年は整備が進みツアーも実施。

所在地：佐用郡佐用町平福

公共交通：智頭急行・平福駅より徒歩約40分

車：中国道・佐用ICから約10分。道の駅「宿場町ひらふく」の駐車場を利用。本丸まで徒歩約40分

624 八上城 やがみじょう

史跡

築城年：永正年間(1504〜1521)　築城者：波多野氏

特徴：丹波の有力国人・波多野氏の居城。織田氏の丹波攻めの際に明智光秀が攻略。諸道を見通す眺望が、好立地の城であることを物語る。

所在地：丹波篠山市

公共交通：JR福知山線・篠山口駅よりバス

車：舞鶴若狭道・丹南篠山口ICから駐車場まで約20分。春日神社登城口から主郭まで徒歩約50分

八上城主郭の石垣

信貴山城の堀切

近畿地方の城

奈良県（ならけん）

古くから多くの荘園を持った興福寺の影響力が絶大なエリアで、大和武士や僧兵を抱えて長く支配した。戦国時代には松永久秀が信貴山城を拠点とし、大和国を手中に収めるが、織田信長に降服する。

625 筒井城 つついじょう

築城年：永享（えいきょう）2年(1430)　築城者：筒井順覚（じゅんかく）
特徴：大和郡山城に移る前の筒井氏の本拠。順慶の代に松永久秀に2度城を奪われているが、最終的には元亀2年(1571)に取り返している。
所在地：大和郡山市筒井町シロ畑・堀田
公共交通：近鉄橿原線・筒井駅より徒歩すぐ
車：西名阪道・郡山ICから約5分。筒井駅周辺の有料駐車場を利用

626 大和郡山城（やまとこおりやまじょう） 史跡

築城年：天正8年(1580)　築城者：筒井順慶（じゅんけい）
特徴：もとは戦国初期に郡山氏が築いた雁陣之城。筒井順慶、定次のあと、豊臣秀吉の弟・秀長が百万石大名として入城し、拡張工事に着手。秀長の没後も城は拡張・整備され、壮大な規模になった。
所在地：大和郡山市城内町
公共交通：近鉄橿原線・近鉄郡山駅より徒歩約10分
車：西名阪道・郡山ICから駐車場まで約20分

大和郡山城の追手向櫓

627 信貴山城（しぎさんじょう）

築城年：天文5年(1536)　築城者：木沢長政
特徴：天文11年(1542)の戦いで城が焼失したが、松永久秀が修築・拡張し、壮大な城を築いた。天正5年(1577)に織田軍により落城。
所在地：生駒郡平群町
公共交通：近鉄生駒線・信貴山下駅よりバス
車：西名阪道・香芝IC／法隆寺ICから約30分。朝護孫子寺の有料駐車場を利用

628 二上山城 にじょうざんじょう

築城年：天文10年(1541)　築城者：木沢長政
特徴：室町時代以後に畠山氏がこの地に城を築いているが、現在の遺構は、天文10年(1541)に木沢長政が築いた城のものと思われる。
所在地：葛城市當麻町加守・染野
公共交通：近鉄南大阪線・二上神社口駅より徒歩約40分
車：南阪奈道路・葛城ICから約10分

629 高田城 たかだじょう

築城年：永享4年(1432)　築城者：高田氏
特徴：城主・高田氏は筒井氏と協力関係を結んでいたが、後に裏切って松永氏につく。筒井順慶が大和を統一すると、城は取り壊された。現在、曲輪の大部分は池や片塩小学校となっている。
所在地：大和高田市旭北町
公共交通：JR桜井線・高田駅より徒歩約10分
車：南阪奈道路・太子ICから約15分

630 十市城 とおいちじょう

築城年：室町時代　築城者：十市氏
特徴：十市氏は国人領主で、筒井氏と協力しながら勢力を拡大していった。城跡には記念碑が残るだけで遺構は見られないが、残された地名から東西約550mに及ぶ大きな城だと推定される。
所在地：橿原市十市町
公共交通：近鉄橿原線・新ノ口駅より徒歩約20分
車：西名阪道・法隆寺ICから約20分。駐車場なし

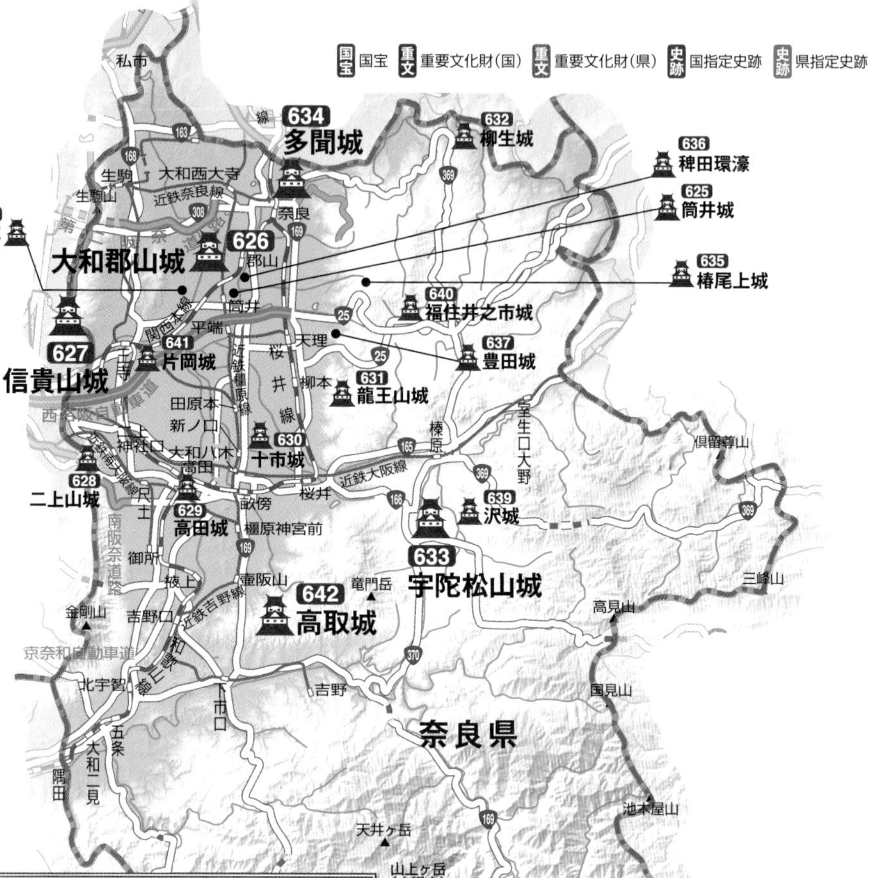

国宝 国宝　重文 重要文化財(国)　重文 重要文化財(県)　史跡 国指定史跡　史跡 県指定史跡

634 多聞城
632 柳生城
636 稗田環濠
625 筒井城
638 小泉城
626 大和郡山城
635 椿尾上城
640 福住井之市城
627 信貴山城
641 片岡城
637 豊田城
631 龍王山城
630 十市城
628 二上山城
629 高田城
639 沢城
633 宇陀松山城
642 高取城
奈良県

633 宇陀松山城 (うだまつやまじょう)　史跡

築城年：南北朝時代　築城者：秋山氏
特徴：秋山氏の城だが、天正13年(1585)に大和に移ってきた豊臣秀吉が秋山氏を追い出し、自分の家臣を城主に据えた。秋山城ともいう。
所在地：宇陀市大宇陀春日
公共交通：近鉄大阪線・榛原駅よりバス「大宇陀」下車、徒歩約3分
車：名阪国道・針ICから約30分。松山地区まちづくりセンターのP利用。本丸まで徒歩約10分

631 龍王山城 りゅうおうさんじょう

築城年：天文年間(1532～1555)　築城者：十市遠忠
特徴：北城と南城の2つを持つ非常に大規模な城。本城と思われる北城だけでも、奈良県の城では信貴山城に次いで広い城域を誇る。
所在地：天理市柳本町
公共交通：JR天理駅よりバス「天理ダム」下車、徒歩約60分　車：西名阪道・天理東ICから龍王山休憩所の駐車場まで約15分。城跡まで徒歩約5分

632 柳生城 やぎゅうじょう

築城年：不明　築城者：柳生氏
特徴：徳川家の剣術指南役を務めたことでその名を広く知られる柳生氏の城。主曲輪部分に建てられた芳徳寺には柳生氏の墓がある。
所在地：奈良市柳生町
公共交通：近鉄奈良線・近鉄奈良駅よりバス
車：京奈和道・木津IC／東名阪道・亀山ICから60分。奈良市営観光者用駐車場を利用

宇陀松山城春日門跡の石垣

634 多聞城 たもんじょう

築城年：永禄3年(1560)　築城者：松永久秀
特徴：松永久秀がこの城を拠点に勢力を拡大したが、天正4年(1576)に廃城。多聞城の石材は大和郡山城や筒井城の築城に用いられた。城跡は奈良市立若草中学校となっている。
所在地：奈良市多門町
公共交通：近鉄奈良線・近鉄奈良駅よりバス
車：第二阪奈道路・宝来ICから約25分。駐車場なし

635 椿尾上城 つばおかみじょう

築城年：天文年間(1532～1555)　築城者：筒井順慶
特徴：山頂に築かれた城。曲輪の周囲を城道で囲い込むような特徴的な縄張を持つ。筒井城が落ちた際、筒井氏の再起の場所として活用。
所在地：奈良市北椿尾町
公共交通：JR関西本線・奈良駅よりバス
車：名阪国道・五ヶ谷ICから約15分

636 稗田環濠 ひえだかんごう

築城年：室町時代　築城者：不明
特徴：環濠とは、水堀で囲まれた集落のこと。戦の際は城砦としても利用された。稗田環濠は規模が大きく、奈良の代表的な環濠とされる。
所在地：大和郡山市稗田町
公共交通：JR関西本線・郡山駅より徒歩約20分
車：第二阪奈道・宝来ICから約15分。賣太神社の駐車場を利用

637 豊田城 とよだじょう

築城年：室町時代　築城者：豊田氏
特徴：城主の豊田氏は永享元年(1429)に井戸氏と衝突し、永享の乱に発展していく。永禄11年(1568)に松永氏が豊田城を攻め落とした。
所在地：天理市豊田町　公共交通：近鉄天理線・天理駅よりバス「石神神宮前」下車、徒歩約15分
車：西名阪道・天理東ICから約10分。駐車場なし。登城口から主郭まで徒歩約20分

638 小泉城 こいずみじょう

築城年：室町時代　築城者：小泉氏
特徴：長禄3年(1459)と文明7年(1475)に筒井順永に攻め落とされている。筒井氏は城を取り壊し、用材を筒井城の建築に用いた。
所在地：大和郡山市小泉町
公共交通：JR関西本線・大和小泉駅より徒歩約10分　車：西名阪道・大和まほろばスマートICから約10分。小泉神社の駐車場を利用

639 沢城 さわじょう

築城年：室町時代　築城者：沢氏
特徴：永禄3年(1560)に松永久秀に攻め落とされ高山右近のものとなるが、永禄10年(1567)頃に沢氏が城を取り返す。天正8年(1580)に廃された。登山道が整備されており土塁などが残存。
所在地：宇陀市榛原澤
公共交通：近鉄大阪線・榛原駅よりバス
車：名阪国道・針ICから約30分

640 福住井之市城 ふくすみいのいちじょう

築城年：室町時代後期　築城者：福住氏
特徴：城主・福住氏は筒井氏の一族で、戦国期にたびたび筒井氏に協力した。城の規模は大きく、3つの曲輪が大きな堀切で隔てられている。福住城、井之市城と呼ばれることも多い。
所在地：天理市福住町
公共交通：近鉄天理線・天理駅よりバス
車：名阪国道・福住ICから約5分

641 片岡城 かたおかじょう

築城年：室町時代　築城者：片岡氏
特徴：片岡谷を見下ろす丘の上に築かれた城。明応7年(1489)の合戦の際に、城主・片岡氏は城に籠って対抗するが、敗北を悟り自害した。
所在地：北葛城郡上牧町
公共交通：JR和歌山線・畠田駅より徒歩
車：西名阪道・香芝ICから約10分／西名阪道・法隆寺ICから約15分

642 高取城 たかとりじょう

►P252

史跡

築城年：元弘2年(1332)　築城者：越智邦澄
特徴：日本を代表する山城のひとつ。城のある高取山の標高は584m。織田信長により一度は廃されるが、筒井順慶が復興させた。遺構の状態はよく、高石垣が当時の姿をとどめたまま現在に残っている。 所在地：高市郡高取町高取　公共交通：近鉄吉野線・壺阪山駅からバス「壷阪寺」下車、徒歩約1時間で八幡口　車：近鉄吉野線・壺阪山駅からバス「壷阪寺」下車、徒歩約1時間で八幡口

高取城の七つ井戸から見た石垣

重要文化財である和歌山城岡口門

近畿地方の城

和歌山県

僧兵集団が力を持ったエリアで、戦国時代に入っても、織田信長、豊臣秀吉に反発した。やがて秀吉の紀州征伐によって、有力な拠点が相次いで陥落。秀吉は和歌山城を築城し、紀州での支配力を強化した。

644 和歌山城

►P253

重文 史跡

築城年：天正13年(1585)　築城者：羽柴秀長
特徴：景勝地として名高い和歌の浦に並ぶほど美しいということで、羽柴秀吉が和歌山城と命名。後に紀州徳川家の居城となった。戦災により主要な遺構が焼失したが昭和33年(1958)に一部が復元された。
所在地：和歌山市一番丁
公共交通：JR紀勢本線・和歌山駅よりバス「公園前」下車、徒歩すぐ　車：阪和道・和歌山ICから和歌山城公園駐車場まで約20分

和歌山城の復元天守と御橋廊下

660 新宮城

655 勝山城

643 根来寺 ねごろじ

国宝 重文 史跡

築城年：大治元年(1126)　築城者：覚鑁上人
特徴：新義真言宗の総本山にして僧兵集団「根来衆」の本拠。根来衆はいち早く鉄砲を取り入れて勢力を拡大するが、羽柴秀吉に滅ぼされた。
所在地：岩出市根来
公共交通：JR和歌山線・岩出駅よりバス「根来寺」下車、徒歩すぐ
車：阪和道・泉南ICから根来寺駐車場まで約15分

根来寺の大塔

国宝 国宝　重文 重要文化財(国)　県文 重要文化財(県)
史跡 国指定史跡　史跡 県指定史跡

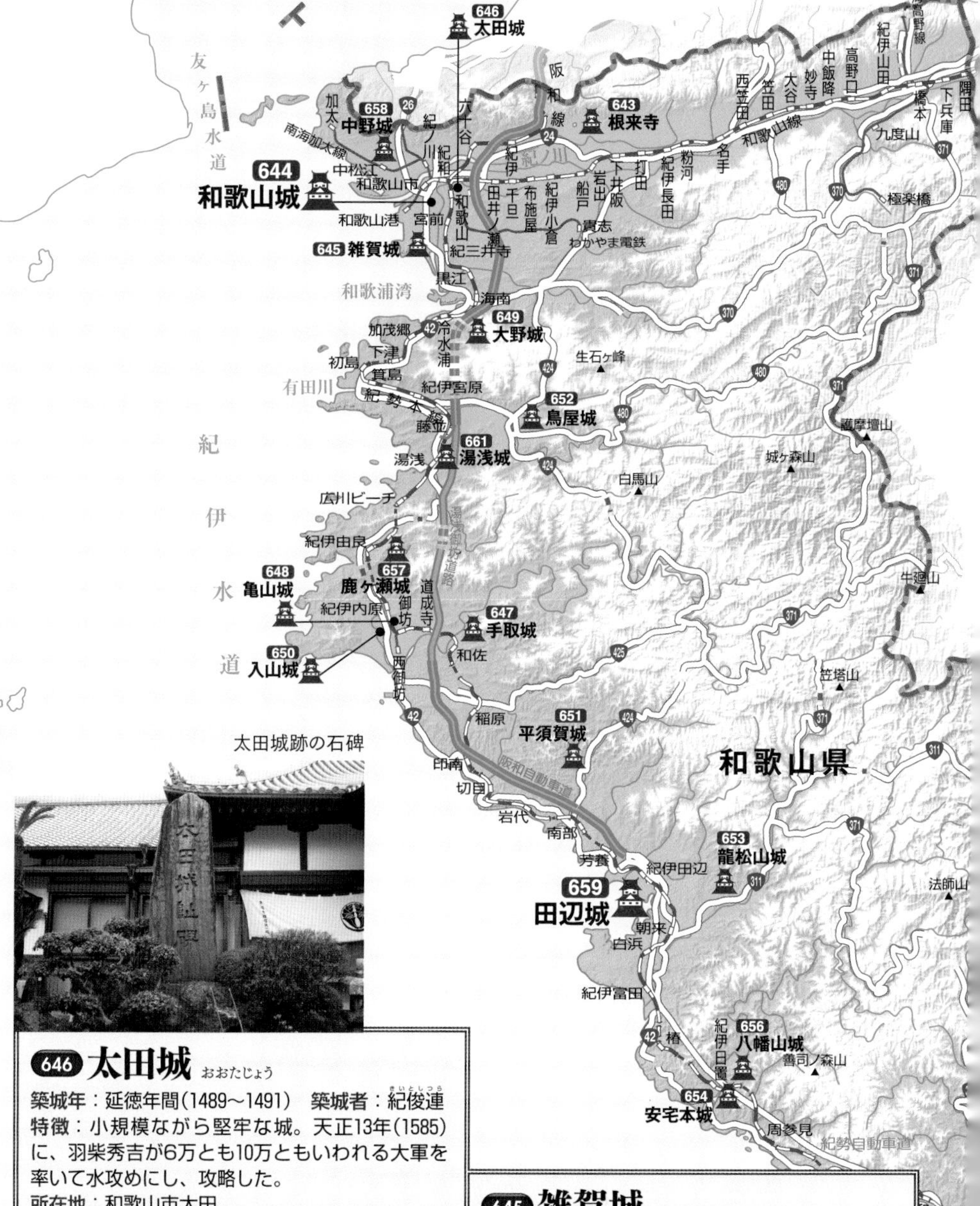

太田城跡の石碑

646 太田城 おおたじょう

築城年：延徳年間(1489～1491)　築城者：紀俊連

特徴：小規模ながら堅牢な城。天正13年(1585)に、羽柴秀吉が6万とも10万ともいわれる大軍を率いて水攻めにし、攻略した。

所在地：和歌山市太田

公共交通：JR紀勢本線・和歌山駅より徒歩約5分

車：阪和道・和歌山ICから約10分。来迎寺の参拝者用無料駐車場を利用

645 雑賀城 さいかじょう

築城年：戦国時代　築城者：鈴木佐太夫

特徴：鉄砲の扱いに長けていたことで知られる雑賀衆の本拠。雑賀衆は織田信長軍を相手に善戦するが、兵力の差で最終的には敗北した。

所在地：和歌山市和歌浦中

公共交通：JR紀勢本線・紀三井寺駅より徒歩約30分

車：阪和道・和歌山ICから約25分

手取城の堀切

647 手取城 てどりじょう

築城年：南北朝時代　築城者：玉置大宣
特徴：和歌山県に築かれた数多くの城のなかで、最大の規模を誇る。遺構の状態も素晴らしく、空堀と土塁が当時の姿をよく残している。
所在地：日高郡日高川町
公共交通：JR紀勢本線・和佐駅より徒歩約20分
車：湯浅御坊道・御坊ICから約20分。東の丸の駐車場を利用。登城口から東の丸まで徒歩約20分

648 亀山城 かめやまじょう

築城年：室町初期　築城者：湯川光春
特徴：城主・湯川氏はこの城を本拠に一時、守護職と同等の支配力を手にするが、羽柴秀吉に城を攻め落とされて衰退する。丸山城とも。
所在地：御坊市湯川町丸山
公共交通：JR紀勢本線・御坊駅より徒歩約30分
車：阪和道・御坊ICから約20分。丸山中央集会場の駐車場を利用

649 大野城 おおのじょう

築城年：南北朝時代　築城者：山名義理
特徴：南北朝時代に守護職争いの中心地となった。本城の東城の他に、西城、中城を持つ。藤白山系に位置し、藤白城とも呼ばれる。
所在地：海南市大野中
公共交通：JR紀勢本線・海南駅より車
車：阪和道・海南東ICから約20分。森林公園雨の森の駐車場を利用

650 入山城 にゅうやまじょう

築城年：不明　築城者：三好義長
特徴：丘陵中央部付近に位置し、通称は城山。麓には秀吉の紀州攻めののち青木由定が築いたとされる「本丸」と呼ばれる城がある。構造の異なる城がひとつの丘に同居する珍しい例。
所在地：日高郡美浜町和田
公共交通：JR紀勢本線・御坊駅よりバス
車：阪和道・川辺ICから約15分

651 平須賀城 へいすがじょう

築城年：室町時代　築城者：野辺忠房
特徴：城主・野辺氏は源氏の末裔で、湯川氏の家臣。標高207mに位置し、山頂からは南部湾が一望できる。尾根が北と西に別れるポイントに集中する竪堀が見どころ。
所在地：日高郡みなべ町西本庄
公共交通：JR紀勢本線・南部駅よりバス
車：阪和道・みなべICから約10分

652 鳥屋城 とやじょう

史跡

築城年：鎌倉末期　築城者：湯浅氏
特徴：応永の乱の後、畠山氏が200年近く城主を務めた。その後、羽柴秀吉軍により攻め落とされている。南北朝時代の築城とする説も。
所在地：有田郡有田川町中井原
公共交通：JR紀勢本線・藤並駅より車
車：阪和道・有田IC／有田南ICから約20分。金屋中学校東側の登城口から山頂まで約30分

653 龍松山城 りゅうしょうざんじょう

史跡

築城年：天文年間(1532～1555)　築城者：山本忠行
特徴：二代目城主の山本忠継により城の修築工事が行われた際、二の丸入口そばの一本松が龍の形に見えたことからその名がつけられた。
所在地：西牟婁郡上富田町市ノ瀬
公共交通：JR紀勢本線・朝来駅よりバス
車：紀勢道・上富田ICから二の丸駐車場まで約15分

654 安宅本城 あたぎほんじょう

築城年：室町時代　築城者：安宅氏
特徴：「城の内」と呼ばれる場所に位置する。「城の内」には城砦や関がいくつも築かれており、その中心的存在がこの安宅本城である。現在、城跡のほとんどが民家や水田となっている。
所在地：西牟婁郡白浜町安宅
公共交通：JR紀勢本線・紀伊日置駅より徒歩約15分
車：紀勢道・日置川ICから約5分。駐車場なし

655 勝山城 かつやまじょう

築城年：嘉吉年間(1441～1444)　築城者：廊之坊重盛　特徴：もとは社家の屋敷だったが、徐々に城郭的な役割を担うように。天正9年(1581)に堀内氏が3か月かけて攻め落としている。
所在地：東牟婁郡那智勝浦町
公共交通：JR紀勢本線・那智駅より徒歩約10分
車：那智勝浦新宮道・那智勝浦ICより約2分。補陀洛山寺の駐車場を利用

新宮城松ノ丸虎口の石垣

656 八幡山城 はちまんやまじょう

築城年：室町時代　築城者：次部定俊
特徴：安宅氏城塞群のひとつで、安宅本城の北側を守る。城が位置する丘は、築城者の名をとって次部平と呼ばれる。
所在地：西牟婁郡白浜町
公共交通：JR紀勢本線・紀伊日置駅より徒歩約20分で登城口
車：名神高速・蒲生スマートIC／竜王ICから約25分。日牟禮八幡宮駐車場などを利用

657 鹿ヶ瀬城 ししがせじょう

築城年：治承5年(1181)　築城者：鹿瀬荘司
特徴：永享10年(1438)に南朝の残党である宇佐見新五郎らが篭城し、畠山氏と戦ったといわれる。熊野古道の難所といわれる鹿ヶ瀬峠の山上にあり、眺望に優れた城跡のひとつ。
所在地：日高郡日高町
公共交通：JR紀勢本線・広川ビーチ駅より車
車：阪和道・広川南ICから約10分

658 中野城 なかのじょう

築城年：不明　築城者：貴志教信
特徴：天正5年(1577)に雑賀衆が対織田信長の拠点としたが、合戦に敗北し、織田信長軍に雑賀城攻めの拠点として利用された。
所在地：和歌山市中野　公共交通：南海電鉄加太線・中松江駅より徒歩約20分
車：阪和道・和歌山北ICから約20分。スーパーセンターオークワパームシティの駐車場を利用

659 田辺城 たなべじょう

築城年：元和5年(1619)　築城者：安藤直次
特徴：浅野氏重が築いた湊城を安藤直次が改修して田辺城とした。美しい白塗りの壁を持ち、錦水城とも称された。明治維新後に廃城。遺構は会津側に面した水門跡を残すのみである。
所在地：田辺市上屋敷町　公共交通：JR紀勢本線・紀伊田辺駅より徒歩約20分
車：阪和道・南紀田辺ICから約5分。駐車場なし

田辺城の水門跡

熊野川に面している新宮城水ノ手

660 新宮城 しんぐうじょう

史跡

築城年：元和4年(1618)　築城者：浅野忠吉
特徴：浅野忠吉が着工し、完成前に広島に移る。その後徳川氏が入城し、重臣・水野重仲が築城を引き継いだ。完成までに15年を要している。丹鶴城の別名があり、現在は整備されて丹鶴城公園になっている。
所在地：新宮市丹鶴町
公共交通：JR紀勢本線・新宮駅より徒歩約10分
車：紀勢道・紀勢大内山ICから丹鶴城公園駐車場まで約70分。駐車場から本丸まで徒歩約10分

661 湯浅城 ゆあさじょう

史跡

築城年：康治2年(1143)　築城者：湯浅宗重
特徴：小規模な丘に築かれた堅牢な城。後村上天皇の孫である義有王が城に籠った際、大軍を率いる畠山氏が3度攻めてようやく陥落した。
所在地：有田郡湯浅町
公共交通：JR紀勢本線・湯浅駅より車
車：湯浅御坊道路・湯浅ICから約5分／阪和道・有田ICから約10分。湯浅城公園駐車場を利用

湯浅城跡に建つ天守を模した温泉施設

滋賀県

肥沃な土地を持ち、畿内に向かう交通面でも重視された滋賀県。古くから源平および僧兵勢力の争乱があった。源頼朝が鎌倉幕府を開いた際は、佐々木氏が近江の守護職となる。戦国時代は浅井氏が力をつけた。

安土城の黒金門跡

662 安土城 史跡

►P44

築城年：天正4年(1576)　築城者：織田信長

特徴：豪華絢爛な城として知られ、織田信長が入城料をとって城の中を公開していたという逸話も残る。金箔で飾られた五層七階の天主を擁していたが、本能寺の変の後に起こった出火により失われた。

所在地：近江八幡市安土町下豊浦

公共交通：JR東海道本線・安土駅より徒歩約15分

車：名神高速・竜王ICから登城口の専用駐車場まで約20分。駐車場から天守台まで徒歩約15分

663 膳所城 ぜぜじょう 重文

築城年：慶長6年(1601)　築城者：戸田一西

特徴：慶安4年(1651)以降は本多氏が城主を務めた。現在は一部遺構が復元され、本丸跡は公園になっている。城門は周辺神社に移築。

所在地：大津市本丸町

公共交通：京阪石山坂本線・膳所本町駅より徒歩約7分　車：名神高速・大津IC／瀬田西ICから駐車場まで約10分。城跡公園まで徒歩すぐ

664 宇佐山城 うさやまじょう

築城年：元亀元年(1570)　築城者：森可成

特徴：織田信長家臣の森可成が琵琶湖を臨む宇佐山に築城。合戦で可成が倒れた後は、明智光秀が城主になった。志賀城の別名がある。

所在地：大津市錦織町

公共交通：京阪石山坂本線・近江神宮前駅より徒歩約15分　車：名神道・大津ICから約20分。登山口となる宇佐八幡宮の駐車スペースを利用

665 大溝城 おおみぞじょう

築城年：天正6年(1578)　築城者：織田信澄

特徴：海上交通の要所である大溝港のそばに築かれた城。初代城主・織田信澄が丹羽長秀に殺された後は、城主が頻繁に交替している。

所在地：高島市勝野

公共交通：JR湖西線・近江高島駅より徒歩約5分

車：湖西道路・志賀ICから約10分。市営駐車場を利用。本丸跡まで徒歩約15分

666 坂本城 さかもとじょう

築城年：元亀2年(1571)　築城者：明智光秀

特徴：織田信長に志賀郡を任された明智光秀が築城。現在は城跡の一部は公園になり、明智光秀の銅像が置かれている。

所在地：大津市下阪本

公共交通：京阪石山坂本線・松ノ馬場駅より徒歩約20分　車：西大津バイパス・滋賀里ランプから城跡公園駐車場まで約5分

667 東野山城 ひがしのやまじょう

築城年：不明　築城者：堀秀政

特徴：猛将として知られる堀秀政が築城した。豊臣秀吉と柴田勝家が激突した賤ヶ岳の戦いにおいて、秀政がここに本陣を置いて活躍した。

所在地：長浜市余呉町東野

公共交通：JR北陸本線・余呉駅よりバス

車：北陸道・木之本ICから約50分。林道の先に数台の駐車スペースあり

668 山本山城 やまもとやまじょう

築城年：平安末期　築城者：山本氏

特徴：奥琵琶湖を一望できる眺望に優れた城。山本氏の後は、京極氏に仕えた阿閉氏が城主を務めた。山本城、阿閉城とも呼ばれる。

所在地：長浜市湖北町山本

公共交通：JR北陸本線・河毛駅よりバス

車：北陸道・木之本ICから約10分。朝日山神社の駐車スペースを利用

669 彦根城（ひこねじょう）

▶P48

国宝 重文 史跡

築城年：元和8年(1622)　築城者：井伊直継

特徴：初代城主は、関ヶ原の戦いで活躍した井伊直政の子。慶長8年(1603)に着工したが、完成まで20年近い歳月を要した。城下町が整うまでにはさらに20年かかっている。別名は金亀城とも。

所在地：彦根市金亀町

公共交通：JR東海道本線・彦根駅より徒歩約15分

車：名神高速・彦根ICから約10分。大手前駐車場などを利用。天守まで徒歩約15分

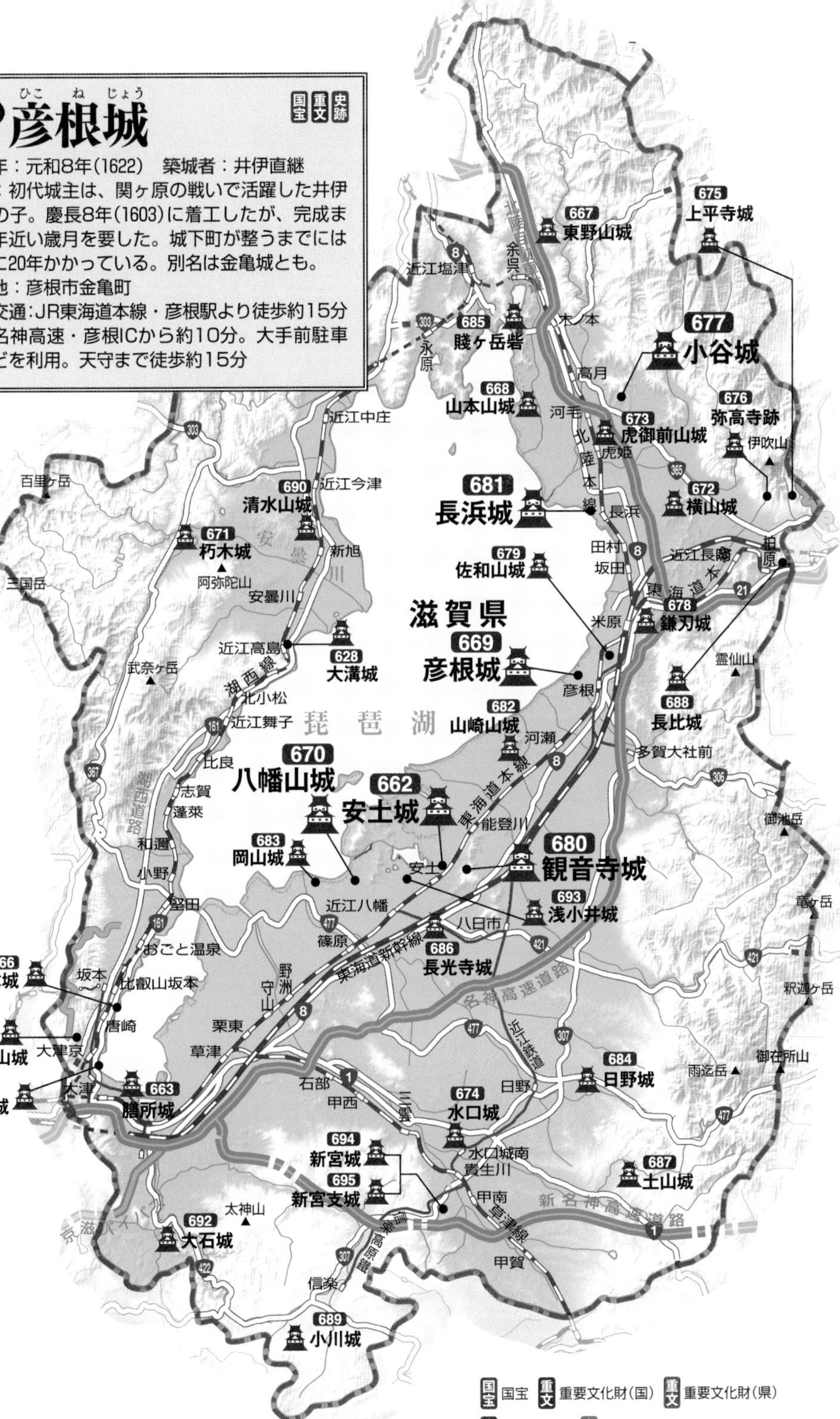

滋賀県

国宝 国宝　重文 重要文化財(国)　重文 重要文化財(県)

史跡 国指定史跡　史跡 県指定史跡

八幡山城の石垣

670 八幡山城（はちまんやまじょう）
築城年：天正13年(1585)　築城者：豊臣秀次
特徴：八幡山に位置し、麓には居館が設けられた。館跡からは金箔を使用した瓦が発掘されている。羽柴秀次の後は京極高次が入った。
所在地：近江八幡市宮内町など　公共交通：JR東海道本線・近江八幡駅徒歩35分、またはバス
車：紀勢道・日置川ICから約5分。駐車場なし

671 朽木城 くつきじょう
築城年：鎌倉初期　築城者：佐々木信綱
特徴：佐々木信綱が築き、子孫が朽木氏を名乗った。鎌倉初期から戦国期を経て明治維新に至るまで、朽木氏が代々城主の座を守り続けた。
所在地：高島市朽木野尻
公共交通：JR湖西線・安曇川駅よりバス
車：舞鶴若狭道・若狭上中ICから約30分。朽木資料館の駐車場を利用

672 横山城 よこやまじょう
築城年：永禄4年(1561)　築城者：浅井長政
特徴：小谷城の支城。姉川を挟んで小谷城と向かい合う場所に築かれ、浅井氏本城の前面の守りを固めた。後に姉川の戦いの舞台になる。
所在地：長浜市石田町
公共交通：JR北陸本線・長浜駅よりバス
車：北陸道・長浜ICから約10分。石田山公園または大原観音寺の駐車場を利用

673 虎御前山城 とらごぜんやまじょう
築城年：元亀3年(1572)　築城者：織田信長
特徴：小谷城を攻めるために築城された。険しい立地を生かした城で、歴史資料「信長公記」にも虎御前山城の堅牢さを称える記述がある。
所在地：長浜市湖北町河毛・湖北町別所・中野町
公共交通：ＪＲ北陸本線・虎姫駅より徒歩約15分
車：北陸道・長浜ICから約20分。虎御前山公園の駐車場を利用。主郭まで徒歩約20分

674 水口城 みなくちじょう
史跡
築城年：寛永11年(1634)　築城者：小堀遠州（こぼりえんしゅう）
特徴：上洛時の宿城として徳川家康が築かせた。築城には水口岡山城の石材が使われた。現在は櫓が模擬復元されて資料館になっている。
所在地：甲賀市水口町
公共交通：近江鉄道本線・水口城南駅より徒歩すぐ
車：新名神高速・甲賀土山IC／甲南ICから約15分。水口城資料館駐車場を利用

675 上平寺城 じょうへいじじょう
史跡
築城年：永正2年(1505)　築城者：京極高清
特徴：北近江統一を果たした京極高清が上平寺の敷地に築いた山城。麓には居館が置かれた。大永3年(1523)に内紛で焼失している。
所在地：米原市上平寺
公共交通：JR東海道本線・柏原駅より車
車：名神高速・関ヶ原ICから約20分。上平寺公民館駐車場を利用

676 弥高寺跡 やたかじあと
史跡
築城年：不明　築城者：不明
特徴：伊吹四ヶ寺のひとつである弥高寺を改築した城。東側の谷の向こうには上平寺城がある。上平寺城と同じく国史跡の京極氏遺跡群。
所在地：米原市弥高
公共交通：JR東海道本線・近江長岡駅より車
車：名神高速・関ヶ原ICから約15分。悉地院駐車場を利用

677 小谷城（おだにじょう）
▶P248
史跡
築城年：大永3年(1523)頃　築城者：浅井亮政（あざいすけまさ）
特徴：琵琶湖を望む小谷山にある。浅井氏が3代に渡って居城にした。非常に攻めづらい城で、織田信長も攻略に3年を要している。
所在地：長浜市小谷郡上町
公共交通：JR北陸本線・河毛駅から徒歩約30分。またはバス「小谷城址口」下車、徒歩すぐ
車：北陸道・長浜ICから約20分。山麓の城跡駐車場または中腹駐車場を利用。中腹駐車場から本丸まで徒歩約20分

小谷城から見た虎御前山

鎌刃城の大堀切

678 鎌刃城 かまはじょう

史跡

築城年：戦国前期　築城者：土肥元頼
特徴：ふたつの街道が合流する場所に築かれた城。交通の要所として各武将から重要視され、京極氏や浅井氏などが激しく奪い合った。
所在地：米原市番場
公共交通：JR東海道本線・米原駅よりバス「蓮華寺下」下車、徒歩約10分
車：北陸道・米原ICから約10分。林道先の登山口に駐車スペースあり。主郭まで徒歩約30分

679 佐和山城 さわやまじょう

築城年：建久年間(1190～1198)　築城者：佐保時綱
特徴：天正18年(1590)に石田三成が入城し、五層天守の建造を含む大規模な改築を施したが、関ヶ原の戦いで攻め落とされている。
所在地：彦根市古沢町　公共交通：JR東海道本線・彦根駅より徒歩約20分　車：名神高速・彦根ICから佐和山城跡駐車場まで約10分。龍潭寺の登山口まで徒歩すぐ。本丸まで徒歩約20分

680 観音寺城 かんのんじじょう

▶P247

史跡

築城年：建武2年(1335)頃　築城者：佐々木六角氏
特徴：日本屈指の規模を誇る山城。永禄11年(1568)に支城の箕作城を織田信長に落とされ、城主の佐々木六角氏は戦うことなく城を明け渡した。城跡からの眺めはよく、近江全土を見渡せる。
所在地：近江八幡市安土町石寺　公共交通：JR東海道本線・安土駅から徒歩約40分。またはJR東海道本線・能登川駅からバス「川並」下車、徒歩約5分　車：名神高速・八日市ICから約40分。石寺林道先の駐車場を利用。本丸まで徒歩約20分

観音寺城伝平井丸の石垣

681 長浜城 ながはまじょう

▶P249

築城年：天正3年(1575)　築城者：羽柴秀吉
特徴：浅井長政を討った羽柴秀吉が小谷城から移った。秀吉が城主としてはじめて築いた城としても知られる。現在の天守は歴史博物館。
所在地：長浜市公園町
公共交通：JR北陸本線・長浜駅より徒歩約5分
車：北陸道・長浜ICから約15分。豊公園駐車場を利用

682 山崎山城 やまざきやまじょう

築城年：不明　築城者：不明
特徴：佐々木六角氏に仕えた山崎氏が小高い山に築き、居城にした。天正10年(1582)に城主の転封に伴い廃された。現在は公園。
所在地：彦根市稲里町・清崎町・賀田山町
公共交通：JR東海道本線・河瀬駅より車
車：名神高速・彦根ICから駐車場まで約25分。駐車場から徒歩約10分

683 岡山城 おかやまじょう

史跡

築城年：永正5年(1508)　築城者：九里信隆
特徴：現在は陸続きだが、かつては琵琶湖の小島に築かれた城だったという。永正17年(1520)に佐々木六角氏に攻められて落城した。
所在地：近江八幡市牧町
公共交通：JR東海道本線・近江八幡駅よりバス・車
車：新名神高速・甲南ICから南山麓の駐車場まで約20分

684 日野城 ひのじょう

築城年：天文2年(1533)　築城者：蒲生定秀
特徴：本能寺の変が起こった時、織田信長の妻子が安土城からこの城に移った。日野川ダムの建設により城跡の大半は水没。中野城とも。
所在地：蒲生郡日野町西大路
公共交通：近江鉄道本線・日野駅よりバス
車：名神高速・八日市IC／新名神高速・甲賀土山ICから駐車場まで約20分

685 賤ヶ岳砦 しずがたけとりで

築城年：天正11年(1583)　築城者：桑山重晴
特徴：豊臣秀吉の家臣である桑山重晴が築いた。秀吉と柴田勝家が激突した賤ヶ岳の戦いにおける拠点であり、激戦地として知られる。
所在地：長浜市大音
公共交通：JR北陸本線・木ノ本駅よりバス
車：北陸道・木之本ICから約5分。賤ヶ岳リフト駐車場を利用

686 長光寺城 ちょうこうじじょう

築城年：鎌倉中期　築城者：佐々木政堯
特徴：元亀元年(1570)に柴田勝家が入った際、六角氏に水の補給線を断たれる。勝家は水瓶を割って城兵を鼓舞して勝利したという。
所在地：近江八幡市長光寺町
公共交通：JR東海道本線・近江八幡駅よりバス
車：名神高速・蒲生スマートICから10分。名神高速・竜王ICから15分。妙経寺駐車場を利用

687 土山城 つちやまじょう

築城年：文明年間(1469～1487)　築城者：土山盛忠
特徴：滝川一益が攻略後、一時は羽柴秀吉の宿所に。そのためか主郭は甲賀の城館特有の土塁囲いだが、角馬出しなど織豊系の特徴も持つ。
所在地：甲賀市土山町北土山
公共交通：JR草津線・貴生川駅よりバス
車：新名神高速・甲賀土山ICから約10分。登城口から主郭まで徒歩約10分

688 長比城 たけくらべじょう

築城年：元亀元年(1570)　築城者：浅井長政
特徴：織田信長に反旗を翻した浅井長政が築いた美濃・近江の境目の城。東西２郭の単純構造だが、喰違い虎口や土塁などが良好に残る。
所在地：米原市柏原
公共交通：JR東海道本線・柏原駅より徒歩約30分
車：名神高速・関ヶ原ICから駐車場まで約15分。登山口から主郭まで徒歩約30分

689 小川城 おがわじょう

史跡

築城年：西安2年(1300)　築城者：鶴見氏
特徴：徳川家康が伊賀越えの際に泊まった多羅尾氏の居城。西の城・中の城・城山城の３城からなるが、うち城山城は織豊時代に改築され、石垣や建物跡が見られる。
所在地：甲賀市信楽町
公共交通：信楽高原鐵道・信楽駅よりバス
車：新名神高速・信楽ICから約25分。駐車場なし

690 清水山城 しみずやまじょう

史跡

築城年：嘉禎元年(1235)　築城者：佐々木高信
特徴：大規模な山城。佐々木高信によって築かれ、高島宗家の本拠となる。織田信長の近江攻めで落城した。日高山城とも呼ばれる。
所在地：高島市新旭町
公共交通：JR湖西線・新旭駅より徒歩約30分
車：北陸道・木之本ICから約40分。新旭森林スポーツ公園駐車場を利用

691 大津城 おおつじょう

築城年：天正14年(1586)　築城者：浅野長政
特徴：築城時に坂本城の建材が使われたという。関ヶ原の際、東軍の京極高次がこの城で奮戦するも敗北。遺構は土塁しか残っていない。
所在地：大津市浜大津
公共交通：京阪京津線・浜大津駅より徒歩すぐ
車：名神高速・大津ICから約10分。びわ湖浜大津駅周辺の有料駐車場を利用

692 大石城 おおいしじょう

築城年：不明　築城者：大石氏
特徴：大石氏の一族は応仁の乱で滅亡し、遠縁の小山氏が跡を継いだ。のちに大石氏の分家が入り、その筋より大石内蔵助が産まれる。大石館とも。
所在地：大津市大石東
公共交通：JR東海道本線・石山駅よりバス「大石小学校」下車、徒歩約10分
車：京滋バイパス・南郷ICから約15分

693 浅小井城 あさごいじょう

築城年：明応5年(1496)　築城者：浅小井氏
特徴：かつては湖畔に築かれた水城であり、武双山湖月城という別名を持つ。浅小井氏が代々住んだが、六角氏に攻め落とされている。遺構のほとんどが田畑となっている。
所在地：近江八幡市浅小井町
公共交通：JR東海道本線・近江八幡駅より車
車：名神高速・蒲生スマートICから約20分

694 新宮城 しんぐうじょう

史跡

築城年：16世紀　築城者：不明
特徴：空堀と土塁を駆使した堅城。そばには新宮支城が築かれており、本城も支城も「甲賀郡中惣遺跡群」として国の史跡になっている。
所在地：甲賀市甲南町
公共交通：JR草津線・甲南駅より徒歩約25分
車：新名神高速・甲南ICから約10分。丹鶴公園駐車場を利用

695 新宮支城 しんぐうしじょう

史跡

築城年：16世紀　築城者：不明
特徴：新宮城の支城で、甲賀武士が対織田信長戦で拠点とした。主郭を囲む大きな土塁や、曲輪を分断する堀切など、数々の防御施設が見られる。
所在地：甲賀市甲南町
公共交通：JR草津線・甲南駅より徒歩約25分
車：新名神高速・甲南ICから約10分。丹鶴公園駐車場を利用

特集 3

極めたい 城をめぐる 攻防と合戦

合戦時の城の役割

領地の支配や防備など、城郭はさまざまな役割をもつ。江戸時代までは一城だけで運用されるわけではなく、領地内には複数の城があり、それぞれを継ぐ道路や情報網が整備された。

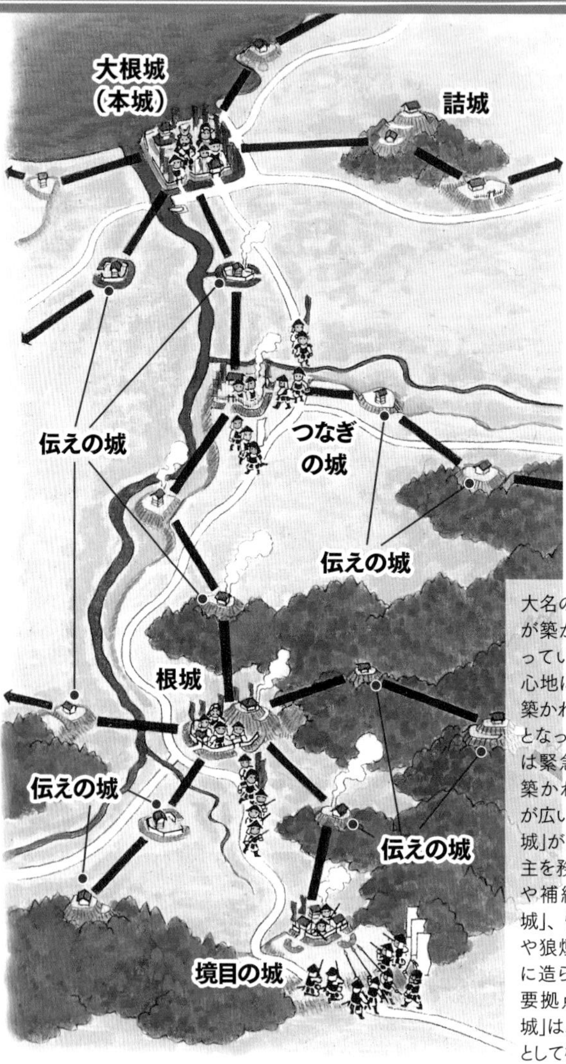

城の種類と関係性
(イラスト／香川元太郎)

大名の領国内には無数の城が築かれ、様々な役割を担っていた。まず、領地の中心地には「大根城(本城)」が築かれ、領主の居城兼政庁となった。大根城の背後には緊急時に籠もる「詰城」が築かれることが多い。領地が広い場合、重要拠点に「根城」が造られ有力家臣が城主を務めた。軍の中継地点や補給拠点には「つなぎの城」、情報伝達のための砦や狼煙台「伝えの城」も各地に造られる。国境沿いの重要拠点に築かれた「境目の城」は、合戦の最前線基地として機能した。

城のさまざまな活用方法

城は、共同体を外敵から守るために**柵**などを造ったことが始まりとされている。時代が進むと城は、国を支配するための拠点となったが、本来の目的である戦いにも使用された。高いところに城を造るのは、見晴らしや攻撃に便利だからだ。また、立て籠もるにしても有利である。

本城だけでなく、**支城**と呼ばれる城も造られた。これは、領国支配において、目の行き届かない場所などをカバーするためのものである。戦いの場合には、本城を
バックアップする。本城と支城との連絡のために街や道が整備された。同時に**狼煙**(のろし)も使

❖城の攻め方、守り方❖

攻城戦の様子
（イラスト／香川元太郎）

「攻撃３倍の法則」という言葉がある。戦闘においては防御側が有利であり、攻撃側が勝つには３倍の兵力が必要、という意味だ。日本の攻城戦においてもこの考え方は有効で、地形と巧みな縄張に守られた城を落とすには、多大な兵力と周到な準備が必要だった。

城を攻める方は、作物を刈り取ったり、田畑を荒したりする。さらに放火・略奪なども行うこともある。攻城戦が長期化しそうな場合には攻める城の周辺に陣城と呼ばれる簡単な城を造り、そこを攻撃の拠点とした。そして籠城兵が出られないよう、虎落で囲み、見張りを置いた。また、城内へ侵入を試みる場合は、塹壕を掘りながら進む仕寄り道や竹束で敵の攻撃を避けながら進んだ。

一方、守る方も手をこまねいていた訳ではない。作物を刈り取り、田んぼには水を張って敵がぬかるみに足を取られるようにする。籠城する時には周辺の農民たちを城内に入れる。その時には民家を焼き、鍬や鋤など武器になりそうなものは城内に運び込むか、焼いてしまう。また、敵に水を利用されないように井戸に毒を入れることも行われたという。

って連絡をとっていた。

城攻めは城に兵を突入させて虎口や曲輪を落とす**「力攻め」**が一般的だ。しかし、城を落とすには多数の兵力が必要で、犠牲者も大勢出る。

そのため、攻城側はあらかじめ城主や重臣に**「調略」**をかけることが多かった。城主を調略できれば、戦わずに城が手に入る。城主が無理なら重臣を寝返らせて味方の手引きをさせた。

敵が調略に応じなかった場合は、**「包囲戦」**を行う。陣城や砦を築いて敵の補給を断ち、敵の降伏を待つのだ。味方の犠牲は少ないが時間がかかるため、自軍の補給路をしっかり確保しなければいけない。また、敵の援軍を撃退するため、充分な兵力も必要だ。

いかに味方の犠牲を出さずに城を落とすかが、城攻めにおいては重要だったのだ。

千早城の戦いを描いた絵巻。城を包囲する幕府軍とこれを翻弄する正成の場面

山城の戦い

千早・赤坂城の戦い

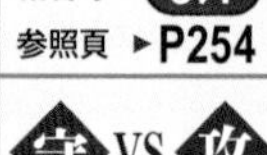

城番号 591
参照頁 ▶P254

守 VS 攻

攻 **鎌倉幕府** ❖二〇〇万人

守 **楠木正成**（くすのき まさしげ） ❖一〇〇〇人

千早・赤坂城の戦いとは？

元寇の後、弱体化した鎌倉幕府から政権を奪還しようと後醍醐天皇が動いた。しかし、計画が幕府側に漏れ捕らえられてしまう。その一方で、同調して蜂起したのが楠木正成であった。

❶赤坂城の戦い

元弘元年(1331)、後醍醐天皇のクーデターに楠木正成は赤坂城で呼応。鎌倉幕府は計画を未然に防いだものの、赤坂城における正成のゲリラ戦法に苦戦。10月21日夜に正成軍は火を放ち、戦いの幕を引く。

❷千早城の戦い

元弘2年(1332)、正成は突如下赤坂城を奪い返し、下赤坂城(前衛の城)、上赤坂城(本城)、千早城(詰城)に活用し、鎌倉幕府軍を翻弄し続けた。千早城の戦いは100日戦争とも呼ばれ、鎌倉幕府滅亡の契機となる。

楠木正成像
江戸時代の尊皇家や近代の皇国史観によって、正成は忠臣の鑑とされた。皇居には正成の像も立つ。

幕府軍を翻弄した正成

後醍醐天皇の流罪後、行方不明となっていた**楠木正成**が元弘2年（1332）12月に再挙兵した。正成は上赤坂城に平野将監と弟正季を入れ、自身は**千早城に籠城**した。これにより幕府軍を分散させることに成功したが、それでも敵は大軍。上赤坂城は落城し、上赤坂の幕府軍が千早城に合流した。

さすがの正成も絶体絶命かに思われたが、ここから彼の大活躍が始まる。なお、戦いの様子は**軍記物『太平記』**が詳細に記しているが、真偽は不明である。

ところが正成は鎌倉武士たちが盾をかざして攻め上がれば、

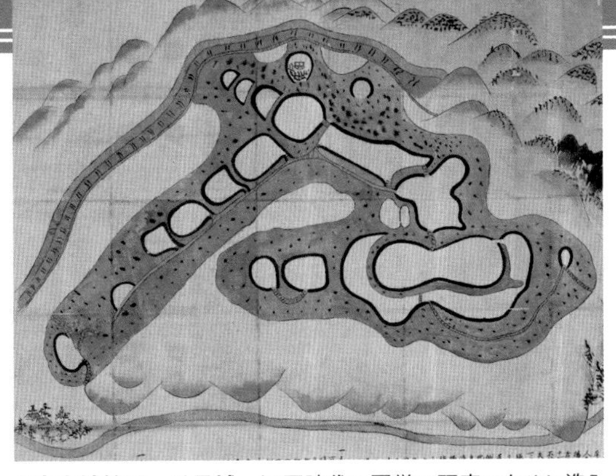

日本古城絵図　千早城　江戸時代に軍学の研究のために造られた城絵図のひとつ。

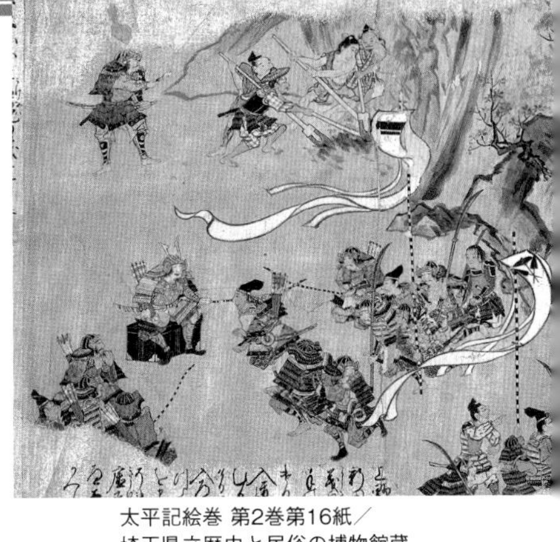

太平記絵巻 第2巻第16紙／
埼玉県立歴史と民俗の博物館蔵

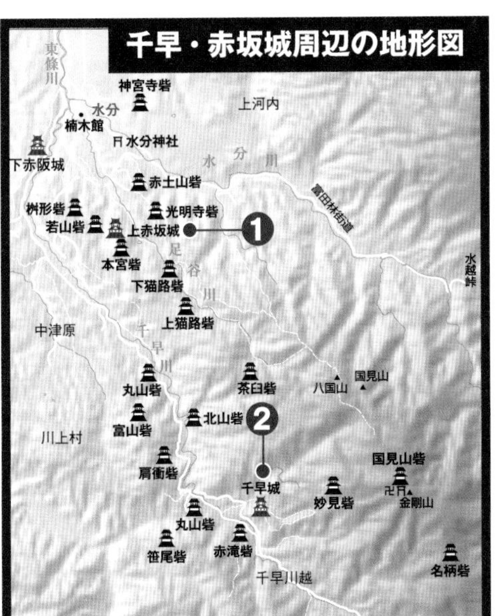

『楠木正成千早城血戦録』(ビジネス社)を元に作図

人物

後醍醐天皇と楠木正成の関係

楠木正成は、後醍醐天皇にとってスーパーヒーローのような人物であった。夢のお告げの人物として楠木正成は、初対面の後醍醐天皇に対して「正成が生きている限り天皇の運は必ず開ける」と宣言する。その宣言どおり、天皇が隠岐に流された後も正成は鎌倉軍相手に戦い、討幕に貢献した。

足利尊氏の離反後も天皇に従うが、正成の策は体面を重んじる公家に却下され、ついに勝ち目のない戦を命じられる。孤立した正成は「死ぬのは忠臣の本望」と言い残し湊川へ出陣するのだった。

守る城兵たちに**大石**で盾を打ち砕かせ、矢を射掛け、火矢が放たれれば水で火を消してしまう。

幕府軍が持久戦に切り替えれば、逆に**夜襲**をしかけ大損害を与える。さらに正成は敵の旗を奪って挑発したり、**藁人形**で敵をおびき寄せたりと幕府軍を散々に翻弄した。

鎌倉武士たちも手をこまねいているだけではなかった。一気に城内に攻め込むため、京都から大工を呼び寄せて、長い梯子を作らせた。この梯子を城の間にある谷に橋代わりに架けた。この梯子に正成軍は火をつけ、油を滝のように注ぎ、鎌倉方の兵ごと梯子を谷底へ落とす。

その一方で野武士どもに働きかけて攻め手側の**兵糧を運ぶ者たちを襲わせ**、兵糧だけでなく着ているものも奪った。こうして鎌倉方の軍勢を**100日あまりも釘づけ**にしたのだ。

『地図で知る戦国 下巻』(武場堂)を参考に作図

今川義元の軍行ルート

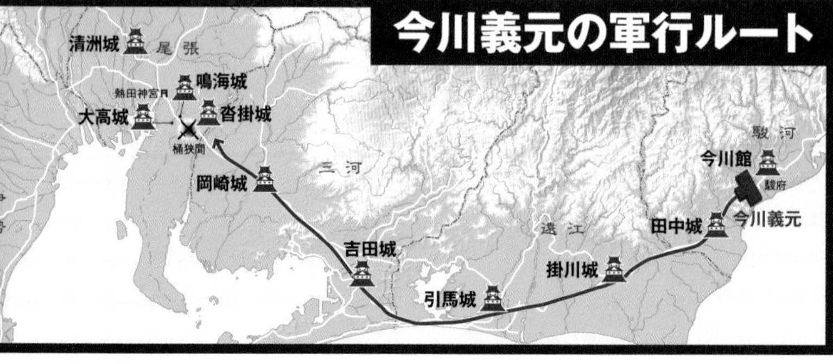

今川義元の軍行　義元は永禄3年(1560)5月12日に駿府を出発し、翌13日には掛川城、14日には引馬城、15日には吉田城、16日には岡崎城、そして17日には沓掛城に入っている。義元は領地の城を拠点に兵糧や軍容を整え、最終的に2万5000人の軍勢とする。

桶狭間の戦いとは?

永禄3年(1560)における今川義元と織田信長の戦い。版図の拡大を目指して尾張に侵入したが、信長の奇襲を受け、義元は戦死。この一戦を機に今川氏は滅亡へと進み、信長は元康と同盟を組み、西上作戦を進めることになる。

後詰め決戦

桶狭間の戦い

守 VS 攻

今川義元(いまがわ　よしもと)　二万五〇〇〇人

織田信長(おだ　のぶなが)　三〇〇〇人

清洲城にて信長、「敦盛」を舞う

「太平記英勇伝　小田上野介信長」(東京都立中央図書館特別文庫室蔵)

今川軍接近に動きを見せなかった信長だが、今川軍攻撃開始の報を聞き、「人間五十年、下天のうちを比ぶれば、夢幻の如くなり…」で知られる幸若舞「敦盛」を舞った。その後、出陣の貝を吹かせ、具足を身につけ、5月19日明け方の4時頃に清洲城を出発。わずかな従者とともに8時頃に熱田神宮に到着。戦勝を祈願した。桶狭間の戦いは同日14時には決着がついた。わずか1日で信長は武名を世に轟かせたのだ。

大軍を動員した尾張攻め

三河・遠江・駿河を支配する**今川義元**は、さらに領地を広げるため、隣国尾張への進出を虎視眈々と狙っていた。内乱の隙を狙って、隣国織田家の**鳴海城**、**大高城**を奪う。一方、内乱を鎮めた**織田信長**は、鳴海城、大高城を取り返すべく城の近くに**鷲津砦**と**丸根砦**を造る。信長の動きを阻止すべく今川義元は永禄3年(1560)5月12日、尾張へと向かった。こうした城の援軍を**後詰め**と呼ぶ。

5月18日、義元は国境の**沓掛城**に入る。この頃、**松平元康**(徳川家康)は、義元の命により大高城へ兵糧を搬入し、その直後

桶狭間の戦い
❷信長、出陣
砦が落ちたとの報を知り、19日早朝に信長は清洲城を出発。熱田神宮で戦勝を祈願し、丹下砦へ向かう。
❶義元、大高城に向かい移動
丸根砦、鷲津砦を落とし、大高城周辺を制圧した今川軍は義元率いる本陣を移動するべく沓掛城を出発、大高城に向かって移動し始める。
❸織田軍、桶狭間へ
従来説では、信長は善照寺砦から迂回して義元本陣を奇襲したとされる。しかし、近年の研究では中島砦を経由して今川軍の正面を突破して義元を討った説が有力になっている。
旧説の迂回路
丹下砦
鳴海城
善照寺砦
相原
中島砦
織田信長
鷲津砦
丸根砦
大高城
松平元康
新説の正面強襲路
太子ヶ根
旧説の義元本陣
桶狭間古戦場伝説地
桶狭間山
新説の義元本陣
沓掛城
今川義元

桶狭間古戦場
桶狭間の戦いの場は特定されていない。豊明市は、有力な候補地のひとつで、江戸時代には参勤交代の途中で大名が見学のため立ち寄ったとされる。

『日本戦史』（陸軍参謀本部編）を参考に作図

丸根砦を攻撃して落とす。さらに元康は鷲津砦へと向かい、ここも落城させた。

油断した義元を討つ

砦を獲られて黙って見ている信長ではなかった。鷲津砦と丸根砦が攻撃されたことを知り、19日早朝、居城**清洲城**を出発。熱田神宮で祈願を行った後、善照寺砦で軍勢を整えた。旧説では、信長はここから**迂回し義元を奇襲**したとされるが、現在は中島砦から最短距離を走り、今川軍を**正面突破**した説が有力だ。

一方義元は、元康を**大高城**に戻して休息を取らせ、自身も**桶狭間山**で休んでいた。しかし、この後降った豪雨が止んだときに信長軍が目の前に迫っていたのだ。

信長軍に気づいた義元軍は、徹退しようとするが、混乱の内に義元は討たれてしまった。

秀吉の中国攻め

城攻めの名人とも呼ばれる秀吉が一番攻城戦を行ったのがこの「中国攻め」の時期だ。秀吉は兵糧攻め、水攻めなどあらゆる策で次々と城を落としていった。

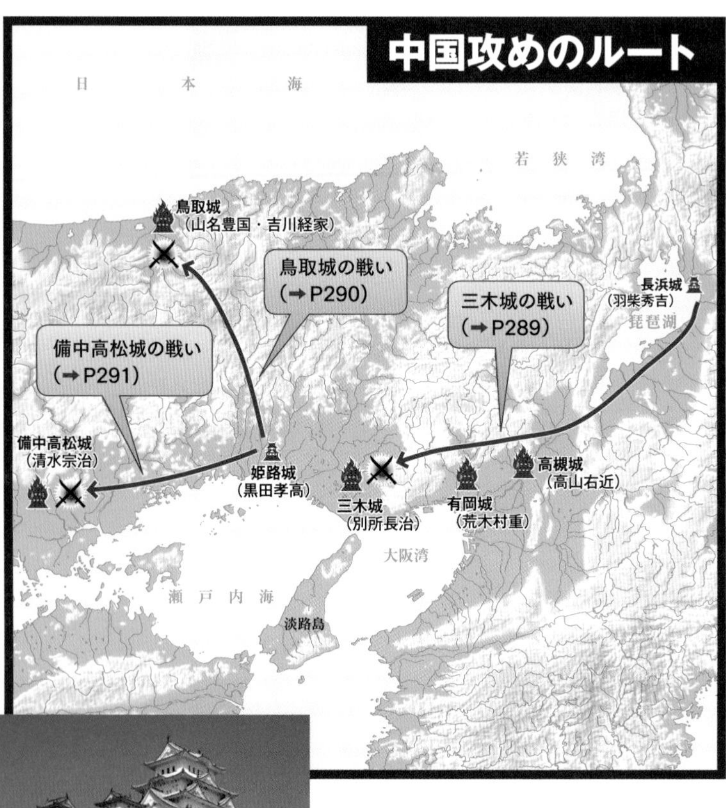

姫路城　播磨の大名たちは西の毛利氏と東の織田氏に挟まれており、どちらの陣営に所属するかが死活問題となった。姫路城代を任された小寺官兵衛（黒田孝高）は主君小寺政職とともに信長側に付く。後に政職が離反しても信長側に残り、居城である姫路城を秀吉に献上した。

信長の命を受け中国攻めへ

秀吉が多くの城攻めを行った時期がある。いわゆる「**中国攻め**」と呼ばれる中国地方の侵攻戦である。毛利家と信長は同盟関係だったが、将軍足利義昭を毛利輝元が庇護したことで関係が悪化。毛利家など西国勢力との窓口を務めていた秀吉が中国攻めを任されたのだ。

中国攻めの中で秀吉は、岡山城、竹田城、三木城、御着城、有岡城、姫路城、福原城、上月城、鳥取城、羽衣石城、備中高松城などを次々と攻略していった。特に信長に心服した**黒田孝高**からは**姫路城**を譲り受け、ここを拠点に秀吉軍は中国各地を転戦する。孝高は多くの城攻めのアイデアを出したという。

それではここから、城攻めのお手本ともいうべき3つの戦いを紹介しよう。

三木城の戦い

城番号 610
参照頁 ▶P266

守 VS 攻

羽柴秀吉（はしば ひでよし）
❖不明

別所長治（べっしょ ながはる）
❖約七五〇〇人

❶補給路を断つ

三木城への補給路は高砂城、魚住城、明石城のルートがあった。秀吉は補給路にある支城を潰し、天正６年(1578)平井山に本陣と包囲のための付城を築くことで、三木城への補給を難しくした。

❸また補給路を分断

天正7年(1579)秀吉は丹生山砦を攻略し補給路を潰す。結局、天正８年(1580)に別所一族の切腹で籠城戦は終了した。

❷新たな補給路

天正６年に織田方を離反した荒木氏の花隈城からの補給路を新設。

平井村山ノ上付城
三木城攻めで秀吉は多数の陣城(付城)を築いた。写真は秀吉が本陣を置いた平井山ノ上付城。付近には彼の軍師・竹中半兵衛の陣なども残る。

2年にも及ぶ籠城戦の末に

織田信長の命により中国平定を進める**羽柴秀吉**に、予期せぬ出来事が降りかかる。信長方についたはずの**別所長治**（べっしょながはる）が、反旗を翻したのだ。

別所長治は、居城**三木城**に長期間の籠城に耐えうる物資を準備して立て籠もった。近隣の地侍や農民も一緒だった。この時、正面から攻めてもかなわないと考えた秀吉は、別所氏の補給路を絶つ。

別所氏が城に立て籠もってから約2年、さすがに三木城内の兵糧も尽き、牛の死骸や木の根はいうにおよばず、口に入れられるものならばなんでも入れるようになり、餓死者も現れた。こうして天正8年(1580)8月、落城し、城主の別所長治は自刃した。

鳥取城の戦い

城番号 771
参照頁 ▶P315

守 VS 攻

羽柴秀吉（はしば ひでよし）❖不明

吉川経家（きっかわ つねいえ）❖不明

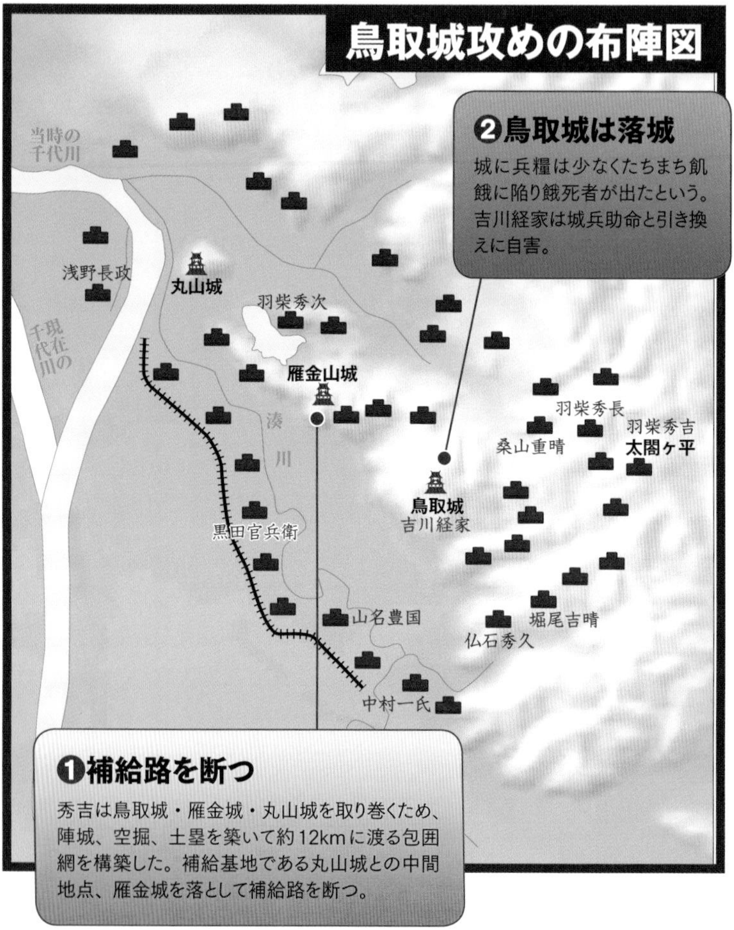

鳥取城攻めの布陣図

❷鳥取城は落城

城に兵糧は少なくたちまち飢餓に陥り餓死者が出たという。吉川経家は城兵助命と引き換えに自害。

❶補給路を断つ

秀吉は鳥取城・雁金城・丸山城を取り巻くため、陣城、空掘、土塁を築いて約12kmに渡る包囲網を構築した。補給基地である丸山城との中間地点、雁金城を落として補給路を断つ。

凄惨を極めた鳥取飢え殺し

天正8年（1580）5月下旬には**鳥取城**下に到着し、**羽柴秀吉**は城を包囲する。これに対し当時城主であった**山名豊国**（やまなとよくに）は降伏した。

ところが家臣たちは、豊国を追い出し、毛利一族の文武に優れた**吉川経家**（きっかわつねいえ）を城主に迎えた。これに対して、秀吉は鳥取城周辺に多数の陣城を築き、城を兵糧攻めにした。秀吉は事前に鳥取城下の食料を高値で買い占めたため、値段につられた鳥取城兵が兵糧を売り払ったという逸話もある。

秀吉の周到な準備により鳥取城の兵糧は瞬く間になくなってしまった。8月には餓死者が出始め、死者を食べる事態に経家は、開城を決意。兵の助命と引きかえに自害した。

秀吉の城攻め 3

高松城の戦い

城番号 824
参照頁 ▶P351

守 VS 攻

羽柴秀吉(はしば ひでよし) ❖不明

清水宗治(しみず むねはる) ❖不明

水攻防戦之図(岡山県立図書館蔵)　江戸時代に描かれた浮世絵。備中高松城が近世城郭になっているが、これは絵師の想像で、実際は土造りの中世城郭だった。

高松城水攻め布陣図
❷水攻めの実行
堤防工事はわずが12日で行ったといわれる。降り続く雨で城は水没。清水宗治救援のため、吉川元春ら毛利軍主力が駆けつけたが手を出せなかった。
❶備前・備中攻め
備中に進軍した秀吉は、天正10年4月に備中高松城攻めを開始し、5月に水攻めを決意する。
羽柴秀勝
宇喜田忠家
加藤清正
堤防
水没地域
高松城
清水宗治
黒田孝高
石井山
羽柴秀吉
足守川
長良川
吉川元春
岩崎山
羽柴秀長

『地図で知る戦国 下巻』(武揚堂)を参考に作図

堤防を築いて城を沈める

天正10年(1582)4月に備中高松につい**秀吉**は城主**清水宗治**(むねはる)に信長側に付くことを迫ったが、拒否される。備前と備中との境にある**備中高松城**は、信長にとってはどうしても手に入れたい城であった。秀吉は、まず周囲の冠山城(かんむりやまじょう)や宮路山城を攻め落として包囲網を完成させた。この包囲網は毛利氏の援軍を完全に阻んだ。

秀吉は地元の農民を高い手間賃で動員し、全長3キロに及ぶ堤防工事を行った。まもなく梅雨がやってくること、城が低湿地にあることから**水攻め**を考えたのは、**黒田孝高**(よしたか)であったという。

水没により城は落城寸前となり秀吉は勝利を確信。最終的に清水宗治は自害し、城は開城となった。

陣城の戦い

賤ヶ岳の戦い

攻 **羽柴秀吉**（はしば ひでよし）❖四万人

VS

守 **柴田勝家**（しばた かついえ）❖二万人

賤ヶ岳の戦い1
❶勝家軍柳ヶ瀬に
3月12日に柳ヶ瀬到着。各武将を近隣の陣城に配置した。
賤ヶ岳の戦いとは？
本能寺で横死した信長の後継者をめぐって信長の三男信孝を推す柴田勝家と、二男信雄を推す秀吉の間で対立が起こる。雪で動けない勝家をよそに、秀吉は岐阜城の信孝を人質にとり賤ヶ岳一帯の高地に陣取った。他方、雪解けを迎えて勝家も南下を開始、柳ヶ瀬に陣を構える。
柳ヶ瀬
柴田勝家軍
狐塚
行市山
佐久間盛政
柴田勝政
別所山
前田利家
北国街道
左弥山
土塁
堂木山
茂山
権現峠
❸大岩山を落とす
秀吉の動きを好機とみた勝家軍は、4月19日に盛政を大岩山へ侵攻させる。盛政は大岩山、岩崎山をそれぞれ奪取した。
❷秀吉美濃へ
3月17日、秀吉軍が木之本に到着。合戦は膠着するが、信孝の再挙兵を知った秀吉は、軍勢を率いて美濃へ向かう。
岩崎山陣城
高山右近
余呉湖
大岩山陣城
中川清秀
佐久間盛政
羽柴秀長
田上山
羽柴秀吉軍
木之本
琵琶湖
賤ヶ岳陣城

『地図で知る戦国 下巻』（武揚堂）を参考に作図

勝家の命運を決した一戦

先に武力に訴えたのは**羽柴秀吉**の方であった。天正10年（1582）12月7日、**柴田勝家**の養子勝豊が守る長浜城を攻撃し、降伏させた。援軍を出そうにも越前にいる勝家は、雪に阻まれて身動きがとれなかったのである。3月9日、勝家は、大軍を率いて出発。

甥の**佐久間盛政**と養子の**柴田勝政**を行市山の陣に置き、自らは柳ヶ瀬に着陣した。

秀吉は、滝川一益攻略のためにいた伊勢からとって返し、3月12日、長浜城に入った。**勝家軍**2万に対し、**秀吉軍**はその倍の4万人である。

賤ヶ岳の戦い2
❽勝家軍敗走
盛政の救援にきた勝政軍は秀吉軍との戦闘に突入するも撃破され、勝家は北ノ庄城へ退却する。
柳ヶ瀬
柴田勝家軍
狐塚
行市山
別所山
前田利家
北国街道
左弥山
❼利家離脱
この混乱のさなか、前田利家が戦線を離脱。
土塁
堂木山
❺秀吉軍の帰還
4月20日14時、落城を知った秀吉は52kmの工程を5時間で踏破し、木之本に戻る。
茂山
権現峠
岩崎山砦
余呉湖
大岩山砦
佐久間盛政
❻盛政撤退
盛政は秀吉の大軍に驚き、同日深夜に撤退を開始、秀吉軍の追撃を受ける。
❹丹羽長秀、賤ヶ岳へ
大岩山落城で賤ヶ岳の秀吉軍は退却。それを知った丹羽長秀が現場に急行。撤退軍と合流して賤ヶ岳を確保。同陣城は勝家軍も狙っており、間一髪だった。
羽柴秀長
田上山
羽柴秀吉軍
木之本
丹羽長秀
賤ヶ岳砦

賤ヶ岳砦からの眺望
賤ヶ岳砦から激戦となった余湖湖一帯を見る。

柴田勝家が本陣を構えた玄蕃尾城

利家の退却に勝家軍動揺

琵琶湖北岸に両軍は陣城を築き、約1か月ほどにらみ合ったまま動かない。陣城は短期間で造られたにも関わらず、虎口が枡形になっているなど、非常に技巧的に築かれていた。

戦線が膠着するなか、滝川一益と織田信孝(のぶたか)が手を組んで美濃を奪おうと動き出した。美濃を死守したい秀吉は、約半数の兵を率いて美濃へと向かう。

その隙をついて佐久間盛政らが南下し、中川清秀が守る**大岩山**を落とした。これを知った秀吉は、美濃からとって返し、盛政、継いで勝政を攻撃した。すると、激戦の最中、柴田方の**前田利家軍が戦線離脱**。柴田方は一気に劣勢となり勝家は敗走する。

北ノ庄城に追いつめられた勝家は妻のお市の方とともに自害して果てたのだった。

小田原城攻め

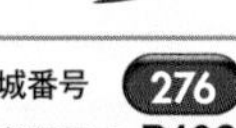

城番号 276
参照頁 ▶P108

小田原城攻め1

❶秀吉、沼津到着

秀吉は3月27日には沼津に到着し、山中城など支城を攻める。

❷海上封鎖

九鬼嘉高、長宗我部元親らの水軍が海上を封鎖。

❸北より支城攻略

前田利家、真田昌幸らが北から北条氏の支城を攻撃。

❹次々と支城攻略

小田原包囲軍からも兵が割かれ、石田三成らが支城攻めに向かう。

箕輪城（4月24日）
松井田城（4月22日）
鉢形城（6月14日）
忍城（7月11日）
川越城（5月初）
江戸城（4月27日）
八王子城（6月23日）
津久井城（6月24日）
玉縄城（4月26日）
石垣山城
小田原城
山中城（3月29日）
沼津城
韮山城（6月24日）
駿府城
東京湾
相模湾
相模灘
駿河湾

『歴史群像シリーズ特別編集　決定版図説　戦国合戦地図集』（学習研究社）を参考に作図

鉢形城

北条氏の北関東支配の拠点であった城。河川が合流する断崖上に建つ攻めにくい城であるが、秀吉の連合軍35000人に包囲され、城主北条氏邦ら1000人の兵は籠城戦を戦ったが、1か月で開城している。

小田原城の支城をことごとく潰す

天正15年（1587）に出した「惣無事令」に従わないのは**北条氏**だけとなり、天正18年（1590）、豊臣秀吉は**小田原城**の**北条氏政・氏直**に宣戦布告する。徳川家康、上杉景勝、前田利家をはじめ**21万**におよぶ軍勢が小田原城を囲んだ。

小田原城は過去に上杉謙信や武田信玄が攻めても落とすことができなかった堅城である。正面から攻めても秀吉に勝ち目はない。

しかも、城内には数年間籠城しても耐えられるだけの用意があった。秀吉は関東一円に広が

❺80日で城を築く

秀吉は小田原城を眼下に望む笠懸山（かさがけやま）に陣城を築く。総石垣の城を4月に着工し、6月下旬には完成させている。城を突如出現させ、大軍で包囲しながらも攻め込まずに宴会を行う秀吉の策に、北条方は次第に戦意を喪失していった。

石垣山一夜城から見た小田原城
城跡からは小田原城をはじめ、市街を一望できることから、秀吉はこの地を選んだという。

る支城を攻撃し、攻め落とし**小田原城を孤立**させる作戦に出た。

前田利家・上杉景勝・真田昌幸らによって松井田城・箕輪城・鉢形城などの支城が次々と落とされ、6月時点で抵抗を続けている支城は忍城のみとなった。

一方、小田原の秀吉は長期在陣に備えて陣城を築く。80日という突貫工事で造られた**石垣山城**は、その名の通り、**石垣**と**天守**を備えていた。当時、東国の城は土造りが主流だったため、突如登場した石造りの城は**北条方の士気を下げた**。また、側室の淀殿や茶人の千利休を呼び寄せて遊興にふけり、北条方に余裕を見せつけたという。

もくろみ通り、北条方の戦意はガタ落ちし、家臣の内通や氏政の母と妻が自害するなどの事件も起きた。そしてついに7月には、北条氏直が**降伏の意思**を示し、秀吉に城を明け渡した。

籠城側の勝利例

上田合戦

城番号 350
参照頁 ▶P119

真田軍
❖二〇〇〇人（第一次）
❖不明（第二次）

徳川軍
❖七〇〇〇人（第一次）
❖三万八〇〇〇人（第二次）

上田城絵図

『日本古城絵図　信州上田城図』

上田城と真田昌幸

上田城は天正11年（1583）に真田昌幸が築城した城である。北は太郎山、南は尼ヶ淵に接し、北と西には厚く堀を造り、東側が唯一の攻め口となるよう造られている。真田昌幸は、天正10年（1582）2月、武田家が滅びたため、織田信長の下に付く。信長の死後北条氏直に仕えるが、2か月で主を徳川家康に替えた。真田は主を替えることで生き残ってきた武将であった。

尼ヶ淵から見た西櫓　上田城は千曲川の分流、尼ヶ淵に面しており、その崖の高さは天然の要害といえるもの。現在は舗装されている。

二度徳川軍を翻弄した城

上田城における真田軍と徳川軍の戦いは2度行われた。1度目は天正13年（1585）。旧武田領をめぐる北条家との和睦の際に、家康が上野を北条家に渡すと約束したのが発端だ。**真田昌幸**の沼田領が上野に含まれていたため、家康は沼田を引き渡すように求めるが昌幸は拒否。家康は鳥居元忠ら7000の兵を昌幸の居城上田城へ送った。

徳川軍は城に総攻撃をかけ、二の丸まで攻めこむが、そこで城内からの激しい射撃にさらされる。**おびき寄せられた**のだ。さらに、撤退する徳川軍を支城から嫡男信幸や従兄弟の矢沢頼

第一次上田合戦

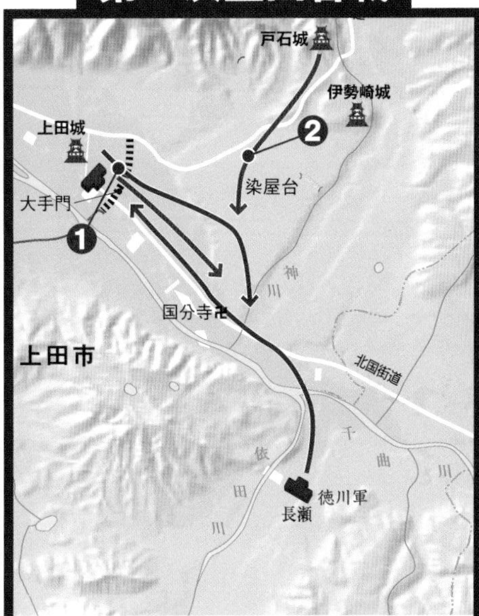

上野沼田領の引き渡しに応じない真田昌幸に対して、徳川家康が命じた戦い。上野沼田領は織田信長が昌幸に安堵したもので、家康が北条氏直に渡そうとして起きた戦いである。

❶討伐軍の攻撃

徳川軍は二の丸まで進むも反撃を受ける。町屋に放たれた火や千鳥掛けの柵に阻まれて城に近づけなかったといわれる。

❷神川の追撃戦

徳川軍はたまらず退却するが、上田城兵、戸石城などの軍勢の追撃を受け、神川に追い込まれる。討伐軍の兵が多数溺死したといわれる。

第二次上田合戦

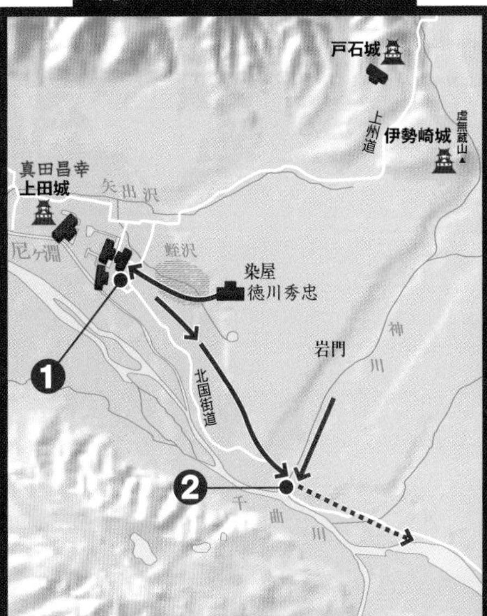

関ヶ原に向け中山道を進む徳川秀忠軍を、真田昌幸が上田城で足止めした戦い。さんざんに挑発を受けた末に戦にも敗れた秀忠は、関ヶ原本戦にも遅参してしまう。

❶城におびき寄せる

真田軍は、徳川軍におびき寄せられ敗走する振りをして、大手門まで引き寄せ、城内からの鉄砲や矢の一斉攻撃をあびせる。

❷神川の水攻め

大混乱した徳川軍は退却。真田軍は追撃の手を緩めず、ひそかにせき止めた神川の堤を切って水攻めし、大打撃を与えた。

康らが**追撃**し、大損害を与えた。

その後、戦線は膠着するが、浜松城で重臣の出奔事件が起きたため、徳川軍は撤退する。

再び上田城で戦いが勃発したのは、慶長5年(1600)、昌幸と次男の幸村が西軍に、嫡男の信幸が東軍についた。

9月2日、秀忠は昌幸に徳川軍に付くように勧告する。当初従うそぶりを見せたが、**秀忠を油断させる作戦**だったのである。これを知った秀忠は怒り心頭。6日、戦いのために徳川軍が上田周辺の稲を刈り出した。これを見た幸村が上田城から出撃し、徳川方を**城内へ巧みに誘い込み**、大手門に近づいたところで狙い撃ちにした。

総崩れとなった徳川軍が撤退しようとしたときに、神川の堰を切って水攻めにする。徳川軍は大きな被害を受け、**関ヶ原の決戦**にも間に合わなかった。

戦国最終決戦

大坂の陣

城番号 581
参照頁 ▶P22

守 VS 攻

徳川家康軍(とくがわ いえやす) ❖二〇万人

豊臣秀頼軍(とよとみ ひでより) ❖十二万人

大坂冬の陣布陣図

『地図で知る戦国 下巻』(武揚堂)を参考に作図

冬の陣とは?

慶長19年(1614)7月、秀頼が方広寺に鋳造した鐘の文字に家康が言いがかりをつけ、それを元に対立が激化。

❶木津川口の戦い

慶長19年(1614)11月19日、木津川口の戦いで幕を開けた。同地は大坂城と海をつなぐ要衝で、徳川方の勝利で終わる。

❷真田丸の戦闘

包囲戦では各所で戦闘が起こったが、なかでも城南を守る砦「真田丸」は激しかった。12月4日には真田幸村が徳川軍を翻弄し、その先鋒に数千の被害を与えている。

❸備前島からの砲撃

戦局を打開するため、徳川軍は本丸至近の備前島に大砲を置いて連日連夜打ち放した。大砲の数は100門ともいわれる。

鉄壁の惣構を埋めて無力化

方広寺鐘銘事件で徳川・豊臣家の対立は決定的となる。家康は諸大名に号令して20万もの大軍を集め、豊臣方も浪人を中心に約10万の軍勢を集めた。

戦いは木津川口で始まり、徳川方は今福や鴫野で勝利しながらついに大坂城を包囲する。

しかし、大坂城は秀吉による鉄壁の惣構が築かれており、徳川軍を寄せ付けなかった。さらに、唯一の弱点とされる南側も真田信繁(幸村)の真田丸によってガッチリ守られていた。

攻めあぐねた家康は、淀川の中洲に**大砲**を据え、昼夜を問わず打ち始めた。この攻撃に秀頼の母淀(よど)

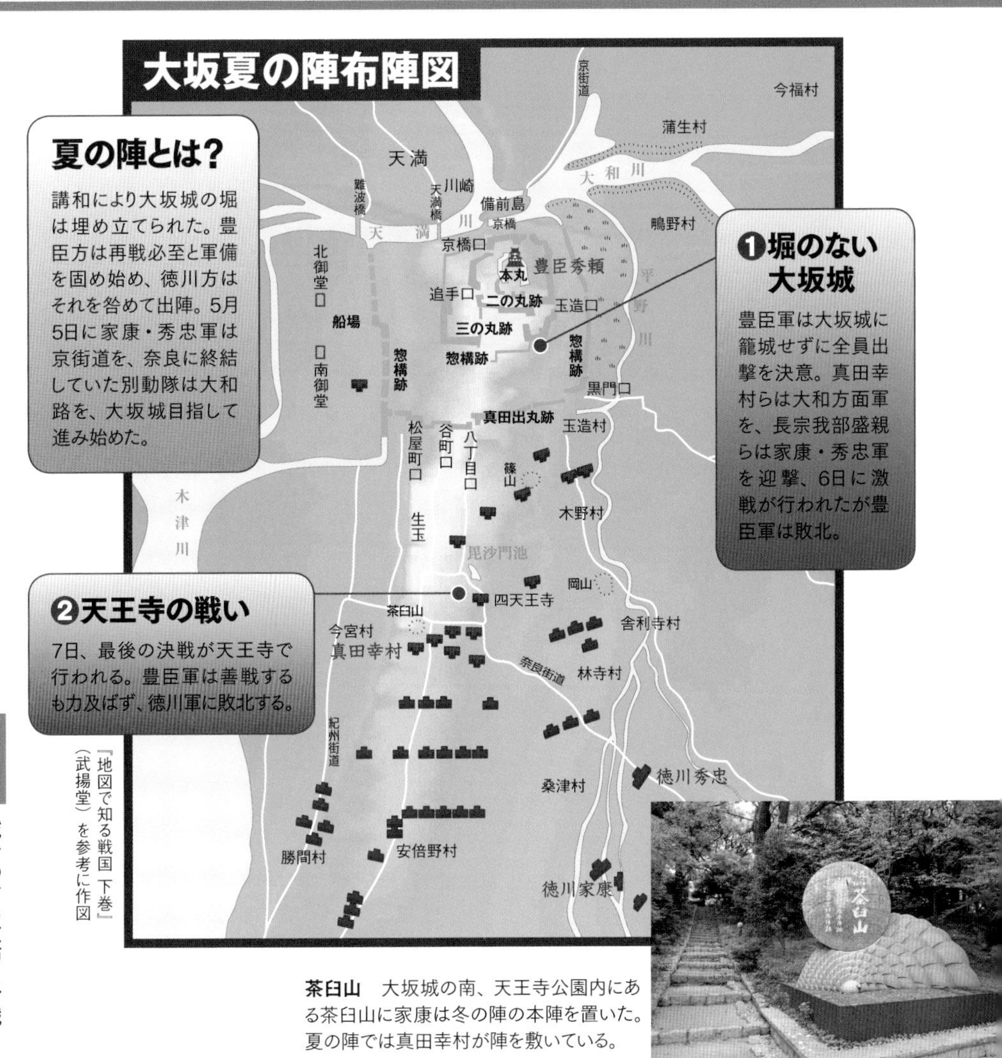

『地図で知る戦国 下巻』(武揚堂)を参考に作図

茶臼山　大坂城の南、天王寺公園内にある茶臼山に家康は冬の陣の本陣を置いた。夏の陣では真田幸村が陣を敷いている。

殿が動揺し、12月19日和議について合意する。この中には二の丸の破却など**大坂城を裸城にする**項目が含まれており、徳川方は**大坂城の堀を埋め立てた。**

翌年3月、駿府の家康に、豊臣方が埋めた堀を掘り返そうとしているとの知らせがもたらされた。家康は秀頼に対し国替えを迫ったが、拒否したため、再び戦いとなった。

大坂城の堀を埋め立てられてしまったため、豊臣方は、前回のように**城に籠もって戦うことができない。**徳川軍をなるべく城に近づけない作戦に出た。前回家康が陣を置いた茶臼山に陣どった真田幸村は、5月7日、徳川方との白兵戦を繰り広げ、善戦するが、戦死してしまう。

秀頼と淀殿も山里丸に追いつめられ、8日朝に自害。豊臣家は滅亡し、江戸幕府による泰平の世が幕を開ける。

攻 **新政府軍** ❖九四〇〇

VS

守 **会津藩** ❖七万五〇〇〇

❶新政府軍甲賀町口侵入

8月23日、新政府軍は甲賀町から内郭まで侵入するが、準備不足のため外郭まで撤退する。この時点で、新政府軍は強行突破は無理と判断した。

会津戦争とは？

慶応4年／明治元年(1868)、白河城と二本松城を落城させると、新政府軍は会津へ向かった。会津側は、国境付近で食い止めようとしたが、新政府軍は国境の母成峠(ぼなりとうげ)を8月21日に破り、23日には若松城へと迫った。

『歴史群像シリーズ39 会津戦争』(学習研究社)を参考に作図

❷会津軍の反撃

29日、融通寺口から外に出た会津兵は、守備についていた備前藩兵を襲撃する。

❸新政府軍の救援

会津兵の備前藩兵襲撃に大垣藩兵、長州藩兵、土佐藩兵が駆けつける。会津藩兵は次第に圧倒された。状況が不利と判断した城内から退却命令が下される。

甲賀町口門跡 新政府軍が一番最初に侵入した会津城の城郭門。現在は石垣が残るのみである。

戊辰戦争屈指の籠城戦

若松城は、水堀と土塁に囲まれた巨大な惣構をもつ城である。長大な塁線を前に攻める側は、多くの兵力を確保しなければならない。

8月23日、板垣退助率いる**新政府軍**が甲賀(こうが)口から城下に入るが、戦いに対する準備不足で後退。翌日、包囲戦に作戦を変更し、桂林寺(けいりんじ)口から天寧寺(てんねいじ)口にかけて兵を配置させる。

新政府軍の攻撃に日光口など城外にいた**会津軍**が、次々と城内に結集する。城に入れなかった兵は、新政府軍を攻撃したが、うまく連携が取れず、結果的に兵を消耗させてしまう。

包囲網後期
『歴史群像シリーズ39　会津戦争』(学習研究社)を参考に作図
❶城の西側も制圧
新政府軍側に援軍が9月5日に到着。この部隊を城の西側に配置して制圧。融通寺口を掌握。若松城内と外部との連絡を遮断することにも成功した。
越後街道
白河街道
天満
深川
幕ノ内
融通寺口
大町口
桂林寺口
川原町口
花畑口
湯川
小田山
飯寺
❸若松城落城
会津軍は若松城に籠城したが、同盟諸藩の降伏により孤立。9月22日に容保は降伏した。
❷包囲網の完成
新政府軍は完全包囲を図り、17日、薩摩藩兵と佐土原藩兵が、城外にいる会津軍を攻撃、挟み撃ちを恐れた会津軍を後退させた。

会津戦争後の天守
天守の壁には砲撃の跡を物語る穴が開いている。

白虎隊の墓
城より2.5km離れた飯盛山には白虎隊の墓がある。戦いには16〜17歳の少年たちが参戦している。城が落ちたと勘違いし、飯盛山で自害する悲劇が起こった。

援軍を呼べず若松城落城

9月14日、新政府軍は、総攻撃をかける。落城にはいたらなかったものの西側の**融通寺口**を封鎖することができた。惣構を守るには会津藩は兵が足りなかった。これにより、包囲網は城の南側を残すのみとなった。

新政府軍は余剰人員をすべて南に投入し、17日、小山田、飯寺の二方向から攻撃を開始する。新政府軍の猛攻の前に城外の会津軍は退却を余儀なくされる。体勢を整えて反撃を試みたものの、翌日、新政府軍の攻撃に城外の会津軍は、会津盆地から追い出されてしまう。これにより**城の包囲網**は完成した。

さらに同盟を結んだ藩も次々と新政府の軍門に下り、孤立。9月22日、会津藩主・松平容保が降伏したことにより、戦いの幕は閉じた。

箱館戦争

城番号 001
参照頁 ▶P67

攻 新政府軍 ❖九五〇〇

VS

守 旧幕府軍 ❖四五〇〇人

五稜郭の距離

『決定版　図説・幕末 戊辰 西南戦争』（学研パブリッシング）を参考に作図

港町
富岡町
3100m
五稜郭
八幡町
亀田八幡宮
宮前町
本町
2900m
函館港（箱館港）
函　館　市
的場町
新川町
高盛町
大手町
亀田川
大森浜
末広町
函館山（箱館山）
青柳町
函館公園
立待岬

❶五稜郭の誤算

岸から3キロは離れており、築城当時は大砲が届かない距離と考えられていたが、進化は目覚ましく、箱館戦争では艦砲攻撃の的となった。新政府軍の軍艦「甲鉄」の射程距離は4キロであったという。

箱館戦争とは?

慶応4年(1868)から新政府軍と旧幕府軍が繰り広げてきた戊辰戦争最後の戦い。榎本武揚率いる旧幕府軍は五稜郭を本拠地に独立政権の樹立を目指すも、新政府軍はそれを拒否し、打倒に向かう。

❷五稜郭落城

13日に新政府軍は五稜郭に籠る旧幕府軍に降伏を勧告。18日に降伏を受け入れ、戊辰戦争は終わった。

五稜郭
元治元年(1864)に完成した稜堡式城郭(星型要塞)。郭内からの射撃に死角がなく防御力は高いが、艦砲射撃の前には力を発揮できなかった。

戊辰戦争最後の戦い

慶応4年（1868）11月、**旧幕府軍**が海路で蝦夷地に上陸。五稜郭を拠点として蝦夷共和国を設立した。

翌明治2年（1869）5月11日、**新政府軍**の総攻撃が始まった。箱館市内はすぐに新政府軍に落ちてしまう。旧幕府軍は、五稜郭や弁天崎台場などの拠点に残るのみとなった。友軍救助に向かった**土方歳三**は弁天崎台場まであと一歩というところで倒れた。

翌12日、新政府軍は、軍艦からの攻撃を開始する。築城当時は、海上からの射程距離外にあった五稜郭であったが、**その後の技術革新**により、確実に着弾するようになっていた。

そして5月18日、旧幕府軍の榎本武揚らが降伏し、戦争は終結した。

近代の籠城戦 3

西南戦争

城番号 950
参照頁 ▶P16

守 VS 攻

西郷軍 ❖五〇〇〇人

新政府軍 ❖三〇〇〇人

熊本城籠城戦初期

『歴史群像シリーズ21 西南戦争』（学習研究社）を参考に作図

井芹川
坪井川
段山
千葉城
本丸
熊本城
二の丸
練兵場

❶城を水攻め

はじめ西郷軍は力攻めをするも兵が足りず、3月26日に坪井川と井芹川の水を引き込んだ。これで東北と西部の兵を減らすことができたが、その後も突破口を見出すことができなかった。

❷西郷軍退却

水攻めも効果は出ず、4月15日に新政府軍は包囲を解くことに成功。守勢に回った西郷軍は鹿児島までじりじりと退却を強いられる。

西南戦争とは？

明治になり、さまざまな理由から不満を募らせた武士たちが反政府運動を起こした。鹿児島でも西郷隆盛が創立に関わった私学校の生徒たちが事件を起こす。彼らに推される形で西郷隆盛が立ち上がった。

熊本城天守　熊本城の天守は、西南戦争で焼失する前に写真撮影されており、その威容を今に伝えている。

近代兵器でも落せない名城

西郷隆盛は、鹿児島から軍を率いて東京を目指した。途中の**熊本城**には新政府の**熊本鎮台**が置かれ、谷干城以下約3千の兵が守っていた。**西郷軍**は約5千の兵で取り囲む。

2月19日正午ごろ突然火の手があがり、熊本城天守や城下町をも焼き尽くした。原因は不明だが、**自焼説**が有力である。22日から23日にかけて西郷軍が猛攻を加えるが、落とせなかった。

24日以降、西郷軍は包囲攻撃に切り替え、熊本城に対して**水攻め**を行うが効果は出ない。他方面の戦闘も激化するなか、4月15日に新政府軍は**包囲を解くのに成功**し、一転攻勢へ。西郷軍は守勢に回り、じりじりと鹿児島へと押し戻されることになる。

お城コラム

太平洋戦争による被害

戦火で失われた貴重な城郭建築

現在、日本に現存する天守は12だが、戦前にはもっと多数の天守が存在していた。天守に限らず多くの城郭建築が、アメリカ軍の空襲により焼失したのである。

昭和19年(1944)6月にマリアナ諸島が陥落する。ここを拠点として米軍の日本本土への空襲が可能となった。そのため同年末から日本への空襲が本格化する。昭和20年(1945)3月10日の東京大空襲では、10万人以上の人が亡くなっている。

明治以降、城には鎮台をはじめとする陸軍の施設が置かれた。また、学校として利用されていたケースも多い。空襲には軍事施設を目標としたものと、日本人の戦意を喪失させるために焼夷弾で都市を狙ったものとがある。城には軍事施設があり、なおかつその都市のシンボルであったため、格好の攻撃目標になったと考えられる。

「尾張名古屋は城でもつ」とさえいわれた名古屋城(➡P28)が、空襲によって焼失した城の第一号になったのは、何か皮肉なめぐり合わせといえるだろう。記録によると昭和20年5月14日の早朝、名古屋市域にアメリカ軍機が襲来し、2回にわたって爆撃を行った。その2回目の焼夷弾が金鯱を避難させるために組んでいた足場に引っかかり、大爆発の末、2時間以上にわたって炎上したという。

これ以降、5月25日に江戸城、6月29日に岡山城、7月4日に徳島城と高松城、7月9日に和歌山城、7月10日に仙台城、7月12日に宇和島城、7月16日に府内城、7月29日に大垣城、8月2日に水戸城が空襲を受け、各城の貴重な城郭建築が被害を受けた。

さらに、8月6日に広島城(➡P320)の天守が原子爆弾により倒壊、他の建物も焼失してしまう。その後も8月8日には福山城の天守などの建物が空襲によって焼失し、終戦前日の8月14日にも空襲があり、大坂城の門や櫓が消失している。

一方で、姫路城天守をわら縄で編んだ網で覆い隠そうとするなど、城を守ろうとする動きも各地で見られた。

名古屋空襲を記録する会蔵

空襲によって炎上する名古屋城(岩田一郎氏撮影)。

広島平和記念資料館蔵

原爆によって破壊された広島城天守。天守は焼失ではなく、原爆の風圧で押しつぶされた。

地域別

四国・中国地方の城

- 徳島県
- 香川県
- 愛媛県
- 高知県
- 鳥取県
- 島根県
- 岡山県
- 山口県
- 広島県

Ⓐ**本壇と現存天守**　本丸より一段高い天守曲輪は本壇と呼ばれ、現存天守を含む連立式天守が築かれている。

松山城

愛媛県

慶長7年(1602)築
寛永4年(1627)築

城番号 731
参照頁 ▸P332

史跡区分 国指定史跡、重要文化財21件

勝山山頂に築かれた四国最大規模の城郭

松山城が築かれたのは、慶長7年(1602)のこと。関ヶ原の戦いで戦功をあげた**加藤嘉明**が伊予20万石に封じられ、同県内の松前城から城を移して築城に着手する。

城の縄張は土木や治水技術に秀でた**足立重信**が担当し、標高132mの勝山山頂を削って本丸を造営、南西方向へ伸びるように二之丸、三之丸が置かれた。

こうした山の尾根を利用した**平山城**(山城との説もある)は、同じ四国にある宇和島城や徳島城にも見られるが、そのなかでも松山城は特に規模が大きく、現在では麓と山腹がロープウェイにて結ばれている。

寛永4年(1627)、嘉明は城の完成を見ることなく会津へ転封となり、続いて**蒲生忠知**が入城し築城を継続。しかし、忠知は同12年に急死し、翌年入封した松平定行がこれを受け継いでようやく竣工する。以後、明治に至るまで、松平氏の居城として14代に渡って世襲された。

明治以降、放火や戦禍によって小天守をはじめとする多くの建物が焼失するが、昭和41年(1966)から大規模な復元が開始された。

Ⓑ南・北隅櫓と十間廊下
南隅櫓と北隅櫓をつなぐ廊下は十間（約18ｍ）の長さがある。これらの建造物は天守とつながっている。

Ⓒ二之丸の大井戸
東西に階段がつく大井戸。現在も水が湧き出る。

Ⓐ天守
艮櫓
乾櫓
Ⓑ十間廊下
本丸
太鼓門
太鼓櫓
Ⓒ大井戸
二之丸
史跡庭園
Ⓓ登り石垣

Ⓓ登り石垣　県庁裏登城道から見た登り石垣。全国でも彦根城などにしか残らない貴重な遺構。

天守と櫓を廊下で結ぶ希少な連立式天守

松山城には重要文化財に指定された遺構が21件あるが、なかでも「**現存12天守**」に数えられる天守は別格といえる。天守は、加藤氏の代には五重六階であったが、松平氏の時代に改築され地下に米倉を備えた三重四階となる。そして、天明4年（1784）元旦に雷火によって焼失した後、文政3年（1820）から35年をかけて再建されたのが現存のものである。その落成は黒船来航の翌年のことであった。

天守の縄張はメインとなる大天守に小天守・南隅櫓・北隅櫓が廊下で結ばれた**連立式天守**で、さらに複数の櫓が塀によってつながれている。同様の形態を成す城には姫路城や和歌山城があげられるが、そのなかで最も複雑な構造といえるだろう。

空から見た本丸　360度の眺望が開けた本丸。本丸の北西側奥に本壇が位置する。

朝鮮の役で編み出された貴重な登り石垣の遺構

天守以外にも門や櫓など、見どころが多い。数々の石垣も見事なもので、本丸の高石垣は高さ14ｍを超える。こうした遺構の数々は、本丸から二之丸にかけて散らばっており、時間を掛けて散策したい。なお、本丸と二之丸を結ぶ「**登り石垣**」は、文禄・慶長の役の際に敵の攻撃から城を守るために用いられた防衛技術である。

中腹の**二之丸**には元々、藩主の御殿があり、のちに**三之丸**が完成すると、二之丸は嫡子や家族の住まいとして利用された。二之丸表御殿跡の**大井戸**は必見である。三之丸にはかつて野球場などの公共施設が密集していたが、平成22年（2010）以降に撤去が進み、遺構の平面表示などの整備が進められた。

三之丸から見る　山麓の三之丸から山腹の二之丸と山上の本丸を見る。三之丸と二之丸に御殿があり、本丸は詰城という位置づけであった。

隠門続櫓の高石垣　ロープウェイ降り場から本丸へ向かう途上にそびえる高石垣。本丸は10m近い高石垣で築かれている。

弓櫓の高石垣。

徳島城

徳島県

天正14年(1586)築

城番号 696

参照頁 ▶P324

史跡区分 国指定史跡 国指定名勝

海と河川に挟まれた戦国末期の平山城

徳島城は標高61mの城山山頂の本丸を中心に東二の丸、西二の丸、西三の丸が配された**平山城**で、**蜂須賀家政**によって築城された。当時は水軍の重要性が高かったため海沿いに築かれ、城の北を流れる**助任川**と、南の**寺島川**が天然の掘として機能する。

本丸の周囲を**阿波の青石**(緑色片岩)の高石垣で囲んだ堅固な造りが特徴。当初は天守もあったが、江戸初期に解体され、代用として東二の丸に**御三階櫓**が備えられた。

明治に入り廃城となると**鷲の門**を残し、すべて解体される。鷲の門も戦時中に焼失し、平成元年(1989)に復元された。

人物 蜂須賀氏の出世物語

徳島城を築いた蜂須賀家政の父は、蜂須賀小六の名で知られる豊臣秀吉の重臣。もともとは野武士集団の親玉だったといわれるが、秀吉のもとで才能を開花させて出世街道を上り、家政の代で徳島藩を任されるまでになる。

徳島城内に立つ蜂須賀家政銅像

高松城

香川県

天正16年(1588)築

城番号 714
参照頁 ▶P328

内堀越しに見た高松城艮櫓。

史跡区分 国指定史跡 重要文化財5件

海の上に浮かんで建つ美しく堅牢な水城

豊臣秀吉の「四国平定」後、**生駒親正**が讃岐一国を封じられる。親正は丸亀に城を築くが(➡P312)、秀吉の意向を受け、平定間もない四国の押さえとして、また瀬戸内水軍の監督役として**高松城**を築城した。

縄張には**黒田孝高**、**細川忠興**も加わったといわれ、海に浮かぶ島を利用した美しい城が誕生した。城の周囲には**海水を取り込んだ幅広の堀**が三重に巡らされ、城全体が海に浮かぶようにも見える。

本丸の周りには二の丸、三の丸、桜の馬場、西の丸を時計回りに配置。海に面して防波堤を備え、その内には船溜りも設けられていた。明治期には「讃州讃岐の高松様の城が見えます波の上」と、その姿を民謡にも歌われている。

生駒氏の改易後は「水戸黄門」で知られる徳川光圀の兄・**松平頼重**が入城。天守が三重四階、地下一階の南蛮造に改築された。

明治17年(1884)に天守は取り壊されるが、**月見櫓**、**艮櫓**は状態よく保存されている。本丸と二の丸をつなぐ**鞘橋**は、明治17年(1884)に架け替えられた。令和4年(2022)には、発掘調査で出土した瓦、写真、城内に残る他の建造物などを参考に、第二次世界大戦中に焼失した**桜御門**を復元。天守についても復元計画が進められている。

高松城は別名「玉藻城」と呼ばれ、城跡は玉藻公園として整備されている。これは柿本人麻呂が讃岐の枕詞に「玉藻よし」と詠んだことにちなみ、このあたりの海が「玉藻の浦」と呼ばれていたためといわれる。

天守と山里櫓。昭和55年（1980）と平成2年（1990）に再建された。

今治城（いまばりじょう）

愛媛県

慶長7年（1602）築

城番号 751

参照頁 ▶P335

史跡区分 県指定史跡

築城名手高虎の手腕が発揮された最新鋭天守

関ヶ原での戦功として伊予を得た**藤堂高虎**は、瀬戸内の覇権を狙うとともに、旧豊臣方の動向を監視するため海陸の要地・**今治浦**（いまばりうら）に城を築く。土地は砂浜で地盤が弱いため、砂に杭を打ち、その上に石垣を積むという手法が取られた。

一般的な呼び名は**今治城**だが、海沿いの城という意味の「**吹揚城**（ふきあげじょう）」や美しい砂浜の城という意味がある「**美須賀城**（みすかじょう）」とも呼ばれる。美須賀城の由来には、「平城で容易に場内が見透かされたから」という説もある。

縄張は高虎の築城によく見られる**高石垣**と、三重に巡らされた**堀**が目立つ。**堀**は幅広に造られ、海沿いに建つ城だけに海水が引き込まれていた。また、本丸に築かれたのは日本初ともいわれる**層塔型の五重天守**で、破風をもたず、内部に武者走りを設けるなど、当時の最新技術が取り入れられた。しかし高虎の転封時に解体され、亀山城（➡P258）へ移築。現在の天守は絵図をもとに復元されたものである。

枡形虎口である鉄御門

高石垣上に建つ現存天守。万治3年(1660)に完成したといわれる。

史跡区分 国指定史跡 重要文化財3件

一度は廃城となるも 山崎氏・京極氏が復興

天正15年(1587)、豊臣秀吉より讃岐一国を封じられた**生駒親正**は、高松城を築城。支城として、標高66mの亀山に築いたのが**丸亀城**である。しかし、元和元年(1615)に発布された「一国一城令」により丸亀城は廃城となる。

生駒氏の転封後、**山崎家治**が入封し丸亀城の大改修を開始。続いて入った**京極氏**によって完成された。

特徴は山麓から山頂まで3層におりなす**高石垣**。本丸、二の丸、三の丸と3段に積み上げられており。全高は**約60m**に達する。しかし平成30年(2018)の台風による被害を受け、修復が進められている。また、本丸には京極氏時代に築かれた**三重三階の天守**が現存している。

典型的な螺旋状の城でもあり、大手門から本丸へは、城の周囲を2周回らなければ辿り着けない構造となっている。もっとも登城する藩士たちのために、近道が用意されていたようである。

平成30年(2018)、台風により崩落した南西面の石垣(写真は2020年撮影)。

復元天守と高欄櫓。

参照頁 ▶P334

史跡区分
県指定史跡
重要文化財4件

肱川を天然の堀とした鎌倉末期から続く平山城

大洲城の起源は鎌倉時代末期に**宇都宮豊房**（うつのみやとよふさ）が築いたとされる中世城郭で、文禄4年（1595）に**藤堂高虎**が大改修し近世城郭へと生まれ変わった。のちに入城した**脇坂安治**（わきざかやすはる）の代でも改修が加えられており、天守などが整備されたようだ。

城は肱川（ひじ）のほとりの高台にあり、肱川を水源とした堀が張り巡らされていた。本丸には四重四階の**層塔型天守**が築かれ、明治の「廃城令」以後も取り壊されなかったが、老朽化が進み明治21年（1888）に解体。平成16年（2004）、江戸期の木組み模型「天守雛形」や古写真などをもとに木造復元された。

櫓はかつて18棟存在したが、現在は**台所櫓**、**高欄櫓**、**苧綿櫓**（おわた）、**三の丸南隅櫓**の4棟が残っている。また元禄5年（1692）以前に建築されたと推定される蔵・**下台所**も現存している。

地域別
四国・中国地方の城

肱川越しに見た大洲城

現存天守と本丸御殿。連結された天守と本丸御殿（懐徳館）は貴重で、現存する御殿の遺構は全国でも数少ない。

高知城（こうちじょう）

高知県

慶長6年（1601）築

城番号 752

参照頁 ▶ P336

史跡区分 国指定史跡 重要文化財15件

多くの遺構が現存する貴重な近世城郭

山内一豊によって大高坂（おおたかさか）山に築かれた**高知城**は、江戸期の各建築物の多くが現存する国内でも珍しい例にして、貴重な歴史資料となる城である。

この大高坂山には、南北朝時代にも城が築かれていたとされるが、その詳細は不明である。また、戦国期にこの地を統治した**長宗我部元親**（ちょうそかべもとちか）も築城を行うが、度重なる洪水に見舞われて放棄したといわれる。

山の頂には本丸をはじめ、二の丸、三の丸が並び、石垣と多くの門、櫓に守られていた。また本丸には**四層六階の天守**が鎮座する。寛延2年（1749）に再建されたものだが、創建当時の姿がそのまま再現されており、初期の古い様式を今に伝えている。

明治の廃城令では多くの建造物が破却されたが、本丸御殿や詰門など貴重な城郭建築は残り、他の城と比べれば遺構の多い城である。

本丸と二の丸の間に建つ詰門。1階部分は門だが2階部分は二の丸と本丸をつなぐ廊下となる他に類のない城郭建築である。

鳥取城

とっとりじょう

鳥取県

天文14年(1545)築

城番号 771

参照頁 ▶P340

天球丸の巻石垣。角のない球面の石垣は国内唯一。昭和18年(1943)の鳥取大地震で崩壊後、約半世紀にわたり修復が続けられ、平成23年(2011)に完了した。

史跡区分 国指定史跡

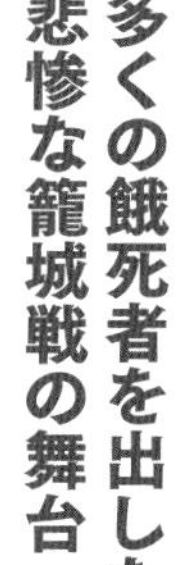

多くの餓死者を出した悲惨な籠城戦の舞台

標高263mの久松山に建つことから「**久松城**」とも呼ばれる**鳥取城**は、天文14年(1545)に**山名誠通**が築いた出城が起源とされる。天正9年(1581)、城主の山名豊国が豊臣秀吉に降伏しようとし、家臣の手で追放。代わって毛利氏の家臣・**吉川経家**が入城する。

経家は鳥取城を整備強化し秀吉の軍勢に備えるが、徹底した兵糧攻めに遭い、約100日の籠城戦の末に開城。世にいう「**鳥取の渇殺し**」(➡P290)である。

「関ヶ原の戦い」後は**池田長吉**が入り、山麓に近世城郭を築城。幕末まで**池田氏**の居城となる。

山頂にある中世の山城と、山麓の近世城郭が同居する珍しい遺構である。山頂の本丸には二重天守が築かれていたが、江戸時代中期に焼失し再建はされなかった。

令和3年(2021)には**大手門**が江戸時代末期の姿で復元。発掘調査で出土した「**葵紋瓦**」を復元、使用している。これは外様大名で唯一、池田氏にのみ使用が許されたものである。

久松山と吉川経家像

豆知識 山麓の城跡には明治期の洋風建築である「仁風閣」が建つ。池田家の別邸として建造されたもので、名称は大正天皇に随行して訪れた東郷平八郎が名付け親。

国宝であり、山陰地方唯一の現存天守。下見板張りには、湿気防止の効果があるとされる黒い染料が使用されている。

二の丸の高石垣と復元された太鼓櫓。

史跡区分　国宝、国指定史跡

山城を嫌い新築された実戦重視の堅城

「関ヶ原の戦い」での勲功により出雲・隠岐24万石を与えられた**堀尾吉晴**は、月山富田城に入城する。しかし、山城である月山富田城は守るには適していたものの、泰平の世に藩政を取り仕切るには不向きであった。そこで船による交通の便に優れた、宍道湖近くの亀田山に新たに築いた**平山城**が**松江城**である。

完成したのは吉晴の孫・**忠晴**の代。亀田山山頂を本丸にして、南へ二の丸を階段状に配置、堀を挟んで三の丸が連なる。全体は宍道湖の水を引いた水堀に囲まれ、本丸の周囲には多聞櫓や腰曲輪が配置された。

本丸に築かれた本瓦葺き、五重六階の**望楼型天守**は現存し、平成27年(2015)に国宝に指定された。天守に石落としや鉄砲狭間が数多く設けられているのが特徴で、実戦的な城である。堀尾氏、京極氏の後、**松平氏**が入城。以後、10代に渡って世襲し、明治を迎えた。

豆知識

松平氏七代・治郷(不昧)は産業振興や新田開発を行い、藩の財政を建て直した名君。また茶人大名でもあり、石州流不昧派の祖として松江にお茶文化を築いた。

近年の整備により樹木が伐採され、遠目でも城の構造がわかるようになった。

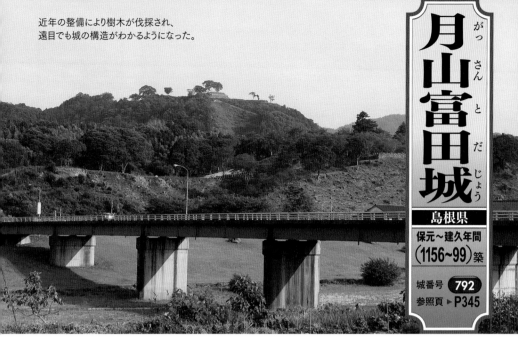

月山富田城（がっさんとだじょう）

島根県

保元～建久年間（1156~99）築

城番号 792

参照頁 ▶P345

史跡区分 国指定史跡

鉄壁の防御を誇る尼子氏最盛期の居城

月山富田城の戦いの舞台として有名な**山城**。**尼子義久**の居城として毛利元就率いる軍勢を迎え撃ったが、兵糧攻めにより開城を余儀なくされる。関ヶ原の戦いの後、堀尾氏による支配を経て廃城となる。

築城年、築城主は不明であるが、**挟撃を可能にする多数の曲輪**、広大な城域と地形を生かした防御施設を有し、尼子氏が誇る難攻不落の要塞として名高い。

現在は史跡公園として整備され、木々の伐採が進み、山城の姿を取り戻しつつある。敷地内には尼子氏の再興に生涯をかけた**山中鹿之介**の銅像が建っている。

整備された曲輪群と城下を流れる飯梨川を見る。

山中御殿跡。石垣造りの曲輪で、山麓居館などが建てられた富田城の中枢だったとされる。

備中松山城（びっちゅうまつやまじょう）

岡山県

延応2年、仁治元年（1240）築

城番号 831
参照頁 ▶P351

山城としては国内唯一の現存天守。二重二階の天守は現存12天守のなかでは最小である。

史跡区分 国指定史跡 重要文化財3件

天守の現存する山城は備中松山城ただひとつ

鎌倉時代、臥牛山を構成する大松山に**秋葉重信**（あきばしげのぶ）が築いた砦が**備中松山城**の起源とされる。天和年間（1681〜84）に**水谷勝宗**（みずのやかつむね）が大改修し、全国的にも珍しい**近世城郭の山城**として現在の形となった。

本丸は標高430mの小松山山頂に整備され、山上に二の丸、三の丸を配置。麓に藩主の居館「**御根小屋**（おねごや）」を置き、藩政を行った。

現存天守が残り、本丸二重櫓も現存。

平成6年（1994）から本丸の整備が行われ、腕木御門や平櫓、土塀などが復元された。

大手から見た高石垣

雲海に浮かぶ備中松山城。戦国期を通じ縄張が変化し、臥牛山全域に曲輪が張り巡らされた巨大な山城へ変化した。

天守台と詰城が置かれた指月山。天守台には明治初頭まで五層天守が建っていた。

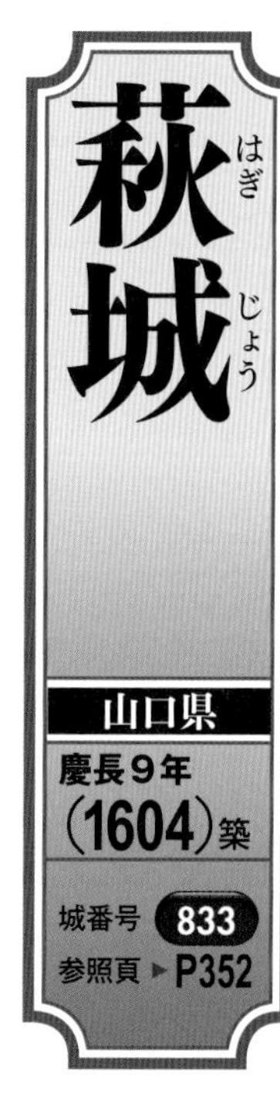

萩城
はぎじょう
山口県
慶長9年
(1604)築
城番号 833
参照頁 ▶P352

史跡区分 国指定史跡

幕府の仕打ちにめげず 毛利輝元が築いた堅城

広島城(⬇P321)を築き、吉田郡山城(⬇P320)から本拠を移した**毛利輝元**だが、関ヶ原の戦いで西軍に味方し、中国地方8か国120万石から周防・長門2か国36万石へと削封となる。広島城を明け渡した輝元が、新たな居城として築城したのが**萩城**であった。

新城築城にあたり、山口の鴻ノ峰を希望していたとされるが、合わせて三田尻(現在の防府)の桑山、萩の指月山と三つの候補地を幕府へ提出したところ、もっとも不便な萩が選ばれた。指月山は日本海に突き出した標高143mの小山で、麓には阿武川河口のデルタが広がっている。

指月山の山頂に詰丸が築かれ、山麓に本丸・二の丸・三の丸を配した**平山城**で、山の名前から「**指月城**」とも呼ばれる。主要部は本丸に五重天守が鎮座する山麓だが、詰丸にも6基の櫓が建てられ、いざという時には、詰丸へ逃げ込む手はずだったようだ。

城下町も発展し、現在も残る武家屋敷や町屋が往時の面影を漂わせる。

明治維新後に天守をはじめとした建造物は解体されるが、**石垣**や**堀**は保存され、現在「萩城跡指月公園」として整備。毛利家の重臣・梨羽家の茶室や永代家老・福原家の書院、藩校・明倫館の太鼓橋が移築され、天守台など多くの遺構が残る。

豆知識

萩城は毛利氏によって明治維新まで世襲されるが、やはり萩は不便だったようで、幕末には山口へ城が移されている。幕府に内密の行動だったこともあり、「山口城」ではなく「山口屋形」と呼ばれた。

山麓から見た郡山城。
全山が城郭化していた。

吉田郡山城（よしだこおりやまじょう）

広島県

建武3年（1336）築

城番号 852

参照頁 ▶ P356

史跡区分 国指定史跡

毛利氏の飛躍を担った広大に広がる中世山城

吉田郡山城は建武3年（1336）、**毛利時親**（ときちか）が築いたとされている。その後、毛利元就の代に拡大強化され、元就の孫・輝元によって広島城が築城されるまで、毛利氏代々の本城として引き継がれた。

標高400mの郡山山頂を本丸とし、山全域に270もの曲輪を配置。現在も一部の**石垣**や**井戸の跡**が残る。往時には元就が山頂の本丸に居住し、有力家臣が城内に屋敷を構えたとされ、典型的な拠点城郭としての役目を担っていた。

釣井の壇の井戸

江戸期に破壊された石垣の跡

広島城（ひろしまじょう）

広島県

天正17年（1589）築

城番号 851

参照頁▶P356

堀越しに見た広島城。往時は天守を2基連ねた連結式天守で、現在のものとは少し趣が異なる。

史跡区分 国指定史跡

聚楽第を手本にした中国地方屈指の名城

毛利輝元（てるもと）の居城であった吉田郡山城は、戦国末期には時代遅れの城となっていた。天正16年（1588）、聚楽第（じゅらくだい）で豊臣秀吉に謁見しそれを痛感した輝元は、翌年から**広島城**の築城を開始する。

瀬戸内への進出を睨み、広島湾からほど近い**太田川**河口に広がる**デルタ平野**に築城を開始したが、地盤の弱いデルタに城を築くのは容易ではなく、完成までに10年を要した。なお、縄張は聚楽第を手本としている。

「関ヶ原の戦い」後に輝元が転封となると、**福島正則**（まさのり）が入城。城下町を整備し支配を固めるが、石垣を無断で改築した罪を問われ改易となる。代わって**浅野氏**が入り、幕末まで世襲された。

明治以降も望楼型の五重五階天守が残されていたが、昭和20年（1945）に原爆によって倒壊。13年後に再建された。ほかにも**二の丸表御門・平櫓**（ひら）**・多聞櫓**（たもん）**・太鼓櫓**（たいこ）などが再建されている。

復元された二の丸表御門・平櫓・多聞櫓

豆知識　石垣の無断改築で改易となった福島正則だが、太田川が氾濫し、城内まで浸水したためにやむなく改築を行ったといわれている。さらに改易という重い沙汰には、幕府の豊臣恩顧の大名排除の思惑があったという。

宇和島城（うわじまじょう）

愛媛県

慶長元年（1596）築

城番号 733
参照頁▶P332

史跡区分 国指定史跡 重要文化財1件

五角形の城郭が敵を惑わす藤堂高虎のトリック城

築城年代は不明だが、慶長元年（1596）、**板島丸串城**（いたじまるくしじょう）と呼ばれた城に**藤堂高虎**が入り、近世城郭へと改築を開始。6年で「高虎らしい」城が完成する。

本丸を中心に二の丸が囲み、長門丸が連なる。包括型と連結型を併用した縄張は珍しいものではないが、不均等な五角形をした城の外郭は**宇和島城**独特のもの。敵に囲まれた際、四角形と誤認させ、四方を囲ませる間に残る一方から血路を開く意図があったという。また現在は埋め立てられたが、城の北側と西側が海に面した海城であり、非常に堅牢に築かれていた。

高虎が転封後は伊達政宗の長男・**秀宗**（ひでむね）が入城。2代・**宗利**（むねとし）が大改修を行った。このとき三重三層の望楼型天守を、現在の**層塔型天守**に改めたとされる。

城跡に、現存する**薬医門**として最大級の上り立ち門、家老・桑折家より移築された**長屋門**が残る。また弘化2年（1845）に武器庫として三の丸に建てられた旧山里倉庫も移築され、現在は展示施設となっている。

現存天守。小ぶりながらも、千鳥破風や唐破風などの装飾が施されている。

◇◇◇

米子城（よなごじょう）

鳥取県

応仁～文明年間（1467~87）築

城番号 789
参照頁▶P343

史跡区分 国指定史跡

明治まで姿を残した山陰支配の拠点

東出雲・隠岐・西伯耆を支配した武将・吉川広家（きっかわひろいえ）が城主を務めた海城、**米子城**。戦国時代に改築を重ねたことにより、**四層五階の天守**と**四重櫓**と呼ばれる小天守が建てられ、**本丸に二つ天守が並ぶ**珍しい**近世城郭**だ。

江戸時代には米子藩の藩庁が置かれ、一国一城令後も支城として残される。明治に入り城としての機能を失った後は、古物商である山本新助に買い取られ、解体された。

現在、「**湊山公園**」の敷地内には当時の状態のままの石垣が残る。市街地や日本海を見渡す絶景スポットとしても人気。

本丸から日本海の夕焼けを望む

大天守台（右）と副天守台（左）

津和野城

島根県

永仁3年（1295）築

城番号 808
参照頁 P347

史跡区分　国指定史跡

山中に今も連なる石垣が往時の山城の姿を伝える

鎌倉時代中期、2度に渡る元寇を受け、幕府は海岸警備を強化すべく能登の豪族・**吉見頼行**を石見国に派遣。頼行は着任後、小規模な曲輪が連なる本格的な**山城**・三本松城を築いた。

「関ヶ原の戦い」後に**坂崎直盛**が入り、三重天守と累々と続く石垣を備えた近世城郭へ大改築、**津和野城**と改める。城下町も整備され、直盛の代で津和野藩の礎が形作られた。

坂崎氏の断絶後は**亀井氏**が入封し、明治に入るまで代々の居城となる。

現在でも**本丸**、**二の丸**、**三の丸**と**石垣**が残り、典型的な山城の姿が見られる。

人質郭の高石垣

人物　千姫事件でお家断絶

坂崎直盛は徳川家康の孫・千姫の大坂城脱出を助けた功労者。しかし、これを理由に千姫を妻に所望したが認められず、それどころか本多忠刻と千姫の結婚を妨害しようとして殺害された。これが有名な「千姫事件」である。

岩国城

山口県

慶長6年（1601）築

城番号 832
参照頁 P352

史跡区分　特になし

7年を費やし築城するも7年後には廃城となる

岩国城は「関ヶ原の戦い」後に岩国へ転封となった、**吉川広家**によって築かれた。標高200mの横山にあり、山城から平山城への転換期であった当時には珍しい、新築の山城である。

横山は東・西・北の三方を**錦川**が流れる天険の要害で、まず山麓に居館となる**御土居**が、その後山頂に城が築城される。途中、江戸城などの普請に駆り出され、工事は中断を余儀なくされるが、着工から7年で見事な石垣が張り巡らされた城郭が完成した。本丸には「**南蛮造（唐造）**」と呼ばれる、いびつな形の天守が鎮座。5基の櫓と、3基の城門が備えられた。しかし完成から7年後、一国一城令により廃城。天守、櫓はもちろん、石垣の大半が破壊された。

現在山頂にそびえる天守は、昭和37年（1962）に再建されたもので、**錦帯橋からの眺望**を考え、往時の場所より南側に築かれている。また、発掘された天守台の一部を基に天守台石垣も復元されている。

日本三大奇橋に数えられる錦帯橋。橋超しに天守を見る。

徳島城の下乗橋（枡形虎口）

四国地方の城

徳島県

阿波細川氏の勢力が強かったエリアだが、家臣の三好義賢が反逆し、阿波を手中に収めた。細川氏と三好氏は以後も争うが、それが長宗我部元親の介入を呼び、天正13年の長宗我部氏による四国制覇につながった。

徳島城弓櫓の石垣

696 ▶P309 徳島城

史跡

あ築城年：天正14年(1586)　築城者：蜂須賀家政
特徴：もともとあった細川氏の支城を天正10年(1582)に長宗我部元親が落城。元親は天正13年(1585)に羽柴秀吉に城を奪われる。秀吉家臣の蜂須賀家政が城主になり、大規模な修築を施した。庭園が国の名勝に指定されている。
所在地：徳島市徳島町城内
公共交通：JR高徳線・徳島駅より徒歩約10分
車：徳島道・徳島ICから城跡の徳島中央公園東側駐車場まで約10分

東山城の堀切

697 東山城 ひがしやまじょう

築城年：南北朝時代　築城者：不明
特徴：立地や構造から、山岳武士の城だったと思われる。天正5年（1577）に大西氏が城に籠って長宗我部元親と戦ったという記録が残る。遺構として、堀切や空堀などが残っている。
所在地：三好郡東みよし町
公共交通：JR土讃線・箸蔵駅から徒歩約40分
車：徳島道・井川池田ICから駐車場まで約20分

698 岩倉城 いわくらじょう

築城年：鎌倉時代　築城者：小笠原長房
特徴：小笠原長房が築いた城を、末裔の三好康長が永禄年間（1558～1570）に修築して利用。大軍を率いた長宗我部元親により陥落した。遺構は大きく失われており、本丸跡とみられる場所のみが残る。
所在地：美馬市脇町
公共交通：JR徳島線・穴吹駅より徒歩約65分
車：徳島道・脇町ICから約15分

699 重清城 しげきよじょう

築城年：暦応2年（1339）　築城者：小笠原長親（ながちか）
特徴：初代城主・小笠原長親は阿波国守護の子孫。戦国期に長宗我部元親が攻め、和睦交渉中に城主・小笠原長政を殺して城を奪った。土塁と堀が良好に残っており、本丸跡には小笠原神社がある。
所在地：美馬市美馬町
公共交通：JR徳島線・阿波半田駅より徒歩約40分
車：徳島道・美馬ICから約15分。駐車場なし

一宮城本丸虎口の石垣

700 一宮城 いちのみやじょう

史跡

築城年：暦応元年(1338)　築城者：小笠原長宗
特徴：三方を山に囲まれ、阿波一の堅城とも称された。長宗我部氏が攻略後、羽柴秀吉が攻め落とし、蜂須賀家政が入った。
所在地：徳島市一宮町
公共交通：JR徳島駅よりバス「一の宮札所前」下車、徒歩すぐ
車：徳島道・徳島ICから約30分。一宮神社に駐車可能。登城口から本丸まで徒歩約30分

701 白地城 はくちじょう

築城年：建武2年(1335)　築城者：近藤京帝
特徴：近藤京帝が築いて、大西氏を名乗った。四国の中央部に位置し、川や谷に守られた難攻不落の堅城。現在は土塁や切岸がわずかに残るのみ。白地大西城とも呼ばれる。
所在地：三好市池田町
公共交通：JR土讃線・阿波池田駅よりバス
車：徳島道・井川池田ICから約10分。駐車場なし

702 撫養城 むやじょう

築城年：天正13年(1585)　築城者：益田正忠
特徴：蜂須賀家政の家臣・益田正忠が築城。かつては小笠原氏の居城だったという説もある。寛永15年(1638)に廃城。岡崎城とも。
所在地：鳴門市撫養町
公共交通：JR鳴門線・鳴門駅より徒歩約25分
車：神戸淡路鳴門道・鳴門ICから約15分。妙見山公園駐車場を利用

703 日和佐城 ひわさじょう

築城年：室町時代　築城者：日和佐氏
特徴：薬王寺そばの丘に位置。日和佐氏が築き、後に長宗我部氏の城になった。昭和53年(1978)に天守を模した野外活動施設が完成。遺構はほとんど残っていない。
所在地：海部郡美波町
公共交通：JR牟岐線・日和佐駅より徒歩約20分
車：日和佐道路・由岐ICから約15分で駐車場

704 海部城 かいふじょう

築城年：元亀元年(1570)　築城者：海部友光
特徴：天正5年(1577)に長宗我部元親が攻略。しかし豊臣秀吉の四国征伐により元親は土佐に移った。曲輪や土塁、石垣、竪堀などが残る。
所在地：海部郡海陽町
公共交通：JR牟岐線・海部駅より徒歩約15分。鞆浦漁協付近に登城口あり
車：日和佐道路・由岐ICから約40分

705 牛岐城 うしきじょう

築城年：不明　築城者：新開氏
特徴：城主の新開氏は細川氏の家臣。14世紀頃の築城と思われる。天正13年(1585)以降は蜂須賀家政の支配下に入った。別名は富岡城。
所在地：阿南市富岡町
公共交通：JR牟岐線・阿南駅より徒歩約10分
車：徳島道・徳島ICから約60分。牛岐城址公園または阿南市役所の駐車場を利用

706 大西城 おおにしじょう

築城年：承久3年(1221)
築城者：小笠原長清・長経
特徴：小笠原長清が阿波守護に任じられ、息子の長経が守護代として阿波に城を築いた。後に蜂須賀氏の支城になる。池田城とも呼ばれる。
所在地：三好市池田町ウエノ
公共交通：JR土讃線・阿波池田駅より徒歩約10分
車：徳島道・井川池田ICから約10分。駐車場なし

一部だけ残された大西城石垣

撫養城の模擬天守

桜の名所である川島城（模擬天守）

707 川島城 かわしまじょう

築城年：元亀3年（1572）　築城者：川島惟忠
特徴：篠原長房との戦いで活躍した川島惟忠による築城。天正13年（1585）には蜂須賀家政の家臣・林能勝が改修して城主を務めた。
所在地：吉野川市川島町　公共交通：JR徳島線・阿波川島駅より徒歩約10分　車：徳島道・土成ICから川島公園駐車場まで約15分

708 平島館 ひらじまやかた

築城年：天文3年（1534）　築城者：足利義維
特徴：藤原清兼が築いた平島塁を足利義維が改修した。文化3年（1806）に玄関と書院が小松島市地蔵寺に移された。現在は民俗資料館が建ち、土塁の一部が残っている。阿波公方館とも。
所在地：阿南市那賀川町
公共交通：JR牟岐線・西原駅より徒歩約15分
車：徳島南部道・徳島津田ICから約35分

709 上桜城 うえざくらじょう

史跡

築城年：戦国末期　築城者：篠原長房
特徴：三好義賢に仕え、知将として知られた篠原長房の城。元亀3年（1572）に落城し、城主・長房も死亡。現在は公園となり、慰霊碑がある。
所在地：吉野川市川島町
公共交通：JR徳島線・阿波川島駅より徒歩約40分
車：徳島道・土成ICから約20分／高松道・白鳥大内ICから約40分。駐車場なし

710 西条城 さいじょうじょう

築城年：貞和2年（1346）　築城者：森春之
特徴：東城と西城をあわせて西条城と呼ぶ。最初に秋月城の支城として東城が築かれ、戦国期に西城が加わった。東城は別名・戎城。現在は城址碑と祠が残るのみで、遺構はない。
所在地：阿波市吉野町
公共交通：JR高徳線・徳島駅よりバス
車：徳島道・土成ICから約10分

711 秋月城 あきづきじょう

築城年：建武3年（1336）　築城者：細川和氏
特徴：細川和氏が阿讃山地の山裾に築き、守護所を置いた。三代目城主の詮春が本拠を勝瑞城に移したが、その後も一族が城に住んだ。
所在地：阿波市土成町
公共交通：JR徳島線・阿波川島駅より徒歩約70分
車：徳島道・土成ICから約10分。城址碑そばの駐車スペースまたは秋月歴史公園駐車場を利用

712 木津城 きづじょう

築城年：永禄年間（1558～1570）　築城者：篠原自遁
特徴：天正10年（1582）の長宗我部元親の侵攻に対し、城主・篠原自遁は逃走。元親は東条関之兵衛を置いて城を守らせた。現在、西側は城山公園として整備され、東側には竪堀などの遺構が残る。
所在地：鳴門市撫養町
公共交通：JR鳴門線・教会前駅より徒歩約5分
車：神戸淡路鳴門道・鳴門ICから約5分

713 勝瑞城 しょうずいじょう

史跡

築城年：建武4年（1337）　築城者：細川詮春
特徴：「天下の勝瑞」とも称された阿波の守護所。約250年の間、四国地方における政治・文化の中心地だった。天正10年（1582）に長宗我部元親により落城。本丸跡には三好氏の菩提寺である見性寺が建つ。館跡は史跡公園として整備されている。
所在地：板野郡藍住町勝瑞
公共交通：JR高徳線・勝瑞駅より徒歩約10分
車：高松道・板野ICから約15分／徳島道・松茂スマートICから約10分。駐車場あり

勝瑞城の区画溝

香川県（かがわけん）

室町時代に讃岐守護に任じられた細川氏の支配下にあった。ただ、守護代として東部を治めた安富氏、西部を治めた香川氏など、同地ゆかりの勢力も力を蓄え、やがて応仁の乱を経て割拠の時代に入る。

729 星ヶ城
小豆島
436
716 屋嶋城
714 高松城
高松築港
高松
八栗
房前
栗林
屋島
721 喜岡城
志度
造田
讃岐津田
193
高田
仏生山
白山
高徳線
719 雨滝城
723 十河城
農学部前
長尾
丹生
三本松
讃岐白鳥
11
715 引田城
718 虎丸城
引田
高松自動車道
377

高松城の月見櫓・渡櫓・水手御門

714 高松城（たかまつじょう）

▶P310

重文 史跡

築城年：天正16年（1588）　築城者：生駒親正（いこまちかまさ）

特徴：羽柴秀吉の四国平定に伴い、讃岐に入った生駒親正が居城として築いた。生駒氏の後は松平頼重（よりしげ）が入り、拡張工事を行う。三重の天守があったが明治に入って破却された。玉藻（たまも）城とも。

所在地：高松市玉藻町

公共交通：JR高松駅より徒歩約5分／ことでん・高松築港駅より徒歩すぐ

車：高松道・高松中央ICから城跡の玉藻公園駐車場まで約20分。天守台まで徒歩約5分

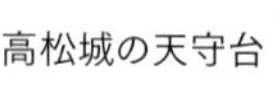
高松城の天守台

引田城北二の丸の石垣

引田城から瀬戸内海を望む

715 引田(ひけた)城(じょう)

史跡

築城年：不明　築城者：不明
特徴：徳島県との県境近くに位置。創建年代は不明で、天智天皇時代の城とする説も。四宮右近(しのみやうこん)、仙石秀久(せんごくひでひさ)、生駒親正などが城主になった。
所在地：東かがわ市引田
公共交通：JR高徳線・引田駅より徒歩約20分
車：高松道・引田ICから城跡駐車場まで約10分。Pそばの登山口から本丸まで徒歩約20分

国宝 国宝　重文 重要文化財(国)　重文 重要文化財(県)
史跡 国指定史跡　史跡 県指定史跡

地域別
四国・中国地方の城

716 屋嶋(やしま)城(のき)

築城年：天智天皇6年(667)　築城者：朝廷
特徴：現在は自然保護地区である屋島半島に位置。大和朝廷によって築かれた城砦で、源平合戦の舞台として有名。
所在地：高松市屋島東町
公共交通：JR屋島駅より徒歩約40分／シャトルバスで屋島山上
車：高松道・高松中央ICから山上の駐車場まで約20分。駐車場から石垣まで徒歩約15分

屋嶋城の石垣

717 天霧城 あまぎりじょう

史跡

築城年：貞治年間(1362～1368)　築城者：香川氏
特徴：天正6年(1578)に長宗我部元親が攻め落とす。その後、羽柴秀吉の四国平定により開城し、廃された。雨霧城の別名もある。
所在地：仲多度郡多度津町・善通寺市吉原町・三豊市三野町　公共交通：JR善通寺駅より徒歩約50分
車：高松道・善通寺ICから約25分。弥谷寺駐車場を利用。本丸まで徒歩約90分

718 虎丸城 とらまるじょう

築城年：不明　築城者：不明
特徴：細川氏家臣・寒川氏の築城という説が有力。峻険な地に築かれた堅牢な山城だが、天正12年(1584)に長宗我部元親が攻略した。
所在地：東かがわ市与田山
公共交通：JR高徳線・三本松駅より徒歩約60分
車：高松道・白鳥大内ICからとらまる公園駐車場まで約10分

719 雨滝城 あまたきじょう

築城年：長禄年間(1457～1560)　築城者：安富盛長
特徴：寒川町・大川町・津田町にまたがる雨滝山に位置する。城主の安富氏は細川四天王のひとりで、応仁の乱などで功績を残している。
所在地：さぬき市大川町
公共交通：JR高徳線・讃岐津田駅より徒歩約50分
車：高松道・津田東ICから約15分。雨滝森林浴公園の駐車場を利用

720 勝賀城 かつがじょう

築城年：承久年間(1219～1222)　築城者：香西資村
特徴：香西氏はこの城を拠点に勢力を拡大し、讃岐屈指の国人領主になる。天正13年(1585)の羽柴秀吉の四国平定により開城した。土塁や石積みなどの遺構が良好に残る。
所在地：高松市鬼無町・中山町
公共交通：JR予讃線・鬼無駅より徒歩約15分
車：高松道・高松檀紙ICから約10分。登城口前の駐車スペースを利用

勝賀城の土塁跡

721 喜岡城 きおかじょう

築城年：建武2年(1335)　築城者：高松頼重
特徴：舟木頼重が築き、高松氏に改称。玉藻町に高松城ができる前は、高松城といえばこの城を指した。本丸跡に喜岡寺と権現寺が建つ。
所在地：高松市高松町
公共交通：JR高徳線・屋島駅／ことでん志度線・古高松駅より徒歩約10分
車：高松道・高松東ICから約10分

由佐城の模擬天守

722 由佐城 ゆさじょう

築城年：不明　築城者：由佐秀助
特徴：東西を川と沼に守られた要害の地にあり、難攻不落の城と称された。長宗我部元親も攻め落とすことができず、和議を提案している。
所在地：香川郡香南町
公共交通：JR予讃本線・高松駅よりバス
車：高松道・高松西ICから約10分。香南歴史民俗郷土館駐車場を利用

723 十河城 そごうじょう

築城年：南北朝時代　築城者：不明
特徴：十河氏の居城。城主の十河存保は鬼十河の異名を持つ豪傑で、長宗我部元親に敗れて城を失うが、後に城主の座を取り戻した。
所在地：高松市十川東町
公共交通：ことでん・農学部前駅より徒歩約40分
車：高松道・高松東ICから約15分。称念寺の参拝者用駐車場を利用

724 笠島城 かさしまじょう

史跡

築城年：承元年間(1207～1211)　築城者：高階保遠
特徴：塩飽諸島の本島に位置し、瀬戸内海における海上防衛および海上交通の要所。塩飽水軍の本拠地であり、別名を本島城。平地居館の形態を丘陵状に作った館城で、水軍の城跡としては珍しい。
所在地：丸亀市本島町
公共交通：本島汽船・本島港より徒歩約30分
車：本島汽船・本島港から約5分

728 詫間城 たくまじょう

築城年：不明　築城者：不明
特徴：城山と呼ばれる丘に築かれ、詫間氏が居城とした。後に、細川氏とともに甲斐国からこの地に移ってきた山地氏が城主になった。大部分が削られており、残存部分には矢竹が密生している。
所在地：三豊市詫間町
公共交通：JR予讃本線・詫間駅より徒歩約45分
車：高松道・三豊鳥坂ICから約15分

729 星ヶ城 ほしがじょう

史跡

築城年：延元4年(1339)　築城者：佐々木信胤
特徴：南朝方の武将として挙兵した佐々木信胤が築城。眺望のよい星ヶ城山に位置する。貞和3年(1347)に細川氏に攻められて落城。
所在地：小豆郡小豆島町
公共交通：寒霞渓ロープウェー・山頂駅より徒歩約20分　車：内海フェリー・草壁港から駐車場まで約20分。駐車場から徒歩約10分

730 丸亀城 まるがめじょう

▶P312

重文　史跡

築城年：慶長2年(1597)　築城者：生駒親正
特徴：標高66mの亀山の山すそから頂上まで、四層に重ねられた石垣の高さは日本一。扇の勾配と呼ばれる石垣の描く曲線が美しい。頂上には江戸時代に建てられた三重の天守が現存している。亀山城とも呼ばれる。
所在地：丸亀市一番丁
公共交通：JR予讃線・丸亀駅より徒歩約10分
車：高松道・坂出ICから車で約20分。丸亀城駐車場を利用。駐車場から天守まで徒歩約20分

丸亀城の現存天守

城山城水門跡の石垣

725 城山城 きやまじょう

史跡

築城年：7世紀　築城者：不明
特徴：天智2年(672)に白江村の戦いの後、唐・新羅連合軍の攻撃に備えるべく築かれた古代の山城。現在はゴルフ場になっている。
所在地：坂出市西庄町
公共交通：JR予讃本線・鴨川駅より車で約15分
車：高松道・府中湖スマートICから約20分。城山山頂に駐車場あり

726 多度津陣屋 たどつじんや

築城年：文政10年(1827)　築城者：京極高賢
特徴：多度津藩四代目藩主の京極高賢が築く。以降、藩籍奉還まで多度津藩の政庁になった。多度津町立資料館で陣屋の模型が見られる。現在は屋敷跡がわずかに残るのみで、蓮堀跡に石碑が建つ。
所在地：仲多度郡多度津町
公共交通：JR予讃本線・多度津駅より徒歩約10分
車：高松道・善通寺ICから約10分

727 聖通寺城 しょうつうじじょう

築城年：応仁年間(1467～1469)　築城者：奈良元安
特徴：細川氏の家臣・奈良氏による築城。天正10年(1582)に長宗我部元親に落とされ、後に羽柴秀吉の支配下に置かれた。宇多津城とも。
所在地：綾歌郡宇多津町
公共交通：JR予讃本線・坂出駅より徒歩約50分
車：高松道・坂出ICから約20分。常盤公園(聖通山公園)の駐車場を利用

聖通寺城遠望

湯築城の復元した武家屋敷

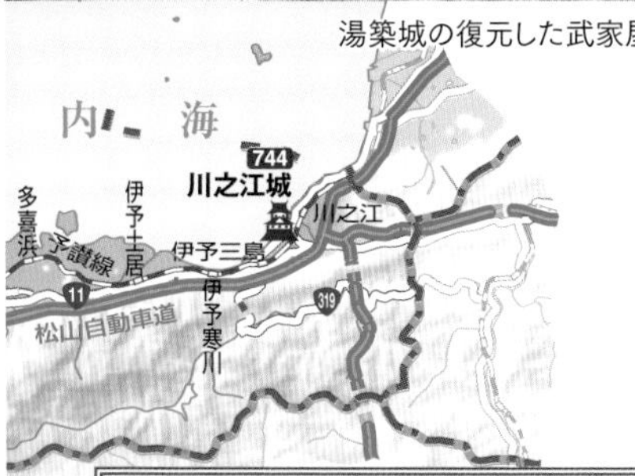

四国地方の城

愛媛県

源平合戦で源頼朝に味方した河野氏が、伊予で一大勢力を築き、室町時代には守護を務める。応仁の乱以降は、周防の大内氏、豊後の大友氏が接近し、毛利氏も争乱に絡んでくるが、最終的には土佐の長宗我部元親によって制圧された。

732 湯築城 ゆづきじょう

史跡

築城年：建武3年(1336)　築城者：河野通盛

特徴：伊予の国人領主・河野氏の本拠。天正13年(1585)に小早川氏により落城。現在は資料館や土塁の展示施設などを備える公園。湯月城とも。

所在地：松山市道後公園

公共交通：伊予鉄道・道後公園駅より徒歩すぐ

車：松山道・松山ICから約20分。城跡そばの道後公園駐車場を利用

733 宇和島城

▶P322

重文　史跡

築城年：慶長元年(1596)　築城者：藤堂高虎

特徴：橘遠保が、藤原純友の乱を平定するための本拠にした。戦国時代に西園寺氏の居城になる。文禄4年(1595)には藤堂高虎が入って改修を施し、本格的な城郭へと発展させた。板島城、丸串城とも呼ばれた。

所在地：宇和島市丸之内

公共交通：JR予讃線・宇和島駅より徒歩約10分

車：宇和島道・宇和島朝日ICから約5分。周辺の有料Pを利用。登山口から天守まで徒歩約15分

宇和島城の現存天守

松山城の現存天守

731 松山城

▶P306

重文　史跡

築城年：慶長7年(1602)　築城者：加藤嘉明

特徴：20万石大名になった加藤嘉明が築城をはじめるが完成前に移封。蒲生忠知が引き継いで竣工した。後に松平氏の城になる。櫓や門など21の建造物が国の重文に指定されている。別名・勝山城。

所在地：松山市丸之内

公共交通：伊予鉄道・大街道駅より徒歩約5分でロープウェイ乗り場

車：松山道・松山ICから約20分。登山の場合は二之丸駐車場を利用

国宝 国宝　重文 重要文化財(国)　重文 重要文化財(県)

史跡 国指定史跡　史跡 県指定史跡

735 能島城 のしまじょう

史跡

築城年：応永26年(1419)　築城者：村上雅房
特徴：能島村上氏の本拠。船を縄でつなぎとめるための柱を立てる穴(ピット)が多数残る。現在は無人島。
所在地：今治市宮窪町能島
公共交通：JR予讃線・今治駅よりバス
車：しまなみ海道・大島北ICから村上海賊ミュージアムまで約5分。博物館前から潮流体験の船で見学可能(要予約、最少催行人員あり)

能島城の空撮

甘崎城のあった古城島

736 来島城 くるしまじょう

築城年：南北朝時代　築城者：村上吉房
特徴：海上の難所として知られる来島海峡に位置。三島水軍の来島村上氏が居城にした。慶長の役で城主・通総が死亡し廃城。
所在地：今治市波止浜
公共交通：JR波止浜駅より徒歩約20分で波止浜港
車：しまなみ海道・今治北ICから約10分。波止浜観光休憩所駐車場を利用。波止浜港から定期船で約5分

734 甘崎城 あまさきじょう

史跡

築城年：天智天皇10年(671)　築城者：越智氏
特徴：白村江の戦い後、唐・新羅連合軍への対抗拠点として築城。水軍の城としては日本最古。後に来島村上氏が本拠にした。天崎城とも。
所在地：今治市上浦町甘崎
公共交通：JR今治駅よりバス「大三島BS」下車、徒歩約5分
車：しまなみ海道・大三島ICから約5分。駐車スペースあり

大洲城の木造復元天守

737 大洲城（おおずじょう）

►P313

重文 史跡

築城年：元弘元年(1331)　築城者：宇都宮豊房
特徴：伊予守護・宇都宮氏が統治の拠点として築城。文禄4年(1595)に藤堂高虎が入って改修。元和3年(1617)以降は加藤氏が城主を務めた。
所在地：大洲市大洲
公共交通：JR予讃線・伊予大洲駅より徒歩約25分
車：松山道・大洲ICから約10分。市民会館の有料駐車場または観光駐車場を利用

738 三滝城（みたきじょう）

築城年：永享年間(1429～1441)　築城者：紀実次
特徴：西園寺十五将のひとりに数えられる紀氏の本拠。築城者・実次は紀貫之の子孫。天正11年(1583)に長宗我部氏により落城。
所在地：西予市城川町窪野
公共交通：JR予讃線・卯之町駅より車で約60分
車：松山道・大洲富士ICから約60分。三滝神社駐車場を利用

739 松葉城（まつばじょう）

築城年：鎌倉時代　築城者：不明
特徴：かつては岩瀬城と呼ばれていた。舞い落ちた松の葉が杯に入り、それを吉兆と捉えた城主が城の名を変えたという伝承がある。
所在地：西予市宇和町下松葉
公共交通：JR予讃線・卯之町駅よりバス
車：松山道・西予宇和ICから宇和米博物館駐車場まで約10分。登山口から城跡まで徒歩約50分

河後森城の復元された武家屋敷

740 河後森城（かごもりじょう）

史跡

築城年：建久7年(1196)　築城者：渡辺連
特徴：県内屈指の規模を誇る山城。藤堂高虎が城主のときに、天守が宇和島の月見櫓として移築されたという。皮籠森城の表記もある。
所在地：北宇和郡松野町松丸
公共交通：JR松丸駅より徒歩約15分で永昌寺口
車：松山道・三間ICから約30分。風呂ヶ谷口に駐車場あり。本郭まで徒歩約15分

741 鷺森城（さぎもりじょう）

築城年：応永年間(1394～1427)
築城者：桑原通興
特徴：伊予守護・河野通之の命で桑原通興が築城。天正13年(1585)、大軍を率いた小早川隆景が城兵を皆殺しにし攻略した。　所在地：西条市壬生川
公共交通：JR予讃線・壬生川駅より徒歩約15分
車：今治小松道・東予丹原ICから約10分。鷺森神社境内の駐車スペースを利用

742 黒瀬城（くろせじょう）

築城年：天文15年(1546)　築城者：西園寺実充
特徴：名門・西園寺氏が松葉城から移って本拠にした。天正12年(1584)に城主・公広の降伏により、長宗我部氏の支配下に入った。
所在地：西予市宇和町卯之町
公共交通：JR予讃線・卯之町駅より徒歩約5分
車：松山道・西予宇和ICから約5分。宇和運動公園駐車場を利用

743 恵良城（えりょうじょう）

史跡

築城年：平安末期　築城者：河野通清
特徴：源頼朝に応じる形で河野氏が旗揚げ。峻険な岩山に城を築いた。戦国期には得居氏が居城として利用。関ヶ原の戦いの後に廃された。
所在地：松山市上難波
公共交通：JR予讃線・伊予北条駅より徒歩約60分
車：松山道・松山ICから約45分。登城口付近の駐車スペースを利用

744 川之江城 かわのえじょう

築城年：暦応元年(1338)　築城者：河野通政(みちまさ)
特徴：築城の際、山頂にあった仏殿を城に取り込んだという伝承から仏殿城の別名がある。現在は公園となり、復元された天守がある。
所在地：四国中央市川之江町
公共交通：JR予讃線・川之江駅より徒歩約15分
車：松山道・三島川之江ICから川之江城駐車場まで約15分

745 大森城 おおもりじょう

築城年：不明　築城者：不明
特徴：西園寺十五将の土居清良が戦国末期に城主になり、土佐一条氏や長宗我部氏の攻撃から城を守った。城跡には清良神社が建つ。遺構として、曲輪や石積みなどが残っている。
所在地：宇和島市三間町
公共交通：JR予土線・二名駅より徒歩約15分
車：松山道・三間ICから約15分。駐車場なし

746 西条藩陣屋 さいじょうはんじんや

築城年：寛永13年(1636)　築城者：一柳直重
特徴：一柳直盛の子・直重が築いた西条藩の本拠。現在、城跡には西条高校が建ち、大手門が高校の正門として残る。　所在地：西条市明屋敷
公共交通：JR予讃線・伊予西条駅より徒歩約20分
車：松山道・いよ西条ICから約15分。大手門脇土塁前の駐車スペースまたは西条郷土博物館／五百亀記念館の駐車場を利用

747 吉田藩陣屋 よしだはんじんや

築城年：万治元年(1658)　築城者：伊達宗純(むねずみ)
特徴：宇和島藩初代藩主伊達秀宗の子・宗純が3万石を分与されて居館を築いた。現在、跡地には陣屋を模した図書館が建っている。遺構としては井戸と戸平門跡の石組みが残るのみ。
所在地：宇和島市吉田町
公共交通：JR予讃線・伊予吉田駅より徒歩約20分
車：松山道・西予宇和ICから約10分

748 新谷藩陣屋 にいやはんじんや　重文

築城年：元和9年(1623)　築城者：加藤直泰
特徴：新谷藩の在所。現在は跡地に小学校が建つ。当時の面影はないが麟鳳閣(りんぽうかく)と呼ばれる謁見所が残り、県の重要文化財に指定されている。また付近には金蔵が移築され現存している。
所在地：大洲市新谷町
公共交通：JR内子線・新谷駅より徒歩約10分
車：松山道・大洲ICから約10分

749 港山城 みなとやまじょう

築城年：南北朝時代　築城者：河野通盛
特徴：湯築城城主・河野通盛が浜辺の守りを固めるべく築城。天正13年(1585)に小早川隆景に攻め落とされ、その後は廃された。3つの曲輪、石積み、井戸跡などが遺構として残る。
所在地：松山市港山
公共交通：伊予鉄道・港山駅より徒歩約5分
車：松山道・松山ICから約25分

750 荏原城 えばらじょう　史跡

築城年：不明　築城者：不明
特徴：河野十八将のひとりに数えられる平岡氏の本拠。天正13年(1585)に小早川隆景により河野氏の湯築城が陥落した後、廃城になった。
所在地：松山市恵原町
公共交通：伊予鉄道・松山市駅よりバス「恵原」下車、徒歩約5分
車：松山道・松山ICから約20分。土塁内に駐車可

751 今治城 いまばりじょう　史跡

▸P311

築城年：慶長7年(1602)　築城者：藤堂高虎
特徴：来島海峡に面し、海水を利用した三重の水堀を備える。明治元年に取り壊されたが、天守や櫓が復元された。吹揚城の別名がある。
所在地：今治市通町
公共交通：JR予讃線・今治駅よりバス
車：しまなみ海道・今治北ICから今治城駐車場まで約15分

今治城の復興天守と
藤堂高虎銅像

高知城の追手門

高知県

鎌倉時代に地頭を任じられた長宗我部氏が、戦国の世になって一条氏、香宗我部氏、本山氏、吉良氏、大平氏、津野氏などと競い合った。長宗我部元親の代に土佐を統一し、四国制覇の偉業に乗り出す。

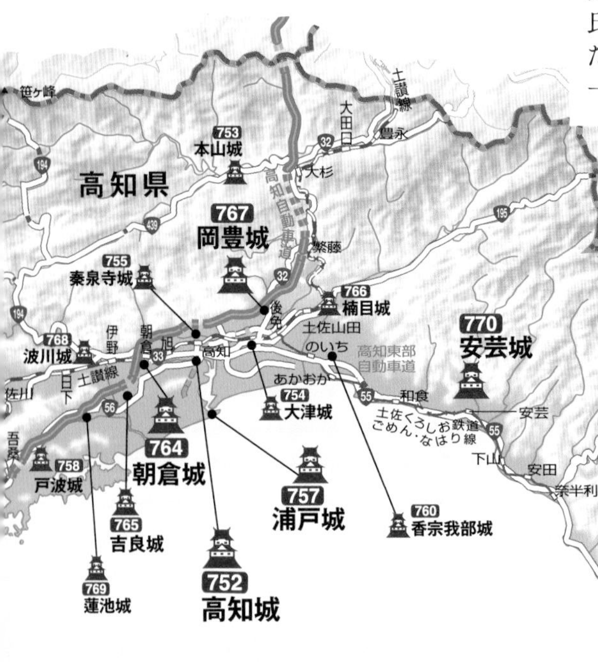

752 高知城

►P314

重文 史跡

築城年：慶長6年(1601)　築城者：山内一豊

特徴：関ヶ原の戦いで武功を立てた山内一豊が築城。二代目城主の忠義が工事を引き次いで完成させた。山内氏以前に長宗我部元親がこの地に城を築こうとしたが、水害を解決できず、諦めている。

所在地：高知市丸ノ内

公共交通：JR高知駅よりバス「高知城前」下車、徒歩すぐ

車：高知道・高知ICから約15分。高知公園駐車場(有料)などを利用

高知城櫓台の高石垣

753 本山城 もとやまじょう

築城年：不明　築城者：不明
特徴：国人領主・本山氏の居城として知られる。本山茂宗が土佐に移った後、子の茂辰が城主になるが、永禄7年(1564)に長宗我部元親が攻略。詰の段、二の段、三の段など曲輪、堀切が残る。
所在地：長岡郡本山町本山
公共交通：JR土讃線・大杉駅よりバス
車：高知道・大豊ICから約20分

754 大津城 おおつじょう

築城年：不明　築城者：天竺氏
特徴：細川一族・天竺氏の居城。現在は地形が大きく変わっているが、かつては周りを海に囲まれていたという。天竺城とも呼ばれる。
所在地：高知市大津
公共交通：JR土佐大津駅より徒歩約5分／とさでん・清和学園前より徒歩すぐ
車：高知道・高知ICから約10分。駐車場なし

755 秦泉寺城 じんぜんじじょう

築城年：不明　築城者：不明
特徴：長宗我部元親が家臣の中島氏を置く。しかし後に確執が生じ、元親は中島氏を攻め滅ぼした。尾根には堀が幾重にも設けられており、土塁、曲輪、石積みなどの遺構が見られる。
所在地：高知市東秦泉寺
公共交通：JR土讃線・高知駅よりバス
車：高知道・高知ICから約10分

756 和田城 わだじょう

築城年：不明　築城者：和田氏か
特徴：土佐七雄・津野氏の支城。かつては堀切などが残存したが整備され、遺構は現存しない。坂本龍馬など幕末志士ゆかりの地で、躍動感のある銅像群が建つ。
所在地：高岡郡梼原町川西路
公共交通：高知龍馬空港より車で約100分／JR須崎駅よりバスで約80分で梼原町
車：高知道・須崎東ICから約60分。公園駐車場を利用

本山城に残る石積み

和田城の模擬天守と「維新の門」群像

わずかに残る浦戸城の石垣

757 浦戸城 うらどじょう 史跡

築城年：天文年間(1532〜1555)　築城者：本山茂宗
特徴：永禄3年(1560)に長宗我部国親により落城。元親が岡豊城から移り本拠とした。関ヶ原の戦い後、城主交替に伴い浦戸一揆が起こる。
所在地：高知市浦戸
公共交通：JR高知駅よりバス「龍馬記念館前」下車、徒歩すぐ　車：高知道・高知ICから約30分。坂本龍馬記念館駐車場を利用

758 戸波城 へわじょう

築城年：不明　築城者：不明
特徴：見晴らしのよい江良山の頂に位置。津野氏が居城にしていたが、一条氏が攻め落として家臣の福井玄蕃を置いた。別名・井場城。遺構として曲輪、空堀などが残る。
所在地：土佐市本村
公共交通：JR土讃線・朝倉駅よりバス
車：高知道・土佐スマートICから約5分

759 中村城 なかむらじょう

築城年：不明　築城者：不明
特徴：四万十川と後川に挟まれた立地。城跡のいたるところに石垣が残り、三の丸には天守を模した郷土資料館が建つ。為松城とも呼ぶ。
所在地：四万十市中村・丸の内
公共交通：土佐くろしお鉄道・中村駅より徒歩約35分　車：高知道・四万十町中央ICから約60分。為松公園駐車場を利用

760 香宗我部城 こうそかべじょう

築城年：鎌倉時代　築城者：中原秋家
特徴：中原秋家が築き、香宗我部氏を名乗った。以降400年の長きに渡って香宗我部氏代々の本拠となる。構造的には城よりも館に近い。現在わずかに土塁が残るのみで、遺構はほぼない。
住所：香南市野市町
公共交通：土佐くろしお鉄道・のいち駅よりバス
車：高知道・南国ICから約25分。駐車場なし

761 姫野々城 ひめののじょう

築城年：不明　築城者：不明
特徴：姫野々集落の北に位置する津野氏の居城。後方を山、前方を川に守られ、小規模ながら堅牢な山城になっている。別名は半山城。
所在地：高岡郡津野町姫野々
公共交通：JR土讃線・須崎駅よりバス
車：高知道・須崎東ICから約25分。白雲神社駐車場を利用

762 久礼城 くれじょう

築城年：不明　築城者：不明
特徴：大坂川と長沢川に挟まれた城山に位置。鎌倉末期に佐竹氏が築いたと推測される。天守台の役割を果たしたと思われる平坦地が残る。
所在地：高岡郡中土佐町久礼
公共交通：JR土讃線・土佐久礼駅より徒歩約20分
車：高知道・中土佐ICから約5分。役場横の立体駐車場を利用。保育所横に登山口あり

763 宿毛城 すくもじょう

築城年：不明　築城者：不明
特徴：市街地の北東、伊予の国境近くに位置する。松田兵庫、依岡伯耆守が居城とし、天正3年(1575)に長宗我部元親により落城。
住所：宿毛市宿毛
公共交通：土佐くろしお鉄道・東宿毛駅より徒歩約15分　車：中村宿毛道路・平田ICから約15分。松田川河川敷の駐車スペースを利用

764 朝倉城 あさくらじょう 史跡

築城年：大永年間(1521〜1527)　築城者：本山茂宗
特徴：本山城を本拠に長宗我部氏と土佐を二分した本山氏が、南方への進出拠点として築く。永禄5年(1562)に長宗我部元親により落城。遺構として曲輪、土塁、空堀などが残る。
所在地：高知市朝倉
公共交通：JR土讃線・朝倉駅より徒歩約10分
車：高知道・伊野ICから約10分。駐車場なし

朝倉城の堀切

吉良城の堀切

765 吉良城 きらじょう

築城年：不明　築城者：不明
特徴：土佐七雄のひとりに数えられる吉良氏の本拠。城主・吉良宣直が鮎漁に出かけた隙に本山茂宗により攻め落とされた。
所在地：高知市春野町
公共交通：JR朝倉駅よりバス「新川通」下車、徒歩約15分で登山口 車：高知道・土佐ICから登山口まで約15分。駐車場なし。主郭まで徒歩約20分

766 楠目城 くずめじょう

築城年：不明　築城者：不明
特徴：市街地の北にある山に位置。土佐七雄のひとりに数えられる山田氏の居城。山田城とも呼ばれる。遺構として空濠や土塁が残っている。現在、私有地のため立入禁止。
所在地：香美市土佐山田町
公共交通：JR土讃線・土佐山田駅よりバス
車：高知東部道・なんこく南ICから約20分

767 岡豊城 おこうじょう

史跡

築城年：鎌倉時代　築城者：長宗我部氏
特徴：永正6年(1509)に本山茂宗に城を奪われるが、長宗我部国親が本山氏と和解し城に戻った。長宗我部元親出生の城。
所在地：南国市岡豊町八幡
公共交通：JR高知駅よりバス「学校分岐(歴民館入口)」下車、徒歩約15分
車：高知道・南国ICから約10分。高知県立歴史民俗資料館Pを利用。主郭まで徒歩約10分

768 波川城 はかわじょう

築城年：不明　築城者：不明
特徴：波川玄蕃の居城。玄藩は主君である長宗我部元親の怒りを買って滅ぼされた。伝承によれば、その際に城が焼き払われたという。現在も土塁跡がほぼ完全な形で残っている。
所在地：吾川郡いの町
公共交通：JR土讃線・波川駅より徒歩約40分
車：高知道・伊野ICから登城口駐車場まで約30分

769 蓮池城 はすいけじょう

築城年：嘉応2年(1170)　築城者：蓮池家綱
特徴：高岡市街を一望できる丘に位置。蓮池氏の後、大平氏、一条氏、本山氏、吉良氏と頻繁に城主が交替した。山麓に吉良神社が建つ。
所在地：土佐市蓮池
公共交通：JR土讃線・高知駅よりバス
車：高知道・土佐ICからすぐ。城山公園駐車場を利用

770 安芸城 あきじょう

築城年：延慶2年(1309)　築城者：安芸親氏
特徴：東西を川に挟まれた難攻の立地。永禄12年(1569)に長宗我部元親軍に城を取り囲まれ、落城。関ヶ原の戦いの後は山内氏の家臣五藤氏が入り、一国一城令の対象にならぬよう城を改修。名を安芸土居と改めた。
所在地：安芸市土居
公共交通：土佐くろしお鉄道・安芸駅より徒歩約30分　車：高知東部道・芸西西ICから約20分。歴史民俗資料館駐車場を利用

安芸城の虎口

岡豊城遠望

鳥取城の石垣と久松山

中国地方の城

鳥取県

もともと名和長年が因幡、伯耆で力を持っていたが、足利尊氏に倒されると、変わって山名時氏が守護となる。やがて出雲から勢力を拡大してきた尼子氏と戦いを繰り返し、戦国時代には山中鹿介が奮闘する。

771 鳥取城 史跡

▶P315

築城年：天文14年(1545)頃　築城者：山名誠通

特徴：山名氏の後、吉川氏が城主になる。天正9年(1581)に羽柴秀吉により落城。籠城する吉川軍に対する秀吉の厳しい兵糧攻めは「渇殺し」と称された(➡P290)。久松山に位置する。

所在地：鳥取市東町

公共交通：JR山陰本線・鳥取駅より徒歩約30分／循環バス「市立武道館」下車、徒歩すぐ

車：鳥取道・鳥取ICから約10分。県庁北側駐車場、または博物館駐車場を利用

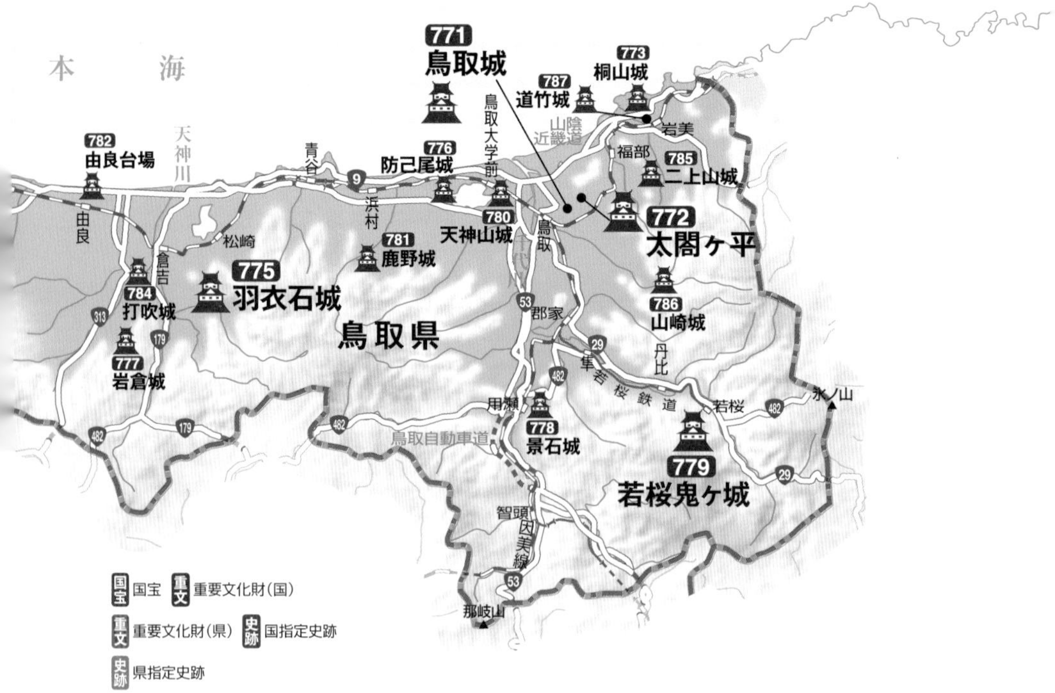

本海
771 鳥取城
773 桐山城
787 道竹城
782 由良台場
776 防己尾城
780 天神山城
781 鹿野城
785 二上山城
772 太閤ヶ平
775 羽衣石城
784 打吹城
777 岩倉城
786 山崎城
778 景石城
779 若桜鬼ヶ城
鳥取県
天神川
青谷
浜村
鳥取大学前
山陰近畿道
岩美
福部
由良
松崎
倉吉
鳥取
千代川
郡家
丹比
若桜鉄道
若桜
氷ノ山
用瀬
鳥取自動車道
智頭
因美線
那岐山

国宝 国宝　重文 重要文化財(国)

重文 重要文化財(県)　史跡 国指定史跡

史跡 県指定史跡

772 太閤ヶ平

史跡

城年：不明　築城者：豊臣秀吉
特徴：御本陣山に築かれた砦。天正９年(1581)、豊臣秀吉がここに本陣を構えて、鳥取城を攻め勝利した。
所在地：鳥取市百合
公共交通：JR鳥取駅より循環バス「樗谿公園・やまびこ館」下車、徒歩約5分で登城口　車：鳥取道・鳥取ICから約10分。歴史博物館駐車場を利用。城跡まで徒歩約40分

太閤ヶ平の横堀と土塁

773 桐山城 きりやまじょう

築城年：14世紀中頃　築城者：不明
特徴：永禄年間(1558〜1573)の頃にはすでに廃されていたが、尼子氏の重臣・山中鹿介が拠点として利用した。別名・木井ノ山城。
所在地：岩美郡岩美町
公共交通：JR山陰本線・岩美駅より徒歩約55分
車：山陰近畿道・浦富ICより約5分。浦富海岸の駐車場を利用

774 江美城 えびじょう

築城年：文明16年(1484)　築城者：蜂塚氏
特徴：城主・蜂塚氏は尼子氏の家臣。毛利氏との戦いで尼子氏が劣勢に追いやられる中、江美城は最後まで尼子氏の拠点として機能した。
所在地：日野郡江府町
公共交通：JR伯備線・江尾駅より徒歩約10分
車：米子道・江府ICから約10分。上之段広場の駐車場を利用

775 羽衣石城

史跡

築城年：貞治5年(1366)　築城者：南条貞宗
特徴：南条貞宗が当時「崩岩山」と呼ばれていた山に築いた城。貞宗は「崩岩」という呼び名を嫌い、和歌から名を取って羽衣石城とした。
所在地：東伯郡湯梨浜町羽衣石
公共交通：JR山陰本線・松崎駅より車
車：山陰道・泊東郷ICから山麓駐車場まで約20分。駐車場から本丸まで徒歩約30分

主曲輪に建つ羽衣石城の模擬天守

776 防己尾城 つづらおじょう

築城年：天正年間(1573～1592)　築城者：吉岡定勝
特徴：羽柴秀吉が鳥取城を攻めた際、籠城する吉岡定勝が奇襲をしかけて豊臣軍を混乱させた。しかし秀吉の兵糧攻めにより落城。現在は公園となっているが、土塁、曲輪、堅堀などの遺構が残る。
所在地：鳥取市福井
公共交通：JR山陰本線・鳥取駅よりバス・車
車：山陰道・鳥取西ICから約10分で駐車場

777 岩倉城 いわくらじょう

築城年：鎌倉時代　築城者：小鴨氏
特徴：永禄12年(1569)に6000の兵を率いた尼子勝久に昼夜を問わず攻め続けられて落城するが、小鴨元清がすぐに城を奪い返した。遺構として曲輪と、石積みの一部が残る。
所在地：倉吉市岩倉
公共交通：JR山陰本線・倉吉駅よりバス
車：北条湯原道路・倉吉西ICから約10分

778 景石城 かげいしじょう

築城年：延文年間(1356～1361)　築城者：不明
特徴：羽柴秀吉はこの城を重要視し、勇猛な武将として名高い磯部豊直を配す。豊直は山名氏に城を奪われるが、後に城主の座に返り咲く。
所在地：鳥取市用瀬町用瀬
公共交通：JR因美線・用瀬駅より徒歩約10分
車：鳥取道・用瀬ICから約10分。登城口に駐車スペースあり

景石城の築城当時の石垣

若桜鬼ヶ城の崩落した石垣

779 若桜鬼ヶ城 わかさおにがじょう 史跡

築城年：13世紀頃　築城者：矢部暉種
特徴：天正6年(1578)以降は豊臣秀吉の支配下に置かれ、一国一城令により元和3年(1617)に廃された。その際の破壊の跡がよく残る。
所在地：八頭郡若桜町若桜
公共交通：若桜鉄道・若桜駅より徒歩約15分で登城口　車：鳥取道・河原ICから約40分。山上にPあり。主郭まで徒歩約10分

780 天神山城 てんじんやまじょう 史跡

築城年：文正元年(1466)　築城者：山名勝豊
特徴：山名勝豊が二上山城から移って本拠とした。布施天神山城の名称が用いられることも多い。現在、跡地には高校が建っている。井戸、櫓跡、曲輪などの遺構が残っている。
所在地：鳥取市湖山町
公共交通：JR山陰本線・湖山駅より徒歩約20分
車：山陰道・鳥取西ICから約5分

781 鹿野城 しかのじょう

築城年：不明　築城者：志加奴氏
特徴：志加奴氏は山名氏の家臣。天正8年(1580)に豊臣秀吉が攻め落として亀井茲矩を置いた。その後、茲矩は大規模な改修を行っている。
所在地：鳥取市鹿野町鹿野
公共交通：JR山陰本線・浜村駅よりバス
車：山陰道・浜村鹿野温泉ICから鹿野城跡公園駐車場まで約10分

782 由良台場 ゆらだいば 史跡

築城年：文久3年(1863)　築城者：池田氏
特徴：ペリー来航をきっかけとして、海上警備のために築いた台場。7門の大砲を設け、農民から民兵を募集して警備にあたらせたという。
所在地：東伯郡北栄町由良宿
公共交通：JR山陰本線・由良駅より徒歩約20分
車：山陰道・大栄東伯ICからお台場公園駐車場まで約5分

砲座跡などが残る由良台場

整備された尾高城の堀と土塁

783 尾高城 おだかじょう

築城年：不明　築城者：不明
特徴：交通の要所に位置し、戦国時代には尼子氏や毛利氏などが争奪戦を繰り広げた。発掘調査から室町以前の築城であると推定される。
所在地：米子市尾高
公共交通：JR山陰本線・米子駅よりバス
車：米子道・米子ICから約5分。城跡そばに数台の駐車スペースあり

784 打吹城 うつぶきじょう

築城年：14世紀中頃　築城者：山名師義
特徴：戦国時代に尼子氏と毛利氏の戦いの舞台になる。一国一城令で廃された城のひとつだが、他に例を見ないほど入念に破壊されている。
所在地：倉吉市仲ノ町
公共交通：JR山陰本線・倉吉駅よりバス
車：北条湯原道・倉吉ICから約10分。打吹公園駐車場を利用

785 二上山城 ふたがみやまじょう

史跡

築城年：文和年間(1352〜1355)　築城者：山名時氏
特徴：峻険な二上山に山名時氏が築き、文正元年(1466)まで代々本拠にした。関ヶ原の戦いが終わった後に廃された。山頂付近に本丸や空堀跡、城郭の一部が残る。岩常城とも。
所在地：岩美郡岩美町岩常
公共交通：JR山陰本線・岩美駅よりバス
車：山陰近畿道・岩美ICから約10分

786 山崎城 やまざきじょう

築城年：天文年間(1532〜1555)　築城者：因幡毛利氏
特徴：因幡地方の有力な国侍のひとりである因幡毛利氏による築城。同じ祖先を持つ山崎毛利氏がこの城を拠点に勢力拡大を図った。
所在地：鳥取市国府町山崎
公共交通：JR山陰本線・鳥取駅よりバス
車：かわはら八頭フルーツライン・船岡ICから約20分

787 道竹城 どうちくじょう

築城年：天文年間(1532〜1555)　築城者：三上兵庫
特徴：治安の乱れを正すために但馬山名氏の三上兵庫がこの地に迎え入れられ、城を築いた。永禄7年(1564)に因幡山名氏により落城。堀切などが良好に残る。竪堀群は県内最大規模。
所在地：岩美郡岩美町
公共交通：JR山陰本線・岩美駅より徒歩約25分
車：山陰近畿道・岩美ICから約5分

788 船上山城 せんじょうさんじょう

史跡

築城年：不明　築城者：不明
特徴：名和長年の城で、後醍醐天皇による鎌倉幕府討伐の旗揚げの城として知られる。後醍醐天皇の悲願は成就し、鎌倉幕府は崩壊した。
所在地：東伯郡琴浦町
公共交通：JR山陰本線・赤碕駅よりバス
車：山陰道・琴浦船上山ICから船上山登山口展望駐車場まで約20分

789 米子城 よなごじょう

▸P322

史跡

築城年：15世紀　築城者：山名氏
特徴：戦国時代に改築を重ね、四層五階の天守を擁する壮大な城になった。城としての役目を終えた後は、明治10年代(1877〜1886)に古物商の山本新助に売却、解体された。
所在地：米子市久米町
公共交通：JR米子駅より徒歩約15分で登城口
車：山陰道・米子西ICから米子城跡三の丸駐車場まで約10分。Pから本丸まで徒歩約15分

米子城の天守台

山麓の居館跡と山頂の詰城からなる月山富田城

島根県

室町時代に京極氏が守護になると、同族の尼子氏を守護代に据える。守護代を継いだ尼子経久は戦国大名になるべく野心を見せ、京極氏にいったん役目を解かれたが、やがて力を盛り返し出雲を手中に収めた。

801 新山城
794 白鹿城
810 満願寺城
790 松江城
802 十神山城
804 熊野城
798 高瀬城
795 三笠城
796 三刀屋城
792 月山富田城
797 三沢城
793 瀬戸山城
803 勝山城

松江城の現存天守

浜田城二の門の枡形虎口

791 浜田城 史跡

築城年：元和5年(1619)　築城者：古田重治
特徴：松原湾の南にある亀山に築かれた城。慶応2年(1866)に長州軍によって落城。遺構の多くは焼失したが一部の石垣などは残っている。
所在地：浜田市殿町
アクセス：JR山陰本線・浜田駅より徒歩約20分
車：浜田道／山陰道・浜田ICから約10分。浜田城山公園駐車場を利用

790 松江城 国宝 史跡

►P316

築城年：慶長12年(1607)　築城者：堀尾吉晴
特徴：24万石大名の堀尾氏が月山富田城に不便を感じて築いた城。縄張を担当したのは小瀬甫庵で、完成までに4年を要した。五層六階の天守は平成27年(2015)に国宝指定された。
所在地：松江市殿町
公共交通：JR松江駅よりバス「国宝松江城(大手前)」下車、徒歩約3分で大手木戸門跡
車：山陰道・松江玉造ICから松江城大手門駐車場まで約10分。天守まで徒歩約10分

国宝 国宝　重文 重要文化財(国)　重文 重要文化財(県)　史跡 国指定史跡　史跡 県指定史跡

792 月山富田城（がっさんとだじょう）

▶P317

史跡

築城年：保元年間（1156～1159）　築城者：不明
特徴：壮大な規模を誇る尼子氏の本城。「尼子十旗」と呼ばれる支城と「尼子十砦」と呼ばれる城砦を周囲に築いて、守りを固めた。
所在地：安来市広瀬町富田
公共交通：JR安来駅よりバス「市立病院前」下車、徒歩約10分で登山口（市立歴史資料館）
車：山陰道・安来ICから駐車場まで約20分。本丸まで徒歩約30分

793 瀬戸山城 せとやまじょう

築城年：14世紀後半頃　築城者：佐波氏（赤穴氏）
特徴：赤穴城とも。戦国時代は尼子氏傘下で月山富田城を守る要地に。一国一城令で廃城となり、堀尾氏時代の石垣が破壊されたまま残る。
所在地：飯石郡飯南町赤名　公共交通：JR三次駅よりバス「赤名」下車、徒歩約10分　車：中国道・三次ICから約40分。道の駅赤来高原駐車場から登城口まで徒歩約10分。主郭まで徒歩約30分

石垣づくりだった瀬戸山城主郭

月山富田城
三の丸の石垣

794 白鹿城 しらがじょう

築城年：永禄年間(1558～1569)　築城者：松田氏
特徴：月山富田城を本城とする10の支城の代表格。毛利氏の進撃に備えて築かれるが、永禄6年(1563)に毛利元就に攻め落とされた。
所在地：松江市法吉町
公共交通：JR山陰本線・松江駅よりバス
車：山陰道・松江玉造ICから約20分／松江だんだん道路・川津ICから約10分。登山口近くにPあり

795 三笠城 みかさじょう

築城年：室町時代　築城者：牛尾弾正忠
特徴：尼子氏の忠臣・牛尾氏の居城で、「尼子十旗」のひとつ。元亀元年(1570)に毛利氏によって落城した。別名を牛尾城という。
所在地：雲南市大東町南村
公共交通：JR木次線・出雲大東駅より車で約15分
車：山陰道・松江西ICから約20分／松江道・三刀屋木次ICから約25分

796 三刀屋城 みとやじょう

史跡

築城年：承久3年(1221)頃　築城者：諏訪部扶長
特徴：諏訪部扶長が築き、子孫が三刀屋氏を名乗った。「尼子十旗」に数えられ、天神丸城の別名を持つ。現在は公園になっている。本丸跡には石垣と土塁が残る。
所在地：雲南市三刀屋町古城
公共交通：JR木次線・木次駅よりバス
車：松江道・三刀屋木次ICから駐車場まで約10分

797 三沢城 みざわじょう

史跡

築城年：嘉元2年(1304)　築城者：三沢為長
特徴：天正17年(1589)に廃されるまで三沢氏が居城とした。「尼子十旗」のひとつで、弘治3年(1557)以降は毛利氏の支配下に入った。
所在地：仁多郡奥出雲町鴨倉
公共交通：JR木次線・出雲三成駅よりバス
車：松江道・三刀屋木次ICから約30分。登城口に駐車場あり。主郭まで徒歩約15分

798 高瀬城 たかせじょう

築城年：不明　築城者：米原氏
特徴：戦国時代の築城と推測される。建部氏が南北朝時代に築いた城が前身で、近江六角氏の流れを汲む米原氏が改修して拠点にした。大高瀬、小高瀬、鉄砲立と呼ばれる防御拠点で構成される。
所在地：出雲市斐川町学頭
公共交通：JR荘原駅より徒歩約20分で登山口
車：山陰道・斐川ICから約10分。駐車場あり

799 鵜の丸城 うのまるじょう

史跡

築城年：戦国時代　築城者：毛利元就
特徴：毛利氏の水軍基地として、温泉津港の東にある崖上に築かれた。眺望に優れ、港を見渡すことができる。慶長5年(1600)に廃城。銃陣を敷くため雛壇状になった3段の帯郭が設けられている。
所在地：大田市温泉津町温泉津
公共交通：JR山陰本線・温泉津駅より徒歩約20分
車：山陰道・湯泉津ICから約5分

800 福光城 ふくみつじょう

築城年：室町末期　築城者：吉川経安
特徴：鳥取城に移る前の吉川氏の本拠。垂仁天皇の子がこの城を訪れた際に言葉を話せなくなったという伝説から物不言城の名がある。遺構として、曲輪や石垣などが残る。
所在地：大田市温泉津町福光
公共交通：JR山陰本線・石見福光駅より徒歩約30分　車：山陰道・江津ICから約20分

801 新山城 しんやまじょう

築城年：不明　築城者：不明
特徴：平忠度が平安時代末期に築いたという伝承があるが確証はない。永禄12年(1569)に山中鹿之介により落城。別名・真山城。
所在地：松江市法吉町
公共交通：JR山陰本線・松江駅よりバス
車：山陰道・松江玉造ICから約20分。登山口近くに駐車スペースあり

802 十神山城 とかみやまじょう

築城年：室町時代　築城者：不明
特徴：松田氏の本拠で、後に尼子氏の支配下に入る。本城・月山富田城と支城の連携を高める中継拠点の役割を担う「尼子十砦」のひとつ。
所在地：安来市安来町
公共交通：JR山陰本線・安来駅より徒歩約20分
車：山陰道・米子西ICから約10分。駐車場あり。山頂まで徒歩約20分

803 勝山城 かつやまじょう

築城年：戦国時代　築城者：不明
特徴：月山富田城攻めの際に毛利元就が本陣を置いた。曲輪の東側に畝状竪堀群が見られる。勝山城跡一帯は「京羅木山城砦群」と呼ばれ、周囲にいくつもの砦跡が残っている。
所在地：安来市広瀬町
公共交通：JR山陰本線・安来駅よりバス
車：山陰道・安来ICから登城口まで約15分

804 熊野城 くまのじょう

築城年：15世紀　築城者：熊野久忠
特徴：尼子氏の本拠・月山富田城を守る「尼子十旗」のひとつ。永禄6年(1563)に毛利勢に攻められた際、鉄砲を駆使して撃退している。遺構として曲輪と腰郭が残る。
所在地：松江市八雲町
公共交通：JR山陰本線・松江駅より車
車：山陰道・松江玉造ICから約25分

805 二ツ山城 ふたつやまじょう

築城年：貞応2年(1223)　築城者：富永朝祐
特徴：城主・富永氏は出羽氏に改称。石見国では七尾城の次に長い歴史を持つ城。出羽氏は一度城を失うが、後に城主の座に返り咲いた。
所在地：邑智郡邑南町
公共交通：JR山陰本線・大田市駅よりバス
車：浜田道・瑞穂ICから登城口まで約20分。林道の終点に駐車場あり

806 七尾城 ななおじょう

史跡

築城年：鎌倉時代　築城者：益田兼高
特徴：中世における石見西部の雄・益田氏が築き、代々の本拠とした。弘治2年(1556)に藤兼が改修。益田城と呼ばれることも多い。
所在地：益田市七尾町
公共交通：JR山陰本線・益田駅よりバス
車：山陰道・萩・石見空港ICから約15分。住吉神社の参拝者用駐車場を利用

807 山吹城 やまぶきじょう

史跡

築城年：延慶2年(1309)　築城者：大内弘幸
特徴：大内弘幸が大森で発見した銀山を守るために築城。後に各武将が銀山を狙ってこの城を奪い合った。江戸時代に入って廃城となる。
所在地：大田市大森町銀山
公共交通：JR山陰本線・大田市駅よりバス
車：山陰道・仁摩・石見銀山ICから約15分。清水寺前の駐車場を利用

津和野城からの景色

808 津和野城 つわのじょう

▸P323

史跡

築城年：永仁3年(1295)　築城者：吉見頼行
特徴：320年に渡って吉見氏が住み、その後は坂崎直盛が入って、最後は亀井氏が250年城主を務めた。坂崎氏が城主のときに大幅な改修が行われた。三本松城ともいう。
所在地：鹿足郡津和野町後田
公共交通：JR山口線津和野駅より徒歩約40分でリフト乗り場。降り口から本丸まで徒歩約15分
車：中国道・六日市ICから約40分。リフト乗り場の駐車場を利用

809 益田氏城館 ますだしじょうかん

史跡

築城年：応安年間(1368～1375)　築城者：益田兼見
特徴：慶長5年(1600)に益田元祥が長州に移るまで、約230年に渡る益田氏の居館。天正12年(1584)に修築。益田三宅御土居とも呼ぶ。現在、おどい広場として保存整備され、東西には土塁が残る。
所在地：益田市三宅町
公共交通：JR山陰本線・益田駅より徒歩約30分
車：山陰道・萩・石見空港ICから約15分

810 満願寺城 まんがんじじょう

築城年：大永元年(1521)　築城者：湯原信綱
特徴：尼子家臣の湯原氏が築城。岬の突端に位置し、軍港としても機能した。尼子氏が衰退すると毛利氏の支配下に入った。万願寺城とも。
所在地：松江市西浜佐陀町
公共交通：一畑電車・松江イングリッシュガーデン駅前より徒歩約25分　車：山陰道・松江玉造ICから約15分で満願寺駐車場

山吹城主郭の空堀

岡山城の復元天守

中国地方の城

岡山県

室町時代に播磨、備前、美作の三国の守護に赤松氏が就き、山名氏と激しく競争する。一時は山名氏に三国を奪われるが、応仁の乱を契機に復帰。以後、権力は浦上氏に移るが、宇喜田直家の下克上にあう。

811 岡山城

重文 史跡

築城年：14世紀　築城者：金光備前
特徴：金光氏の後に宇喜多氏が城主になり、大規模な改修を行った。その後、小早川氏、池田氏も城を拡張した。月見櫓と西手櫓が国の重要文化財に指定されており、天守も復元。別名・烏城。
所在地：岡山市丸の内
公共交通：JR岡山駅よりバス「県庁前」下車／路面電車「岡山駅前」より「城下」下車、徒歩約10分　車：山陽道・岡山ICから烏城公園駐車場(有料)まで約20分。天守まで徒歩約10分

812 津山城

史跡

築城年：嘉吉元年(1441)　築城者：山名忠政
特徴：慶長8年(1603)に森忠政が城主になり、13年かけて整備・拡張。壮大で美しい城として知られ、大規模な石垣が残る。鶴山城とも。
所在地：津山市山下
公共交通：JR津山線・津山駅より徒歩約10分
車：中国道・津山IC／院庄ICから鶴山公園駐車場まで約15分。駐車場から天守台まで徒歩約15分

820 矢筈城
825 天神山城
吉永
813 三石城
和気
三石
山陽新幹線
伊部
西片上
備前片上
日生
千種川
374
250

津山城の高石垣と備中櫓(復元)

814 岩屋城 いわやじょう

史跡

築城年：嘉吉元年(1441)　築城者：山名教清
特徴：美作地方の中央に位置。浦上氏・尼子氏・毛利氏などの各勢力がこの城をめぐり激しく争った。天正18年(1590)に廃城。
所在地：津山市中北上
公共交通：JR美作追分駅より徒歩約50分
車：米子道・久世ICから約10分／中国道・院庄ICから駐車場まで約20分。本丸まで徒歩約40分

813 三石城 みついしじょう

史跡

築城年：正慶3年(1333)　築城者：伊藤二郎
特徴：室町以前はたびたび城主が変わるが、室町以降は備前守護・浦上氏が代々の居城とする。後に天神山の支城として利用された。
所在地：備前市三石
公共交通：JR山陽本線・三石駅より徒歩すぐの登城口から約50分　車：山陽道・備前ICから約5分。三石運動公園駐車場を利用

国宝 国宝　重文 重要文化財(国)　重文 重要文化財(県)　史跡 国指定史跡　史跡 県指定史跡

815 高田城 たかだじょう

築城年：14世紀末　築城者：三浦貞宗
特徴：地頭・三浦貞宗が如意山に築いた城。南に位置する勝山には出城がある。美作の重要拠点として、尼子氏、毛利氏らが奪い合った。
所在地：真庭市勝山
公共交通：JR姫新線・中国勝山駅より徒歩約20分
車：米子道・久世IC／中国道・落合ICから約20分。二の丸跡グラウンド駐車場を利用

816 楪城 ゆずりはじょう

築城年：南北朝初期　築城者：新見氏
特徴：永禄8年(1565)に三村家親が城を奪って弟の元範を置くが、天正2年(1574)に毛利氏に攻め落とされた。紅城、弓絵葉城とも呼ぶ。
所在地：新見市上市小谷
公共交通：JR伯備線・新見駅より徒歩約85分
車：中国道・新見ICから約10分。登城口前に駐車スペースあり

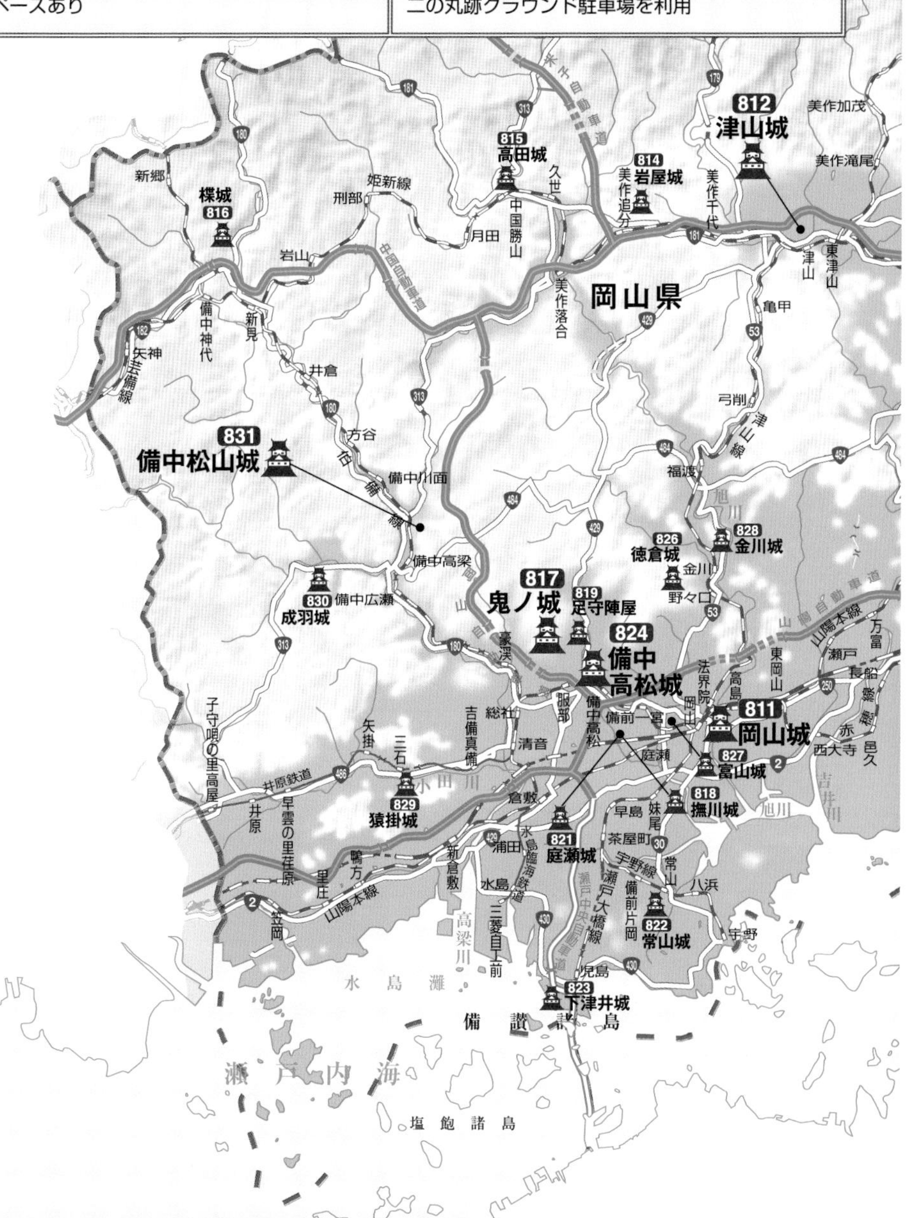

復元された鬼ノ城西門

817 鬼ノ城 きのじょう
史跡

築城年：7世紀後半　築城者：不明
特徴：奈良時代に築かれた防御施設。非常に長い歴史を持ちながら文献に名前が出てこない謎の多い城。複数の水門跡が残っている。
所在地：総社市奥坂
公共交通：JR吉備線・服部駅より徒歩約70分
車：岡山道・岡山総社ICから鬼城山ビジターセンター駐車場まで約20分。西門まで徒歩約15分

818 撫川城 なつかわじょう
史跡

築城年：10世紀末　築城者：妹尾氏
特徴：平清盛家臣・妹尾氏の築城。戦国期には毛利氏が宇喜多氏への対抗拠点として利用した。高下ノ城、芝揚城などの別称を持つ。
所在地：岡山市北区撫川
公共交通：JR山陽本線・庭瀬駅より徒歩約10分
車：山陽道・岡山ICから撫川城址公園駐車場まで約30分

819 足守陣屋 あしもりじんや

築城年：元和元年(1615)　築城者：木下利房
特徴：豊臣秀吉の正室・ねねの甥で、大坂の陣の功績を評価されて大名になった木下利房が築いた足守藩の陣屋。現在は公園になり、木下氏の庭園「近水園」が残る。
所在地：岡山市北区足守
公共交通：JR吉備線・足守駅より徒歩約50分
車：岡山道・岡山総社ICから駐車場まで約10分

矢筈城西郭北面の石垣

820 矢筈城 やはずじょう
史跡

築城年：天文元年(1532)　築城者：草刈衡継
特徴：県内最大かつ高低差も激しい堅城。羽柴勢の攻撃にも耐えた。遺構が良好に残る。地元の努力で丁寧に整備されている。
所在地：津山市加茂町
公共交通：JR因美線・知和駅より徒歩約10分で千磐神社登山口。徒歩約120分で本丸／美作河井駅より徒歩すぐで美作河井駅登山口。徒歩約90分で本丸
車：中国道・津山ICから約30分

821 庭瀬城 にわせじょう

築城年：慶長5年(1600)以後　築城者：戸川達安
特徴：戸川氏の後、天和3年(1683)に久世重之、元禄6年(1693)に松平信通が入る。松平氏の転封降は板倉氏が入り、明治を迎えて廃された。
所在地：岡山市北区庭瀬
公共交通：JR山陽本線・庭瀬駅より徒歩約10分
車：山陽道・倉敷ICから約20分。清山神社北側の駐車場を利用

822 常山城 つねやまじょう

築城年：不明　築城者：不明
特徴：天正3年(1575)に毛利軍に攻められた際、城主・上野隆徳の妻である鶴姫が合戦に参加して討死したエピソードが有名。城跡に墓が残る。
所在地：玉野市宇藤木・用吉
公共交通：JR宇野線・常山駅より徒歩約60分
車：瀬戸内中央道・水島ICから常山公園駐車場まで約35分。本丸まで徒歩約40分

823 下津井城 しもついじょう
史跡

築城年：戦国時代　築城者：不明
特徴：宇喜多氏の築城とする説が有力。関ヶ原の戦い後に小早川秀秋や池田長政が入って改修・強化した。長浜城、烏留守城の別名がある。
所在地：倉敷市下津井
公共交通：JR瀬戸大橋線・児島駅より徒歩約60分
車：瀬戸内中央道・児島ICから約10分。城内に数台の駐車スペースあり

下津井城天守台跡の石垣

備中高松城の堀

824 備中高松城 びっちゅうたかまつじょう

史跡

築城年：永禄年間(1558～1570)頃　築城者：石川氏
特徴：天正10年(1582)に羽柴秀吉が水攻めを行い、城主・清水宗治の切腹で和睦が成立した(➡P291)。城跡には宗治の首塚がある。
所在地：岡山市北区高松
公共交通：JR吉備線・備中高松駅より徒歩約10分
車：山陽道・倉敷ICから約20分／岡山道・岡山総社ICから約10分。駐車場あり

825 天神山城 てんじんやまじょう

史跡

築城年：享禄5年(1532)　築城者：浦上宗景
特徴：浦上宗景が築き、45年間城主を務めた。天正5年(1577)、かつての家臣・宇喜多直家に攻められ、一代限りで廃城。　所在地：和気郡和気町
公共交通：JR和気駅よりバス「河本」下車、徒歩すぐ登城口。本丸まで徒歩約30分
車：山陽道・和気ICから約20分で和気美しい森駐車場。太鼓丸まで徒歩約10分、城跡まで約40分

826 徳倉城 とくらじょう

史跡

築城年：不明　築城者：不明
特徴：築城に関しては諸説あるが、松田氏が本拠・金川城の支城として築いたと推測される。後に宇喜多氏の支配下に入った。土倉城とも。
所在地：岡山市北区御津河内
公共交通：JR津山線・金川駅より徒歩約40分で本丸
車：山陽道・岡山ICから約20分。駐車場なし

827 富山城 とみやまじょう

築城年：仁和元年(885)　築城者：富山重興
特徴：応仁元年(1467)に松田元隆が攻め落として、改修を施し居城にした。松田氏の滅亡後は宇喜多氏の城になる。万成城とも呼ぶ。現在は土塁、石塁、堀切などの遺構が残る。
所在地：岡山市北区矢坂東町
公共交通：JR吉備線・大安寺駅より徒歩約25分
車：山陽道・吉備スマートICから約10分

828 金川城 かながわじょう

築城年：承久年間(1219～1222)　築城者：松田盛朝
特徴：臥龍山に築かれた岡山県で最も大きな山城。自然の地形に守られた堅牢な城だが、永禄11年(1568)に宇喜多直家に攻略された。
所在地：岡山市北区御津金川
公共交通：JR津山線・金川駅より徒歩約50分で本丸
車：山陽道・岡山ICから約20分。郷土歴史資料館駐車場を利用

829 猿掛城 さるかけじょう

築城年：南北朝時代　築城者：庄資政
特徴：細川氏に仕えた備中守護代・庄氏の居城。天文22年(1553)に三村家親に攻められるが、和睦が成立。関ヶ原の戦い後に廃城。堀切、大手跡、井戸などの遺構が良好に残る。
所在地：小田郡矢掛町
公共交通：井原鉄道・三谷駅より徒歩約25分
車：山陽道・玉島ICから約15分。駐車場なし

830 成羽城 なりわじょう

築城年：天文2年(1533)　築城者：三村家親
特徴：毛利氏の力を借りて勢力を伸ばした三村氏の城。鶴首山の頂付近に城を築いて、麓には居館を置いた。後に成羽藩の陣屋が築かれた。
所在地：高梁市成羽町
公共交通：JR伯備線・備中高梁駅よりバス
車：岡山道・賀陽ICから約30分。成羽町美術館駐車場を利用。本丸跡まで徒歩約30分

831 備中松山城 びっちゅうまつやまじょう

▶P318

重文　史跡

築城年：延応2年、仁治元年(1240)
築城者：秋庭重信
特徴：現存天守を持つ12城のひとつで、日本三大山城にも数えられる名城。天守は江戸時代に水谷氏が築いたもので、二重櫓や三の平櫓東土塀とともに、国の重要文化財。別名・高梁城。
所在地：高梁市内山下　公共交通：JR備中高梁駅より徒歩約90分で天守／路線バス「松山城登山口」下車、徒歩約30分で城見橋公園駐車場。登城バス「ふいご峠」下車
車：岡山道・賀陽ICから鞴峠駐車場まで約20分。天守まで徒歩約20分

備中松山城の現存天守

錦帯橋越しに見た岩国城

中国地方の城

山口(やまぐち)県(けん)

周防、長門からなる山口県では、周防の大内氏が力をつけ、防長両国に基盤を築いた。大内氏の勢力拡大は北九州にまで及んだが、尼子氏との戦いで衰退し、やがて防長の支配は毛利氏に移り変わる。

832 岩国城(いわくにじょう)

▶P323

築城年：慶長6年(1601)　築城者：吉川広家
特徴：毛利元就の孫である吉川広家が築く。一国一城令を受けて廃城となるが、麓に設けられた御土居は明治維新まで残った。横山城とも。
所在地：岩国市横山
公共交通：JR川西駅より徒歩約25分でロープウェイ乗り場。山頂駅から本丸まで徒歩約10分
車：山陽道・岩国ICから約10分。有料駐車場あり

832 岩国城
838 徳山城
837 鞍掛城
836 石城山神籠石
849 東郷山城
844 上関城
安芸灘
屋代島
長島
平郡島

833 萩城(はぎじょう)

史跡

▶P319

築城年：慶長9年(1604)　築城者：毛利輝元
特徴：関ヶ原の戦いで敗れた毛利輝元が、広島城から移って本拠にした。山頂の山城と麓の平城という役割の異なる2城からなる平山城。五層五階の天守を擁していたが、明治7年(1874)に解体された。
所在地：萩市堀内字旧城
公共交通：JR山陰線東萩駅よりバス「萩城跡・指月公園入口」下車、徒歩すぐ山麓曲輪
車：小郡萩道・萩ICから約10分。指月第一駐車場を利用。城跡まで徒歩約5分

萩城の石橋と天守台

国宝 国宝　重文 重要文化財(国)　重文 重要文化財(県)
史跡 国指定史跡　史跡 県指定史跡

復元された大内氏館の庭園

834 大内氏館（おおうちしやかた） 史跡

築城年：正平15年（1360）頃　築城者：大内弘世
特徴：複数国の守護になった大内氏が約200年に渡って居館とした。全国でも有数の規模を誇る壮大な館。弘治3年（1557）に大内氏は滅亡し、跡地には毛利隆元が大内氏の菩提寺として建てた龍福寺がある。計4つの庭園が発掘され、うち2つが復元されている。
所在地：山口市大殿大路
公共交通：JR山口線・上山口駅より徒歩約10分
車：中国道・山口ICから約15分。龍福寺駐車場を利用

大内氏館から見た高嶺城遠望

835 高嶺城（こうのみねじょう） 史跡

築城年：弘治3年（1557）　築城者：大内義長
特徴：大内氏館の詰城。毛利氏の侵攻に備えて着工するが、完成前に毛利氏に攻め込まれた。後に大内輝弘が城を攻めたが攻略はならなかった。
所在地：山口市上宇野令字高嶺
公共交通：JR山口駅よりバス「県庁前」下車、徒歩約10分で山口大神宮の登城口
車：中国道・山口ICから山上の城跡Pまで約30分。主郭まで徒歩約15分

石城山城北水門の石垣

836 石城山神籠石 いわきさんこうごいし

築城年：7世紀後半～8世紀前半　築城者：不明
特徴：天智天皇2年(663)、白村江の戦いに敗れたことを契機に構築された古代の山城。土塁、水門、城門などが良好に残り、石垣が復元されている。
所在地：光市大字塩田字石城
公共交通：JR山陽本線・岩田駅より車で約20分
車：山陽道・熊毛ICから約30分。石城山県立自然公園駐車場を利用

837 鞍掛城 くらかけじょう

築城年：天文15年(1546)　築城者：杉隆泰
特徴：弘治元年(1555)に、杉隆泰の裏切りを知った毛利氏が攻め落とす。この戦いは鞍掛合戦と呼ばれ、戦死者を弔う千人塚が今も残る。
所在地：岩国市玖珂町谷津
公共交通：JR岩徳線・玖珂駅より徒歩約30分
車：山陽道・玖珂ICから約10分。鞍掛山林道終点の駐車場を利用

838 徳山城 とくやまじょう

築城年：慶安2年(1649)　築城者：毛利就隆
特徴：徳山藩主・毛利就隆の館。天保7(1836)に幕府から城主格を認められ、城扱いとなる。官邸は昭和まで残ったが、戦災で失われた。現在は文化会館前に庭園の一部が残る。
所在地：周南市公園区
公共交通：JR山陽本線・徳山駅より徒歩約25分
車：山陽道・徳山東ICから約10分

839 築山館 つきやまやかた

史跡

築城年：室町時代　築城者：大内教弘
特徴：大内氏館のそばに築かれた豪華絢爛な別邸。邸内に設けられた築山の美しさからその名がついたという。現在、跡地には神社がある。
所在地：山口市上竪小路
公共交通：JR山口線・上山口駅より徒歩約15分
車：中国道・小郡ICから約15分。築山神社駐車場を利用

840 清末陣屋 きよすえじんや

築城年：万治2年(1659)　築城者：毛利元知
特徴：清末御殿と称された清末藩主の館。廃藩置県の際、土地も建物も競売処分された。裏門、表門、書院などが周辺の寺院に移築されて残っており、跡地には中学校が建っている。
所在地：下関市清末陣屋
公共交通：JR山陽本線・小月駅より徒歩約15分
車：中国道・小月ICより約10分

841 勝山城 かつやまじょう

築城年：不明　築城者：不明
特徴：弘治3年(1557)に、高嶺城を捨てて毛利氏から逃げてきた大内義長がこの城に籠った。城は落とされるが、義長は生き延びた。
所在地：下関市田倉
公共交通：JR山陽本線・新下関駅よりバス
車：中国道・下関ICから約15分。勝山地区公園駐車場を利用。登城口から主郭まで徒歩約35分

842 若山城 わかやまじょう

史跡

築城年：15世紀中頃　築城者：陶氏
特徴：城主・陶晴賢は厳島の合戦で毛利氏に敗れて自害。若山城は陶長房が守っていたが、杉重輔により落城。長房も自ら命を断った。
所在地：周南市福川
公共交通：JR山陽本線・福川駅より徒歩約20分で登山口
車：山陽道・徳山西ICから約10分。駐車場あり

843 櫛崎城 くしざきじょう

築城年：不明　築城者：不明
特徴：戦国時代に内藤隆春が居城にし、関ヶ原の戦いの後は毛利秀元が入った。城跡には数百mも続く石垣が残る。串崎城、雄山城とも。
所在地：下関市長府宮崎町
公共交通：JR山陽本線・下関駅よりバス
車：中国道・下関ICから約10分で関見台公園駐車場

復元された櫛崎城天守台

荒滝山城出丸の石垣

844 上関城 かみのせきじょう

築城年：室町時代　築城者：村上吉敏
特徴：村上氏が設けた私関。行き交う船から通行料を徴収した。村上氏は後に厳島の合戦で毛利方として活躍し、毛利水軍の主力になる。現在は城山歴史公園として整備されている。
所在地：熊毛郡上関町
公共交通：JR山陽本線・柳井駅よりバス
車：山陽道・玖珂IC／熊毛ICから約50分

845 敷山城 しきやまじょう

史跡

築城年：南北朝時代　築城者：不明
特徴：南朝方として僧静尊が旗揚げ。山岳の験観寺を城郭化して、足利尊氏に対する拠点とした。後に北朝の連合軍に攻め落とされた。現在、本堂の礎石や数か所の坊跡、梵字岩などが残る。
所在地：防府市牟礼
公共交通：JR山陽本線・防府駅よりバス
車：防府バイパス・防府東ICから約10分

846 霜降城 しもふりじょう

史跡

築城年：治承3年（1179）　築城者：厚東武光
特徴：源平合戦において平家を助けた厚東氏の城。南北朝時代に大内弘世と対立し、延文3年（1358）に攻め落とされた。その後は廃城。南北朝時代の山城の景観をよく残す貴重な史跡。
所在地：宇部市大字末信
公共交通：JR宇部線・宇部駅よりバス　車：山陽道・小野田ICから約30分。男山駐車場を利用

847 勝山御殿

史跡

築城年：元治元年（1864）　築城者：毛利元周
特徴：下関戦争において、フランス水軍の攻撃から避難するために築かれた。着工から7か月で完成させ、明治の廃藩置県の後に廃された。
所在地：下関市田倉
公共交通：JR山陽本線・新下関駅よりバス
車：中国道・下関ICから約15分。勝山地区公園駐車場を利用

848 荒滝山城 あらたきやまじょう

築城年：室町時代　築城者：内藤隆春
特徴：城主・内藤氏は大内氏の重臣で、後に毛利氏に従った。遺構は少ないものの、城跡周辺には内藤家臣ゆかりの地名が今なお残る。
所在地：宇部市東吉部　公共交通：JR宇部新川駅よりバス「瀬戸」下車、徒歩約10分で今小野登山口　車：中国道・美祢東ICから犬ヶ迫登山口駐車場まで約20分。主郭まで徒歩約40分

849 東郷山城 とうごうやまじょう

築城年：弘治年間（1555～1558）　築城者：来島通康
特徴：能島、因島の村上氏とともに村上海賊を構成し、毛利氏の水軍として厳島の合戦で活躍した来島通康の築城。所在地は東郷峠付近とする説が有力だが、はっきりとはわかっていない。
所在地：大島郡周防大島町
公共交通：JR山陽本線・大畠駅から車
車：山陽道・玖珂ICから約40分

850 山口藩庁

重文

築城年：元治元年（1864）　築城者：毛利敬親
特徴：明治維新後に毛利氏が萩城から長州藩の本拠を移した。藩内では山口屋形の呼称が用いられたが、山口城と呼ばれることも多かった。
所在地：山口市滝町
公共交通：JR山口線・山口駅より徒歩約30分
車：中国道・小郡ICから約20分。県政資料館の駐車場を利用

現存する山口藩庁の表門

勝山御殿本丸の石垣

広島城の外観復元天守

中国地方の城

広島県

毛利元就が厳島の戦いで陶晴賢を破ったことをきっかけに、中国地方に巨大な勢力が展開された。山陰を抑えた吉川元春、山陽を治めた小早川隆景による毛利両川体制が支配力の拡大に大きく寄与した。

851 広島城

▸P321

史跡

築城年：天正17年（1589）　築城者：毛利輝元

特徴：120万石大名になった毛利輝元が10年をかけて築き、郡山城から移って本拠にした。原爆で失われた天守が復元され、現在は歴史博物館になっている。二の丸の表御門や櫓は江戸時代の姿を木造再現したもの。鯉城、在間城などの別名も。

所在地：広島市中区基町

公共交通：JR山陽本線・広島駅より徒歩約25分

車：山陽道・広島ICから広島市中央駐車場まで約15分。天守まで徒歩約10分

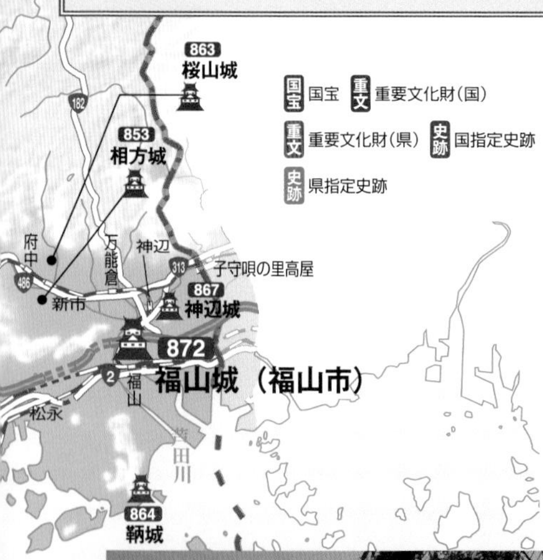

吉田郡山城の破壊された石垣

852 吉田郡山城

▸P320

史跡

築城年：建武3年（1336）　築城者：毛利時親

特徴：広島城に移る前の毛利氏の居城。大永3年（1523）に元就が大幅に拡張した。難攻不落の城として知られる。　所在地：安芸高田市吉田町吉田

公共交通：JR可部駅よりバス「安芸高田市役所前」下車、徒歩約15分で登城口

車：中国道・高田ICから約20分。登城口に駐車場あり。本丸まで徒歩約30分

853 相方城 さがたじょう

史跡

築城年：戦国末期　築城者：有地元盛

特徴：神辺平野にある丘に築かれた城。有地氏は毛利方の武将として活躍。城門が素盞嗚神社に移築されている。佐賀田城とも表記される。

所在地：福山市新市町大字相方

公共交通：JR福塩線・上戸手駅より徒歩約40分

車：山陽道・福山東ICから約50分。山上の城内に数台の駐車スペースあり

相方城虎口の石垣

新高山城から高山城と沼田川を望む

854 高山城 たかやまじょう

史跡

築城年：建永元年(1206)　築城者：小早川茂平

特徴：沼田川と佛通寺に挟まれた難攻の城。小早川隆景が新高山城を築いて移るまで、約350年に渡って小早川氏の居城になった。遺構として所々に小規模な石垣や井戸、曲輪が残る。

所在地：三原市高坂町・豊田郡本郷町本郷

公共交通：JR山陽本線・本郷駅より徒歩約30分

車：山陽道・本郷ICから約20分

855 新高山城 にいたかやまじょう

史跡

築城年：天文21年(1552)　築城者：小早川隆景

特徴：小早川氏が高山城から移って本拠にした。高山城と沼田川を挟んで向かい合う位置にある。大手門が宗光寺の山門として残っている。

所在地：三原市本郷町本郷

公共交通：JR山陽本線・本郷駅から徒歩約20分で登山口　車：山陽道・本郷ICから約20分。登山口に駐車場あり。本丸まで徒歩約30分

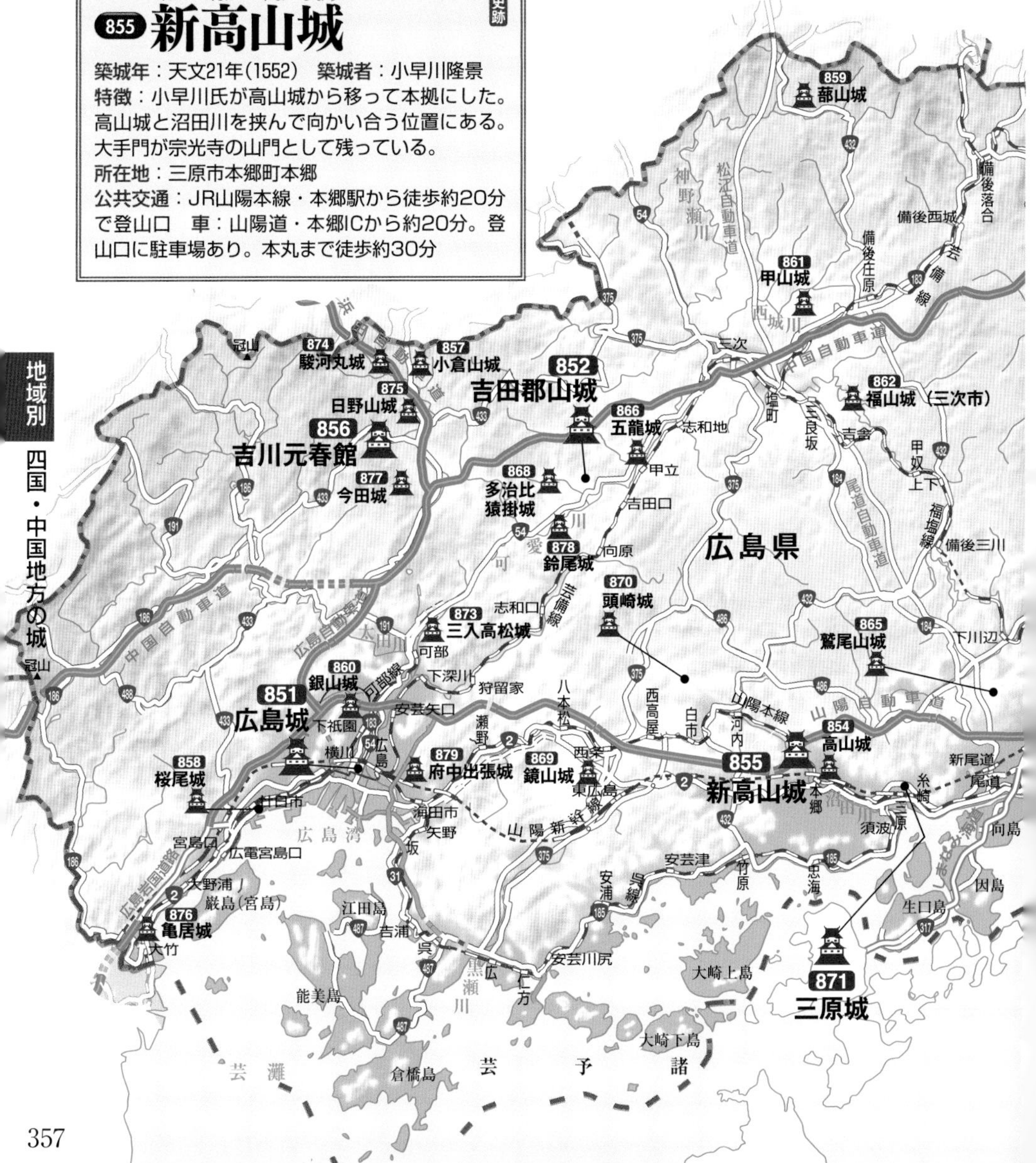

吉川元春館の石垣

856 吉川元春館 きっかわもとはるやかた

史跡

築城年：天正10年(1581)　築城者：吉川元春
特徴：吉川元春が隠居生活を送った館。小倉山城などとあわせ、吉川氏居館跡として国の史跡になっている。御土居とも呼ばれる。
所在地：山県郡北広島町
公共交通：JR山陽本線・広島駅よりバス
車：浜田道・大朝ICから約25分／中国道・千代田ICから約20分。戦国の庭歴史館の駐車場を利用。城跡まで徒歩すぐ

857 小倉山城 おぐらやまじょう

史跡

築城年：南北朝時代　築城者：吉川経見
特徴：吉川氏の新たな本拠として築かれた。新庄盆地の丘に位置する。現在は公園になり、いくつもの曲輪が残っている。紅葉山城とも。
所在地：山県郡北広島町
公共交通：JR広島駅よりバス「大朝IC」下車、徒歩約10分で登城口
車：浜田道・大朝ICから城跡駐車場まで約10分

858 桜尾城 さくらおじょう

築城年：鎌倉時代　築城者：吉見氏
特徴：厳島合戦の際、毛利氏家臣の桂元澄がこの城に配された。桂氏の後は穂田元清が入っている。現在は桂公園として整備されている。
所在地：廿日市市桜尾本町
公共交通：JR山陽本線・廿日市駅より徒歩約10分
車：山陽道・廿日市ICから約15分。桂公園の駐車場を利用

859 蔀山城 しとみやまじょう

史跡

築城年：正和5年(1316)　築城者：山内通資
特徴：山内氏の庶家である多賀山内氏が18代・275年間に渡って居城にした。川と絶壁に守られ、攻めやすく守りやすい立地にある。遺構として土塁、曲輪、堀、井戸などが残る。
所在地：庄原市高野町
公共交通：JR芸備線・備後庄原駅よりバス
車：中国道・高野ICから約5分

860 銀山城 かなやまじょう

史跡

築城年：承久3年(1221)　築城者：武田信宗
特徴：安芸国守護の武田信宗による築城。天文10年(1541)に、毛利元就に攻められて落城した。30個以上の曲輪や5つの空堀が残る。
所在地：広島市安佐南区祇園町
公共交通：JR可部線・下祇園駅より徒歩約30分
車：山陽道・広島ICから約20分。武田山憩いの森駐車場を利用

861 甲山城 こうやまじょう

史跡

築城年：文和4年(1355)　築城者：山内通資
特徴：山内通資が、蔀山城を弟の通俊に任せて新たに本拠として築く。山の全域に渡って250もの曲輪を設けた。中腹には山内氏の菩提寺である円通寺がある。鳩山城、兜山城とも。
所在地：庄原市山内町
公共交通：JR芸備線・山ノ内駅より徒歩約45分
車：中国道・庄原ICから約15分

862 福山城 (三次市) ふくやまじょう

築城年：戦国時代　築城者：湯谷久豊
特徴：湯谷久豊が支城として築城し、子の実義を置く。永禄12年(1569)に久豊が毛利元就に殺され、城も落とされた。伏山城とも。
所在地：三次市三良坂町
公共交通：JR福塩線・三良坂駅より徒歩約60分
車：中国横断道・三良坂ICから約15分。モミジ山駐車場を利用

863 桜山城 さくらやまじょう

史跡

築城年：応長元年(1311)　築城者：桜山茲俊
特徴：備後一宮・吉備津神社の南にある丘陵に位置。城主・桜山茲俊は、元弘元年(1331)に起こった元弘の乱で楠木正成に応じて挙兵した。
所在地：福山市新市町
公共交通：JR福塩線・新市駅より徒歩約25分
車：尾道道・尾道北ICから約20分／山陽道・福山SAスマートICから約25分

鏡山城遠望

864 鞆城 ともじょう

築城年：天文13年(1544)　築城者：毛利氏
特徴：都を追われた将軍・足利義昭のために毛利氏が築城した。市街地を一望できる眺望に優れた立地。現在は歴史民俗資料館が建つ。
所在地：福山市鞆町
公共交通：JR山陽本線・福山駅よりバス
車：山陽道・福山東ICから約30分。福山市鞆の浦歴史民俗資料館駐車場を利用(有料)

865 鷲尾山城 わしおやまじょう 史跡

築城年：南北朝初期　築城者：杉原信平・為平
特徴：九州の多々良浜の合戦で功績を残した杉原兄弟がこの地の領主となり、木梨山に築いた。以来約250年の間、木梨杉原氏の居城。南側4段、北西側８段の曲輪などの遺構が残る。
所在地：尾道市木ノ庄町
公共交通：JR山陽本線・尾道駅よりバス
車：山陽道・尾道ICから約10分

866 五龍城 ごりゅうじょう 史跡

築城年：南北朝時代　築城者：宍戸朝家
特徴：常陸の宍戸氏が、合戦での功績により建武元年(1334)に安芸守に任命されてこの地へ移り、築城した。慶長5年(1600)以降は廃城。
所在地：安芸高田市甲田町
公共交通：JR芸備線・甲立駅より徒歩約15分で登り口　車：中国道・高田ICから約15分で司箭神社。参道から本丸まで徒歩約20分

867 神辺城 かんなべじょう

築城年：南北朝時代　築城者：朝山景連
特徴：越後国守護の朝山景連による築城。以降約300年の間守護所が置かれた。現在は公園。城門が福山市の実相寺に残っている。
所在地：福山市神辺町
公共交通：JR福塩線・神辺駅より徒歩約30分
車：山陽道・福山東ICから約20分。歴史民俗資料館駐車場を利用

868 多治比猿掛城 たじひさるかけじょう 史跡

築城年：明応9年(1500)　築城者：毛利弘元
特徴：毛利弘元が築き、子・元就は吉田郡山城に移るまでの若き日々をこの城で過ごした。山の中腹には弘元とその妻の墓が今なお残る。令和３年(2021)の豪雨で城跡の一部が被災。
所在地：安芸高田市吉田町　公共交通：JR広島駅よりバス　車：中国道・高田ICから約15分。教善寺の駐車場を利用。登山道は通行不可

869 鏡山城 かがみやまじょう 史跡

築城年：15世紀中頃　築城者：大内氏
特徴：大内氏が西条盆地の中心部に築いた安芸攻略の拠点。大永3年(1523)、尼子経久軍に攻められて落城。　所在地：東広島市西条町
公共交通：JR西条駅よりバス「鏡山公園入口」下車、徒歩約20分で本丸
車：山陽道・西条ICから約15分。鏡山公園の駐車場を利用。主郭まで徒歩約20分

870 頭崎城 かしらざきじょう 史跡

築城年：大永3年(1523)　築城者：平賀弘保
特徴：城主・平賀氏は大内氏の家臣。大内氏と尼子氏との戦いが本格化する情勢に対応するために、平賀氏が戦に適した山城を築いた。
所在地：東広島市高屋町
公共交通：JR山陽本線・西高屋駅よりバス
車：山陽道・高屋ICから約10分。西郭下駐車場または貞重集会所駐車場を利用

871 三原城 みはらじょう 史跡

築城年：永禄10年(1567)　築城者：小早川隆景
特徴：海上交通の要所に築かれた小早川氏の水軍基地。関ヶ原の戦いの後は福島氏や浅野氏が入った。都市開発により多くの遺構が失われたが、駅隣接の天守台のほか、石垣などが街中に残る。
所在地：三原市城町
公共交通：JR山陽本線・三原駅構内
車：山陽道・三原久井ICから約15分。三原駅周辺の有料駐車場を利用

駅と直結した三原城の天守台

黒い鉄板が張られた福山城復元天守

872 福山城（福山市） 重文 史跡

築城年：元和8年（1622）　築城者：水野勝成
特徴：徳川家康の従兄弟にあたる水野勝成が、幕府の後押しを受けて築城。水野氏の後は松平氏、阿部氏が城主を務めた。伏見櫓や筋鉄御門は国の重要文化財。令和4年（2022）、復元天守の北側に銃弾よけの鉄板が張られ、史実通りの姿がよみがえった。久松城とも。
所在地：福山市丸之内
公共交通：JR山陽本線・福山駅より徒歩約5分
車：山陽道・福山東ICから福山城公園駐車場まで約20分

873 三入高松城　みいりたかまつじょう　史跡

築城年：室町初期　築城者：熊谷直経
特徴：関ヶ原の戦いの後、毛利氏とともに山口県の萩に移るまで、熊谷氏が代々居城にした。峻険な高松山に位置し、麓には居館がある。井戸跡や馬場跡、石垣、本丸の土塁跡がわずかに残る。
所在地：広島市安佐北区
公共交通：JR可部線・可部駅よりバス
車：山陽道・広島ICから約15分

874 駿河丸城　するがまるじょう　史跡

築城年：鎌倉末期　築城者：吉川経高
特徴：四代目城主経見が小倉山城に本拠を移すまで吉川氏が本拠とした。平安末期に平氏が住んでいたという伝承から平家丸の別名がある。
所在地：山県郡北広島町
公共交通：JR山陽本線・広島駅よりバス
車：浜田道・大朝ICから約10分。案内板前に駐車スペースあり

875 日野山城　ひのやまじょう　史跡

築城年：16世紀中頃　築城者：吉川元春
特徴：吉川元春が小倉山城から移って本拠にした。県内屈指の規模を誇る城で、山麓には平素の居住用に設けられた吉川元春館がある。遺構として曲輪、空堀、石垣、土塁、井戸などが残る。
所在地：山県郡北広島町
公共交通：JR山陽本線・広島駅よりバス
車：浜田道・大朝ICから駐車場まで約5分

876 亀居城　かめいじょう

築城年：慶長8年（1603）　築城者：福島正則
特徴：関ヶ原の戦いの後に減封された毛利氏に代わり広島城主になった福島正則が、支城のひとつとして築いた。慶長16年（1611）に廃城。現在は公園として整備され、天守台や石垣などが残る。
所在地：大竹市小方
公共交通：JR山陽本線・玖波駅より徒歩約30分
車：山陽道・大竹ICから亀居公園駐車場まで約5分

877 今田城　いまだじょう　史跡

築城年：15世紀初頭　築城者：山県氏
特徴：山県氏の代々の居城。合戦向きの山城と、居住用に設けられた麓の館がセットになった中世城郭の典型的な形式。城址には土塁や堅堀、館跡には石垣と庭園跡が残る。別名・河内山城。
所在地：山県郡北広島町今田
公共交通：JR山陽本線・広島駅よりバス
車：中国道・千代田ICから駐車場まで約15分

878 鈴尾城　すずおじょう　史跡

築城年：永徳元年（1381）　築城者：福原広世
特徴：吉川元春の五男・広世が、父から福原村の所領を譲り受けて築いた城。毛利元就が生まれた城ともいわれる。遺構として曲輪、空堀、石垣、土塁、井戸などが残る。別名を福原城。
所在地：安芸高田市吉田町福原
公共交通：JR山陽本線・広島駅よりバス
車：中国道・高田ICから駐車場まで約20分

879 府中出張城　ふちゅうでばりじょう

築城年：15世紀初頭　築城者：白井胤時
特徴：城主・白井胤時は千葉氏の後裔。交通の要所に位置し、ここを拠点に白井氏は府中における支配力を拡大した。開墾により、現在は本丸跡を中心とした数段の曲輪が残るのみ。府中城とも。
所在地：安芸郡府中町
公共交通：JR山陽本線・天神川駅より徒歩約20分
車：広島高速1号線・間所ICから約5分

地域別

九州・沖縄地方の城

- 福岡県
- 佐賀県
- 長崎県
- 熊本県
- 大分県
- 宮崎県
- 鹿児島県
- 沖縄県

天守台　五重天守が建っていてもおかしくないほど巨大な天守台だが、天守が建っていたことは証明されていない。幕府への配慮から天守は破壊されたという説もある。

福岡城

福岡県

慶長6年（1601）築

城番号 880
参照頁 ▶P376

史跡区分 国指定史跡、重要文化財1件

名軍師黒田如水が手がけた九州最大の規模を誇る名城

福岡城は、面積46万平方mを誇る九州最大の**平山城**である。博多湾側から見た城の形が空を舞う鶴の姿に似ていることから別名「**舞鶴城**」とも呼ばれているこの城は、関ヶ原の戦いの功績によって徳川家から筑前52万石を与えられた福岡藩初代藩主・**黒田長政**によって、慶長6年（1601）から7年の歳月をかけて那珂郡警固村福崎の地に築城された。この時、黒田氏ゆかりの地である備前国邑久郡福岡（現在の岡山県瀬戸内市）にちなんで「福崎」という地名は「福岡」に改名されたという。

現存する城跡には**石垣**、**堀**、**潮見櫓**、**祈念櫓**、**南の丸多聞櫓**などがあり、中でも南の丸多聞櫓は国の重要文化財に指定されている。また昭和40年（1965）に現在の場所に移築された**母里太兵衛長屋門**は「黒田節」で有名な武将・**母里太兵衛**の屋敷にあった長屋門である。

なお天守については、これまでは徳川幕府に配慮して作らなかったという説が一般であった。しかし近年、天守が建てられたあとに解体されたと推測される史料が見つかったため、その有無が論じられている。

福岡城復元模型　平城という印象もある福岡城だが、本丸と二の丸は丘陵上にあり、東二の丸と南二の丸が張り出し、丘陵下に三の丸が広がるという構造である。

表御門跡　二の丸から本丸に入る大手の表御門跡。巨大な櫓門は現在、市内の崇福寺に移築されている。

南二の丸多聞櫓　両脇に二重櫓を備え、それを多聞櫓でつないでいる。

下之橋御門と伝潮見櫓　下之橋御門は平成20年(2008)復元。伝潮見櫓は本丸から移築された。

祈念櫓　本丸東北側に建つ鬼門除けの櫓。大正時代の払い下げで外観が改変した。

正殿(右)と北殿　琉球王の謁見の場であり中心的建物だった正殿。中国の影響で建物全体が朱塗りされている。令和元年(2019)、正殿・北殿・南殿は全焼した。

首里城

しゅりじょう

沖縄県

14世紀頃築

城番号 1035

参照頁 ▶P404

史跡区分 国指定史跡、世界遺産

中国の影響を強く受け 日本の城とは趣が異なる

沖縄県下最大規模にして琉球建築最高傑作とされる**首里城**は、1429年に**尚巴志王**が三山を統一し琉球王朝を立てた後、国王の居城として用いられるようになった。琉球王国最大の木造建築である正殿は、国王の象徴である龍が随所に散りばめられ、また、**大龍柱**と呼ばれる石柱や屋根上の棟飾り、唐破風などが施されてある。正門以外にも見どころは多数あり、**歓会門**、**瑞泉門**、**漏刻門**など、枚挙に暇がない。

明治の沖縄県設置以降、城地は陸軍の軍営地として利用され、学校が置かれたときもあり、急速に荒廃が進んだ。崩壊寸前まで陥ったものの、昭和初期に改修工事が進み**国宝**に指定。歴代国王および初代琉球王である舜天が祀られるも、第二次世界大戦の最中、**アメリカ軍の砲撃**によって再び焼失した。

戦後は琉球大学のキャンパスになったが、日本復帰後に首里城再建計画が策定され、平成12年(2000)には「首里城跡」として**世界遺産**に登録された。令和元年(2019)に正殿などが焼失し、復興計画が進められている。

令和元年の火災直後の光景。

復旧再建

再建を繰り返す沖縄の人々の誇り

首里城はこれまで、15世紀半ば、17世紀半ば、18世紀初頭、昭和20年（1945）、令和元年（2019）と5度も焼失の憂き目にあっている。最初の3回は琉球王朝時代であり、昭和20年は太平洋戦争末期の沖縄戦によるものである。沖縄戦では首里城の地下に日本軍の司令部があったため、激しい空爆や艦砲射撃にさらされ、壊滅的な被害を受けてしまった。令和元年の火災では平成以降の復興事業による復元建造物が被害を受けたが、今度も首里城はよみがえり、見事な姿を我々に見せてくれるだろう。

首里城全景　東側から見た全景写真(焼失前)。波打つような石垣はグスクの特徴。

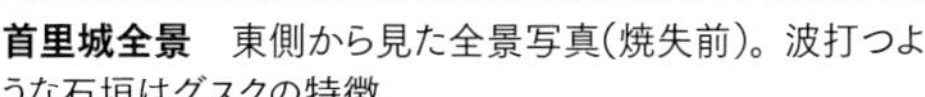

龍樋　16世紀前半、中国に渡った使節が持ち帰ったと伝承される龍の彫刻。

守礼門　首里城の正門。昭和33年(1958)の再建。2000円紙幣に掲載されている。

園比屋武御嶽石門　御嶽は琉球における信仰の拝所であり、多くのグスク内に存在する。国王はこの場で琉球の安寧を祈った。

小倉城（こくらじょう）

福岡県

永禄12年（1569）築

城番号 881

参照頁▶P376

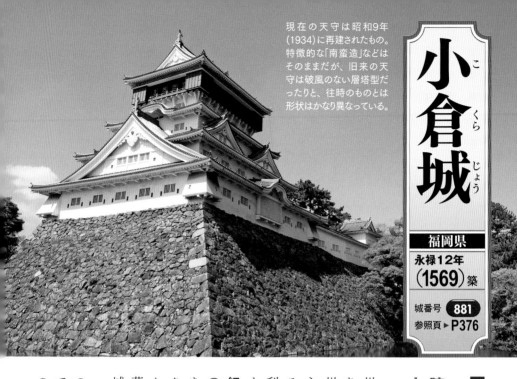

現在の天守は昭和9年(1934)に再建されたもの。特徴的な「南蛮造」などはそのままだが、旧来の天守は破風のない層塔型だったりと、往時のものとは形状はかなり異なっている。

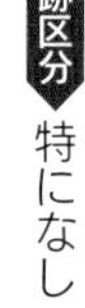

史跡区分　特になし

陸海の交通を制する九州支配の重要拠点

関門海峡を挟み九州と本州を結ぶ陸海交通の要衝である**小倉城**。豊臣秀吉の九州平定後には**毛利勝信**が城主となり、現在の縄張となる。「関ヶ原の戦い」後、毛利氏に代わって豊前国を領することになった東軍方の**細川忠興**が入城、慶長7年（1602）より7年の歳月をかけ改築し、居城とした。さらに寛永9年（1632）からは小笠原氏が豊前小倉藩15万石の藩主としてこの城を受け継いだ。

切石を使わない野面積みの石垣と堀に囲まれた**平城**で、四重五階の天守は四階の屋根のひさしがなく、最上階である黒く塗られた五階部分が張り出している**南蛮造**という外観が特徴。天守は江戸中期に焼失し、昭和に復元されるまで再建されることはなかった。

大手門跡

名護屋城（なごやじょう）

佐賀県

天正20年（1592）築

城番号 925
参照頁▶P383

天守跡から玄界灘を見る。
かつては五層七階の天守が建っていた。

史跡区分
国指定特別史跡

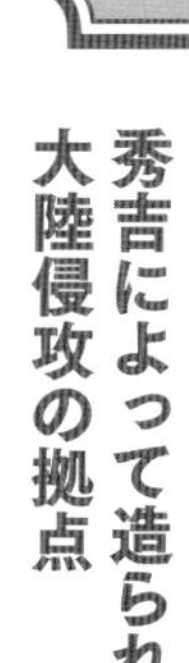
秀吉によって造られた大陸侵攻の拠点

文禄・慶長の役に際して、**朝鮮出兵の拠点**として築かれたのが**名護屋城**だ。玄界灘を一望する波戸（はど）岬の丘陵にそびえ立つこの城は、17万平方メートルもの面積を誇る巨城で、当時は大坂城に次ぐ規模であった。

建造は天正19年（1591）に始まり、諸大名による**割普請（わりぶしん）**によってわずか数か月あまりで完成した。しかし2度に渡る朝鮮出兵の失敗、秀吉の死も相まって慶長3年（1598）、諸大名の**陣屋**が構築され10万人を超える人々が集ったと言われた名護屋城はその役目を終えることとなる。

江戸時代に入り解体された名護屋城だが、現在は**城跡と23か所の陣跡**が国の特別史蹟に指定されており、一度築かれてから拡張のため埋められた石垣などの遺構が見られる。

大手の破却の跡。
江戸時代初期に崩された石垣が残る。

平成16年(2004)、当時の工法を用いて本丸御殿の一部を復元。佐賀城本丸歴史館となっている。

佐賀城（さがじょう）

佐賀県

慶長16年(1611)築

城番号 912

参照頁▶P381

史跡区分

重要文化財1件
県指定史跡
市指定重要文化財1件

佐賀藩鍋島氏の居城で佐賀の乱の激戦の舞台

佐賀城は佐賀平野のほぼ中央に位置する平城で、龍造寺（りゅうぞうじ）家の居城・村中城がその前身となる。

龍造寺家の衰退後は**鍋島直茂**（なべしまなおしげ）が家督を継承。その子の勝茂（かつしげ）が初代佐賀藩主となると慶長13年(1608)より本丸の改修を開始、3年後に五重の天守を持つ城として完成。その後幾度も焼失・再建を重ね、現在は鯱の門・続門・石垣のみが当時の姿を残している。

明治7年(1874)の**佐賀の乱**では激戦が繰り広げられ、現在も鯱の門に当時の弾痕が残る。

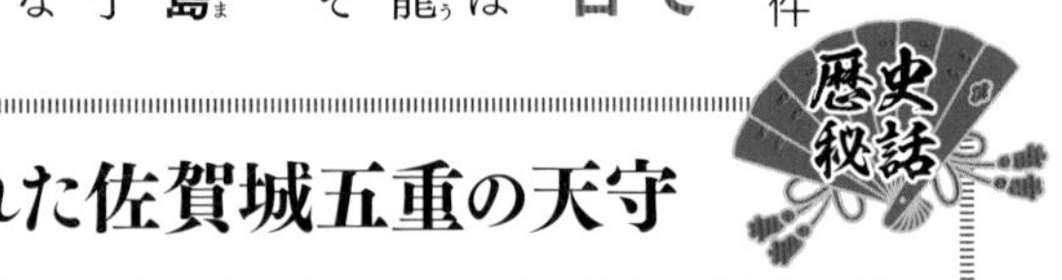

歴史秘話

謎に包まれた佐賀城五重の天守

佐賀城の本丸北西には天守が存在していたが、享保11年(1726)に火災で焼失。天保9年(1838)の本丸御殿復元の際にも再建されず、現在も高さ約9mもの石垣でできた巨大な天守台のみが残る。『肥前国佐賀城覚書』などの文献や絵図に記された「五重・高さ38m」ということ以外の実態は謎であり、築城400年にあたる平成23年(2011)から解明に向け遺構調査が行われている。

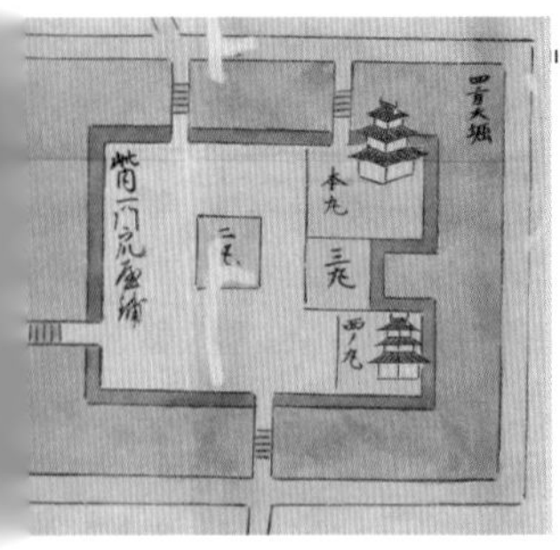

「日本古城絵図」より

豆知識

一度も櫓が建てられることがなかったという南西隅櫓台だが、城内で唯一となる亀甲積みという技法で造られた石垣となっている。

復興天守の高さは約33m。再建された天守のなかでも大坂城、名古屋城に次ぐ3番目の高さを誇る。破風がまったくない層塔型で、1階にのみ海鼠壁が用いられている。

島原城（しまばらじょう）

長崎県

元和4年（1618）築

城番号 949

参照頁▶P387

史跡区分 県指定史跡

白亜五層の天守閣から有明海と雲仙岳を一望

元和4年（1618）、**松倉重政**が7年かけて築いた**島原城**。重政と子・**勝家**は築城費用を得るため過酷な搾取を重ねるとともに、領内のキリシタンを徹底的に弾圧した結果、**島原の乱**を引き起こす。その後領主は入れ替わり、安永3年（1774）松平忠恕（ただひろ）の入城後は**松平家**が藩主を務めた。

明治7年（1874）の廃城後、民間に払い下げられる。天守や建物は取り壊され、石垣と堀のみ残っていたが、昭和35年（1960）から**西櫓**、**巽櫓**（たつみやぐら）、**丑寅櫓**（うしとらやぐら）と**白亜五重の天守**、**時鐘楼**を復元。それぞれの建物は展示施設として利用されている。なお天守は文献や大正末期の絵図を元にした復元だが、資料とは形状が微妙に異なっている。

令和6年（2024）の築城400周年に向け、令和4年（2022）から天守の外装改修を実施している。

屏風折れの高石垣。防衛上の死角をなくすため、屈曲（突角）が13か所造られている。

御館北側の武者返しの高石垣。石垣上部にはね出しを取り付けるヨーロッパの建築技法で、防火のための施設である。

人吉城（ひとよしじょう）

熊本県

建久10年（1199）築

城番号 963
参照頁 ▶P391

史跡区分 国指定史跡

壮大な歴史をもつ相良氏代々の居城

日本三大急流のひとつ、球磨川を外堀とする**人吉城**。建久9年（1198）、地頭として入った**相良長頼**（さがらながより）の築城とされ、以降明治まで約670年間存続した。長頼による工事中、三日月型の奇岩、**繊月石**（せんげつ）が発掘されたため、「**三日月城**」「**繊月城**（せんげつじょう）」といった別名もある。

近世人吉城の本格的な築城は、20代**長毎**（ながつね）によって天正17年（1589）、豊後から石工を招き始められた。豊臣秀吉による文禄・慶長の役や関ヶ原の戦いへの出兵等で普請は遅れたものの、寛永16年（1639）に完成した。

明治10年（1877）の西南戦争では西郷軍の拠点となり、石垣を除いてほとんどが破壊された。現在、城跡は**人吉城公園**として整備され、平成5年（1993）に**多聞櫓**と**角櫓**、これらをつなぐ**長塀**が復元。平成17年（2005）には人吉城歴史館が開館した。しかし令和2年（2020）豪雨で被災し、令和4年（2022）現在、浸水した多聞櫓・角櫓は見学不可。歴史館も休館中となっている。

球磨川に面する水の手門跡

三の丸の高石垣。「横矢掛り」という屏風のような構造で、2方向から矢を放つことが可能。

岡城

大分県

文治元年（1185）築

城番号 990

参照頁▶P395

史跡区分　国指定史跡

敵を本丸に近づけぬ難攻不落の山城

　阿蘇山の火砕流でできた海抜325mの岩山に位置する**岡城**。文治元年（1185）、源頼朝に追われた義経を匿うために**緒方惟栄**が築城したと伝わるが真偽は不明である。

　岡城の名がはっきりと歴史上に登場するのは、天正14年（1586）のこと。九州制覇を目指す島津軍が豊後に侵攻した際、志賀氏17代当主**志賀親次**が岡城に籠城、見事島津軍を撃退したという記録が残る。

　文禄3年（1594）、親次に代わって播磨三木から**中川秀成**が入封。以後は廃藩置県まで、中川氏が代々藩主を務めた。中川氏の代で岡城は大改修され、本丸を中心に二の丸、三の丸、西の丸を整備。高石垣を張り巡らし、天守の代用となる御三階櫓も築かれた。

　明治に入り建物は解体され、現存しているのは**高石垣**のみだが見応え十分。また、歌曲『**荒城の月**』は岡城がモデルとされ、二の丸跡には作曲家・滝廉太郎の銅像が建つ。

大手門跡。石垣上には櫓が渡されていた。

復元された御楼門。

史跡区分 県指定史跡

今も残る石垣には西南戦争の弾痕が

慶長6年（1601）、**島津家久**（いえひさ）により城山の麓に築城された**鹿児島城**（鶴丸城）は、本丸と二之丸を並べただけの非常に簡素な縄張で、天守も櫓もなかった。72万石の大大名の城とは思えないほどに質素な造りは、家久の言葉「**城をもって城とせず、人をもって城となす**」を端的に物語っている。天守が存在しないのは財政的な理由のほか、徳川幕府に対する**恭順の意**を示す狙いがあったようだ。

鹿児島城を居城とした島津家は12代続いて廃藩置県を迎えた。本丸の藩庁、居館などは明治6年（1873）の大火で、二の丸の居館や庭園も西南戦争で焼失。**石垣**、**堀**、**大手門**の石橋が現存している。また西郷隆盛の私学校跡地である出丸跡の石垣には、西南戦争時の弾痕が残る。

令和2年（2020）、**御楼門**が復元された。高さ・幅ともに約20mと国内最大級である。

本丸の石垣。背後には西郷隆盛が籠もった城山が見える。

今帰仁城の大石垣。

史跡区分 国指定史跡 世界遺産

北山の王の居城は今では世界遺産に

沖縄本島北部に位置する**今帰仁城**は、中国や東南アジアなどの陶磁器が出土する城跡であり、**世界遺産**にも登録されている。

もともとは琉球王国成立以前に存在した**北山国**の国王の居城であり、正確な築城年は伝わっていないが13世紀末頃と推定されている。1416年、北山王は琉球統一を実現させた中山王尚氏に滅ぼされるが、城郭自体は琉球王朝による北山統治に利用された。1609年、薩摩藩の琉球攻めにより炎上、廃城となった。

外郭を含めた7つの郭からなり、面積は首里城とほぼ同規模。

万里の長城を彷彿させる壮大な曲線を描く**石垣**、両脇に狭間が設けられた見事な正門、**平郎門**などが楽しめる。

御内原からの展望

大野城（おおのじょう）

福岡県

天智天皇４年（665）築

城番号 904

参照頁▶P379

史跡区分　国指定特別史跡

大陸からの侵攻に備え飛鳥時代に築かれた城

天智天皇2年（663）白村江（はくそんこう）の戦いで中国の唐に敗れ、九州（主に大宰府）警備のために力を注がざるをえなくなった大和朝廷は平野に**水城**（みずき）（⬇P379）、山頂に**大野城**を築いたといわれる。

守りやすく攻めにくい**朝鮮式山城**で、北方に1か所、西南に1か所、南部に2か所に城門が存在していた。山の尾根線には土塁を、谷間には石塁を使い城を囲むように壁が築かれており、その総計は8kmにも及ぶ。

往時の建物は失われているが、**石垣**や**門柱の礎石**（そせき）、そして**土塁跡**などが現在も点在している。

大野城の百間石垣

歴史　古代山城

大野城は百済（くだら）人の指導を受けて築かれた、典型的な朝鮮式山城（古代山城ともいわれる）である。九州や瀬戸内地方に多くみられ、居住スペースがないなど、戦国期の中世山城、江戸期の近世山城の造りとは大きく異なっている。

平戸城（ひらどじょう）

長崎県

慶長４年（1599）築

城番号 929

参照頁▶P384

史跡区分　特になし

三方を海に囲まれる天然の要塞

慶長4年（1599）より第26代松浦家当主**松浦鎮信**（まつらしげのぶ）によって着工されていた**平戸城**だが、完成を目前に控えた慶長18年（1613）、幕府への政治的配慮のために、当主自らの手で焼き捨てられてしまう。しかしその後、第29代当主の重信と彼の師事する**山鹿素行**（やまがそこう）が構想を練り、享保3年（1718）、第31代当主・**篤信**（あつのぶ）の治世に落成した新城が、**亀岡城**とも呼ばれる現在の平戸城である。

平戸瀬戸に突出した当城は周囲三方を海に囲まれた天然の要塞で、**海城**の性格を持っている。また城下町には、港を中心に商人たちが集まり栄えた。

明治維新までのおよそ150年間、平戸藩政の中心として機能してきたが、明治4年（1871）の廃藩置県により廃城。現在の城は昭和37年（1962）に復元されたものだが、**北虎口門**、**狸櫓**、**狭間のある石垣**が当時の姿を残す。

平戸湾からの眺め

大分府内城

大分県
慶長2年（1597）築
城番号 985
参照頁 ▶P395

史跡区分 県指定史跡、市指定史跡

整備された城下町が大分市の基礎になる

慶長2年（1597）により着工され、2年後に完成。**福原直高**により着工され、2年後に完成。当初は「荷落（交易）」の場所に城地を定めたことから「**荷落城**」と呼ばれることになっていたが、落ちるでは縁起が悪いということで、「**荷揚城**」に改められた。その後、直高に代わって城主となった**竹中重利**により「**府内城**」に再度呼び名が変更される。海に接した立地から「**白雉城**」とも呼ばれ、寛保3年（1743）の大火で天守閣をはじめ城の施設が多く焼失したが、本丸跡北西隅に二重の**人質櫓**西の丸に**宗門櫓**が現存している。

西丸西南隅櫓

歴史秘話 わずか1か月で改易

築城が終わり1か月後の慶長5年(1600) 5月、福原直高は領地を没収される。直孝は豊臣秀吉の側近の1人であり、石田三成の妹婿でもあった。秀吉の死と三成の失脚が、その人生を大きく変えたのである。

飫肥城

宮崎県
正平年間（1346~70）築
城番号 994
参照頁 ▶P396

史跡区分 市指定史跡

伊東氏と島津氏による日本史上最長の攻防戦

飫肥城は日向の地の武士団、**土持氏**が築城したのが起源とされる。時代は下って長禄2年（1458）、薩摩国の島津氏が、日向国の伊東氏南下に備え、**新納忠続**を入城させたことが発端となり、飫肥城は類稀なる長期攻防戦の舞台となる。両氏の争いは80年余に渡り続けられるが、豊臣秀吉が行った「九州征伐」の功により**伊東祐兵**が飫肥を与えられ、幕末まで支配した。

江戸期を通して大規模な地震に3度襲われ、その度に修繕が行われている。貞享3年（1686）の伊東祐実統治の頃には近世城郭に整備されるが、戦国期の縄張は残された。明治時代に建物は解体。昭和53年（1978）、時代考証に基づき飫肥杉を使用し**大手門**と**松尾の丸屋敷**をを復元した。

復元された大手門

<ruby>福岡県</ruby>

ふくおかけん

福岡県

九州北部に位置する福岡県は、古くから中国や朝鮮との貿易を通して、本州に物資を送り込む拠点だった。室町時代に大内氏が勢力を拡大するが、やがて大友宗麟が北九州を平定。島津氏の北上に対抗した。

880 福岡城（ふくおかじょう）

▶P362

重文 重文 史跡

築城年：慶長6年(1601)　築城者：黒田長政
特徴：名軍師として重用された黒田孝高（よしたか）の長男・長政が父とともに築城。舞鶴城、石城と称される。広大な敷地に47を数える櫓がそびえる。多聞櫓、二の丸南隅櫓は国の重要文化財に指定。
所在地：福岡市中央区城内
公共交通：地下鉄・大濠公園駅より徒歩約10分
車：福岡都市高速4号・西公園ICから城跡の舞鶴公園駐車場まで約10分

881 小倉城（こくらじょう）

▶P366

築城年：永禄12年(1569)　築城者：毛利氏
特徴：上の階が下の階より大きい南蛮造の天守が特徴的だったが、昭和30年代に再建された現在の建物には多くの破風が存在する。北九州市の中心部に位置し、北九州市役所が隣接。
所在地：北九州市小倉北区城内
公共交通：JR鹿児島本線・西小倉駅より徒歩約10分　車：北九州都市高速・勝山ICから約5分。勝山公園の有料駐車場を利用

883 花尾城　はなおじょう

築城年：建久5年(1194)　築城者：宇都宮重業（しげなり）
特徴：花尾山の頂上に立地する。3年間もの籠城戦に耐えた逸話が知られており、本丸北に残る潤沢な井戸が、その歴史を証明している。
所在地：北九州市八幡西区大字熊手
公共交通：JR鹿児島本線・黒崎駅よりバス
車：有明海沿岸道・黒崎ICから山麓の駐車場まで約10分。駐車場から主郭まで徒歩約30分

884 立花山城　たちばなやまじょう

築城年：元徳2年(1330)　築城者：大友貞載（さだのり）
特徴：築城者の大友貞載は立花氏を名乗り、「西大友」として存在感を示した。関ヶ原後、黒田長政の筑前入封に伴い破却。
所在地：糟屋郡新宮町・久山町・福岡市東区
公共交通：JR鹿児島線・福工大前駅よりバス「立花口」下車、徒歩約20分　車：福岡高速1号・香椎東ICから登山口駐車場まで約10分

882 猫尾城　ねこおじょう

史跡

築城年：文治年間(1185～1190)　築城者：源助能（すけよし）
特徴：大友氏家臣・黒木氏の居城だったが、家長が大友氏を裏切り、天正12年(1584)に攻め滅ぼされた。黒木氏の後は城代が置かれた。現在は城山公園として整備されている。
所在地：八女郡黒木町
公共交通：JR鹿児島本線・羽犬塚駅よりバス
車：九州道・八女ICから駐車場まで約30分

元寇防塁の石塁

886 元寇防塁（げんこうぼうるい） 史跡

築城年：建治2年（1276）　築城者：北条時宗
特徴：モンゴル帝国の襲来に対抗すべく、鎌倉幕府が防衛拠点として設置。黒田長政が福岡城を築城する際に石塁を流用したと伝えられる。
所在地：福岡市西区・早良区・中央区など
公共交通：地下鉄空港線・姪浜駅より徒歩約20分
車：福岡都市高速環状線・石丸ICから駐車場まで

887 小石原城 こいしわらじょう

築城年：不明　築城者：不明
特徴：別名・松尾城。もと秋月氏の支城と伝わるが、黒田長政の筑前入りで国境を守る筑前六端城のひとつに。枡形虎口など一部石垣を復元。
所在地：朝倉郡東峰村小石原
公共交通：JR日田彦山線・添田駅よりJR代行バス
車：大分道・杷木ICから駐車場まで約30分。登城口から主郭まで徒歩約10分

888 安楽平城 あらひらじょう

築城年：15世紀頃　築城者：不明
特徴：大内氏や大友氏支配下の城だったが、龍造寺氏により陥落。切岸・石垣・土塁・石塁を組み合わせた長大で堅固な防衛ラインを持つ。
所在地：福岡市早良区脇山
公共交通：JR日田彦山線・添田駅よりJR代行バス
車：福岡都市高速・野芥ICから約40分。登山口から本丸まで徒歩約30分

889 馬ヶ岳城 うまがたけじょう

築城年：天慶5年（942）　築城者：源経基
特徴：源経基が如体権現（にょたいごんげん）を参った際、神馬に乗った愛宕神のお告げを聞いたことが、築城のきっかけとなった。後に一国一城令により破却。
所在地：行橋市大字津積
公共交通：平成筑豊鉄道・新豊津駅より徒歩約30分　車：東九州道・今川PAスマートICから約10分。馬ヶ岳城跡西谷駐車場などを利用

890 香春岳城 かわらだけじょう

築城年：天慶3年（940）　築城者：藤原純友（すみとも）
特徴：大宰府から奈良朝廷に向かう道があったため、古くから要所として重視された。石灰岩の採掘により山頂周辺の遺構が失われている。
所在地：田川郡香春町
公共交通：JR日田彦山線・香春駅より徒歩約60分
車：東九州道・行橋ICから香春岳登山口駐車場まで約30分

885 名島城 なじまじょう

築城年：天文年間（1532～1555）　築城者：立花鑑載（あきとし）
特徴：立花城主が支城として築き、天正15年（1587）に小早川隆景によって大きく改修される。三方が海に面する立地から水軍を擁した。
所在地：福岡市東区名島
公共交通：西鉄貝塚線・名島駅より徒歩約20分
車：福岡高速1号・名島ICからすぐ。名島神社駐車場を利用

水運でも利用された柳川城の水堀

891 城井谷城　きいだにじょう

築城年：建久6年(1195)　築城者：宇都宮信房
特徴：同地の領主・宇都宮氏が築き、後に坂井姓を名乗った。入り口が狭く内部がふくれた特徴的な形状から瓢箪城の別名がつけられた。
所在地：築上郡築上町
公共交通：JR日豊本線・築城駅よりバス
車：東九州道・築城ICから約35分。城井霊園の駐車場を利用

892 岩石城　がんじゃくじょう

築城年：保元3年(1158)　築城者：大庭景親
特徴：大庭景親が平清盛の命を受け築いたという記録が残る。以後、大友氏、大内氏の管理下に置かれるが、秀吉の軍勢により1日で落城。
所在地：田川郡添田町大字添田
公共交通：JR日田彦山線・添田駅より徒歩約50分
車：東九州道・みやこ豊津ICから約40分。添田公園の駐車場を利用

893 益富城　ますとみじょう

築城年：永享年間(1429～1441)　築城者：大内盛見
特徴：関ヶ原の戦いの後は黒田氏の城となり、一国一城令により廃城。搦手門が麟翁寺の山門として移築されている。別名は大隅城。
所在地：嘉麻市中益
公共交通：JR筑豊本線・桂川駅よりバス
車：九州道・八幡ICから城内にある駐車場まで約50分

894 久留米城　くるめじょう

史跡

築城年：天正15年(1587)　築城者：毛利秀包
特徴：もとは土地の豪族が築いた篠原城と伝えられる。豊臣秀吉の九州平定の後、毛利元就の子・秀包が新しく城郭を形成。来目城とも。
所在地：久留米市篠山町
公共交通：JR鹿児島本線・久留米駅より徒歩約15分　車：九州道・久留米ICから城跡の篠山神社駐車場まで約15分

895 柳川城　やながわじょう

史跡

築城年：文亀年間(1501～1504)　築城者：蒲池治久
特徴：文亀年間(1501～1504)の蒲池治久の築城と伝わるが、史料の裏付けがあるのは孫・鑑盛が永禄年間(1558～1570)に築いたとする説。
所在地：柳川市本城町
公共交通：西鉄天神大牟田線・柳川駅よりバス「柳川高校」下車、徒歩すぐ　車：九州道・みやま柳川ICから約25分。周辺のコインパーキングを利用

896 門司城　もじじょう

築城年：元暦2年(1185)　築城者：紀井通資
特徴：関門海峡が眼下に広がる古城山の山頂に築かれた九州最北の要所。瀬戸内海国立公園を構成する和布刈公園に立地し風光明媚で有名。
所在地：北九州市門司区
公共交通：JR鹿児島本線・門司港駅よりバス
車：関門道・門司港ICから約10分。和布刈公園の駐車場を利用。主郭まで徒歩約7分

897 長野城　ながのじょう

築城年：保元2年(1157)　築城者：平康盛
特徴：平清盛の六男である修理判官康盛が築城。以後、長野氏を名乗り、大内氏や毛利氏などの家臣になった。天正15年(1587)に廃城。　所在地：北九州市小倉南区　公共交通：JR日豊本線・下曽根駅よりバス「舞ヶ丘五丁目」下車、徒歩約30分　車：九州道・小倉東ICから約5分。長野緑地公園の駐車場を利用。三の郭まで徒歩約20分

898 山鹿城　やまがじょう

築城年：天慶年間(938～947)　築城者：藤原藤次
特徴：遠賀川河口の丘陵地に位置。築城者の藤原藤次は山鹿姓を名乗る。山鹿氏は源氏との戦いに敗れ、城には宇都宮氏(麻生氏)が入る。
所在地：遠賀郡芦屋町
公共交通：JR鹿児島本線・折尾駅よりバス
車：九州道・八幡ICから約30分。登山口前(芦屋町消防団第3分団前)の駐車スペースを利用

久留米城本丸の石垣

899 松山城 まつやまじょう

築城年：天平12年(740)　築城者：藤原広嗣
特徴：周防灘に面する半島に立地する。資源の採掘により、半島は往事の姿から様変わりした。慶長11年(1606)に廃城となる。
所在地：京都郡苅田町
公共交通：JR日豊本線・苅田駅よりバス
車：東九州道・苅田北九州空港ICから約5分。登山口から本丸まで徒歩約30分。専用Pは利用停止中

900 障子ヶ岳城 しょうじがたけじょう

築城年：建武3年(1336)　築城者：足利統氏
特徴：足利尊氏一族の統氏が築城するが、応安元年(1368)、千葉光胤の攻撃を受けて落城。牙城と称され、城跡からの展望に優れる。
所在地：京都郡みやこ町勝山松田
公共交通：平成筑豊鉄道・行橋駅よりバス
車：九州道・小倉南ICから約30分。味見桜公園駐車場を利用

901 岩屋城 いわやじょう

築城年：天文年間(1532～1555)　築城者：高橋鑑種
特徴：宝満山城の支城。高橋紹運がわずか700あまりの兵で籠城し、島津の大軍と激戦を繰り広げた。城跡に紹運らを称える石碑がある。
所在地：太宰府市大字太宰府
公共交通：西鉄太宰府線・太宰府駅より徒歩約50分　車：九州縦貫道・太宰府ICから約15分。主郭そばに数台の駐車スペースあり

902 柑子ヶ岳城 こうじがたけじょう

築城年：天文元年(1532)　築城者：大内氏
特徴：大内氏が築城し、永禄年間(1558～1570)に大友宗麟が改築。立花城や岩屋城とともに、筑前の守備を担った。草場城とも呼ばれる。
所在地：福岡市西区
公共交通：JR筑肥線・九大学研都市駅よりバス
車：西九州道・今宿ICから柑子岳登山口駐車場まで約20分

903 高祖山城 たかすやまじょう

築城年：建長元年(1249)　築城者：原田種継
特徴：奈良時代に築かれたという怡土城の遺構を使って築城された。天正15年(1587)に小早川隆景が率いた軍勢に包囲され落城している。
所在地：糸島市高祖
公共交通：JR筑肥線・周船寺駅よりバス
車：福岡前原道路・周船寺ICから約20分で高祖神社駐車場。駐車場から本丸まで徒歩約45分

904 大野城 おおのじょう

▶P374

史跡

築城年：天智天皇4年(665)　築城者：大和朝廷
特徴：唐・新羅の侵攻に備え、全土防衛の最前線として築造された。約8kmに渡り土塁や石垣で取り囲み、中には数々の建物の礎石が確認できる。
所在地：糟屋郡宇美町四王寺、太宰府市、大野城市
公共交通：西鉄太宰府線・太宰府駅より徒歩約50分　車：九州道・大宰府ICから山上の四王寺県民の森センター駐車場まで約30分

905 水城 みずき

史跡

築城年：天智天皇3年(664)　築城者：天智天皇
特徴：唐・新羅の侵攻に備えて各所に築かれた防御拠点。内部に水を入れた土塁によって敵を阻む。県内では6か所確認されている。
所在地：太宰府市水城ほか
公共交通：西鉄天神大牟田線・都府楼前駅より徒歩約25分　車：九州道・水城ICから水城跡第二広場駐車場まで約5分

906 発心城 ほっしんじょう

史跡

築城年：天正5年(1577)　築城者：草野家清
特徴：平安末期から同地方で強い支配力を誇っていた名家・草野氏の築城。堅城として知られるが、天正15年(1587)に豊臣秀吉により落城。整備されており堀切などが良好な状態で見学できる。
所在地：久留米市草野町
公共交通：JR久大本線・筑後草野駅より車
車：九州道・久留米ICから駐車場まで約40分

907 秋月城 あきづきじょう

史跡

築城年：寛永元年(1624)　築城者：黒田長興
特徴：同地の有力者秋月氏が築城するが、転封によって廃城。江戸時代になって、黒田長政の三男・長興により改築された。別名秋月陣屋。現在は紅葉の名所として知られる。
所在地：朝倉市秋月野鳥
公共交通：甘木鉄道甘木線・甘木駅よりバス
車：大分道・甘木ICから有料駐車場まで約20分

紅葉の名所となっている秋月城の長尾門

佐賀県（さがけん）

小規模な国人に過ぎなかった龍造寺氏が、龍造寺家兼の時代に飛躍し、肥前で権力をふるう戦国大名となる。一時は島津氏、大友氏と並び九州の支配を分け合うが、龍造寺隆信の死後、配下の鍋島氏に実権が移る。

910 吉野ヶ里遺跡 よしのがりいせき

築城年：弥生時代　築城者：不明
特徴：弥生時代を代表する環濠集落の遺跡。敵の侵入を防ぐための外堀や逆茂木、柵が復元されており、当時の防御技術が見られる。
所在地：神埼郡吉野ヶ里町田手
公共交通：JR長崎線・吉野ヶ里公園駅より徒歩約15分
車：長崎道・東脊振ICから駐車場まで約10分

908 基肄城 きいじょう

史跡

築城年：天智4年(665)　築城者：天智天皇
特徴：大宰府の防御を固めるために設けられた城。現在は草木が生い茂っているが、都市開発の影響が少なく往時の姿に近い遺構が残る。
所在地：三養基郡基山町
公共交通：JR鹿児島本線・基山駅より徒歩約80分
車：九州道・筑紫野IC／長崎道・鳥栖ICから約30分。山上の城跡駐車場を利用

909 唐津城（からつじょう）

築城年：慶長7年(1602)　築城者：寺沢広高
特徴：豊臣家臣の寺沢広高が6年かけて完成させた。広高はその後、信長、家康に仕えた。現在は城跡の一部が公園。舞鶴城の別名を持つ。
所在地：唐津市東城内
公共交通：JR唐津線・唐津駅よりバス
車：長崎道・多久ICから東城内駐車場(有料)まで約40分。駐車場から天守まで徒歩約5分

唐津城の模擬天守

国宝 国宝　重文 重要文化財(国)　重文 重要文化財(県)
史跡 国指定史跡　史跡 県指定史跡

堀と柵をめぐらせた吉野ヶ里

佐賀城の鯱の門

912 佐賀城（さがじょう）

▸P368

重文 史跡

築城年：慶長13年(1608)　築城者：鍋島直茂
特徴：国の重要文化財である「鯱の門」には佐賀戦争でつけられた無数の弾痕が残っている。天守は享保11年(1726)の火災で失われた。本丸跡には佐賀城本丸歴史館が建つ。亀甲城、栄城ともいう。
所在地：佐賀市城内
公共交通：JR長崎本線・佐賀駅よりバス
車：長崎道・佐賀大和ICより約30分。佐賀城本丸歴史館駐車場や佐賀城公園駐車場を利用

勝尾城の2段の石垣

911 勝尾城 かつのおじょう

史跡

築城年：応永30年(1423)　築城者：渋河義俊
特徴：渋川氏の築城後、城主が頻繁に交替。天正14年(1586)以降に廃されたと思われる。三上城、筑紫城、山浦城などの別名を持つ。
所在地：鳥栖市河内町・牛原町・山浦町
公共交通：JR鹿児島本線・鳥栖駅よりバス「東橋」下車、徒歩約40分
車：長崎道・鳥栖ICから登城口まで約15分。登城口から本丸まで徒歩約50分

913 蓮池城 はすいけじょう

築城年：応永34年(1427)　築城者：小田直光
特徴：築城者の小田氏は龍造寺氏と協力関係にあったが、後に確執が生じ龍造寺隆信に城を攻め落とされた。かつては小田城と呼ばれた。
所在地：佐賀市蓮池町
公共交通：JR長崎本線・佐賀駅よりバス
車：長崎道・佐賀大和ICから約30分。蓮池公園駐車場を利用

914 岸岳城 きしだけじょう

史跡

築城年：平安末期　築城者：波多氏
特徴：北波多村と相知町の境界に位置。この地にはかつて鬼に例えられる山賊が住んでいたという伝承があり、鬼子城の別名がある。
所在地：唐津市相知町佐里・北波多岸山
公共交通：JR唐津線・唐津駅よりバス「北波田病院」下車、徒歩約30分
車：西九州道・北波多ICから登山口の駐車場まで約15分。本丸まで徒歩約20分

岸岳城の三左衛門殿丸の石垣

獅子ヶ城本丸の石垣

915 獅子ヶ城 ししがじょう

史跡

築城年：治承・文治年間(1177～1190)
築城者：源披
特徴：源披が築いて居城とするが、二代目の源持は本拠を平戸に移す。以降は廃城となるも、天文14年(1545)に鶴田氏が再建した。
所在地：唐津市厳木町
公共交通：JR唐津線・厳木駅より車
車：厳木バイパス・浪瀬ICから駐車場まで約5分

916 潮見城 しおみじょう

築城年：嘉禎3年(1237)　築城者：橘公業
特徴：峻険な潮見山に位置する。初代城主・橘公業から15代公師まで続いたが、有馬義直により落城。城跡の入り口に潮見神社が建つ。
所在地：武雄市橘町
公共交通：JR佐世保線・武雄温泉駅より徒歩約60分　車：西九州道・武雄南ICから約10分。潮見神社(中宮)前の駐車スペースを利用

917 住吉城 すみよしじょう

築城年：戦国時代　築城者：後藤氏
特徴：黒髪山の麓にある丘に築かれた城。城跡には新しく林道が作られ、一部が畑になっているが、大半は林のまま状態を留めている。
所在地：武雄市山内町
公共交通：JR佐世保線・三間坂駅より車
車：長崎道・武雄北方ICから約30分。黒髪山公園一の鳥居駐車場を利用

918 千葉城 ちばじょう

築城年：鎌倉末期　築城者：千葉氏
特徴：地頭職の千葉氏が築き、居城にした。牛頭山の頂に位置し、麓には祇園川があり、水堀の役目を果たす。遺構はほぼ失われている。
所在地：小城市小城町
公共交通：JR唐津線・小城駅より徒歩約45分
車：長崎道・佐賀大和ICから約25分。千葉公園の駐車場を利用

919 須古城 すこじょう

築城年：天文年間(1532～1555)　築城者：平井氏
特徴：標高40mほどの小丘に位置する。猛将として知られる龍造寺隆信が12年かけて4度攻撃を仕掛け、ようやく攻め落とした。
所在地：杵島郡白石町
公共交通：JR長崎本線・肥前白石駅より徒歩約60分
車：長崎道・武雄北方ICから約20分

920 綾部城 あやべじょう

築城年：平治元年(1159)　築城者：藤原幸通
特徴：宮山城、鷹取城などこの地に固まる複数の城を総称して綾部城という。基肄城などとともに大宰府防衛の目的で築かれたとする説も。
所在地：三養基郡みやき町
公共交通：JR長崎本線・中原駅より徒歩約30分
車：長崎道・東脊振ICから約15分。綾部神社の駐車場を利用

921 三瀬城 みつせじょう

築城年：文永元年(1264)　築城者：大江氏
特徴：築城者の大江氏は三瀬氏の始祖。戦国時代には神代勝利が居城として利用した。江戸時代に入り、神代氏が本拠を移したため廃城。
所在地：佐賀市三瀬村
公共交通：JR長崎本線・佐賀駅より車
車：長崎道・佐賀大和ICから約25分／福岡都市高・福重ICから約35分。三瀬城跡駐車場を利用

922 姉川城 あねがわじょう

史跡

築城年：正平15年(1360)　築城者：菊池武安
特徴：菊池武安が少弐氏の侵攻に備えて築く。のち菊池氏が姉川姓を名乗ったのが城名の由来。周りをクリークに囲まれた特徴的な立地で、現在は田畑になっている。
所在地：神埼市神埼町
公共交通：JR長崎本線・神埼駅よりバス
車：長崎道・佐賀大和ICから約20分

923 鹿島城 かしまじょう

重文

築城年：文化4年(1807)　築城者：鍋島直彝
特徴：鹿島藩主の居城。明治時代に遺構の多くは失われたが、赤門と呼ばれる丹塗りの本丸表門は残り、県の重要文化財になっている。
所在地：鹿島市高津原
アクセス：JR長崎本線・肥前鹿島駅よりバス
車：長崎道・武雄北方ICから約25分。旭ヶ丘公園の駐車場を利用

924 塚崎城 つかさきじょう

築城年：元永年間(1118〜1119)
築城者：後藤資茂
特徴：築城以来、後藤氏が代々居城とし、天正14年(1586)に住吉城に移る。しかし城が焼失したため再び塚崎城に戻った。武雄城とも。
所在地：武雄市武雄町
公共交通：JR佐世保線・武雄温泉駅より徒歩約20分　車：長崎道・武雄北方ICから約15分

名護屋城の破城跡が残る石垣

925 名護屋城 なごやじょう

►P367

史跡

築城年：天正20年(1592)　築城者：豊臣秀吉
特徴：豊臣秀吉が文禄・慶長の役の拠点とするべく、九州各地の大名を集めて古城を改築した。島原の乱後、石垣が徹底的に破壊された。城周辺には徳川家康をはじめとする諸大名の陣跡が多数あり、そのうち23か所は国の特別史跡。
所在地：唐津市鎮西町名護屋　公共交通：JR唐津線・唐津駅よりバス「名護屋城博物館」下車、徒歩約5分　車：西九州道・唐津ICから名護屋城博物館の駐車場まで約40分。本丸まで徒歩約10分

926 徳川家康陣 とくがわいえやすじん

史跡

築城年：文禄元年(1592)　築城者：徳川家康
特徴：文禄・慶長の役における徳川家康の陣所で、名護屋城との距離は700mほど。本陣だが、規模は呼子町の別陣の方が大きく、主力武将の多くは別陣に配された可能性が高い。　所在地：唐津市鎮西町　公共交通：JR唐津線・唐津駅よりバス　車：西九州道・唐津ICから名護屋城博物館の駐車場まで約40分。駐車場から徒歩約15分

927 高木城 たかぎじょう

築城年：久安年間(1145〜1151)
築城者：高木貞永
特徴：高木氏はこの城を拠点に勢力を拡大し、肥前屈指の国人領主になったが、室町末期に龍造寺隆信に敗北して没落。城も廃されている。
所在地：佐賀市高木瀬東
公共交通：JR長崎本線・佐賀駅より徒歩約25分
車：長崎道・佐賀大和ICから約10分

928 横武城 よこたけじょう

築城年：不明　築城者：横武氏
特徴：かつて佐賀平野に多くあった中世の水城。曲輪を区切る水堀が、田園地帯に今も迷路のように残る。公園整備され移築古民家も見学可。
所在地：神埼市神埼町横武
公共交通：JR長崎本線・神崎駅よりバス
車：長崎道・東脊振ICから約20分。横武クリーク公園の駐車場を利用

九州地方の城

長崎県（ながさきけん）

九州北西部に位置する長崎県は、対馬や五島列島など島々が多く、さまざまな勢力があった。強力な水軍を擁する松浦党が発展し、大村氏も長く存在感を示したが、戦国時代が到来すると勢力地図は一新、秀吉の直轄地となる。

金田城の東南角石塁

929 平戸城（ひらどじょう）

►P374

築城年：慶長4年(1599)　築城者：松浦鎮信（まつらしげのぶ）

特徴：慶長4年(1599)に松浦鎮信が築城をはじめるも、工事途中で城が焼失。幕府の圧力もあり鎮信は築城を断念する。約100年の時を経て、松浦棟が築城をはじめ城が完成した。亀岡城とも。

所在地：平戸市岩の上町　公共交通：松浦鉄道・たびら平戸口駅よりバス「平戸口市役所前」下車、徒歩約5分　車：西九州道・佐世保中央ICから約60分。レストハウスの駐車場を利用

福江城の外堀と搦手門

平戸城の模擬天守と見奏櫓

930 金田城

史跡

築城年：天智天皇6年(667)　築城者：大和朝廷
特徴：峻険な岩山に位置する。頂上には望楼の跡が残り、浅海湾を一望できる。1㎞にも及ぶ石垣などもあり堅牢な城だったことが伺える。
所在地：対馬市美津島町黒瀬城山
公共交通：対馬空港よりバス
車：対馬空港から約20分／厳原港から約30分。駐車場あり。山頂まで徒歩約50分

931 金石城

史跡

築城年：享禄元年(1528)　築城者：宗将盛
特徴：内乱で居館を失った宗将盛が清水山の麓に築いた。当初は館だったが、徐々に城郭化した。庭園が現存し、国の名勝になっている。
所在地：対馬市厳原町今屋敷
公共交通：厳原港より徒歩約40分
車：対馬空港から約20分／厳原港から約5分。対馬博物館や観光情報館の駐車場を利用

復元された金石城の櫓門

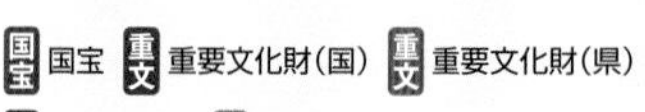

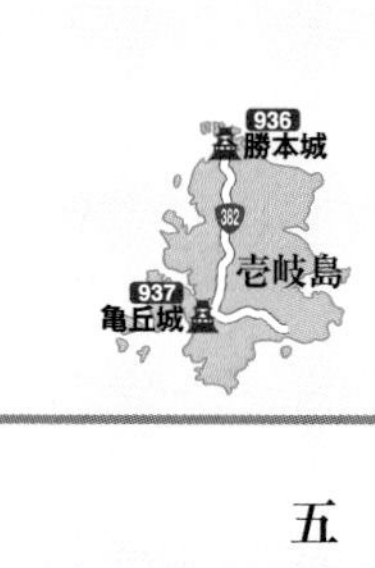

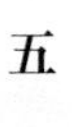

932 福江城

史跡

築城年：文久3年(1863)　築城者：五島盛徳
特徴：一度も城を持つことがなかった五島氏が、何度も幕府に許可を願い出てようやく築いた。5年後に明治維新で破却。別名は石田城。
所在地：五島市池田町
公共交通：福江港より徒歩約10分
車：九州商船フェリー・福江港から約5分。五島観光歴史資料館の駐車場を利用

清水山城の石垣

933 清水山城 しみずやまじょう
史跡

築城年：天正19年(1591)　築城者：毛利高政
特徴：文禄・慶長の役の兵站基地。名護屋城と朝鮮をつなぐ中継拠点とすべく、豊臣秀吉の命を受け毛利高政が築城。状態のよい遺構が残る。
所在地：対馬市厳原町厳原西里
公共交通：厳原港より徒歩約60分　車：対馬空港から約20分、厳原港から約5分。対馬博物館の駐車場を利用。一の丸まで徒歩約40分

934 桟原城 さじきばらじょう
史跡

築城年：延宝6年(1678)　築城者：宗義真
特徴：宗義真が18年かけて築いた。府中の東北部にあり、朝鮮通信使一行のための迎賓館としての役割も担った。別名は府中城・厳原城。
所在地：対馬市厳原町桟原
公共交通：厳原港よりバス
車：対馬空港から約15分／厳原港から約10分。数台の駐車スペースあり

935 日野江城 ひのえじょう
史跡

築城年：建保年間(1213～1219)　築城者：有馬経澄
特徴：慶長17年(1612)に転封となるまで有馬氏が本拠にした。築城時期は南北朝時代にさかのぼるとする説もある。日之江城とも。
所在地：南島原市北有馬町戊谷川名
公共交通：島原鉄道・島原駅よりバス
車：長崎道・諫早ICから約80分／島原市内から約40分。城跡内に駐車スペースあり

936 勝本城 かつもとじょう
史跡

築城年：天正19年(1591)　築城者：松浦鎮信
特徴：対馬の清水山城と同じく文禄・慶長の役の兵站拠点として築かれた。松浦鎮信が昼夜を問わず工事を進め、3か月足らずで完成させた。
所在地：壱岐市勝本町坂本触
公共交通：郷ノ浦港よりバス「城山」下車、徒歩約5分
車：郷ノ浦港から駐車場まで約25分

937 亀丘城 かめのおじょう
史跡

築城年：永仁2年(1293)　築城者：波多宗無
特徴：備前・岸岳城主の波多宗無が築いた出城。戦国期には松浦氏の支配下に置かれた。その後、一国一城令を受けて廃城。城跡は公園。
所在地：壱岐市郷ノ浦町本村触
公共交通：郷ノ浦港よりバス
車：郷ノ浦港から約5分／芦辺港から約20分。亀丘城公園駐車場を利用

938 直谷城 なおやじょう
史跡

築城年：寛元年間(1243～1247)　築城者：志佐貞
特徴：福井川を見下ろす山に位置。安徳天皇がこの城に隠棲したという伝説から内裏城の別名がある。城跡には壮大な三重の土塁が残る。
所在地：佐世保市吉井町
公共交通：松浦鉄道・潜竜ヶ滝駅より徒歩約20分
車：西九州道・松浦ICから駐車場まで約15分。駐車場から登城口まで徒歩すぐ

939 梶谷城 かじやじょう
史跡

築城年：延久元年(1069)　築城者：源久
特徴：西肥前を見渡すことができる眺望に優れた城。城跡には大手門が現存し、麓に県内最大規模の城跡が残っている。勝谷城とも。
所在地：松浦市今福町
公共交通：松浦鉄道・今福駅より徒歩約35分
車：西九州道・今福ICから約10分。城山中腹の駐車場や二の丸の駐車スペースを利用

940 原城 はらじょう
史跡

築城年：明応5年(1496)　築城者：有馬貴純
特徴：有明海に面する壮麗な城。あまりの美しさに舟人が時間を忘れていつまでも見入ってしまう、という意味で日暮城の別名がついた。
所在地：南島原市南有馬町大江名・浦田名
公共交通：島原鉄道・島原駅よりバス
車：長崎道・諫早ICから約80分／島原市内から約40分。城跡内に駐車場あり

原城本丸に立つ天草四郎像

玖島城の板敷櫓

941 玖島城 史跡

築城年：慶長4年(1599)　築城者：大村喜前
特徴：キリシタン大名の大村喜前が三城城から本拠を移した。城跡に残る高石垣は加藤清正の教えを受けて築かれたという。別名は大村城。
所在地：大村市玖島
公共交通：JR大村線・大村駅よりバス「市役所前」下車、徒歩約10分
車：長崎道・大村ICから駐車場まで約15分

942 俵石城 たわらいしじょう

築城年：室町時代　築城者：深堀氏
特徴：地頭領主の深堀氏による築城。城跡には石塁や俵型の矢石の他、放射線状に設けられた竪堀がある。麓には深堀純賢の陣屋跡が残り、当時の石積と門柱が見られる。
所在地：長崎市深堀町
公共交通：JR長崎本線・長崎駅よりバス
車：長崎南環状線・戸町ICから約20分

943 深江城 ふかえじょう

築城年：応永年間(1394～1427)　築城者：安富氏
特徴：城主・安富氏は天正年間(1573～1592)に有馬氏の支配下に入り、龍造寺氏と戦った。その後、安富氏が佐賀に移って城は廃された。
所在地：南島原市深江町
公共交通：島原鉄道・島原駅よりバス「川原下」下車、徒歩約10分
車：長崎道・諫早ICから約70分

944 富江陣屋 とみえじんや

築城年：寛文6年(1662)　築城者：五島盛清
特徴：富江藩の陣屋跡で、当時は約1万坪の広さがあった。跡地は宅地や田畑になったため当時の面影はないが、火薬や穀物などを収容するための石造りの倉庫が残っている。
所在地：五島市富江町
公共交通：福江港より車
車：福江港から約25分／五島福江空港から約20分

945 日の岳城 ひのたけじょう

築城年：慶長4年(1599)　築城者：松浦鎮信
特徴：平戸城の前身となる城。完成直前に城は焼失するが、これは改易を恐れた城主・松浦鎮信自らの放火によるものだといわれている。
所在地：平戸市岩の上町
公共交通：松浦鉄道・たびら平戸口駅よりバス
車：西九州道・佐世保中央ICから約60分。レストハウス駐車場を利用

946 三城城 さんじょうじょう

築城年：永禄7年(1564)　築城者：大村純忠
特徴：「三城七騎籠り」の逸話が有名な城。後藤氏ら連合軍の急襲を受けた際、三城城にいた7人の家臣が知略をこらして敵を撃退した。
所在地：大村市三城町
公共交通：JR大村線・大村駅より徒歩約10分
車：長崎道・大村ICから約10分。長崎県忠霊塔の駐車場を利用

947 諫早城 いさはやじょう

築城年：文明年間(1468～1486)　築城者：西郷尚善
特徴：西郷氏が代々居城にして勢力を拡大したが、豊臣秀吉の九州侵攻に参陣しなかったため領地没収となった。跡地は公園。高城とも。
所在地：諫早市高城町
公共交通：JR長崎本線・諫早駅より徒歩約10分
車：長崎道・諫早ICから約15分。諫早公園の駐車場を利用

948 鶴亀城 つるかめじょう

築城年：鎌倉後期　築城者：神代氏
特徴：沖田畷の戦いの舞台。龍造寺氏と有馬氏が肥後国の覇権を賭けて火花を散らした。江戸時代には鍋島陣屋が置かれた。別名・神代城。
所在地：雲仙市国見町神代丙
公共交通：島原鉄道・神代町駅より徒歩約10分
車：島原道路・栗面ICから約40分。鍋島邸・まちなみ見学者用臨時駐車場を利用

949 島原城 史跡

▸P369

築城年：元和4年(1618)　築城者：松倉重政
特徴：松倉重政が7年の歳月をかけて築いた。49の櫓を擁する壮大な城で、築城に伴って領民への負担が増し、島原の乱の一因になる。廃城令で石垣と堀以外は解体されるも、戦後復元された。
所在地：島原市城内
公共交通：島原鉄道・島原駅より徒歩約10分
車：島原道路・島原ICから城内の駐車場まで約10分

熊本県

室町時代に、古くから同地で力を持っていた菊池氏が守護となり、阿蘇氏、名和氏、相良氏などが各地を支配するが、争乱が絶えなかった。やがて大友氏が肥後に進出し、龍造寺氏、島津氏と対立することになる。

2016年の熊本地震から復旧した熊本城の復元天守

宇土古城の復元された横堀と城門

宇土城に立つ小西行長像

950 熊本城（くまもとじょう）

▸P16

重文 史跡

築城年：慶長12年（1607）　築城者：加藤清正
特徴：慶長12年（1607）に52万石大名の加藤清正が、出田氏が築いた城を大規模に改築。日本の三名城のひとつに数えられる壮大な城が完成した。13の建造物が国の重文。別名は銀杏（ぎんなん）城。
所在地：熊本市本丸
公共交通：JR鹿児島本線・熊本駅より市電「熊本城・市役所前」下車、徒歩約5分
車：九州道・熊本ICから二の丸駐車場（有料）まで約30分。駐車場から天守まで約10分

951 宇土古城 うとこじょう

史跡

築城年：永承（えいしょう）3年（1048）　築城者：宇土氏
特徴：築城者の宇土氏は菊池氏の一族。城跡には石塁や堀、鎌倉式の多重塔などが残るほか、門や柵が復元されている。発掘調査では陶磁器が多数見つかっている。
所在地：宇土市神馬町
公共交通：JR鹿児島本線・宇土駅より車
車：九州道・松橋ICから城跡駐車場まで約20分

952 宇土城 うとじょう

築城年：天正17年（1589）　築城者：小西行長
特徴：キリシタン大名・小西行長の城で、この天守を移築したのが熊本城宇土櫓といわれた。現在は公園。本丸跡には小西行長の銅像がある。
所在地：宇土市古城町
公共交通：JR鹿児島本線・宇土駅よりバス
車：九州道・松橋ICから宇土城山公園の駐車場まで約15分

953 古麓城 ふるふもとじょう

史跡

築城年：室町初期　築城者：名和氏・相良氏
特徴：峰続きに位置する7つの城から構成される。主城のほか、見張り用の城や連絡拠点となる城など、それぞれ役割が違う。主郭のある新城は公園として整備されている。
所在地：八代市古麓町
公共交通：JR鹿児島本線・八代駅より車
車：九州道・八代ICから駐車場まで約10分

954 鍋城 なべじょう

築城年：鎌倉時代　築城者：上相良氏
特徴：県内屈指の規模を持ち、自然の地形を生かした堅城。この城を本拠とする相良氏の一族は上相良氏と呼ばれた。鍋倉城ともいう。大手石垣や曲輪の跡が残るがあまり整備されていない。
所在地：球磨郡多良木町黒肥地
公共交通：くま川鉄道・多良木駅より車
車：九州縦貫道・人吉ICから約25分

国宝　重要文化財(国)　重要文化財(県)
国指定史跡　県指定史跡

佐敷城の石垣。破城の跡が残る

955 水俣城 みなまたじょう

築城年：南北朝時代　築城者：水俣氏
特徴：島津勢がこの城を攻めた際、島津方の先鋒を務める新納氏と城を守る犬童氏が、矢文で和歌の応酬をしたというエピソードがある。
所在地：水俣市古城町
公共交通：JR鹿児島本線・水俣駅よりバス
車：南九州西回り自動車道・日奈久ICから城山公園駐車場まで約60分

956 本渡城 ほんどじょう

築城年：永禄年間(1558～1569)　築城者：天草氏
特徴：島原の乱ではこの城で唐津藩と一揆勢が激しい戦いを繰り広げた。現在城跡には戦死者を弔う千人塚が設けられ、公園になっている。
所在地：天草市本渡町
公共交通：本渡バスセンターより車
車：松島有料道路・上津浦ICから約30分。天草市立天草キリシタン館の駐車場を利用

957 富岡城 とみおかじょう

築城年：慶長10年(1605)　築城者：寺沢広高
特徴：寺沢広高が関ヶ原の戦いで武功を立てて天草地方の領主となり、居城を築いた。島原の乱の激戦地のひとつで城跡には供養碑がある。
所在地：天草郡苓北町富岡
公共交通：本渡バスセンターよりバス「富岡港」下車、徒歩約20分
車：富岡港から城山駐車場まで約5分

958 守山城 もりやまじょう

築城年：正平22年(1367)　築城者：菊池氏
特徴：この城を本拠に城主・菊池氏は守護大名にまでのし上がるが、内紛を幾に衰退。替わって赤星氏が城主になる。隈府城、菊池城とも。
所在地：菊池市隈府
公共交通：JR鹿児島本線・熊本駅よりバス
車：九州道・植木ICから約30分。菊池神社の駐車場を利用

959 佐敷城 さしきじょう

史跡

築城年：南北朝時代　築城者：佐敷氏
特徴：地元領主の佐敷氏が築いた山城。天正9年(1581)に島津義久によって攻め落とされた。加藤清正入封後は城代として重次が置かれた。
所在地：葦北郡葦北町佐敷字下町
公共交通：肥薩おれんじ鉄道・佐敷駅より徒歩約30分　車：南九州西回り道・芦北ICから城跡駐車場まで約10分。本丸まで徒歩約10分

960 隈部館 くまべやかた

史跡

築城年：戦国時代　築城者：隈部氏
特徴：県内の城・館のなかで最も高所に位置。隈部館の名は昭和49年に決められたもので、江戸時代の文献では猿返城の館と書かれている。主郭入り口の枡形虎口や建物の礎石跡が良好に残存。
所在地：山鹿市菊鹿町
公共交通：JR鹿児島本線・熊本駅より車
車：九州道・植木ICから隈部氏館駐車場まで約30分

961 御船城 みふねじょう

築城年：14世紀以前　築城者：不明
特徴：戦国期に御船氏が本拠とし、甲斐氏、島津氏、加藤氏と城主が入れ替わった。城跡の一部が公園になり、甲斐宗運追善の碑が立つ。
所在地：上益城郡御船町御船
公共交通：JR鹿児島本線・熊本駅よりバス
車：九州道・御船ICから約10分／九州中央道・小池高山ICから約15分。駐車場あり

962 八代城 やつしろじょう

史跡

築城年：元和8年(1622)　築城者：加藤忠広
特徴：もともとこの地には小西行長が築いた麦島城があったが、加藤清正の子である忠広が改築して八代城とした。松江城とも呼ばれる。
所在地：八代市松江城町
公共交通：JR鹿児島本線・八代駅よりバス
車：九州道・八代ICから八代城跡公園駐車場まで約10分

八代城天守台の石垣

人吉城の中御門跡

963 人吉城（ひとよしじょう） 史跡

►P370

築城年：建久10年(1199)　築城者：相良氏
特徴：明治維新まで相良氏が本拠とした。修築工事の際、三日月の文様を持つ不思議な石が発見されたことから、三日月城の別名がついた。
所在地：人吉市麓町
公共交通：JR肥薩線・人吉駅より徒歩約15分
車：九州道・人吉ICから約5分。人吉城歴史館の駐車場を利用。本丸まで約15分

964 久玉城 くたまじょう 史跡

築城年：室町時代　築城者：不明
特徴：久玉氏の本拠。かつては海の間近に位置し、三方を天然の地形に守られた堅牢な城だったが、現在は陸地が増えている。
所在地：天草市久玉町
公共交通：本渡バスセンターよりバス
車：松島有料道路・上津浦ICから約60分。駐車場なし

965 筒ヶ嶽城 つつがだけじょう

築城年：鎌倉時代　築城者：小代行平（しょうだいゆきひら）
特徴：玉名・南関・荒尾の3市町にまたがる小岱山に位置し、標高約500mの山頂につくられている。現在は公園で、野面積みの石垣や、深さ3mほどの二重堀などが残る。
所在地：荒尾市府本
公共交通：JR鹿児島本線・玉名駅より車
車：九州道・菊水ICから駐車場まで約30分

966 鞠智城 きくちじょう 史跡

築城年：7世紀後半　築城者：不明
特徴：肥後最古の城。唐・新羅連合軍に対する拠点として築かれた。現在は公園になっており、復元された建造物を見ることができる。
所在地：山鹿市菊鹿町米原
公共交通：JR鹿児島本線・熊本駅よりバス
車：九州道・植木ICから約20分／九州道・菊水ICから約45分。駐車場あり

967 菊之池城 きくのいけじょう

築城年：延久2年(1070)　築城者：不明
特徴：菊池則隆の築城と伝えられる。菊池氏が正平22年(1367)に守山城を築いて本拠を移すまで、代々の居城になった。別名・雲上（うんじょう）城。近隣には「菊池氏」の由来となった菊の池がある。
所在地：菊池市深川
公共交通：JR豊肥本線・肥後大津駅よりバス
車：九州縦貫道・植木ICから約20分

968 鷹峰城 たかみねじょう

築城年：天文3年(1534)　築城者：相良氏
特徴：7つの城で構成された古麓城のうち、文亀4年(1504)に相良氏が入ってから、新城とともに整備された城。八代は交通の要衝で、名和氏・相良氏・島津氏と様々な大名が入城した。
所在地：八代市古麓町
公共交通：JR鹿児島本線・八代駅より車
車：九州縦貫道・八代ICから駐車場まで約10分

969 田中城 たなかじょう 史跡

築城年：14世紀以前　築城者：和仁（わに）氏
特徴：地方豪族の和仁氏による築城。天正15年(1587)に和仁親実は国主・佐々成政に対し一揆を起こして城に籠ったが殺された。舞鶴城とも。
所在地：玉名郡三加和町和仁
公共交通：JR新大牟田駅からバス「境」下車、徒歩約5分　車：九州道・南関ICから約15分。登城口から本丸まで徒歩約10分

970 岩尾城 いわおじょう

築城年：貞応元年(1222)　築城者：阿蘇氏
特徴：豪族・阿蘇氏の本拠。南北朝時代には南朝勢の拠点として利用された。天正13年(1585)に島津義久に攻められて落城した。
所在地：上益城郡山都町城原
公共交通：JR鹿児島本線・熊本駅よりバス
車：九州道・御船ICから約60分。道の駅「通潤橋」の駐車場を利用

復元された鞠智城の鼓楼

大分県（おおいたけん）

豊後は源頼朝に守護を任じられた大友氏が長く治める。南北朝の内乱が終息したころ、大内氏が九州に進出し豊前守護となる。両者は対立するが、大内氏が陶氏の謀反などで衰退し、大友氏が大分を掌握した。

周防灘
大分県
986 真玉城
974 高田城
981 富来城
989 沓掛城
987 立石陣屋
984 安岐城
972 杵築城
977 日出城
985 大分府内城
993 大友氏館
978 高崎城
976 臼杵城
992 鶴賀城
990 岡城
988 栂牟礼城
980 佐伯城
速吸瀬戸（豊予海峡）
豊後水道
別府湾

971 中津城（なかつじょう）

史跡

築城年：天正16年（1588）　築城者：黒田孝高

特徴：名軍師として名高い黒田孝高の築城。孝高は宇都宮鎮房をこの城に招いて謀殺している。黒田氏が関ヶ原の戦いで功績を残して筑前へ移った後は細川忠興が入り、大規模な改修を施した。扇城の別名を持つ。

所在地：中津市二ノ丁

公共交通：JR日豊本線・中津駅より徒歩約20分

車：東九州道・中津ICから中津城駐車場まで約20分

中津城の模擬天守

八坂川越しに見た杵築城

972 杵築城 きつきじょう

史跡

築城年：明徳4年(1393)　築城者：木付頼直
特徴：天正14年(1586)に4万を超える薩摩島津軍に攻められても陥落しなかった難攻不落の城。その堅牢さから勝山城とも呼ばれた。
所在地：杵築市大字杵築
公共交通：JR日豊本線・杵築駅よりバス
車：大分空港道・杵築ICから約10分／大分港から約30分。城山公園駐車場を利用

973 永山城 ながやまじょう

築城年：慶長6年(1601)　築城者：小川光氏
特徴：小川光氏が古砦を整備・拡張して居城にした。寛永16年(1639)には幕府の管轄となり、代官所が置かれた。城跡は石垣と堀を残すのみで、ほとんどが公園となっている。丸山城、月隈城とも。
所在地：日田市丸山
公共交通：JR久大本線・日田駅より徒歩約25分
車：大分道・日田ICから月隈公園駐車場まで約5分

974 高田城 たかだじょう

築城年：建久7年(1196)　築城者：高田重定
特徴：文禄3年(1594)に竹中半兵衛の従兄弟の重利が入り改築。関ヶ原の戦いの後は松平重直が城主になった。城跡は公民館前に石垣を残すのみ。
所在地：豊後高田市玉津
公共交通：JR日豊本線・宇佐駅よりバス
車：宇佐別府道路・宇佐ICから約25分。豊後高田市中央公民館の駐車場を利用

975 日隈城 ひのくまじょう

築城年：文禄3年(1594)　築城者：宮木長次郎
特徴：玖珠郡・目田郡の守護代になった宮木長次郎が日隈山に築城。後に毛利高政が入り、五層六階の天守を備える壮大な城になる。
所在地：日田市亀山町
公共交通：JR久大本線・日田駅より徒歩約20分
車：大分道・日田ICから約10分。亀山公園駐車場を利用

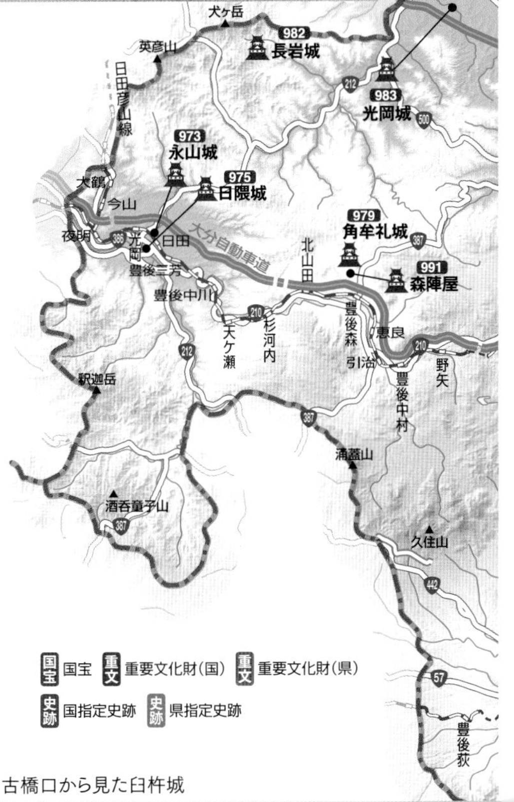

976 臼杵城 うすきじょう

史跡

築城年：永禄5年(1562)　築城者：大友宗麟
特徴：キリシタン大名・大友宗麟が築き、大友氏館から本拠を移した。関ヶ原後に稲葉氏が入って改修。31の櫓を有する壮麗な城になった。
所在地：臼杵市大字臼杵
公共交通：JR日豊本線・臼杵駅より徒歩
車：東九州道・臼杵ICから有料駐車場まで約10分。Pから本丸まで徒歩約10分

国宝　国宝　重文　重要文化財(国)　重文　重要文化財(県)
史跡　国指定史跡　史跡　県指定史跡

古橋口から見た臼杵城

佐伯城の石垣造りの堀切

977 日出城 ひじじょう

築城年：慶長7年(1602)　築城者：木下延俊
特徴：豊臣秀吉の妻・北政所の甥である木下延俊の築城。現在は日出小学校が建ち、隅櫓が仁王地区に移されて残っている。別名・暘谷城。
所在地：速見郡日出町二の丸
公共交通：JR日豊本線・暘谷駅より徒歩約10分
車：大分空港道・日出ICから約10分。二の丸館の駐車場利用。駐車場から天守台まで徒歩数分

978 高崎城 たかさきじょう

築城年：正平13年(1358)　築城者：大友氏時
特徴：豊後守護の大友氏時が、阿南惟家の古砦を利用して新たに城を築いた。城がある高崎山はニホンザルの生息地としても知られる。
所在地：大分市大字神崎
公共交通：JR日豊本線・別府駅よりバス
車：大分道・大分ICから約40分／大分道・別府ICから約50分。南登山口駐車場を利用

979 角牟礼城 つのむれじょう 

史跡

築城年：弘安年間(1278〜1288)　築城者：森朝通
特徴：要害堅固な城。森氏が城主を務めていた天正14年(1586)に、島津軍6000人に攻められるが、篭城して1000人の城兵で城を死守した。
所在地：玖珠郡玖珠町
公共交通：JR久大本線・豊後森駅よりバス「森町」下車、徒歩約30分
車：大分道・玖珠ICから三ノ丸駐車場まで約10分。駐車場から本丸まで徒歩約15分

角牟礼城伝水の手曲輪の石垣

980 佐伯城 さいきじょう

重文

築城年：慶長11年(1606)　築城者：毛利高政
特徴：城の形が羽を広げた鶴のように見えることから、鶴城、鶴ヶ城、鶴谷城などの別名がある。
所在地：佐伯市西谷
公共交通：JR日豊本線・佐伯駅よりバス「大手前」下車、徒歩すぐ
車：大分道・佐伯ICから約10分。歴史資料館駐車場を利用。本丸まで徒歩約20分

981 富来城 とみくじょう

築城年：13世紀　築城者：富来氏
特徴：築城者は富来忠文もしくは忠政。富来氏の滅亡後は豊臣秀吉が垣見家純を置くが、慶長5年(1600)に黒田軍に攻められ開城した。現在は城山子供公園となっており、石垣の一部が残る。
所在地：東国市国東町
公共交通：国東バスターミナルよりバス
車：大分空港道路・安岐ICから約30分

982 長岩城 ながいわじょう

史跡

築城年：建久9年(1198)　築城者：野仲重房
特徴：宇都宮重房が城を築いて野仲氏を名乗った。築城以来、22代に渡って野仲氏の居城になる。天正16年(1585)に黒田長政により落城。
所在地：下毛郡耶馬溪町川原口
公共交通：JR日豊本線・中津駅より車
車：JR日豊本線・中津駅から約50分。登山道入り口に駐車場あり。登城口から本丸まで約40分

983 光岡城 みつおかじょう

築城年：貞和6年(1350)　築城者：赤尾種綱
特徴：永禄9年(1566)に、佐野親重が赤尾氏の法要の日を狙って城に攻め込み、赤尾氏の一族や家臣を皆殺しにした。赤尾城とも呼ばれる。
所在地：宇佐市赤尾
公共交通：JR日豊本線・豊前善光寺駅より車
車：東九州道・中津ICから約25分／宇佐別府道・宇佐ICから約30分。光岡城址公園駐車場を利用

984 安岐城 あきじょう

築城年：応永年間(1394〜1428)
築城者：田原親幸
特徴：海に面する台地に位置。東・南を海と川に守られ、西北には水堀を設けた堅牢な城。発掘調査で城跡から前方後円墳が見つかった。
所在地：国東市安岐町
公共交通：杵築バスターミナルよりバス
車：大分空港道路・塩屋ICから約5分

985 大分府内城

▸P375

史跡

築城年：慶長2年（1597）　築城者：福原直高
特徴：大友義統に代わって府内に入った福原直高が築城。宗門櫓と人質櫓が今なお残っている。大分城、荷揚城、白雉城とも呼ばれる。
所在地：大分市荷揚町
公共交通：JR日豊本線・大分駅より徒歩約15分
車：大分道・大分ICから約15分。周辺の有料駐車場を利用

986 真玉城 またまじょう

史跡

築城年：文和2年（1353）　築城者：真玉重実
特徴：木付氏の分家である真玉氏の本拠。真玉氏は九代で滅び、その後城も廃された。現在、城跡には水堀に囲まれた真玉寺がある。
所在地：豊後高田市西真玉
公共交通：JR日豊本線・宇佐駅より車
車：東九州道・大分農業文化公園ICから約40分。高田高校真玉分校跡地の駐車スペースを利用

987 立石陣屋 たていしじんや

築城年：寛永18年（1641）　築城者：木下延由
特徴：木下延由が日出藩から5000石を分与されて築いた陣屋。十二代俊明まで続いて明治維新に至った。延由を豊臣秀頼の遺児とする説も。遺構は残っていない。
所在地：杵築市山香町
公共交通：JR日豊本線・立石駅より徒歩約10分
車：東九州道・大分農業文化公園ICから約15分

988 栂牟礼城 とがむれじょう

築城年：大永年間（1521〜1528）　築城者：佐伯惟治
特徴：大永7年（1527）に、佐伯惟治が当主・大友義鑑に謀反を疑われて城を攻められる。城は堅牢だったが、謀略にかかり惟治は自害した。
所在地：佐伯市弥生
公共交通：JR日豊本線・上岡駅より徒歩約30分
車：東九州道・佐伯ICから約15分。小田山城駐車場を利用

989 沓掛城 くつかけじょう

築城年：鎌倉後期　築城者：田原直平
特徴：大友泰広を祖とする田原氏の居城。四代目の貞広は東国東郡の飯塚城に本拠を移した。城跡近くの村にある直平の墓は国の重文。田原城とも。
所在地：杵築市大田沓掛
公共交通：JR日豊本線・宇佐駅より車
車：大分空港道路・杵築ICから約15分。田原家五重塔の前の駐車スペースを利用

990 岡城

▸P371

史跡

築城年：文治元年（1185）　築城者：緒方惟栄
特徴：滝廉太郎の「荒城の月」のモデルになった城。建造物はほとんど失われているが、石塁が多く残る。竹田城、臥牛城の別名がある。
所在地：竹田市大字竹田　公共交通：JR豊肥本線・豊後竹田駅よりバス「岡城入口」下車、徒歩約10分　車：中九州横断道・竹田ICから城跡駐車場まで約10分。駐車場から本丸まで徒歩約20分

991 森陣屋 もりじんや

築城年：天保8年（1837）　築城者：来島康親
特徴：森藩初代藩主・来島康親が築いた陣屋。栖鳳楼（茶室）や庭園が現存し、前者は県の有形文化財、後者は県の名勝。久留島陣屋とも。
所在地：玖珠郡玖珠町
公共交通：JR久大本線・豊後森駅よりバス
車：大分道・玖珠ICから約10分。旧久留島氏庭園駐車場を利用

992 鶴賀城 つるがじょう

築城年：不明　築城者：利光氏
特徴：大友氏家臣・利光氏の居城で、島津との戦で最前線に。幾重もの堀を配す実戦的縄張で、島津軍の猛攻に耐えた。戸次川古戦場を一望。
所在地：大分市上戸次字利光
公共交通：JR豊肥本線・竹中駅より徒歩約40分
車：大分道・大分米良ICから約20分。成大寺登山口から本丸まで徒歩約30分

993 大友氏館 おおともしやかた

史跡

築城年：鎌倉後期　築城者：大友氏泰
特徴：天文19年（1550）に大友義鑑が殺されたお家騒動「二階崩れの変」の舞台として知られる。発掘調査で庭園の跡などが見つかった。現在、歴史公園として整備が進み、庭園が復元されている。
所在地：大分市上野町
公共交通：JR日豊本線・大分駅よりバス
車：大分道・大分ICから城跡駐車場まで約15分

復元された大友氏館の庭園

宮崎県

守護大名の伊東氏が権力を持つが、木崎原の戦いで島津氏に大敗を喫すると、豊後の大友氏を頼った。島津氏と大友氏は激しく争い、最終的には豊臣秀吉の九州統一によって争乱にピリオドが打たれた。

復元された飫肥城の大手門

994 飫肥城

►P375

築城年：正平年間(1346～1370)　築城者：土持氏
特徴：長禄2年(1458)に島津氏の支城になる。その後、約100年に渡って伊東氏と城の争奪戦が繰り広げられたが、天正15年(1587)に豊臣秀吉の九州侵攻で功績を残した伊東氏が城主の座に就いた。
所在地：日南市飫肥
公共交通：JR日南線・飫肥駅より徒歩約15分
車：東九州道・日南東郷ICから飫肥城観光駐車場まで約10分

995 松山塁 まつやまるい

築城年：天正6年(1578)　築城者：佐伯宗天
特徴：大友宗麟が高城を攻めた際、長期戦に備えて築かせた。その後、天正15年(1578)には、豊臣秀長がここに陣所を置いて高城を攻撃した。
所在地：児湯郡川南町松山
公共交通：JR日豊本線・高鍋駅よりバス
車：東九州道・高鍋ICから約5分。宗麟原供養塔の案内付近の駐車スペースを利用

996 佐土原城 史跡

築城年：建武年間(1334～1337)　築城者：田島氏
特徴：都於郡城とともに伊東氏が本拠にした。城が焼失したために伊東氏はいったん宮崎城に移ったが、後に佐土原城を再建して戻った。
所在地：宮崎郡佐土原町上田島
公共交通：JR日豊本線・佐土原駅宮交シティよりバス「佐土原小学校前」下車、徒歩約5分
車：東九州道・西都ICから約5分。宮崎市佐土原歴史資料館の駐車場を利用。登城口から本丸まで徒歩約10分

997 穆佐城 むかさじょう 史跡

築城年：元弘年間(1331～1334)　築城者：足利尊氏
特徴：南朝勢に対する拠点として足利尊氏が築く。戦国期には島津氏と伊東氏がこの城をめぐって激しく争った。六笠城の別名がある。
所在地：東諸県郡高岡町小山田
公共交通：JR日豊本線・宮崎駅よりバス
車：東九州道・宮崎西ICから約10分。駐車スペースあり

998 梶山城 かじやまじょう

築城年：応永年間(1394～1428)　築城者：高木氏
特徴：天然の地形を生かして築かれた山城。周囲を川や谷によって守られる。戦国期に島津氏と伊東氏の争いの舞台になった城のひとつ。
所在地：北諸県郡三股町長田
公共交通：JR日豊本線・三股駅よりバス
車：宮崎道・山之口スマートICから約10分。見学者用駐車場を利用

999 勝岡城 かつおかじょう

築城年：文保年間(1317～1319)
築城者：島津資久
特徴：島津資久が城を築いて樺山氏を名乗った。明応4年(1495)に伊東氏の領所となり家臣が城を守った。元和元年(1615)に廃される。現在、遺構は農地や山林となっている。
所在地：北諸県郡三股町蓼池
公共交通：JR日豊本線・三股駅より徒歩約30分
車：宮崎道・都城ICから約10分

国宝 国宝　重文 重要文化財(国)　重文 重要文化財(県)

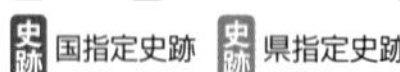
史跡 国指定史跡　史跡 県指定史跡

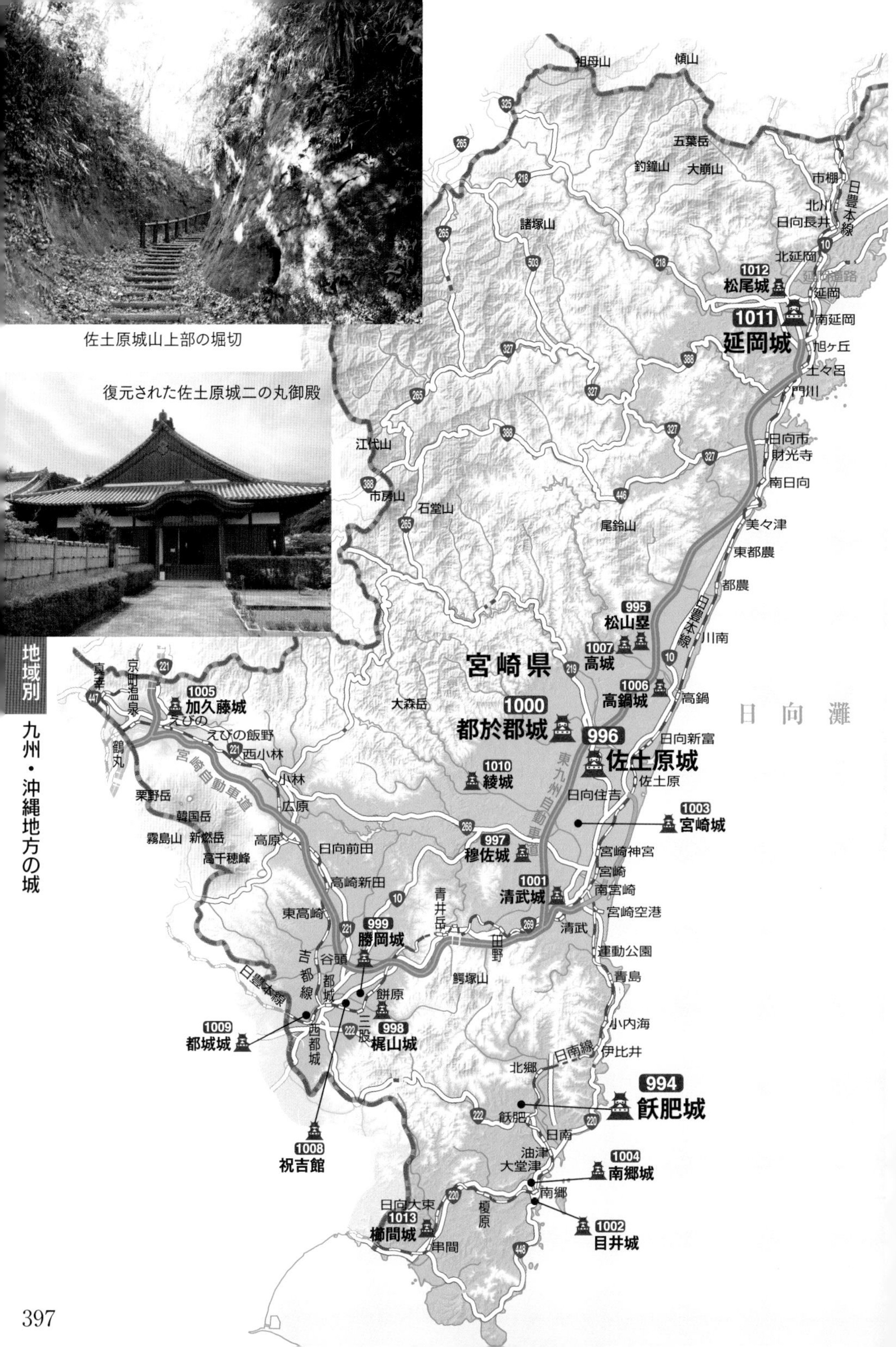

佐土原城山上部の堀切
復元された佐土原城二の丸御殿

祖母山　傾山

五葉岳

釣鐘山　大崩山

市棚

北川
日向長井

北延岡
1012
松尾城

諸塚山

503

1011
延岡城
南延岡
旭ヶ丘
土々呂
門川

日向市
財光寺

南日向

美々津

東都農

都農

江代山

市房山

石堂山

尾鈴山

995
松山塁
川南
1007
高城

宮崎県

1000
都於郡城

1006
高鍋城
高鍋

日向新富

日向灘

1005
加久藤城
京町温泉
えびの
えびの飯野
西小林

大森岳

1010
綾城

996
佐土原城
佐土原

日向住吉

鶴丸

栗野岳

韓国岳　新燃岳

霧島山

高千穂峰

小林

広原

高原

日向前田

高崎新田

東高崎

268
997
穂佐城

1003
宮崎城

宮崎神宮
宮崎
南宮崎
宮崎空港

1001
清武城
清武

青井岳

田野

鰐塚山

運動公園

青島

999
勝岡城
谷頭
都城
餅原

小内海

1009
都城城
西都城
三股
998
梶山城

北郷

伊比井

日南線

994
飫肥城

1008
祝吉館

飫肥
日南

油津
大堂津
南郷

1013
櫛間城
日向大束
串間

榎原

1004
南郷城

1002
目井城

1003 宮崎城 みやざきじょう

築城年：延元元年(1336)　築城者：図師慈円
特徴：伊東氏の家臣・図師慈円が南朝方の武将として挙兵した城。大淀川を見下ろす丘に位置し、眺望に優れる。池内城、龍峯城とも呼ぶ。曲輪や堀切、土塁などが残る。
所在地：宮崎市池内町城
公共交通：JR日豊本線・宮崎駅よりバス
車：東九州道・西都ICから約25分

1004 南郷城 なんごうじょう

築城年：慶長6年(1601)　築城者：伊東氏
特徴：島津氏の侵攻に対する拠点として伊東氏が築城した。眺望に優れた山頂に位置。現在は跡地の一部が公園として整備されている。
所在地：日南市南郷町
公共交通：JR日南線・大堂津駅より徒歩約40分
車：東九州道・日南東郷ICから約25分。展望台付近の広場に駐車可能

1005 加久藤城 かくとうじょう

築城年：応永年間(1394～1428)　築城者：北原氏
特徴：北原氏の久藤城を島津義弘が補修した城で、長子の鶴寿丸を住まわせた。伊東軍の攻撃を受けるも迎撃し、のち伊東氏は衰退していく。広大な曲輪跡が見られる。
所在地：えびの市小田
公共交通：JR吉都線・えびの駅より徒歩約25分
車：九州自動車道・えびのICから約5分。駐車場なし

1006 高鍋城 たかなべじょう

築城年：斉衡年間(854～857)
築城者：柏木左衛門尉
特徴：平安時代に柏木氏が築いた城を、慶長9年(1604)に秋月氏が改修して本拠とした。かつては財部城と呼ばれていた。現在は舞鶴公園。
所在地：児湯郡高鍋町　公共交通：JR日豊本線・高鍋駅よりバス　車：東九州道・高鍋ICから約10分。舞鶴公園駐車場を利用

高鍋城の石垣

都於郡城の本丸と二の丸の堀切

1000 都於郡城 とのこおりじょう

史跡

築城年：建武4年(1337)　築城者：伊東祐持
特徴：最盛期には48の城を支配下に置いた日向国の雄・伊東氏の本拠。天正遣欧使節の伊東マンショが生まれた城としても知られる。
所在地：西都市都於郡町
公共交通：JR日豊本線・佐土原駅よりバス「都於郡」下車、徒歩約10分　車：宮崎道・西都ICから駐車場まで約5分。本丸まで徒歩約5分

1001 清武城 きよたけじょう

築城年：永和5年(1379)　築城者：清武氏
特徴：伊東義祐・伊東義益の2代で築かれた伊東四十八城のひとつ。数ある伊東氏の城のなかでも島津氏に対する拠点として特に重要視された。城跡には壮大な空堀が残る。
所在地：宮崎市清武町
公共交通：JR日豊本線・清武駅より徒歩約20分
車：東九州道・清武ICから約6分。駐車場なし

1002 目井城 めいじょう

築城年：天文年間(1532～1554)　築城者：島津氏
特徴：日向灘を見下ろす岩山に位置する。南を除く三方を急崖に守られている。天文14年(1541)に島津忠広が日高氏を置いて守らせた。
所在地：日南市南郷町
公共交通：JR日南線・南郷駅より徒歩約15分
車：宮崎道・田野ICから約50分。南郷漁協の駐車場を利用

延岡城の千人殺しの石垣

1007 高城 たかじょう

築城年：建武2年(1335)　築城者：島津時久
特徴：難攻不落と称された堅城。天正6年(1578)に5万の大友宗麟軍に取り囲まれたが、500余の城兵と600騎の援軍で撃退した。
所在地：児湯郡木城町高城
公共交通：JR日豊本線・高鍋駅よりバス「役場前」下車、徒歩約10分
車：宮崎道・高鍋ICから城山公園駐車場まで約5分

1008 祝吉館 いわよしだて

史跡

築城年：建久8年(1197)　築城者：惟宗忠久
特徴：島津氏の祖・惟宗忠久の居館。この館を築いた当時、忠久は薩摩・大隅・日向の守護だった。この館で島津氏活躍の基礎が築かれる。
所在地：都城市郡元町
公共交通：JR日豊本線・都城駅よりバス
車：宮崎道・都城ICから約15分。早水公園の駐車場を利用。駐車場から徒歩約5分

1009 都城城 みやこのじょうじょう

築城年：天授元年(1375)　築城者：北郷義久
特徴：島津氏分家の北郷氏の居城。遺構は残っていないが、現在は城山公園として整備され、天守を模した歴史資料館がある。鶴丸城とも。
所在地：都城市都島町
公共交通：JR日豊本線・都城駅よりバス
車：東九州道・末吉財部ICから約20分で城山公園駐車場

1010 綾城 あやじょう

築城年：元弘年間(1331～1334)　築城者：綾氏
特徴：城を築いた後、綾氏は伊東氏に従属し、綾城は伊東四十八城のひとつになる。天正5年(1577)に島津氏の領地になり、新納氏が入城。専門家の監修のもと戦国時代の模擬天守がつくられた。
所在地：東諸県郡綾町北俣錦原
公共交通：JR日豊本線・南宮崎駅よりバス
車：東九州道・宮崎西ICから駐車場まで約30分

1011 延岡城 のべおかじょう

築城年：慶長8年(1603)　築城者：高橋元種
特徴：初代城主・高橋元種の後、有馬氏が入って城を拡張した。「千人殺し」と称される石垣が残っており、伝承によれば、この石垣の石をひとつでも外すと石垣全体が崩れて1000人を押しつぶすという。
所在地：延岡市東本小路城山公園
公共交通：JR日豊本線・延岡駅よりバス
車：東九州道・延岡ICから約10分。駐車場あり(時間帯により有料)

1012 松尾城 まつおじょう

築城年：文安3年(1446)　築城者：土持宣綱
特徴：伊東氏と関係が悪化したことを受け、合戦に備えて土持氏が築城した。土持氏はこの城を拠点に2度伊東氏と戦うが、敗北した。
所在地：延岡市松山町
公共交通：JR日豊本線・延岡駅よりバス
車：延岡道路・延岡ICから約5分。本東寺の駐車場を利用

1013 櫛間城 くしまじょう

築城年：建武年間(1334～1337)　築城者：野辺氏
特徴：野辺氏の城を島津氏が奪い、天正15年(1587)には秋月種長が入る。現在、遺構の主要部分は工業団地となっているが、北側の山林付近には堀跡が残る。
所在地：串間市西方字上ノ城
公共交通：JR日南線・日向北方駅より徒歩約20分
車：東九州道・日南東郷ICから約40分

綾城から城下を望む

鹿児島県

大隈、薩摩、そして日向の一部で構成される鹿児島県。古くから海外との交易が盛んで、大隈の肝付氏、日向の伊東氏が、いち早く合戦に鉄砲を取り入れた。守護の島津氏が同地を支配し、九州全土を席巻した。

鹿児島城本丸の鬼門除けの隅石

1014 鹿児島城（かごしまじょう） 史跡

►P372

築城年：慶長6年（1601）　築城者：島津家久
特徴：77万石大名・島津家久の築城だが島津氏の格を考えれば質素な城だった。天守も櫓もなかったといわれる。別名の鶴丸城は島津家の家紋に由来するとも、地形が羽を広げた鶴に見えるからともいわれる。
所在地：鹿児島市城山町
公共交通：JR日豊本線・鹿児島駅より徒歩約15分
車：九州道・鹿児島IC／鹿児島北ICから城跡の黎明館駐車場まで約15分

1015 加治木城（かじきじょう）

築城年：平安時代　築城者：大蔵氏
特徴：築城者の大蔵氏は、関白藤原頼忠の三男である経平（つねひら）とする説が有力。経平は大蔵氏の娘と結婚してこの地に帰化している。私有地となっている場所も多いが、堀切などを見学できる。
所在地：姶良市加治木町
公共交通：JR日豊本線・加治木駅よりバス
車：九州道・加治木ICから約5分

1016 伊作城（いざくじょう） 史跡

築城年：文永8年（1271）　築城者：島津氏
特徴：豊臣秀吉と九州の覇権を賭けて争う義久・義弘をはじめ、島津氏を代表する多くの名将がこの城で生まれた。城跡に誕生碑が立つ。
所在地：日置市吹上町中原
公共交通：JR鹿児島本線・鹿児島中央駅からバス「東本町」下車、徒歩約20分　車：指宿スカイライン・谷山ICから約25分。伊作城駐車場を利用

1017 平佐城（ひらさじょう）

築城年：不明　築城者：不明
特徴：薩摩氏による鎌倉末期の築城と推測される。桂氏が城主のとき、豊臣秀吉勢約8000の兵に対して300の兵で城を守った。現在は平佐西小学校になっている。
所在地：薩摩川内市平佐町藤崎
公共交通：JR鹿児島本線・川内駅より徒歩すぐ
車：隅之城バイパス・薩摩川内都ICから約10分

1018 清色城（きよしきじょう） 史跡

築城年：鎌倉中期　築城者：渋谷氏
特徴：渋谷氏一族・入来院（いりきいん）氏の本拠。永正12年（1569）に島津氏の支配下に入る。曲輪の間に堀切を設けた、シラス台地に築かれた典型的な縄張。
所在地：薩摩川内市入来町
公共交通：JR鹿児島本線・川内駅より車
車：九州縦貫道・横川ICから約50分。登城口に駐車スペースあり。本丸まで約15分

シラス台地独特の清色城の堀切

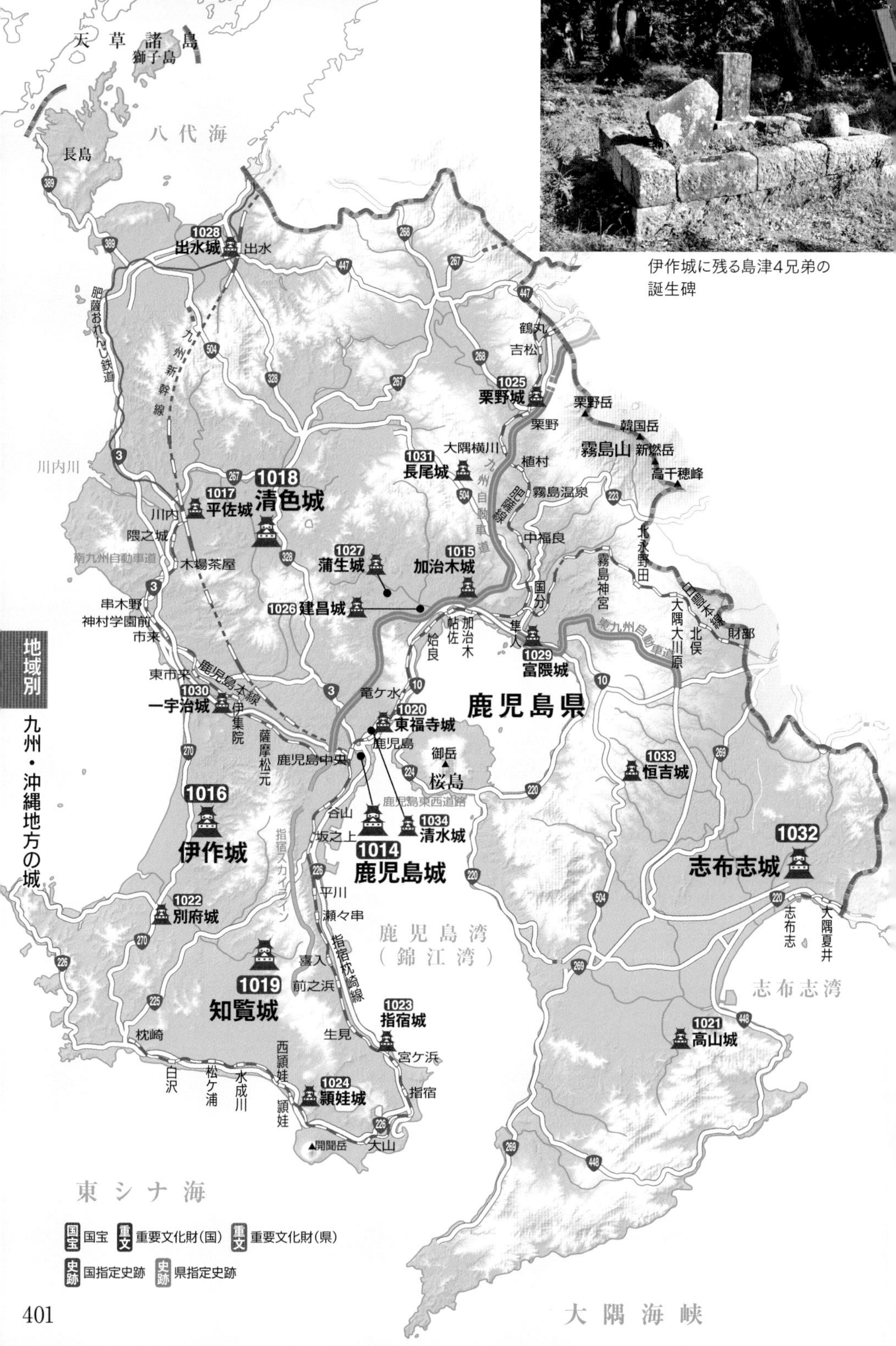

伊作城に残る島津4兄弟の誕生碑

地域別
九州・沖縄地方の城

知覧城本丸の虎口

1019 知覧城 ちらんじょう

史跡

築城年：平安末期　築城者：頴娃氏
特徴：木佐貫原の高台にある城。南北朝時代に島津氏の居城になった。応永年間(1394〜1428)に伊集院氏に攻め落とされるが後に奪還。
所在地：南九州市知覧町永里
公共交通：JR鹿児島本線・鹿児島中央駅よりバス「中郡」下車、徒歩約30分
車：指宿スカイライン・知覧ICから登城口そばの駐車場まで約15分。本丸まで徒歩約15分

1020 東福寺城 とうふくじじょう

築城年：天喜元年(1053)　築城者：長谷場永純
特徴：築城者の長谷場永純は藤原純友の後裔。暦応4年(1341)に島津貞久により落城し、以後嘉慶元年(1387)まで島津氏が本拠とした。
所在地：鹿児島市清水町
公共交通：JR日豊本線・鹿児島駅より徒歩約20分
車：九州道・鹿児島ICから約20分。多賀山公園駐車場を利用

1021 高山城 こうやまじょう

史跡

築城年：長元9年(1036)　築城者：肝付兼俊
特徴：400年に渡って大隅一の勢力を誇った肝付氏の本城。天然の地形に守られた壮大な山城で、難攻不落と称された。6つの大きな曲輪で構成され、大手門や空堀などが残存。別名・肝付城。
所在地：肝属郡高山町
公共交通：JR日南線・志布志駅より車
車：大隅縦貫道・笠之原ICから駐車場まで約20分

1022 別府城(加世田城) べっぷじょう/かせだじょう

築城年：治承元年(1177)　築城者：不明
特徴：別府氏の居城。後に島津氏の支配下に入り、家督争いが起こると、実久と忠良がこの城で戦っている。城の遺構は残っていないが、麓の武家屋敷街は残っており、風情を楽しめる。
所在地：南さつま市加世田
公共交通：JR鹿児島本線・鹿児島中央駅よりバス
車：指宿スカイライン・谷山ICから約35分

1023 指宿城 いぶすきじょう

築城年：文治年間(1185〜1190)　築城者：指宿忠光
特徴：錦江湾に面した丘陵に位置する指宿氏の居城。南北朝時代に島津氏に攻められて落城。島津氏の家臣である阿多氏が城主になった。
所在地：指宿市西方
公共交通：JR指宿枕崎線・宮ヶ浜駅より徒歩約15分　車：指宿スカイライン・頴娃ICから約25分。駐車場なし

1024 頴娃城 えいじょう

史跡

築城年：応永27年(1420)　築城者：頴娃兼政
特徴：天正15年(1587)に大幅に拡張されて壮大な城になった。拡張を行った頴娃久虎は工事の年に落馬して死んでいる。獅子城とも。
所在地：南九州市頴娃町
公共交通：JR指宿枕崎線・頴娃駅より車
車：指宿スカイライン・頴娃ICから約30分。駐車場なし

1025 栗野城 くりのじょう

築城年：天正15年(1587)　築城者：島津氏
特徴：天正18年(1590)に、猛将として名高い島津義弘が城主の座についた。その際、城が改修されている。別名を松尾城という。
所在地：姶良郡栗野町木場
公共交通：JR肥薩線・栗野駅より徒歩約15分
車：九州縦貫道・栗野ICから城山公園駐車場まで約5分

1026 建昌城 たてまさじょう

築城年：享徳3年(1455)　築城者：島津季久
特徴：豊州島津氏の居城。明の頴川三官がこの城を見て中国の建昌城に似ていると言ったことから今の名になったという。曲輪や空堀が多く残る。近年の調査で縄文時代早期の遺跡が発掘された。
所在地：姶良市西餅田
公共交通：JR日豊本線・帖佐駅よりバス
車：九州道・姶良ICから駐車場まで約10分

切り立った志布志城の堀切

1027 蒲生城 かもうじょう

築城年：保安年間(1120～1124)　築城者：蒲生舜清
特徴：県内屈指の城域を誇る壮大な平山城。弘治2年(1556)に島津氏によって攻め落とされるまで、430年間に渡って蒲生氏の居城だった。遺構は空堀や土塁が残存。桜や紅葉の名所になっている。
所在地：姶良市蒲生町久末　公共交通：JR鹿児島本線・重富駅よりバス　車：九州道・加治木ICから城山公園駐車場まで約25分

1028 出水城 いずみじょう

築城年：建久年間(1190～1199)　築城者：和泉兼保
特徴：五代目の直久が応永24年(1417)に戦死して和泉氏は滅亡。代わって島津氏が城に入った。亀ヶ城、和泉城、花見ヶ城の別名がある。
所在地：出水市麓町
公共交通：JR肥薩線・出水駅より徒歩約30分
車：南九州道・出水ICから約15分。城山墓地公園駐車場を利用

1029 富隈城 とみのくまじょう

築城年：文禄4年(1595)　築城者：島津義久
特徴：島津義弘が豊臣秀吉に降伏した後、慶長9年(1604)までこの城で隠居生活を送った。加藤清正の寄進といわれる巨石が残っている。
所在地：霧島市隼人町
公共交通：JR日豊本線・隼人駅よりバス
車：東九州道・隼人東ICから約3分。稲荷山公園の駐車場を利用

1030 一宇治城 いちうじじょう

築城年：建久年間(1190～1199)　築城者：伊集院時清
特徴：交通の要所に立地する島津一族・伊集院氏の本拠。島津貴久がフランシスコ・ザビエルをこの城に招いた。伊集院城、鉄山城とも。
所在地：日置市伊集院町
公共交通：JR鹿児島本線・伊集院駅より徒歩約10分
車：南九州道・伊集院ICから城山駐車場まで約5分

1031 長尾城 ながおじょう

築城年：承久年間(1219～1222)　築城者：横川時信
特徴：横川時信が築き、横川氏六代が居城とした。後に島津氏家臣の菱刈氏が入るが謀反を起こして城を攻め落とされる。横川城とも呼ぶ。
所在地：霧島市横川町
公共交通：JR日豊本線・国分駅よりバス「亀割峠」下車、徒歩約５分　車：東九州道・国分ICから長尾城公園駐車場まで約5分

1032 志布志城 しぶしじょう

史跡

築城年：12世紀頃　築城者：不明
特徴：松尾城、内城、高城、新城の4城で構成される。城主が頻繁に替わったが、最後は島津氏の城として一国一城令を迎え、廃された。
所在地：志布志市志布志町
公共交通：JR日南線・志布志駅より徒歩約20分
車：東九州道・曽於弥五郎ICより約50分。志布志小学校の西側に駐車場あり。駐車場から登城口まで徒歩約３分

1033 恒吉城 つねよしじょう

築城年：不明　築城者：恒吉氏
特徴：鎌倉初期に当地を支配していた恒吉大膳亮の築城と推測される。その後、市成氏、島津氏と領主が替わった。日輪城の名もある。
所在地：曽於市大隅町恒吉
公共交通：JR日豊本線・西都城駅より車
車：東九州道・曽於弥五郎ICから約10分。大隅恒吉地区公民館の駐車場を利用

1034 清水城 しみずじょう

築城年：嘉慶元年(1387)　築城者：島津氏久
特徴：東福寺城より政務に適した居城として移転。平地の居城と裏山に後詰めの城を持つ。のちに島津氏の居城は鹿児島城に移り廃城。居城跡は中学校が置かれ遺構は残っていない。
所在地：鹿児島市清水町　公共交通：JR日豊本線・鹿児島駅よりバス　車：鹿児島東西道路・建部IC／九州道・薩摩吉田ICから約20分

沖縄地方の城

沖縄県

按司（豪族）が地方を治めた時代から、琉球王国の成立まで、沖縄県ではグスクと呼ばれる城が多く築かれた。首里城跡をはじめ、複数の史跡が「琉球王国のグスク及び関連遺産群」として世界遺産になっている。

中城城、一の郭の石垣

1037 中城城

史跡

築城年：13～15世紀　築城者：護佐丸
特徴：優秀な築城家でもある武将・護佐丸が築いた。沖縄城郭を代表する見事な石積みが、ほぼ完全な状態で残っている。世界遺産。
所在地：中頭郡北中城村
公共交通：那覇バスターミナルよりバス「安谷屋」下車、徒歩約20分　車：沖縄道・北中城ICから中城城跡駐車場まで約10分

1038 勝連城

史跡

築城年：13世紀　築城者：不明
特徴：世界遺産。築城者は不明だが、最後の修繕者は当時の城主だった阿麻和利。阿麻和利は琉球統一を目指したが、志半ばで倒れた。
所在地：うるま市勝連町南風原
公共交通：那覇バスターミナルよりバス
車：沖縄道・沖縄北ICから勝連城跡あまわりパーク駐車場まで約15分

1039 浦添城

史跡

築城年：13世紀　築城者：不明
特徴：舜天、英祖、察度の3王朝にわたり、代々の王が居城とした。この地は太平洋戦争の激戦地になったため城跡はほぼ失われた。
所在地：浦添市仲間城原
公共交通：ゆいレール・浦添前田駅より徒歩約15分
車：沖縄道・西原ICから浦添城駐車場まで約5分

独特な曲線を描く首里城の石垣

1035 首里城

►P364

史跡

築城年：14世紀頃　築城者：不明
特徴：琉球の王の居城。琉球王国は海外貿易で栄えたが、薩摩島津氏に攻められ従属国となった。戦災で城の大部分が失われたものの、正殿や守礼門を再建。首里城跡として世界遺産に登録された。令和元年(2019)の火災で主要部が焼失した。
所在地：那覇市首里当蔵町
公共交通：ゆいレール・首里駅より徒歩約15分
車：沖縄道・那覇ICから約10分。県営地下P(有料)、または周辺の有料Pを利用

1036 玉城城 たまぐすくじょう

史跡

築城年：不明　築城者：不明
特徴：神話で語られる城のうち、最古のもののひとつ。築城時期は不明も13世紀から14世紀頃の可能性が高い。糸数城、垣花城の近隣。
所在地：南城市玉城村玉城
公共交通：那覇バスターミナルよりバス
車：那覇空港道・南風原南ICから駐車場まで約20分。駐車場から城跡まで徒歩約10分

石灰岩をくり抜いた玉城城の城門

中城城のアーチ門

壮大な石垣が残る勝連城

浦添城跡に残る歴代王の墓（浦添ようどれ）

地域別
九州・沖縄地方の城

座喜味城の石垣とアーチ門

1040 名護城 なごぐすく

史跡

築城年：不明　築城者：名護按司
特徴：14世紀頃に築城されたとする説が有力。石積みの城壁を持たない。16世紀のはじめに名護按司が首里へ移住し、廃城となる。
所在地：名護市名護
公共交通：名護バスターミナルよりバス
車：沖縄道・許田ICから名護城公園駐車場まで約20分

1041 南山城 なんざんぐすく

築城年：14世紀頃　築城者：不明
特徴：三山時代の南山王の居城といわれる。琉球統一を果たした中山・尚巴志が、最後に攻め落としたとされる城でもある。高嶺城とも。
所在地：糸満市大里
公共交通：糸満バスターミナルよりバス
車：那覇空港道・豊見城ICから約10分。南山神社の駐車スペースを利用

1042 具志川城(久米島) ぐしかわぐすく

史跡

築城年：1420年頃　築城者：真他勃按司
特徴：沖縄には具志川城という名の城が3つあるが、そのなかで最も大きい。堅固な城だが、尚真王が率いる首里の大軍に滅ぼされた。
所在地：島尻郡久米島町
公共交通：兼城港ターミナルよりバス
車：久米島空港から約20分／兼城港から約15分。駐車場あり

1043 糸数城 いとかずぐすく

史跡

築城年：14世紀頃　築城者：不明
特徴：約2ヘクタールの広大な面積を占める城。玉城按司の三男である糸数按司により築かれたと伝えられる。上間按司に攻め落とされた。
所在地：南城市玉城村糸数
公共交通：那覇バスターミナルよりバス
車：那覇空港道・南風原南ICから城内の駐車場まで約15分

1044 座喜味城（ざきみぐすく）

史跡

築城年：15世紀頃　築城者：護佐丸
特徴：琉球中に武名を轟かせた護佐丸が築城。別名は読谷山城。アーチ型の拱門など見事な遺構があり、世界遺産に登録されている。
所在地：中頭郡読谷村座喜味城原
公共交通：那覇バスターミナルよりバス
車：沖縄道・沖縄北ICから座喜味城址駐車場まで約20分

1045 伊波城 いはぐすく

史跡

築城年：13〜14世紀　築城者：不明
特徴：丘の上の小規模な城。伝承によれば、城主は伊波按司。その祖先は、元享2年(1322)に落城した今帰仁城の主とされている。野面積みで一重に巡らされた「コ」の字型の城壁が残る。
所在地：石川市伊波
公共交通：読谷バスターミナルよりバス
車：沖縄道・石川ICから約5分。駐車場なし

1046 安慶名城 あげなぐすく

史跡

築城年：14世紀頃　築城者：安慶名按司
特徴：自然の起伏を利用して築かれた輪郭式の城。本丸を囲うように二の丸を設ける輪郭式は沖縄では非常に珍しい。大川城とも呼ばれる。
所在地：うるま市安慶名
公共交通：那覇バスターミナルよりバス
車：沖縄道・沖縄北ICから安慶名城中央公園駐車場まで約10分

1047 伊祖城 いそぐすく

史跡

築城年：13世紀　築城者：不明
特徴：善政で知られる英祖王の居城と伝えられる。景観に優れた場所に建てられた小さな城。主な遺構は石垣で、切石積みと野面積みという2種類の積み方で城壁が造られている。
所在地：浦添市伊祖
公共交通：那覇バスターミナルよりバス
車：沖縄道・西原ICから伊祖公園駐車場まで約10分

1048 垣花城 かきのはなぐすく

史跡

築城年：13〜14世紀　築城者：不明
特徴：玉城村垣花の南にある台地上に築かれた城。築城されたのは三山時代と考えられている。現在、遺構は生い茂る木々に囲まれている。
所在地：南城市玉城村
公共交通：那覇バスターミナルよりバス
車：南部東道路・南城佐敷・玉城ICから約5分。登城口に駐車スペースあり

1049 知念城 ちねんぐすく

史跡

築城年：不明　築城者：知念按司
特徴：古城と新城があり、古城の築城年は正確にはわからない。新城の築城は1477年から1526年、築城者は内間大王といわれる。
所在地：南城市知念村知念
公共交通：那覇バスターミナルよりバス
車：南部東道・南城佐敷・玉城ICから駐車場まで約10分。駐車場から正門まで徒歩約5分

1050 伊是名城 いぜなぐすく

史跡

築城年：不明　築城者：不明
特徴：伊平屋島を治めていた屋蔵大王が、伊是名を統治させるべく息子の佐銘川大主を派遣。佐銘川大主が城を修築して拠点とした。海に面した断崖絶壁に位置する難攻不落の城。石垣などが残る。
所在地：島尻郡伊是名村
公共交通：仲田港より徒歩約20分
車：伊是名港から約5分。駐車場あり

1051 宇江城 うえぐすく

史跡

築城年：不明　築城者：久米仲城按司
特徴：四方絶壁の要害地形に築かれた城。仲城城や仲里城と呼ばれていた時代もあった。首里王府に従わなかったため、滅ぼされたという。県内のグスクのなかで最も高い位置に築かれている。
所在地：島尻郡久米島町
公共交通：久米島空港よりバス
車：久米島空港から約25分、駐車場あり

1052 具志川城 ぐしかわぐすく

史跡

築城年：13世紀頃　築城者：不明
特徴：具志川城（久米島）の城主・真金声按司が沖縄本島に逃れて築いた同名の城。本島最南端に位置する喜屋武海岸の崖上にある。
所在地：糸満市喜屋武
公共交通：糸満バスターミナルよりバス
車：那覇空港道・豊見城ICから具志川城跡駐車場まで約20分

東シナ海に突出するように築かれた具志川城

1053 大城城 うふぐしくぐすく

築城年：14世紀頃　築城者：大城真武按司（伝承）
特徴：四面を崖に囲まれた城。初代琉球国王・尚巴志の祖父にあたる大城真武按司が築城したと伝えられる。ウフグスクの別名を持つ。
所在地：南城市大里
公共交通：那覇バスターミナルよりバス
車：那覇空港道・南風原南ICから約15分。グスク内の駐車スペースを利用

1054 大里城 おおざとぐすく

史跡

築城年：13世紀頃　築城者：島添大里按司（伝承）
特徴：尚巴志が最初に攻め落とした城。島添大里城とも呼ばれる。大里城を攻略した尚巴志は勢力を拡大し、ついに三山統一を果たす。遺構として石積みや井戸などが残る。
所在地：南城市大里
公共交通：那覇バスターミナルよりバス
車：那覇空港から約30分で大里城址公園駐車場

1055 今帰仁城 なきじんぐすく

►P373

史跡

築城年：13世紀末頃　築城者：不明
特徴：三山時代の北山王朝の城。本部半島の石灰台地、標高100mに位置する。外郭を含む７つの郭からなり、規模は県内最大級。約1500mにおよぶ石垣、岩盤を利用した旧道など多くの遺構が残り、世界遺産にもなっている。
所在地：国頭郡今帰仁村字今泊
公共交通：名護バスターミナルよりバス
車：名護東道・世冨慶ICから今帰仁城跡駐車場まで約30分

今帰仁城の石垣

お城コラム

復興のシンボル「天守閣」

天守は戦後日本人の心の支えだった

全国の天守のうち、江戸時代までに建てられて現代まで残っている「現存天守」は、国宝や国重要文化財に指定されている12基のみで、これ以外はすべて昭和以降に建てられたものだ。

太平洋戦争末期、爆撃によって、水戸城（➡P111）・名古屋城（➡P28）・大垣城（➡P231）・和歌山城（➡P253）・岡山城（➡P348）・福山城（➡P360）・広島城（➡P321）の天守7基が焼失した。戦後の日本人にとって、焦土と化した町を復興するためのモチベーションとなったのが、昭和30～40年代に相次いだ天守の再建事業だった。その火付け役は、原爆によって町が壊滅し、爆風で自重を支えきれずに倒壊した広島城天守だった。市民が希望したのは、「二度と焼失することのない」鉄筋コンクリート製の天守で、これより後、戦災で焼失した天守の再建には、ほとんどの城で鉄筋コンクリートが採用された。

このように、現代の資材や工法を用いるものの、窓の位置や大きさなど以外は、外観がほぼ史実通りのものを「外観復元天守」という。ところが、なかには史実とは違ったものや、史実では天守がなかった城に建ててしまった「模擬天守」もあった。しかし町の人々にとっては、「そこに天守が立っていること」が重要だったのだ。

時が経ち、これらの天守はランドマークとして観光客を呼び込み、町に活気をもたらしている。老朽化が進む再建天守の行く末は悩ましいところだが、大洲城（➡P313）天守や名古屋城本丸御殿で行われた、材料や工法・内部構造までも史実通りに再現する木造復元が、近年主流になりつつあることには注目だ。

最後に、「天守」が学術用語として正しく、「天守閣」という呼び方は江戸時代後期から庶民の間で呼び習わされた愛称のようなものだという。ただ、町の人々と天守のつながりを思うと、どこか親しみを感じるこの「天守閣」という呼び名も、ほっこりしていいものである。

木造による再建案が議論されている名古屋城天守。戦後復興の象徴として、鉄筋コンクリート製で復元された。

昭和29年（1954）、富山産業大博覧会の一環として築かれた富山城郷土博物館（➡P351）。戦後初の模擬天守だった。

特集 4

学びたい 城の基礎知識

～歴史・構造・守り方～

基礎知識 1

城の歴史をたどる

弥生時代の環濠集落から幕末の西洋式城郭まで、日本における城の変遷を解説する。

弥生時代 環濠集落

城は、敵から身を守るために住居の周りに堀や柵などを巡らしたものである。周囲に濠を巡らせた**環濠集落**は、城の先祖といってもよい。

九州から南関東、北陸までの広い地域でこうした環濠集落が見られる。環濠集落が発展した背景には、稲作の普及により資源の奪い合いや水利権争いが生じたことが原因と考えられる。

吉野ヶ里遺跡▶P380
集落の周りに柵が巡らされている。

古代 古代山城

古代の城は、中国大陸や朝鮮半島の影響が色濃く残っている。国の中心であった藤原京や平城京、平安京は、古代中国の**都城**と呼ばれる都の造り方に倣ったものである。

都の中心に政庁を置き、周囲を城壁を巡らす。大宰府や多賀城はそのミニチュア版であった。

古代の山城は、『日本書紀』に記述のある**朝鮮式山城**と、記述のない16の**神籠石式古代山城**とに分けられる。いずれも朝鮮半島の山城の影響を受けた。

復元模型／東北歴史博物館蔵

多賀城▶P76
東北の支配拠点として造られた。中央に政庁が建つ。

鬼ノ城▶P350
復元整備が進み、古代山城の堅固な石垣や水門などを見学することができる。

鎌倉時代

武士の館

鎌倉時代の武士は自らの領地に居館を築き、そこを拠点とした。

これまで武士の館は水堀と土塁をめぐらせた方形館だったとされていたが、近年の研究では**方形館**は室町中期以降に発生したものであり、鎌倉時代はもっと簡素で**防御力が低い館**だったと考えられている。

当時の合戦は自然の要衝や街道沿いで行われる野戦が中心であり、居館で籠城戦を戦うという発想そのものがなかったようだ。

鎌倉武士の館

防御施設は簡素な堀と板塀程度だった。

イラスト／香川元太郎

鎌倉時代

元寇防塁

中国・元の蒙古襲来に対して、鎌倉幕府が海岸沿いに築いた防御施設が**防塁**（ぼうるい）だった。防塁は**「石築地」**（いしついじ）と称され、九州の御家人が動員されて構築。高さ2～3メートル、幅2メートル程度の石積みで、背面には武者走りとなる通路が設けられていた。

こうした石築地が約20キロメートル、**博多湾**に沿って築かれた。再来時の弘安の役の際には効果を発揮し、元軍の上陸を阻止している。

元寇防塁 ▶P377

防塁は生の松原のほか、何か所か点在して現存している。

南北朝

山城の誕生

南北朝期の戦いは、騎兵同士の一騎討ちを基本としていた。そこで、楠木正成ら倒幕勢力が利用したのが**山城**であった。急峻な山に籠もれば騎兵では登れないからだ。

南北朝期の山城は**天然の地形**そのものを要害としており、戦国期の山城のように堀や土塁が発展してはいなかった。**痩せ尾根**を利用し、居住性も皆無であった。南北朝の動乱が全国に及ぶにつれ、山城も全国に築かれていく。

南北朝期の山城

痩せ尾根を利用したシンプルな構造だった。

イラスト／香川元太郎

室町時代

御所・守護所

室町時代、将軍の居館は**御所(室町殿)**と呼ばれた。屋敷内には会所・寝殿・御湯殿などの建物が並び、水が引かれ庭園が築かれていた。

この将軍御所を参考に守護大名が任地先で築いたのが**守護所**だ。躑躅ヶ崎館や大友氏館の発掘から、建物や庭園など御所を模していたことが判明している。

将軍御所(室町殿)

「洛中洛外図屏風 上杉本」に描かれた将軍御所。防御性には乏しかった。

国立歴史民俗博物館蔵

戦国時代

山城の発展

応仁・文明の乱を契機に全国に争乱が拡大すると、全国でいっせいに山城が築かれた。争乱は100年以上にわたって続いたため、その間に**土塁・堀切・竪堀**などの防御施設が発展。南北朝期の山城は基本的に自然地形を利用するだけだったが、戦国期は大規模な土木工事を有するものであった。

一言で山城と言っても、その用途は多岐にわたる。代表的な役割は、戦時の際に籠もる**詰城**だった。領主は平時には山麓居館に住み、その裏山や近しい山に有事の詰城を築いていた。それ以外にも、敵側の城を攻める際に築かれた**陣城・付城**、前線や国境付近に築かれて敵を牽制・監視する**境目の城**、居城と前線の間の中継基地で兵の駐屯地となる**繋ぎの城**などがある。

一方で山城を居城とする戦国大名も多かった。上杉謙信の春日山城や毛利元就の吉田郡山城など、山全体を居住空間にするような巨大山城も誕生した。

山麓居館と詰城

山麓に平時の居館を設け、戦時のさいは山城(詰城)に籠もるという使い分けをした。

イラスト／香川元太郎

吉田郡山城▶P320

全山が要塞化された山城。山中に城主家臣ともどもの屋敷が用意されていた。

安土・桃山

近世城郭

革命児・織田信長は、城全体が**石垣造り**で、城の中心に**天守**がそびえる革命的な城を創出した。こうした城を**近世城郭**と呼ぶ。

信長の後継者となった豊臣秀吉はその城郭思想を引き継ぐ。城を権力の象徴として進化させ、一門や有力大名には**金箔**を貼った瓦の使用を許可した。大坂城や伏見城、肥前名護屋城などで最新の城に触れた大名らが、自身の領地に新たな居城を築城することで、近世城郭は**全国へと普及**していく。

安土城 ▸P44
総石垣で築かれた最初に城で、近世城郭の嚆矢とされる。

名古屋城 ▸P28
対豊臣の備えの城として天下普請によって築城。

江戸時代

天下普請の城

江戸幕府は天下普請によって、江戸城、大坂城、名古屋城といった巨大な城を全国の大名に造らせた。各大名がそれぞれ持ち場を分担。石垣に残る○や×などの記号は、その名残りである。

大坂の陣により豊臣氏が滅亡した後の慶長20年（1615）に**一国一城令**が出された。領国内の城は、ひとつを残して破壊しなければならず、幕府に無届けの城の新築や修理も禁止された。

近代

幕末の要塞

幕末になり、日本近海を異国の船が出没するようになる。幕府は異国からの攻撃に備えて、**台場**や**箱館奉行所**（五稜郭）などの建設を進めた。五稜郭は西洋の軍学書を研究して造られた。

台場は東京の「お台場」だけでない。幕府だけでなく、各藩でも同じような施設が造られた。神戸には和田岬砲台が残っている。また、土佐藩では当時江戸藩邸のあった鮫洲に台場を築いた。

丸岡藩砲台跡 ▸P221
幕末、日本海の沿岸警備のために築かれた台場跡。

基礎知識 2

戦国の城から近世の城へ

城は土造りから石造りへと大きく変化を遂げた。

戦国の山城の特徴

戦国の山城は大規模な土木工事によって様々な防御施設を設けた。

障子堀などさまざまなタイプの堀を使用

主郭からは360度の眺望が開ける

井楼櫓から城下や街道を監視

平時は山麓の居館で暮らす

堀切によって尾根からの侵入を防ぐ

イラスト／香川元太郎

山麓には城下町が広がる

敵の動きを制限する畝状竪堀

城の出入口(虎口)は警備が厳重

丸馬出しなど虎口も発達

川や湖など天然の要害を利用

戦いの城から見せる城へ

戦国の城は主に、小高く**遠くまで見渡せる**見晴らしのよい丘や、山の上に設けるのが一般的であった。敵の様子を把握するのに有利であり、最終的には**城に籠もって戦う**のに便利だったからである。斜面を削って平らな場所を確保することは大変な労働力が必要となる。そのため、各曲輪(くるわ)の面積は狭く、必要な広さを確保するために数で補った。

やがて戦国時代の終わりごろになると領主たちは、領国支配に本格的に取り組むようになった。それにともない山

構造の違い

織田信長以降の近世の城は、戦国の城から構造などについて大きな進化を遂げていた。

戦国の城 → **近世の城**

滝山城▶P115

伊賀上野城▶P205

土造り 大規模な土木工事で切岸・堀・土塁といった防御施設を築いた。

石造り 石垣の上に建物を造ることで、巨大な建物の建設が可能となった。

荒砥城▶P165

姫路城▶P10

板葺きの屋根 簡便な建物のため、屋根は板葺きであった。

瓦葺きの屋根 雨に強い瓦屋根にすることにより、建物の耐久年数が長くなった。

足助城▶P235

松本城▶P34

掘立柱建物 小屋や物見櫓といった掘立柱で板作りの簡便な建物が多かった。

礎石建物 防腐のため木の柱を礎石の上に立て、壁を塗壁や下見板張にした。

の上よりも、領民が住む**領地に近い丘**や、**平地**に城を構えるようになっていった。**織田信長**が岐阜城下で行った楽市楽座は、領国の町を活性化させる政策であった。

織田信長は、岐阜城や安土城で後世に大きな影響を与える城造りを行った。本格的な**石垣**で城の守りを固め、**礎石建物**や誰も見たことのない高層建造物(天守)を築き、権力の象徴として**見せる城**を造ったのだ。特に安土城天守は高価な漆で壁を塗り、屋根の瓦には金箔を貼り、当時の人々を驚かせた。また、城の中心部には城主の居住空間であり、役所でもある**御殿**が造られるようになる。

信長が創出した**近世城郭**は**豊臣秀吉**に引き継がれ、このような城の造りを全国の大名が模倣していく。

基礎知識
3

城の立地と縄張

城は自然の要衝を利用しているため、全国に二つと同じ城はない。

城の種類

城は立地によって大きく三つに分けることができる。海を縄張に取り込んだ場合に海城という呼称を用いることもある。

山城

見晴らしのよい山全体を城として使用している。中世の城に多い。

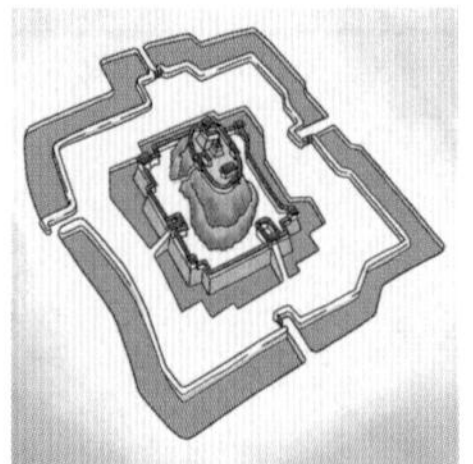

平山城

小高い丘を中心に城を築いている。平山城と平城の明確な区別はない。

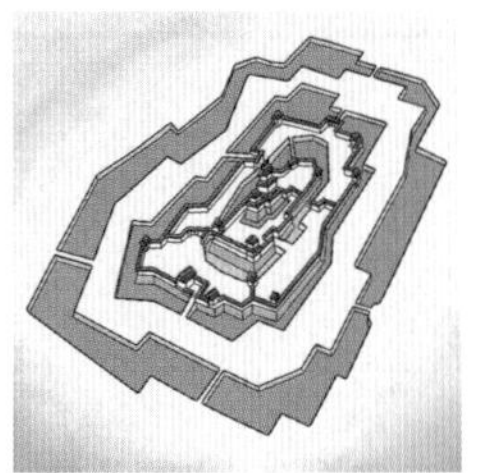

平城

平地に広大な城を築く。平和になり、領地支配のため、城は山から降りた。

縄張の違い

縄張は軍学上いくつかの形式に区分される。ここでは代表的な三つを紹介。

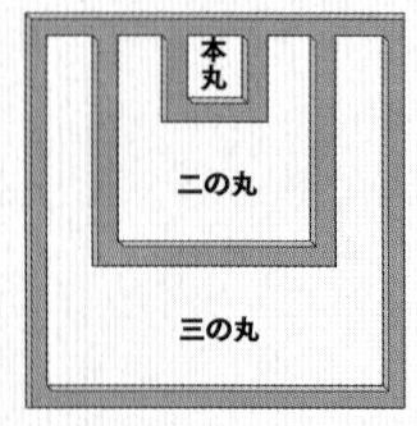

梯郭式

城の背後に崖や巨大な河川など天然の要害がある場合の曲輪の形。本丸を直接要害部分に接するように造る。

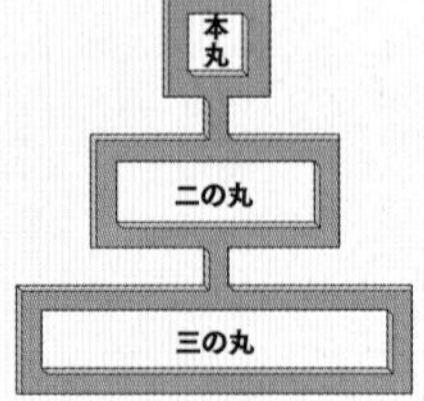

連郭式

本丸、二の丸、三の丸が一直線上に並ぶ。

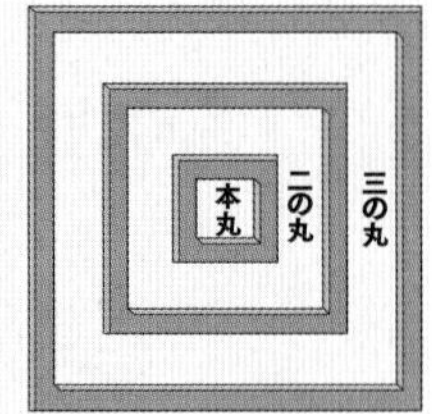

輪郭式

本丸を取り囲むように、二の丸、三の丸が造られている。

城をどう分類するか

城の種別としてよく知られているのが**「山城／平山城／平城」**といった分類だ。一見わかりやすいが、これで城の立地的特徴を説明できているかというとはなはだ怪しい。平山城は小高い山に築かれた城にも、丘陵上と山麓の両方を利用した城にも当てはまり、その定義はあいまいである。

また、山城でも台地突端に築かれている場合は、台地下から見ると山城だが、台地側から見ると平地になるという問題もある。

城を分類する場合は、**「本**

城の立地

イラスト／香川元太郎

軍事的防御施設である城は、自然の要衝を利用して攻められにくい場所に築かれた。石垣技術が発達すると、平地でも人工的な要衝を築くことが可能になった。

山頂一帯（観音寺城▸P247）

眺望のよさと高低差を最大の強みとしていた。城主屋敷は山麓に設ける場合も多い。

河岸段丘（上田城▸P119）

河川によって削られた断崖を利用して築城。川(崖)側は堅固だが反対側の守りが重要。

台地突端（深大寺城▸P147）

平地側に眺望も効き、築城しやすい立地。台地側は堀切などで断絶させるケースが多い。

谷間（一乗谷城▸P201）

敵の攻撃は隘路からになるので守りやすい。谷間に屋敷や城下町を置き、山に詰城を築く。

城／詰城／境目の城」というように機能・役割で分類するか、「**山頂／河岸段丘／台地突端**」というように立地で分類したほうが適切といえる。何を目的とした城なのか、どこに築かれた城なのかに注目すれば、城の特徴や個性に触れることができるからだ。

城はそうした機能・役割と立地に応じて築かれるため、まったく同じ構造の城というのはひとつもないわけだが、この城の構造のことを「**縄張**」と呼ぶ。築城の際、敷地に縄を張って曲輪や建物の配置や長さを決めたことから、転じて城の設計(グランドデザイン)を指すようになった。

山城を歩くときに用いる図面を「**縄張図**」と呼ぶが、これは現在の地表面を踏査し、曲輪の位置や遺構を図示した図面となる。

基礎知識
4

城の象徴、天守

信長によって創出され、城のシンボルとなった天守。その種類や構造を解説。

天守の構成

天守だけが独立しているもの、大小の天守をつなげているものなど四つに分かれる。

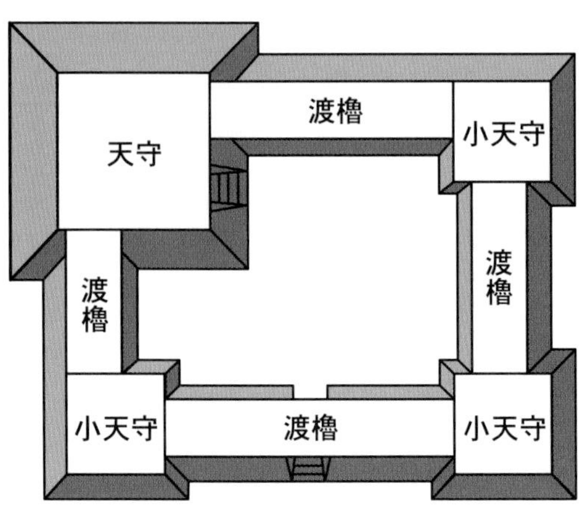

連立式天守

天守と2基以上の小天守(櫓)が渡櫓で結ばれているもの。姫路城など。

連結式天守

天守と小天守(櫓)が渡櫓で結ばれているもの。名古屋城、松本城など。

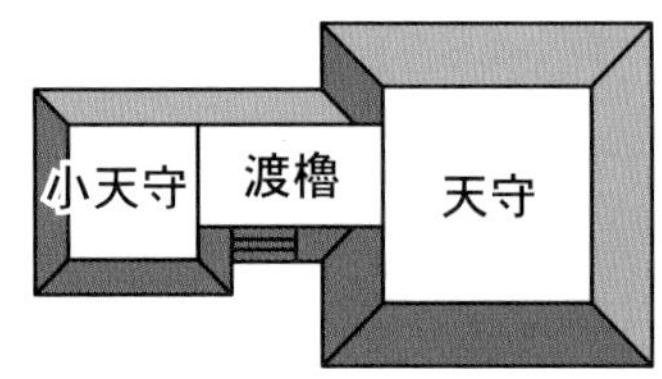

独立式天守

天守だけが独立しているもの。丸岡城、宇和島城など。

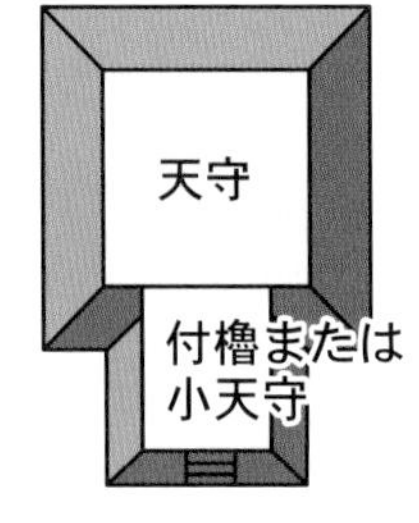

複合式天守

付櫓、小天守などが付随しているもの。犬山城、彦根城など。

天守の構成や構造

織田信長によって創出された天守は、城のシンボルとなる建造物だ。信長時代は「天主」と表記され、秀吉・家康の時代に一気に全国に普及した。

天守の建て方の構造形式は、4つに分けられる。まずは天守だけ単独で建てられた**独立式**で、丸岡城、高知城などがこれにあたる。

次に天守に付櫓(つけやぐら)という櫓か小天守が直結した形式を**複合式**という。小天守が付いた例は、福山城があり、付櫓が付いた例としては犬山城、彦根城、松江城など

天守の構造

一口に天守といっても、じつはその外観や意匠は多岐にわたる。構造を覚えれば、鑑賞がより楽しくなるだろう。

■望楼型天守

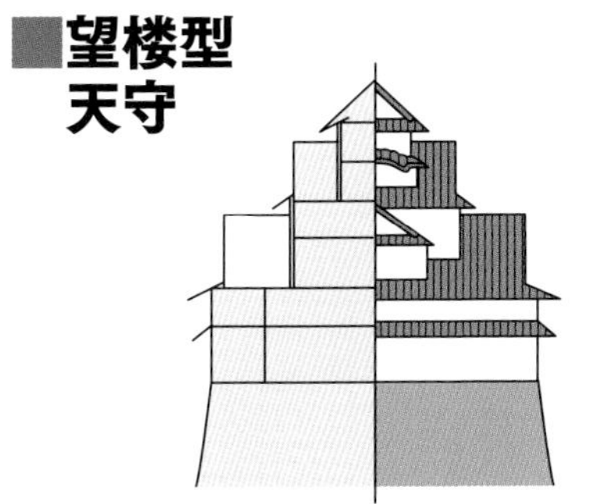

初期型の天守で、一〜二階建の大きな入母屋造りの建物に三重三階の望楼を乗せた形をしている。犬山城など。

■層塔型天守

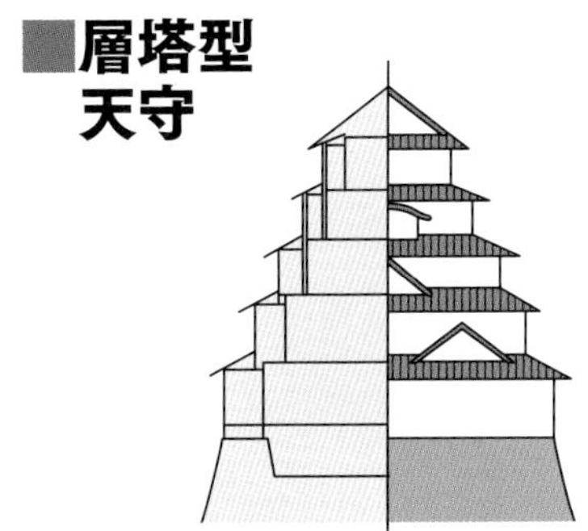

後期型の天守で、上階を下階より段階的に小さくして積み上げている。天守各階の柱の位置がずれている。弘前城など。

■破風の形の違い

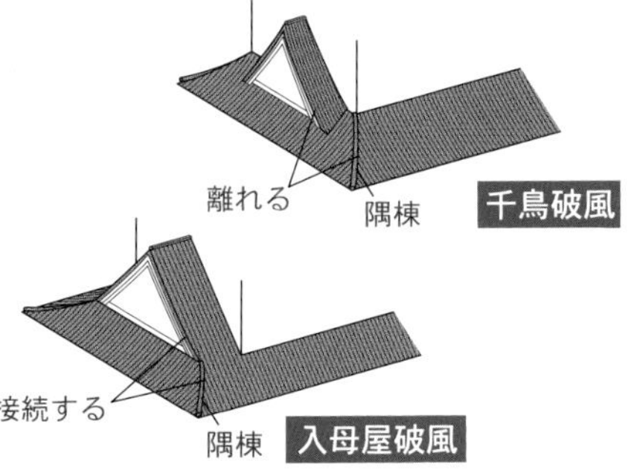

屋根の側面（妻側）の三角形の造形を「破風」と呼ぶ。天守は大きな破風に飾られていることが多い。

■重と階

入母屋屋根
三重屋根
三重
二重屋根
二重
初重屋根
初重

天守や櫓の外観と内部の階数は一致しないこともある。そのため、外観の屋根の数を「重」、内部の階数を「階」と表わす。

が挙げられる。

天守に渡櫓で小天守をつなげた形式が**連結式**だ。名古屋城や広島城、松本城などがこれにあたる。

天守と二基以上の小天守や隅櫓を内側の空間を取り囲むように渡櫓でつなげた形式が**連立式**である。姫路城や松山城などの例がある。

天守の形式の分け方には他にも方法がある。一階建てもしくは二階建ての入母屋造りの建物の上に、物見(望楼)を乗せた**望楼型天守**と、五重塔を太くしたような**層塔型天守**の二つの形がある。望楼型天守は天守が生まれた時からある形で、天守台がゆがんでいても建てることができる。一方の層塔型天守は、規格化された材料を使用して造ることができる。

天守分解図

連結式で望楼型の天守、名古屋城の構造の詳細をみてみよう。天守にはさまざまな防御設備があるのがわかるはずだ。

名古屋城天守の内部構造（イラスト／香川元太郎）

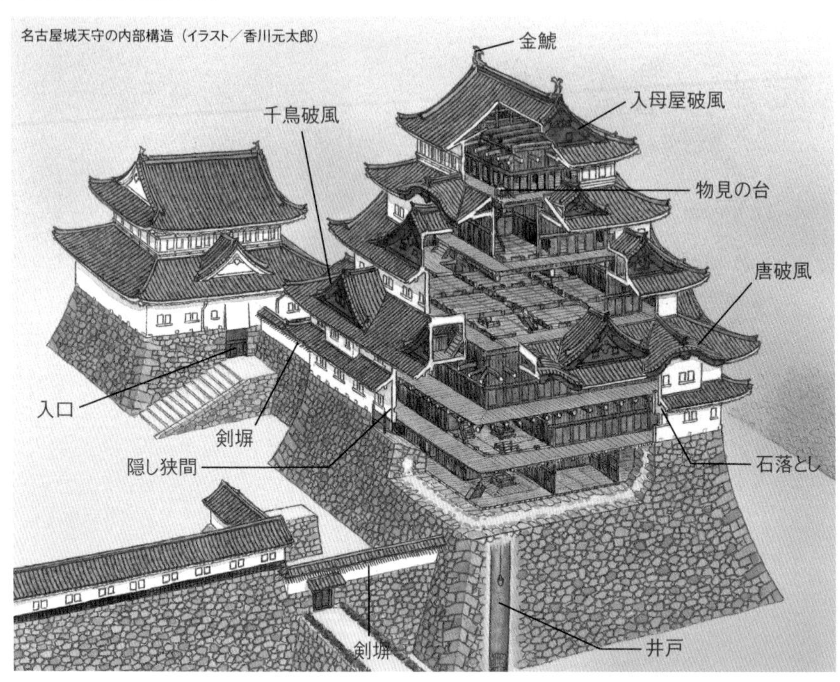

天守の様々な仕掛け

天守は、城の象徴であると同時に、**戦いの場**でもあった。時代劇で描かれるように、天守から城下を眺めて城主が悦に入るということはほとんどなかった。ただし名古屋城には大名が天守の窓から外を見るための踏み台が残されている。一般的に城主が天守に上る時は、城主になった儀式の一環や、戦いの最後の局面で切腹する時など特別な場合に限られていた。

特に合戦が行われていた時代に造られた天守は、自身を守るために様々な工夫が施されている。

天守の入り口は、大きな金属を貼り付けた扉で守られている。すぐに天守本体に入れないように、付櫓を経由する場合などが多い。天守の中の階段は勾配（こうばい）が急で幅が狭く登りにくい。さらに、階段の途中に扉を設けて、道をふさいでしまえる姫路城の例もある。

壁には四角や三角の小さな穴が開いている。これは、天守の中から鉄砲や弓矢で攻撃するための**狭間**（さま）と呼ばれる穴。壁を登ろうとしても、忍び返しという金属製のトゲがついている。

出窓の床はハッチのように開閉できる。これも天守の真下にいる敵を攻撃するための**石落とし**と呼ばれる装置だ。

破風（はふ）の裏側には攻撃するための小部屋が設けられている場合もある。敵からの鉄砲や大砲の弾に耐えられるように壁を厚くした。これを**太鼓壁**（たいこかべ）という。福山城

天守の仕掛け

天守は城の最終防御拠点であった。そのため、侵入者を撃退するための石落しや狭間といった仕掛けが施されている。

■狭間

天守や櫓、塀などの壁面にある小窓。そこから鉄砲や矢などで攻撃をする。武器によって位置や形状が異なっている。写真のように、外から目立たないよう普段は蓋をされている場合もあった。

彦根城天守の狭間

■石落し

天守や櫓の出窓の下などがハッチになっており、そこから鉄砲や弓で攻撃できるようになっている。写真の出張っているいる部分の床が開閉するようになっている。西洋の城にも同様の仕掛けがある。

松本城天守の石落し

■籠城戦の備え

何か月もの籠城戦に耐えられるように、厠（トイレ）や井戸などの設備が備えられている天守もあった。

井戸（松江城）

生活用水を確保するため、天守内に井戸が掘られていた場合もあった。

厠（姫路城）

籠城戦に備えて厠が作られていた。籠城戦が行われなかった姫路城の厠は、未使用である。

のように守りの薄い方向外壁に鉄板を張った場合もあった。

窓は外から敵が入ってこないように**格子**になっている。格子も内側からの攻撃を考えて、木が窓枠に対して斜めにはめられている。壁にはいつ戦いになっても戦えるように武器がかけられていた。

さらに、籠城戦となった場合に対応できるように造られていた天守もある。非常時には畳が敷かれ、そこで寝泊りできるようになっていた。**井戸、流し、厠**(トイレ)が造られ、当面の間生活できるようになっていたのだ。記録では湯屋(風呂)が造られていた天守もあった。また、城主のために着替える部屋や居間が造られていた。

基礎知識
5 石垣の発展と積み方

多様な種類と見どころをもつ石垣。知れば城歩きはもっと楽しくなる。

石垣技術の発展

石垣技術は信長の時代から江戸初期にかけて、約50年程度で急速に発達した。

❶信長時代(1570〜80年代)

総石垣の城が誕生。野面積みが主流だが、切石を用いた石垣も出現し始める。算木積みへの志向は見られるが技術は未発達。

安土城▶P44

❷秀吉時代(1590年代)

名護屋城などの築城に携わった大名らによって、技術が全国へと普及する。粗割石を用いた打込接が見られるようになる。

名護屋城▶P367

❸家康時代(1600〜10年代)

「反り」の技術が発生し、全国で流行となる。また、石材の規格化が進み、打込接から切込接へと技術発展が見られる。

熊本城▶P16

❹江戸時代初期(1620年代)

石垣技術の完成期。加工技術が発展したことで切込接がスタンダードとなり、角石と角脇石を用いた算木積みの技術も規格化される。

大坂城▶P22

加工石を使った石垣へ

石垣は、城の防御や建物の土台にするために石を積み上げて造られた構築物である。積み方によって主に**野面積み**、**打込接**、**切込接**に分けられる。この「ハギ」という言葉は、江戸時代の儒学者・荻生徂徠が著書『鈐録』のなかで用いた言葉である。

野面積は**天然石**を積み上げたものである。様々な大きな石を使用した**野面乱積み**と、大きさをそろえ、横の目地を通した**野面布積み**とに分けられる。

打込接は、隙間を減らす

石垣の種類

石垣は積み上げる石材の加工の程度によって分類される。また積み方によっても、不揃いの石を積む「乱積み」と横目地が通るように石を積む「布積み」などに分けられる。

野面乱積み

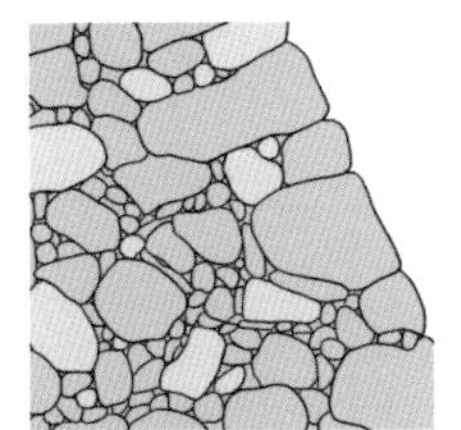

竹田城▶P56

打込接乱積み

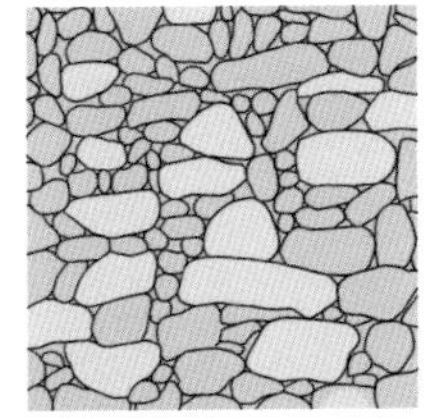

甲府城▶P117

切込接乱積み

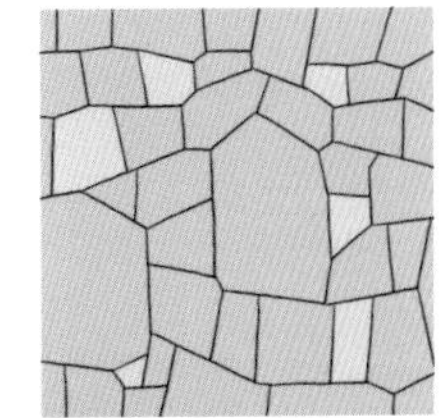

高松城▶P310

野面布積み

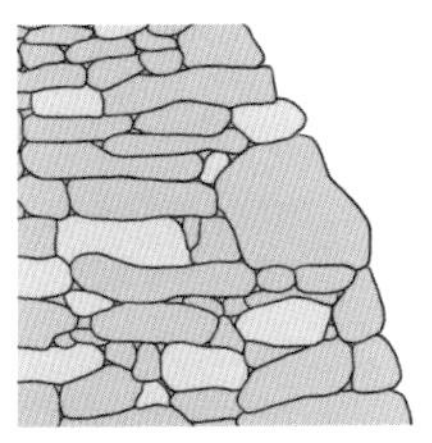

赤木城▶P241

打込接布積み

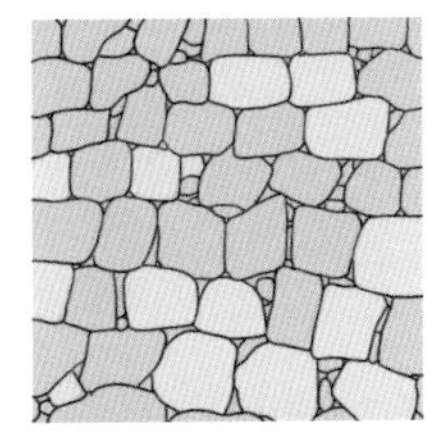

福山城▶P360

切込接布積み

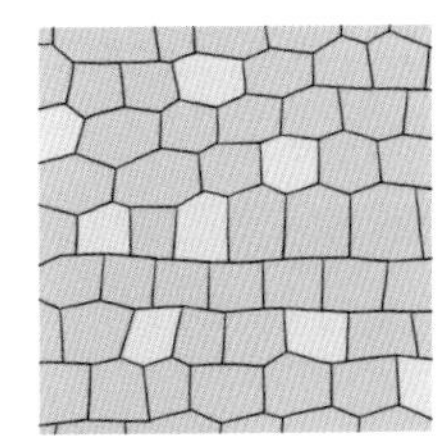

名古屋城▶P28

ため石の接合部分を**加工した石**を使用して積んだものである。隙間には間詰石が詰められる。横の目地が通らないものを**打込接乱積み**、通るものを**打込接布積み**とに分けられる。

切込接は、**隙間がなくなるまで加工した石**を使用して積んだもので、統一されていない石材を使用した**切込接乱積み**と、規格統一した石材を使用した**切込接布積み**とに分けられる。

表面に見ている部分だけでなく、裏側の見えない部分にも、**裏込め**(ぐり石)という小さ目の石材が使用される。石垣を造るのには大量の石材が必要である。関東以東の城に石垣が少ないのは、石垣を築くのに必要な大きさの石材が入手困難だったためだ。

さまざまな積み方

石垣のある城に行ったら、その積み方に注目してもらいたい。その技術によって、積まれた時代をある程度類推することが可能だ。

初期算木積み(小諸城)

長辺と短辺を交互に積もうと試行しているが、石材が均一ではないため稜線がそろっていない。角脇石も使われていない。

完成した算木積み(江戸城)

長方形の均一の石材を用いて、長辺と短辺が均等に積まれていることがよくわかる。短辺の脇には、ほぼ正方形の角脇石が積まれている。

谷積み(五稜郭)

江戸時代末期に出現した技術で、明治時代はこの積み方が主流になる。部分的に谷積みが用いられていると、「ここは明治に積み直されたんだ」とわかる。

亀甲積み(駿府城)

六角形の石材を複数用いて複雑に積まれている。装飾的な意味合いの積み方で、職人の遊び心が垣間見られる。

積み方による時代判定

石垣で重要なのは**隅(角)部**となる。隅部は崩れやすく、上には天守や櫓が建つため、もっとも頑丈に築かなければならない。

隅部は**算木積み**とするのが通常である。長方形の石を用いて、長辺と短辺が交互に編まれるように積む方法だ。江戸時代初期に完成した技術であり、それを確認すればおよその築造年代が推定できる。

積み方でいうと、**亀甲積み**や**谷積み**(落積み)といった変則的な積み方もある。亀甲積みは石を六角形に加工したもので、デザイン的な意匠である。谷積みは石を斜めに積む技術で、幕末や明治以降に積まれた石垣に散見される。

刻印石

天下普請では石垣工事の現場が各大名に割り当てられた。各大名は各自で石材を準備するため、運搬した石材の所有を示すために、石材には様々な記号が彫り込まれた。実際に石垣現場では石材をめぐってケンカが絶えなかったという。

大坂城の刻印石広場に集められた刻印石のひとつ。全国の大名が動員されたため、刻まれた記号も多種多様である。

金沢城の石垣の刻印は200種類を超えるといわれる。遊び心が感じられる。

鏡石

石垣に用いられた巨石を鏡石と呼ぶ。権力の象徴であり、登城道の目立つ部分に置かれた。

大坂城本丸桜門の枡形内にある「蛸石」。幅12メートルもある、日本最大の鏡石。

名古屋城最大の鏡石。加藤清正が運んだという伝承があり、「清正石」と呼ばれる。

石垣の構造

石垣が崩れないように高く積むためには様々な工夫がされている。ここではごく簡単に模式図によって説明する。石垣には苦労して遠方から運ばれた石が使用されることが多かった。

石垣の裏側にもたくさんの石が使われている。表面に見えている大きな石を固定するためや、雨によって石垣が崩壊しないよう水はけをよくするために、友飼石や裏込め石と呼ばれる石を積んだ。

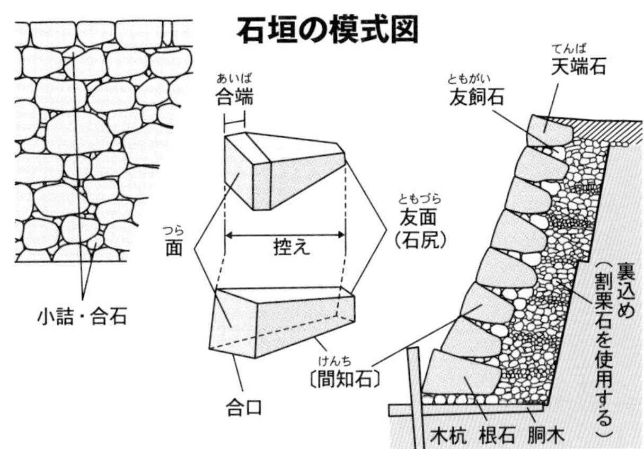

特集4 城の基礎知識

基礎知識 6

御殿・櫓・城門

近世大名の居館であり政庁であった近世城郭。それを構成する建物を解説。

現存する御殿建築

明治の廃城令で多くの御殿は取り壊され、現存は４城にすぎない。天守よりも貴重なのだ。

二条城二の丸御殿 ▶P244

高知城本丸御殿 ▶P314

川越城本丸御殿 ▶P136

掛川城二の丸御殿 ▶P207

城の中心だった御殿

近世城郭は天守の存在感が強いが、江戸時代に城の中心だったのは、間違いなく**御殿**である。御殿は藩政の中心となる建物で、かつ藩主の居館でもあった。近世遺構の御殿は、家臣との対面や儀礼といった公的役割を担った「**表**」と、藩主とその家族らの居住空間である「**奥**」に分かれる構造がスタンダードとなる。

戦国期は物見や射撃の拠点であった**櫓**の形状は、近世に入ると多様に発展し、高層の三重櫓・五重櫓や長屋状の多聞櫓が出現する。江戸時代には物置や女中らの住まい、遊興空間としても使用される。

城門は虎口を守る重要な防御施設であり、織豊期以降に普及するのが**櫓門**である。門の上に櫓を設けた二層構造で、枡形の一の門となることが多い。

門の種類

門の種類にはスタンダードな薬医門、薬医門が発展した高麗門、門の上に櫓を載せた櫓門、格式の高い唐門など多様な種類があった。

薬医門(宇和島城上り立ち門)▶P322

高麗門(江戸城外桜田門)▶P40

櫓門(小諸城大手門)▶P123

唐門(二条城二の丸)▶P244

櫓の種類

櫓は「矢倉」とも表記し、古来から物見や迎撃のための重要施設だった。近世城郭では、高層櫓と多聞櫓に大別される。

彦根城西の丸三重櫓と多聞櫓▶P48

金沢城菱櫓(三重櫓)と五十間長屋(多聞櫓)▶P199

虎口の守り方

攻城戦で敵が殺到する虎口は様々な工夫が施され、近世城郭では枡形虎口がスタンダードになった。

枡形虎口の構造

戦国の城にも枡形虎口はあったが、櫓門や多聞櫓が採用されたことにより強固な虎口となり、近世城郭ではスタンダードな防御施設だった。

枡形虎口は城内側の一の門と城外側の二の門の二つの門をもち、枡形内で右折れか左折れに屈曲するのが一般的だった。一の門には櫓門が構えられ、ほかの面には多聞櫓や塀が設けられて城内側から枡形内を攻撃できる仕掛けになっている。イラストは大坂城大手門の構造。

イラスト／香川元太郎

丸亀城大手門。左が一の門の櫓門で、右が二の門の高麗門。枡形内に足を踏み入れたら三方から一斉射撃を浴びることになる。

枡形の中はキルゾーン

虎口とは、城や曲輪の出入口のこと。かつては出入口を小さく造ったことから小口と表記したが、やがて虎口と称するようになった。攻城戦では敵が殺到する激戦地となるため、虎口は通りにくくなるような改良が繰り返されてきた。真っ直ぐ入る単純な虎口を**平虎口**といい、戦国時代半ばまでは平虎口に**障壁**を置いた防御が一般的だった。次第に登城道を**屈折**させたり**喰違い**にしたりする工夫がなされる。屈折させるのは、敵の側面を攻撃する(**横矢**を掛ける)ためだ。

その後、**馬出し**、**枡形**といったよりテクニカルな虎口が普及する。枡形虎口は枡のような方形空間をもち、正面と片側側面に門を設け、枡形内を**キルゾーン**とした。近世城郭の大半が採用している。

虎口の種類

虎口には敵が真っ直ぐ城内へ突撃することを防ぎ、城内から側面攻撃ができるような工夫がなされた。

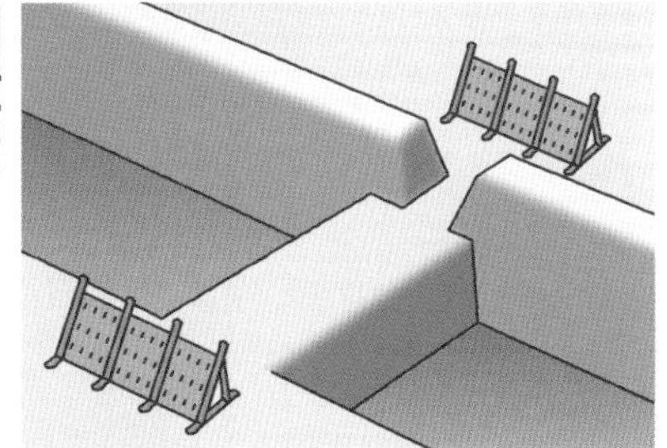

蔀と蔀 敵の突撃を阻害するために遮蔽物を置いた。

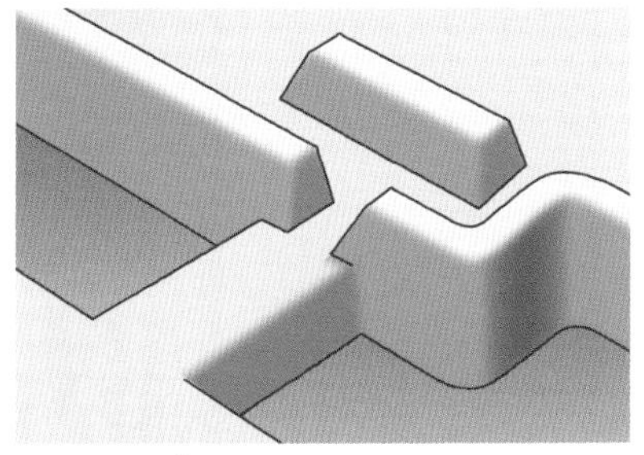

一文字土居 敵が一気に入れないよう内側に土が盛られた。

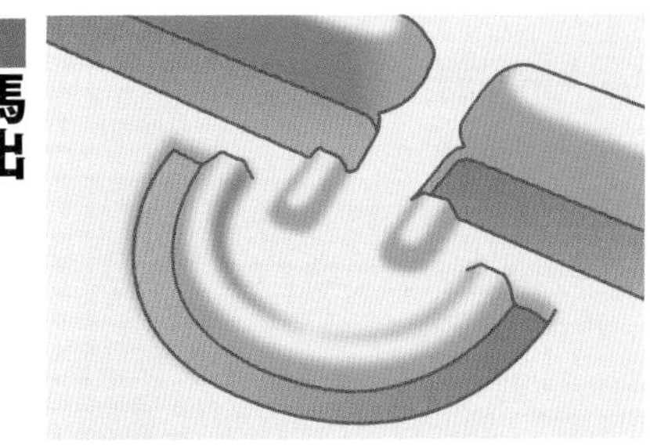

丸馬出 虎口の前面に曲輪を築いて、防御と反撃の拠点とした。

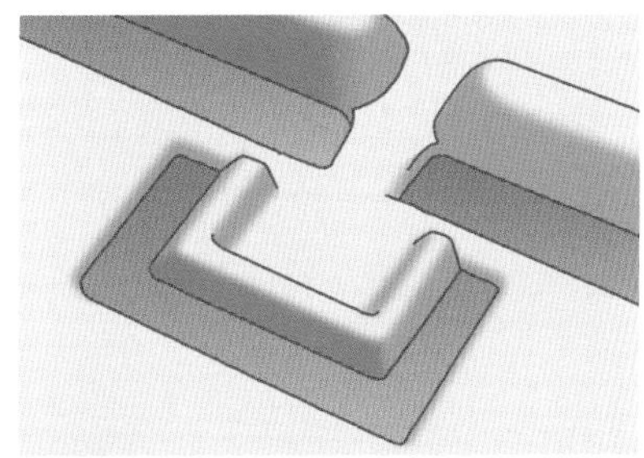

角馬出 四角い馬出を角馬出という。北条氏の城に多い。

屈折

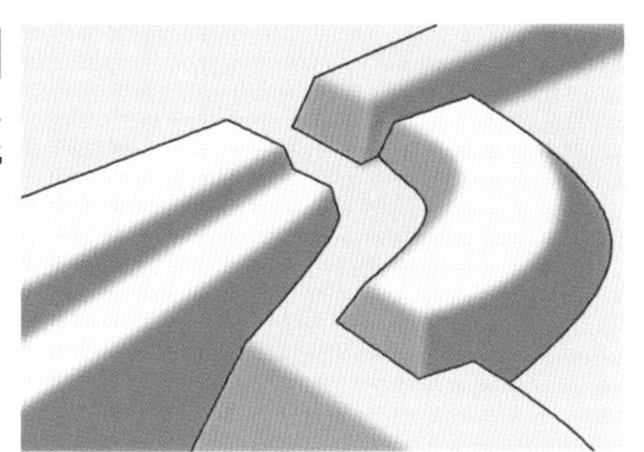

折坂虎口 上り坂を曲げて横矢を掛ける。

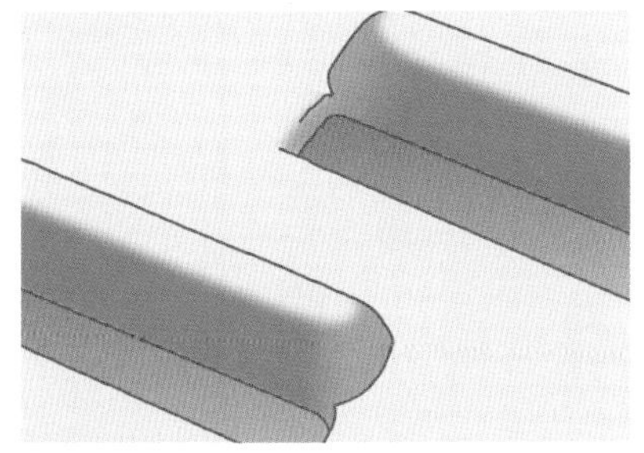

喰違虎口 虎口の通路を屈折させて、敵が直進できないようにする。

枡形虎口

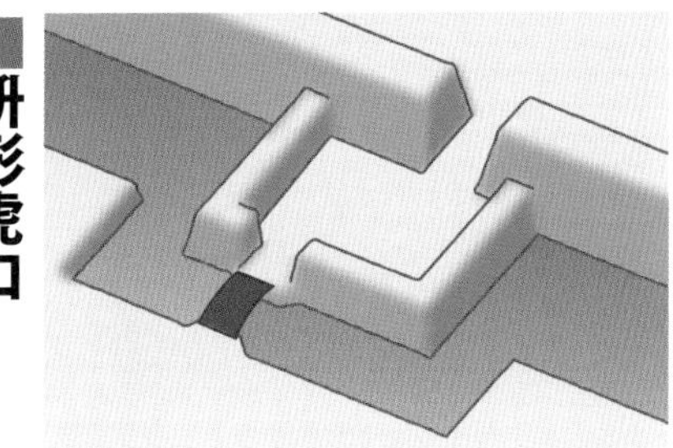

外枡形 枡形が城の外側にあるのが外枡形である。

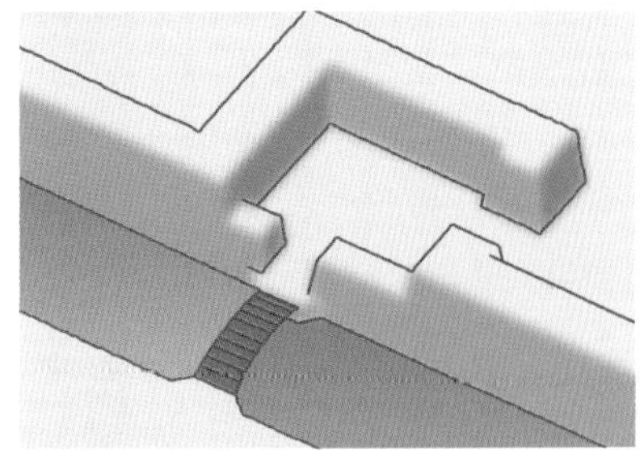

内枡形 城の内側に枡形を設けたものを内枡形という。

基礎知識 8

土の城の防御法

侵入を防ぐための城の仕掛けとして、堀と土塁は欠かせないものである。

堀の構造

堀は城における基本的な防御設備である。江戸時代に堀の分類が確立していく。

堀の種類

山城には空堀が多く、平城には水堀が多い。堀の幅は鉄砲の出現によって広くなった。

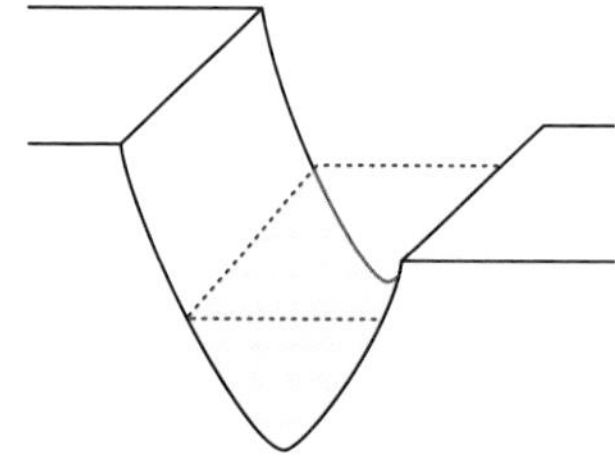

薬研堀
堀の底が、漢方薬などを調合するときに使用する薬研の形になっている。

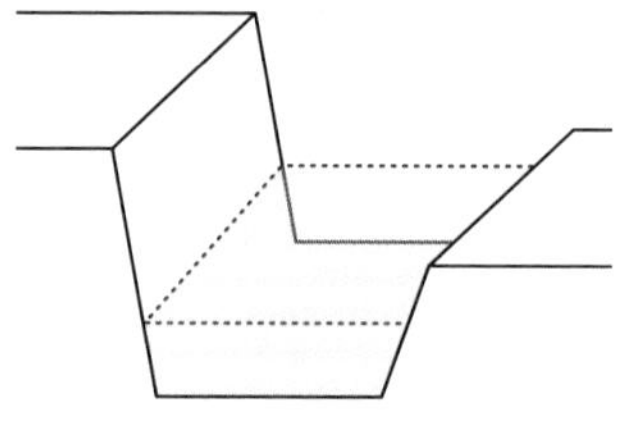

箱堀
堀の底が箱のように平らになっている。

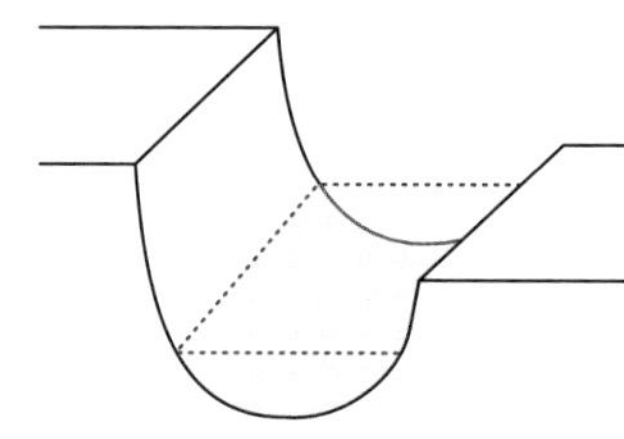

毛抜堀
堀の底が毛抜きの形になっている。

空堀 佐倉城の空堀。堀底にいる敵を上から狙って攻撃する。

水堀 広島城の水堀。幅の広い水堀は渡るのが非常に困難。

土でできた防御施設

堀は敵の動きを阻むために設けられた巨大な溝である。戦国の山城では空堀が一般的であり、尾根からの敵の侵入を防ぐ「**堀切**」や、敵の横移動を防ぐ「**竪堀**」が防御の要だった。水堀が普及するのは石垣技術が発達する近世のこととなる。

敵の動きを封じるということであれば、「**畝堀**（うねほり）」「**堀障子**（ほりしょうじ）」と呼ばれる堀が造られた。堀の内部が畝でいくつもの空間に区切られており、敵は細い畝を渡るため城内から狙いやすくなる。

堀ではないが、**切岸**は山

山城の堀

山城は斜面を削って曲輪や堀を造り、敵の侵入を遮断した。尾根を切断した堀切は、敵の尾根から侵入を防ぐもの。山の斜面を垂直に掘った竪堀は敵の移動を制限し、味方の攻撃を集中させた。

畝状竪堀

竪堀とは斜面に平行に築いた堀のこと。竪堀をいくつも並べることで、敵兵の横移動を制限した。

堀切

月山富田城の堀切。尾根は山城の弱点であり、堀切によってそれを分断した。二重・三重に堀切を設けることも多い。

畝堀

堀の中に畝を掘り残すことで、堀を渡ろうとする敵軍の行動を制限した。北条氏の城で多く用いられた。

堀障子

まるで障子の桟のように畝がめぐっていることが名称の由来。幅の広い堀に採用された。

城で最も重要な防御だった。人工的に築いた垂直の斜面で、石垣と同様の効果があった。

また**土塁**は、土を盛って固めて敵の侵入や攻撃を防ぐ施設である。関東や東北など東国の城に多く見られる。特に関東平野では、砂や粘土が混じり合った**赤土**に覆われているため(**関東ローム層**)、一定の高さをもった堅固な土塁を築くことが可能だった。一方、西日本や東海地方にはいち早く石垣技術が普及していく。

土の防御施設は長い年月を経て風化が進み、堀は落ち葉などが堆積し埋まってしまっている。山城に行ったら、かつて土塁はより高く、堀はより深く、切岸はより垂直だったという目で見ることが大切だ。

 イラスト／香川元太郎（このページすべて）

攻城戦と後詰め

基礎知識 9

戦国時代の合戦のほぼすべては城をめぐる争いだった。城攻めの方法を解説。

勝敗を決する後詰め

一般に力攻めで城を落とすには、攻め手は**籠城側の3倍**の兵力が必要とされる。兵力差が大きければ一気呵成に攻め落とすが、力攻めは攻め手の被害も大きかった。そこで、**兵糧攻め**などの**包囲戦**が行われた。この包囲戦を非常に緻密に実行したのが豊臣秀吉である。

籠城側は、味方勢力に助けを求め援軍（**後詰め**）を求めた。来援の後詰め軍が攻城軍と武力衝突することを**後詰め決戦**と呼ぶ。戦国の主要な戦いは後詰め決戦だったケースが多い。

後詰め決戦の展開

攻城軍と、籠城側の援軍（後詰め軍）との戦いを「後詰め決戦」と呼ぶ。

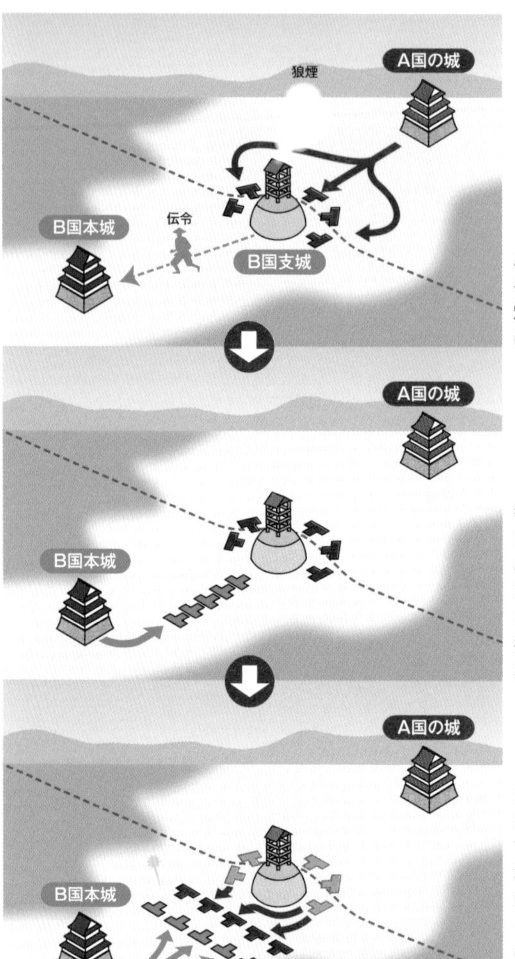

A国がB国支城を攻めると、城主はすぐさま狼煙や伝令によって本城に救援を求めた。

報告を受けたB国大名は、すぐさま支城に後詰め軍を送った。後詰め軍を送らなかった場合は、支城の城主は城を捨てるかA国に寝返ることとなる。

B国の後詰め軍が到着したら、A国側は撤退するか決戦を挑むか籠城を続けるか、いずれかを選択する必要があった。はじめから後詰め決戦を挑むために、あえて支城を攻撃することもあった。

包囲戦の手順

包囲戦では敵の補給路を遮断し、後詰めが押し寄せるスキを与えないことが重要だった。

準備

- 支城を落として攻める城を孤立させる。
- 陣城や砦、土塁・柵による包囲網を築く。
- 街道・水運・城下町を監視し敵の補給路を断つ。
- 刈田・放火・略奪を行う。

包囲戦

- 包囲を続けて籠城方に調略・交渉を行う。
- 籠城兵や後詰めからの逆襲に注意を払う。
- 攻め手補給路を確保して兵糧を保つ。長期化すると厭戦気分が広がるので注意。

○ 成功

- 弱ったところで力攻めで落城させる
- 籠城方が降伏、開城する

× 失敗

- ×兵糧が尽きる
- ×籠城方の逆襲で大損害が出る
- ×後詰めが大軍だった
- ×後詰め決戦に敗れる

悪口などにより敵を挑発し城下での決戦を狙う
城下を放火し兵糧などを略奪。人狩りも行われた
収穫前の稲を刈り取る
敵の補給路を断ち自軍の補給路として利用
全体を見通せる場所に本陣を置く
城攻めの拠点となる陣城を築く

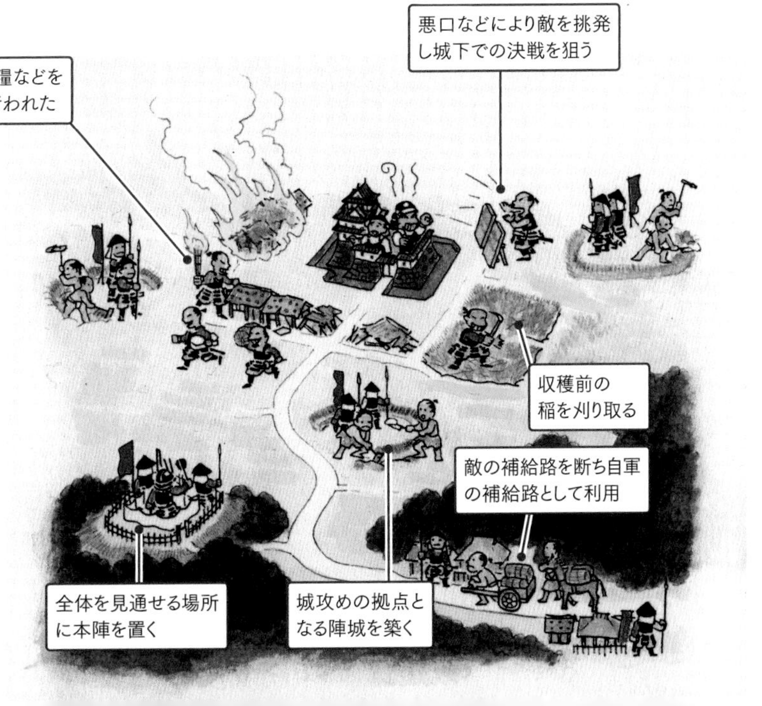

攻城戦の準備

攻城戦の緒戦では、補給路の確保、陣城の構築、城下の制圧など城攻めの下準備が重要だった。

イラスト／香川元太郎

基礎知識 10

城ができるまで

城造りは大きく、土木工事の「普請」と建築工事の「作事」に分けられる。

石材の運搬

石材の切り出しと運搬は、城造りで最も労働力のかかる作業であった。石切り場からの運搬には多くの事故がともなった。

石材を遠くから運ぶ場合は船が用いられた。数十から数百トンの石を積んだ船は不安定であり、沈没などの事故は日常茶飯事であった。港から築城現場へは陸路で運ばざるを得ず、「修羅」と呼ばれるソリや丸太(コロ)を並べて引っぱるなどの手段で運んだ。小さい石は地車や石持ち棒が用いられ、たいへんな重労働であった。

築城のグランドプラン

城造りはまず、築く場所の選定(**地選**)から始まる。単に城を築きやすいということだけではなく、隣国や敵対勢力との地政学的関係、街道・水運の利用、将来的な城下町の発展なども加味しなければならない。

続いて城の範囲を決める**地取**、曲輪の配置や施設の形状を決める**縄張**が行われる。本丸から順番に工事を進めるケースもあったが、大規模な城造りだと一斉に作業を進めるため、縄張までのプランが重要だった。築城担当の知識や経験が問われたのである。

具体的な築城工事は大きく、曲輪造りや石垣造りといった土木工事を行う**普請**と、天守や御殿などを建築する**作事**に分けられる。普請は大量の人足が動員される一方、作事は専門の職人集団に委ねられた。豊富な知識と経験を持ち、石積みや作事の職人集団を抱える武将が、後世に**「築城名人」**(➡P194)と称された。

江戸時代に入ると、城郭の築造と並行して、城下の**町割り**や建設が行われた。城造りは多くの人員と時間を要したのである。

城造りのプロセス

城造りは大きく、プランニングをする地選・地取・縄張、土木工事である普請、建設工事である作事に分かれる。

地選

戦国の城では攻められにくい地形を見抜くことが重要だったが、近世の城では城下町に充分な平地がある、街道や港を利用できるなど、将来的な発展を見込む必要があった。

地取

地選により決めた場所の地形にあわせて、どの場所に城郭を築くか、城の規模をどの程度にするかを決める。

縄張

「経始」ともいう。曲輪の配置や堀などの防御施設の場所、建物の位置などを決定する。現場に縄を張って、位置やサイズが検討された。

町割

近世城郭では、城造りと同時に城下町造成のプランも企画された。城下町は重臣の屋敷地、武家屋敷地、商人・町人町、寺町などが割り当てられ、町割りが進められた。

普請

土木作業によって曲輪・堀などの造成や石垣の構築が行われた。大名権力の増強とともに動員できる人足の数も増えたため、地形を変えるような大規模工事が可能となった。

作事

天守や御殿など、上屋構造物の建設。戦国の城に比べて、近世の城では作事の重要性がずっと増した。大工や左官など専門的な職人が作業にあたり、職人の種類は多岐に及んだ。

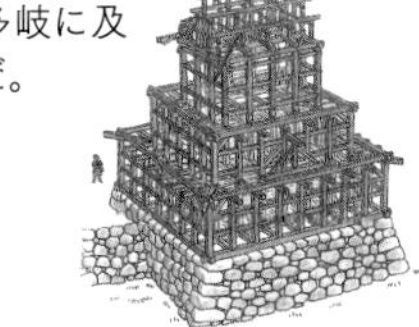

完成

近世城郭の築城はビックプロジェクトであり、数年から十数年かかることもめずらしくなかった。

イラスト／香川元太郎（この見開きすべて）

参考文献

『日本城郭大系(全20巻)』　新人物往来社
『ビジュアルワイド 日本の城』　小和田哲男監修　小学館
『お城の地図帳』　辰巳出版
『こんな城もあったんだ 日本名城・奇城ガイド』　本岡勇一著　TOブックス
『ヴィジュアル新発見 日本の城郭　名将のプライド』　西野博道著　柏書房
『ヴィジュアル新発見 日本の城郭　築城者の野望』　西野博道著　柏書房
『歴史がおもしろいシリーズ!　図解　日本の城』　西東社
『日本の名城・古城もの知り事典』　小和田哲男監修　主婦と生活社
『ハンディ版 日本の100名城　公式ガイドブック』　学研パブリッシング
『図説 日本100名城の歩き方』　小和田哲男・千田嘉博著　河出書房新書
『復元イラストと古絵図で見る 日本の名城』　全国城郭管理者協議会監修　碧水社
『日本の城ハンドブック新版』　小和田哲男監修　三省堂
『地図で知る戦国(上・下)』　武揚堂
『よみがえる日本の城(1〜30巻)』　中井均・三浦正幸監修　学習研究社
『歴史群像シリーズ特別編集　決定版　図説　幕末戊辰西南戦争』　学習研究社
『地図で読み解く 戦国合戦の真実』　小和田哲男監修　小学館
『信長と石山合戦』　神田千里著　吉川弘文館
『徹底図解 日本の城』　中井均監修　新星出版社
『品川台場史考 幕末から現代まで』　佐藤正夫著　理工学社
『城郭の見方・調べ方ハンドブック』　西ヶ谷恭弘、阿部和彦、大橋健一、笹崎明著　東京堂出版
『名城物語 3』　学研パブリッシング
『新潮社古典文学アルバム14 太平記』　大森北義、島田雅彦著　新潮社
『五稜郭』　田原良信著　同成社
『歴史REAL VOL.4 戦国の城を攻める!』　洋泉社
『太平記』　山崎正和　世界文化社
『歴史群像名城シリーズ　彦根城』　学習研究社
『浅井長政のすべて』　小和田哲男編　新人物往来社
『多摩歴史散歩2』　佐藤孝太郎著　有峰書店新社
『合戦場の女たち』　横山茂彦著　状況社
『天守のすべて』　三浦正幸監修　学習研究社
『日本の軍隊ものしり物語part1』　熊谷直著　光人社
『武蔵武士』　福島正義著　さきたま出版会
『黒田如水のすべて』　安藤英男編　新人物往来社
『大阪城400年』　岡本良一、作道洋太郎、原田伴彦、松田毅一、渡辺武著　大阪書院
『特別展 石田三成と忍城水攻め』(行田市郷土博物館)
『戦国の食術 勝つための食の極意』永山久夫著　学研新書
『カラー図解 城の攻め方・つくり方』　中井均監修　宝島社
『決定版 日本の城』　中井均著　新星出版社
『日本の山城 100名城』　かみゆ歴史編集部編　洋泉社
『「山城歩き」徹底ガイド』　洋泉社
『「名城歩き」徹底ガイド』　洋泉社
『日本の山城を歩く』　小和田哲男監修　山川出版社
『廃城をゆくベスト100城』　かみゆ歴史編集部編　イカロス出版
『あやしい天守閣ベスト100城+α』　かみゆ歴史編集部編　イカロス出版
『よくわかる日本の城 日本城郭検定公式参考書』　加藤理文著　小和田哲男監修　ワン・パブリッシング

写真協力

本間智恵子(「ちえぞー! 城行こまい」)/Getty Images/PIXTA/shutterstock/小田原市教育委員会/近江八幡市文化観光課/岡山県立図書館/京都府埋蔵文化財調査研究センター/熊本城総合事務所/埼玉県立歴史と民俗の博物館/滋賀県教育委員会/東京都立中央図書館特別文庫室/東北歴史博物館/富山市教育委員会/福井県立一乗谷朝倉氏遺跡資料館/松本城管理事務所/米沢市上杉博物館

や

ら・わ

ま

な

は

た

さ

か

城名索引

あ

著者 **大野信長**（おおの のぶなが）

歴史研究家。著書に『知れば知るほど面白い・人物歴史丸ごとガイド織田信長』『戦国武将100 家紋・旗・馬印FILE』（いずれも学研パブリッシング刊）など。

著者 **有沢重雄**（ありさわ しげお）

編集者、フリーライター。自然科学分野を中心とした編集、執筆活動を行う。主な著書に『自由研究図鑑』（福音館書店）など。

著者 **加唐亜紀**（かから あき）

編集者、ライター。歴史分野を中心とした編集、執筆活動を行う。

編者 **かみゆ歴史編集部**（かみゆれきしへんしゅうぶ）

滝沢弘康、中村蒐、原田郁未
「歴史はエンターテインメント!」をモットーに、ポップな媒体から専門書まで編集・執筆を手がける歴史コンテンツメーカー。城関連の主な編集制作物に『よくわかる日本の城 日本城郭検定公式参考書』（ワン・パブリッシング）、『【決定版】日本の城』（新星出版社）、『日本の山城を歩く』（山川出版社）など。

イラスト	香川元太郎、小野寺美恵、大菅雅晴、 株式会社ウエイド、内山弘隆
地図	株式会社ジェオ
執筆協力	山本ミカ
デザイン	佐々木容子（カラノキデザイン制作室）
DTP	株式会社センターメディア
編集協力	株式会社スリーシーズン

※本書は、当社刊『ビジュアル百科 日本の城1000城 1冊でまるわかり!』（2012年4月発行）を再編集し、書名・内容・写真・価格等を変更したものです。

完全保存版 日本の城1055
都道府県別 城データ&地図完全網羅！

著　者	大野信長、有沢重雄、加唐亜紀
編　者	かみゆ歴史編集部
発行者	若松和紀
発行所	株式会社 西東社 〒113-0034 東京都文京区湯島2-3-13 https://www.seitosha.co.jp/ 電話 03-5800-3120（代）

※本書に記載のない内容のご質問や著者等の連絡先につきましては、お答えできかねます。

ISBN 978-4-7916-3184-1